M. メルロ＝ポンティ

コレージュ・ド・フランス 講義草稿

1959 - 1961

ステファニー・メナセ編

松葉祥一
廣瀬浩司
加國尚志
共 訳

みすず書房

NOTES DE COURS

1959 - 1961

by

Maurice Merleau-Ponty

First published by les Éditions Gallimard, Paris, 1996

コレージュ・ド・フランス講義草稿　一九五九－一九六一　目次

凡例

一、本書は次の全訳である。Maurice Merleau-Ponty, *Notes des cours au Collège de France* (*1958–1959/1960–1961*), édition de Stéphanie Ménasé, préface de Claude Lefort, Gallimard, 1996.

一、注のつけ方や書式などについては、既刊のみすず書房刊のメルロ＝ポンティの邦訳を参考にした。ただ本書の特殊性から一部変更した点がある。

一、（ ）メルロ＝ポンティによる補足を示す。ただし、編者注、訳注では一般的な用法によって用いた（以下の項目についても同様）。

一、［ ］原則として編者による補足を示す。メルロ＝ポンティが使用したものである場合は、そのことを明示した。

一、〔 〕訳者による補足を示す。主として、本文では原語を示したり、訳者による補足や言いかえを示したりするために用いた。原注や編者注では邦訳文献を示すために用いた。

一、〈 〉大文字で始まる普通名詞を示す（Dieu などの例外を除く）。

一、—— 文中や文の最後に挿入される句や文を示す。メルロ＝ポンティの草稿には、ダーシ（——）が数多く用いられている。これは彼の書き癖で、多くの場合コンマやピリオドの代わりに使われている。訳文では、読みやすさを優先して、多くをコンマやピリオドに読み変えた。ただ、挿入として読む方がわかりやすい場合はダーシ（——）とした。訳者が独自に挿入を示す場合にも用いた。

一、「 」原文のギュメ（« »）に対応する。

一、『 』原文でイタリック体が使われている箇所のうち、書籍名を示すために使われている場合に用いた。

一、**傍点**　原文でイタリック体が使われている箇所のうち、強調を示すために使われている場合に用いた。

一、**原語**　原文でイタリック体が使われている箇所のうち、フランス語以外の言語（ドイツ語やラテン語など）を示すために使われている場合は、訳語の後の〔　〕内もしくは（　）内に原語を示すか、カタカナで示す（例、コギト）か、ルビで示した。具体的には次の通り。

①日本語〔原語〕となっている場合　メルロ＝ポンティが、フランス語以外（ドイツ語やラテン語など）の言語だけを使っている場合である。例えば、原文が「*Sache*」となっている場合、訳文では「事象〔Sache〕」、「事象《ザッヘ》」、あるいは「ザッヘ」とした。

②日本語（原語）となっている場合　メルロ＝ポンティが、フランス語以外の言語を示した後、（　）内にフランス語訳を示している場合である。例えば、原文が「*Sache* (la chose)」となっている場合、訳文では「事象（Sache）」とした。

③日本語（〔原語〕）となっている場合　メルロ＝ポンティが、フランス語を示した後、（　）内にフランス語以外の言語を示している場所である。例えば、原文が「la chose (*Sache*)」となっている場合、訳文では「事象（〔Sache〕）」とした。

④フランス語以外の言語による引用が概ね二行以上にわたる場合は、原語は示さず、邦訳だけを示し、〔　〕内でフランス語以外の言語による引用であることを示した。

⑤フランス語以外の言語による引用は、動詞の活用形を含め、原則としてメルロ＝ポンティの原文のままとした。ただ、明らかな誤記は断らずに訂正した。

⑥フランス語以外の言語による引用について、編者が編者注でフランス語訳を示している場合は、省略した。ただ、フランス語訳文献の書誌情報は残した。

一、**注**

①原注　メルロ＝ポンティ自身による加筆は原注として扱い、各パラグラフの終わりにまとめた。

②編者注　編集者による注も、各パラグラフの終わりにまとめ、原注とあわせて通し番号をつけ、全体を［　］で囲んだ（例、(1)［メルロ＝ポンティによる強調。］）。編者注の書誌情報の表記法にばらつきがある場合や誤りがある場合、断らずに訂正した。

③訳注は、巻末にまとめた。

一、**頁番号**　原書で示されているメルロ＝ポンティの草稿の頁番号は、訳文の対応箇所の欄外下に示した。頁番号が飛んでいる場合も原書通りとした。本文や編者注に記された草稿の頁番号はボールド体で示した。

一、**邦訳文献**　原文で示されている引用文献や参考文献のうち、邦訳があるものは可能な限り参照させていただいたが、訳出に際しては、著者の引用の意図が明らかになるように、メルロ＝ポンティの引用文によって訳出した。また同じ理由から、既訳の引用に際して一部訳文を変更させていただいた場合がある。ご容赦をお願いいたしたい。また邦訳がないものは、初出の際に書名等を訳しておいた。

一、**訂正**　F・ダスチュールによる本書の転記ミスの一覧表を参考にして、断らずに訂正した。Françoise Dastur, *Chair et langage : Essais sur Merleau-Ponty*, Encre Marine, 2001, p. 211.

序文

クロード・ルフォール

一九六一年五月三日水曜日の夜遅く、突然、心停止によって亡くなったとき、メルロ＝ポンティは、翌日コレージュ・ド・フランスで行うはずの講義の草稿を読み返し、おそらく修正していた。彼が、ある近親者の訪問を待ちながら、書類をもって座っていた椅子の近くには仕事机があり、その上には書物が大きく開かれていた。デカルトの『屈折光学』である。

彼が手を入れていた講義には、「デカルト的存在論と今日の存在論」というタイトルがつけられていた。その草稿が本書の一部をなしている。この草稿は、ステファニー・メナセによって入念に解読され、読解を容易にするために数多くの貴重な参考文献がつけられた。一九六一年のメルロ＝ポンティの授業は、それ以前と同様（一九五九年を除く）、二つの系列の講義からなっていた。第一の主系列は木曜日にあり、「デカルト的存在論と今日の存在論」はここに含まれる。第二の系列は月曜日に決められており、大半がテクストの注解に割かれ、「ヘーゲル以後の哲学と非－哲学」を対象にしたものだった。かつて私自身その草稿を書き写し、それが一九六六年（実際は一九七四年）に発行部数の少ない雑誌『テクスチュール』で公表された。これも本書に収められている。生前にメルロ＝ポンティの著作がおさめた成功にもかかわらず、当時、非常に限られた人々しか彼の仕事に興味をもっていなかった。当時注目を浴びていた哲学者たちは、メルロ＝ポンティが同じ一つの問いかけに哲学、心理学、精神分析、自然科学、芸術、文学、政治の諸問題を結びつけることによって行った現象学の方向転換と、彼が切り開いた新しい種類の存在論――彼の言い方によれば〈間接的〉存在論――へのアプローチを、意識的に無視していた。この数年、まるで潜伏期間を待たねばならなかったかのように、メルロ＝ポンティの著作はフランスでも国外でもますます広く再認識されている。したがって、ガリマール書店が、マルク・ド・ローネーの発案で、コレージュで行われた二つの最後の講義を出版するのは非常に時宜を得ている。こうして、一九六〇年までコレージュの『年報』のために書かれた要録《レジュメ》（一九六六年にガリマール書店から『講義要録』のタイトルで再版された）〔訳注1〕によってこれまで読者に知られてきた講義の報告が補完されたわけである。さらに、ステファニー・メナセは、一九六一年の講義の草稿に一九五九年の講義の草稿（「今日の哲学の可能性」〔「今日の哲学」を指す〕）を結びつけるという、素晴らしいアイデアを出してくれた。ご覧になるように、メルロ＝ポンティは要録の中で一九五九年の講義を、自然概念の研究の一種の挿入のようなものだと紹介している。彼は、それ以前の二年間自然概念の研究に専念しており、この翌年に再開するつもりだった。この一九五九年の講義は一つの問題を開始しており、それはまさに一九六一年に別の道を通って探求されることになる。ここに公刊される三つの講義草稿は、未完に終わった彼の著作『見えるものと見えないもの』の展開を垣間見させてくれるだけに、いっそう興味深いまとまりになっている。

講義のためにメルロ＝ポンティが書いた草稿は、彼にとって一つの手がかりを与えるものでしかなかったことに注意を促しておかなければならないだろう。彼の講義を聞いた者であれば誰もが憶えているように、彼は草稿を読まず、紙を少し見るだけで、明らかに自らの言葉の動きに従っていた。その上、彼の熟達した書き方で巧みに構成され、洗練された『講義要録』と、紙に書きつけられただけで構文にも関心が払われず、不連続で、ときにはその意味を疑わしめるまでに省略の多い草稿とでは、際立った対照をみせている。しかし、その草稿はそのままで新たな存在論の試みの自由さを証言している。厳密に統制された著作はこの存在論のアイデア全体を見せてはくれない。そのことを納得するには、「哲学の可能性」〔「今日の哲学」を指す〕の要録を、意図をはるかに越える大量の草稿群と対比してみれば十分である。

一九五九年の講義の前に一つプランがあるが、このプランが実際は講義の後にくることは明らかである。第一部は「非 - 哲学という私たちの状態」〔「非 - 哲学という今日の状態」を指す〕を対象にしている。第二部は「哲学の意味と可能性への問いかけそのものによって哲学を定義するに至った」二人の哲学者、フッサールとハイデガーを対象にしている。実際、第二部では、どちらの哲学者においても問題が移動していることを明らかにするために、彼らの道程を復元することが問題になる。その移動は、内的な要請によって行われており、したがって切断——ましてや変節——という語で考えられるようなものではない。メルロ゠ポンティが何度も専心したフッサールの探求以上に、ハイデガーの探究は、誤った解釈からハイデガーを擁護しようとしているのと同時に、直接的存在論への批判——たしかにそれは短いものだが——で閉じられているという点で貴重である。それによれば直接的存在論の危険は哲学者を沈黙に導くことであり、逆に哲学者は、生活世界との接触、芸術と科学の冒険を通じて、〈存在〉の「間接的表現」を探ることができるのである。

おそらくこのテクストを読んで、メルロ゠ポンティが、フッサールとハイデガーに対してとった距離をもっと明確にすることを自らに禁じた理由について問うべきであろう。講義の構成は、その距離を露わにすると同時に覆い隠しているように思われる。哲学とその意味や可能性についての問いの起源に明らかに認められるのは、前述のように、非 - 哲学という私たちの状態である。二人の哲学者との親和性から、メルロ゠ポンティは次のようなラディカルな二者択一を表明しているように思われる。あれかこれか、思考の死か——この思考は、過ちとひきかえにではあるが、哲学においてその高さにまで達していた——、あるいは、自らの起源の記憶を思い出すことによる、とらわれのないい思考として定義されうるという幻想を捨てることによる、思考の再生か。しかしながら、講義の第一部で、メルロ゠ポンティは非‐哲学の中に、極端な自然主義と極端な人為主義にある、熱狂の兆しをとらえているだけではない。たしかに、彼は、とりわけ人類滅亡の脅威を信じさせるまでに至った近年の技術の発展に言及する際にその兆しを指摘しているが、すでにフィクションの中での熱狂が告発されているのがわかる。「これらの考え方はほとんど夢想的なもので、おぞましいものの寄せ集めである」。破局論の誘惑に対する彼の抵抗は疑いえない。こうして彼が注意しているのは、たとえ近代科学が、「人間と不可分の構築物だけに関わっている」と信じ、また同時に即自的自然を前提にすることによって、最初から矛盾に取りつかれていたのだとしても、この矛盾は神の理性に訴えることによってつねに覆い隠されてきたということである。「逆に、今日の科学はこのような基盤を主張することはできないのであって、科学は明らかに人間的なものであり、したがって人間‐自然の循環が明白なのである」。どれほど何がしかの実証主義に逃げようとしても、この循環は認められたものだということを理解しておこう。このような言葉をみれば、メルロ゠ポンティがラディカルな二者択一の観念に与しているとは思えない。結局次の文を忘れないでおこう。「私の命題。この哲学の頽廃は非本質的なものである」。

私が引用した一節で、彼はいっさいの誇張を避けながら、次のように付け加えている。「（……）私たちの思考にとって危機的状況であるこうした事実は、深化の出発点にもなりうるかもしれない。構成された世界の枠組からはみ出すエネルギーは、偶然性を開示する。しかし、この「地盤〔Boden〕」の意識化、沈澱の意識化は、〈自然〉を、客観主義的科学が記述するものとして、即自的な普遍的原因として理解しないという条件で）〈自然〉の再発見となり、私たちのあらゆる文化の「地盤〔sol〕」としての、私たちに‐とっての‐〈自然〉〔Nature-pour-nous〕の再発見になりうるかもしれない。そして私たちの創造活動はとりわけこの地盤に根を降ろしており、したがってこの活動は無条件ではなく、生《なま》の存在との接触において文化を維持し、生《なま》の存在と文化を対峙させなくてはならないのである」。

メルロ＝ポンティの思考は現在に投錨しようとする。彼は、講義の冒頭から、「哲学史から出発して（存在論的研究を）正当化する」というアイデアを遠ざけながら、自分の意図を述べている。「むしろこの現在に身を置くこと、私たちがそこにおり、私たちの歴史全体に結びついている哲学的空虚から出発して、存在論的研究を特徴づけること」。彼は直ちに説明する。私が仮定しているのは、「哲学と歴史の同一性や、哲学的立場と社会的・歴史的立場の一時的な並行関係（……）」ではなく、「問題は与えられている。哲学が問題になるということは私たちの時代によって与えられたもの」だということだ、と。すなわち、この言葉はフッサールの言葉やハイデガーの言葉につながる。ただし、メルロ＝ポンティが望んでいるのは、現在の中に、社会生活の中に、歴史的布置の変化の中に、偶然性の新たな証拠、私たちの創造活動が根づいている地盤へのもう一つの関係の証拠を探ることだという留保を除いて。したがって現在とは、考えられることなく進行する重大な二者択一が突然生じるような、歴史から切り離された瞬間などではない。現在には厚みがあり、暗い。私たちが現在を名ざすことができるのは、それがまさに非‐哲学の旗印の下で指し示されるからである。しかしながら、非‐哲学をたんに哲学の破棄だと理解すべきではない。それは、哲学とは異質なさまざまなかたちの活動と認識を同時に含んでおり、制度化された哲学の領野の外で新たな思考の制度を保証し、哲学の必要を失わせるどころか、ふたたび活性化してくれるものなのである。こうして、現代の文学、絵画、音楽は、与えられている問題を私たちが測定することを助けてくれる。

『著名な哲学者たち』（マズノ社、一九五六年）に収められた諸研究への序文に使うために書かれたテクストの一つで、メルロ＝ポンティはすでにこう書いていた。「具体的哲学は、万事好都合な哲学なのではない。それは、たえず経験のそばに付き添っていなくてはならないが、しかし経験的なものにのみ局限されてはならず、一つ一つの経験の中に、その内面に記されているはずの存在論的暗号を回復してこなければならないであろう。（……）反論の余地なき哲学の存在はもはや信じないにしても、その時代の諸問題を通して、たえず厳密さや批判精神・

普遍性・戦う哲学に訴えかけてくるような時代の到来をかなり期待してよいわけである」〔訳注2〕。この文章は、私たちが上で述べた分析の射程を明らかにしてくれる。計画の中でメルロ＝ポンティが示す「非－哲学という私たちの状態」と「哲学の諸問題」のあいだの区分は、哲学の否認あるいは拒否という旗印と根本的思考（「デカルト的存在論と今日の存在論」についての講義で導入された語）という旗印のあいだの、現在を検証してみれば実際に行われている区分を隠している。しかし、この思考は現代文学と現代芸術の中に生きている。どれほど違ったかたちであれフッサールやハイデガーの哲学の中に生きているのと同じように。しかしながら、注意しておきたいが、メルロ＝ポンティはそのせいでハイデガーと対立することになる企ての意味については沈黙している。ハイデガーは、生涯の終わりにあってもなお、『シュピーゲル』誌のインタヴューの中で〔訳注3〕、かつて「破壊的」だと断定した現代芸術に対する非難について問われて、こう答えている。「けっこうです。それではその言葉は抹消してください。しかし私は次のことをはっきりさせておきたいです。すなわち、私は現代の芸術がどのような道を指し示しているかわからないということ、とりわけ現代の芸術が芸術に最も独自なものをどこに看て取っているか、少なくともそれをどこに捜し求めているかということが依然としてはっきりしていないのだからなおさらだということ、このことをです」。ところで、まさにメルロ＝ポンティは芸術の場所があるとは考えていない。あらかじめ言っておこう。彼の言うところでは、現在の文学と芸術を特徴づけているのは、それらが切り開いた道の中で行う自らの非決定性についての試みである。現在からもらう問題の贈与、私たちが「勝ち誇った哲学をもう信じない時代を強く期待する」能力、すなわち暗さの中を進んでいく時代を期待する能力、それは一部分は作家や詩人、小説家、画家、音楽家の試みに私たちが負っているものである。

　メルロ＝ポンティが向かう領域がどの領域であっても、同じイメージが返ってくる。それは、かつて作家や芸術家がその上に自分が身を落ち着けていると信じていた地盤の揺らぎのイメージである。実際、彼は分析を提示しておらず、互いに独立した道を通って一つの探求が浮かび上がってくるということを納得させるために、十分に多様な目印を示しているだけである。メルロ＝ポンティにとって、この方向性を示唆するためには、数行、ときには数語で十分である。マラルメにおいて問題になるのは、「一種の無言に帰され、世界の肯定性から切り離された言語」である。ランボーにおいては、世界の肯定性に背を向けることによるのではなく、ためらうことなく世界の前論理的統一へと入りこむことによる「記号と意味作用のあいだの関係の揺らぎ」である。シュールレアリスム、とりわけブルトンにおいて問題になるのは、「声を」無意識の「意味作用の小石」へと、「不分割な生へと送り返す」意志であり、次いで「深層の言葉の奪回」である。アメリカ小説においては、主観的なものと客観的なものというカテゴリーに挑戦する物語の切断である。メルロ＝ポンティが、文学の探求と彼自身の探求のあいだに示そうとした類似性は、次のように注記するときに最もよくとらえられているだろう。「プルーストやジョイス、アメリカの作家たち以後、意味作用の様態は間接的である。私－他者－世界は、意図的に混ぜ合わされ、側面的関係において、一方が他方に含まれ、交互に表現される」。あるいは（プルーストに関して）、「（……）不在、剝奪であると同時に、まさにそのことによって所有でもあるような時間を参照せよ。各人は自分のものである時間のピラミッドの上に座っているのである」（「時間のピラミッド」はすでに、『知覚の現象学』「コギト」の章で言及されている）〔訳注4〕。同じようにメルロ＝ポンティは自著で、セザンヌやルノワールへの言及に場所を割いたことが知られているが、同様にマッソン、バゼーヌ、エコール・ド・パリの画家たち、クレーやミショーにも言及しており、これらの言及によって画家の地盤の地滑りという考えが閃く。私たちの時代の絵画についての反省を最も遠くまで押し進めたと思えるクレーの注解から、彼は次のような判断を引き出している。「したがって絵画は一種の哲学［である］。それは、発生の把握であり、完全に現実態の哲学である」。音楽についての考察はもっと短いものだが、同じ方向である。「調性という特権的な形式の放棄」は、音楽的コミュニケーションが基礎づけられてきた地盤の喪失を意味する。それ以降、「地盤は、偶然的な歴史的あるいは文化的形成物であることが明らかになる。音楽は自分自身に立ち返る」。おそらく、これらの草稿は暗示的である。絵画に関しては、とくにクレーへの言及に関しては、『眼と精神』が比類のない豊かさを保っている。しかしながら、思い出しておこう、非‐哲学の現れが探求されている講義のこの部分では、自由が、純粋な実験という幻想であれ、〈存在〉の直接把握という幻想であれ、幻想にさらされている以上、文学と芸術にのしかかっている脅威を見きわめようとする、他所にはない関心が見られる。「音楽はそれ自身に立ち返る」と述べた後で、メルロ＝ポンティはこうつけ加えている。「このことは「一般化された」あらゆる音楽をカヴァーするわけではないし、正当化するわけでもない。この自由の中で本当に音楽家であることは（真に画家であること、あるいはモンドリアンであることと同じように）どういうことかを知るという神秘的問題。つまり、抽象的に可能なものを数え上げることではない（「新たなもの」としての他のもの、何らかの他のもの、組合せ、でたらめな配列（……））」。もう少し先で、ミショーの美しいテクスト（「音楽と呼ばれるある現象」、『パサージュ』〔訳注5〕）を長く引用した後で、彼はこう注記している。「危険。ナルシス的、夢幻的な音楽的意味作用（ありうる幻想。民族音楽は、八分間で本当の意味で読まれうるか）。（「存在から存在への横断という幻想」）」。

絵画に関する章では、現代作品の豊かさを強調した後で、彼は一つの留保を述べている。「非具象芸術の問題。かりにすべての結びつきが断ち切られたとすれば、タブローはもっと自由に本質を与えることができるのではないか。〈存在〉の絵画？　実際そうなれば、タブローは、まさしく一つの事物としてのそれ自身に戻ってしまうことも起こりうる。ふたたび、事物やバクテリア、わずらわしい生物学的形態に似たものになってしまう。きわめて一般的な物理学的構造の表現方法（他方でそれは感動的なものであるが）に限定されてしまう。タブローは、色づけされた事物やさらには物質一般が振動し、夢を見ているだけの、破れた壁になる」。抽象的なものの――〈存在〉あるいは〈無〉の絵画の――権利要求という旗印の下で示されている、カンヴァスの多様性の拡がりに気づいた人は、メルロ＝ポンティの炯眼を称賛するだろう。彼は、新たな存在論の芽生えを見つけるこの非‐哲学に関する部分で、その悲惨な面の特徴をもつものにも気づいているのである。

「デカルト的存在論と今日の存在論」は「哲学の可能性」〔「今日の哲学」を指す〕と明らかな類似性がある。たしかに一見したところ、目的は異なるように見える。哲学の歴史に立ち戻ることが問題であるかのように見える。メルロ゠ポンティは明らかにこの回帰の動きを拒んでいる。彼は最初の講義を次のように宣言することから始めている。「この講義は哲学史ではない。過去それ自体に対する過去ではないのだ。そうではなく、私たちが何を思考しているかを理解するために呼び起こされる過去である（……）」。メルロ゠ポンティは、二度にわたって、このことを強調することになる。「私たちは自分が何を思考しているか知らない」。これはたんに私たちが無知の中で生きているということを意味するのではなく、私たちが現在の探求の中で生じていることを反省にまでもたらすことができないでいるということを意味している。序論で、ゲルーという、デカルト注釈者たちへの厳しい批判者に言及した後で、彼は自分の講義の「目的」を示しているが、それは「芸術において暗黙のうちにとどまっている私たちの存在論を哲学的に表明しようとすること、しかもそれをデカルト的な存在論との対比において追求すること」である。メルロ゠ポンティがこの計画を突然思いついたとは信じられないであろう。この計画は彼が準備中だった書物に関係している。この計画は、彼が素描していた素案だけではなく、まだ『真理の起源』と名づけていた著作を紹介する一九五九年一月の草稿（『見えるものと見えないもの』〔訳注6〕）の中でも述べられているのがわかる。後者は始めに「非‐哲学という私たちの状態――危機がこれほど徹底したものであったためしはない」ことを示し、次のように閉じられる。「デカルトの存在論についての省察――西洋の存在論の「斜視」。メルロ゠ポンティが参照したすべての哲学者の中で、デカルトは、周知のように、彼の著作の中で特権的な位置を占める（すでに『知覚の現象学』の最初の章の一つ「注意」と、最後の章の一つ「コギト」で、最後の講義の分析を先取りする分析が見られる）。

第二部でデカルト的存在論に着手する際、メルロ゠ポンティは「デカルトが語ったことを語った順序で、彼の、問題への返答として」〔強調メルロ＝ポンティ〕復元することが問題なのではないことをはっきりさせようと配慮している。別の箇所で注記しているが、それこそがゲルーの試みであり、メルロ＝ポンティはそれに反対しているのである。というのも、その試みは、デカルトの軌跡の一部をまったく省いてしまうことになり、まず日常の用法を尊重すると断固宣言しているにもかかわらず、「諸理由の順序」を画定するという〔ゲルーの〕決意にどのような特異な点があるかについて問わないことになり、その結果、読者が日常の用法に従わないよう仕向け、哲学を年に数時間しかやってみる価値のない〔知的〕訓練にしてしまうよう仕向けるからである。しかしながら、デカルトに「私たちの問題」を課すことなどなおさら問題にならない。要するに、デカルトが定式化している問題群は、必ずしも彼の企てに意義を与えているものではないのである。というのもデカルトは、ある思考の動きの中でまず最初にその問題群をつかみとっており、私たちはその動きを理解すべきだからである。すなわち、アクセスできるものを純粋悟性だけに限定するという動きである。講義の一部ではない草稿（一九六一年三月、『見えるものと見えないもの』〔訳注7〕）で、その構想が最もうまく定式化されている。「方法‐以前のデカルトを、つまりおのずからなる実り〔spontaneae fruges〕を学ぶこと、すなわち「獲得されたものにつねに先立つ」この自然的思考を学ぶこと、――そして方法‐以後のデカルトを学ぶこと、つまり世界を方法的に踏査した上でその世界に生きる、「第六省察」以後のデカルトを学ぶこと、――精神の洞察〔intuitus mentis〕のデカルトではなく、精神と身体をそなえた「垂直」なデカルトを学ぶこと、――そしてデカルトが（「光」など）おのれのモデルを選ぶその仕方、また、結局はそれらのモデルを超えていくその仕方、根拠の秩序以前の、また以後のデカルト、おのれが思考していることをつねに知っていた〈コギト〉に先立つ〈コギト〉のデカルト、もはやいかなる解明をも必要としない究極的なある知をもつデカルト、――おのずからなるこの思考は何を本領としているのか、またおのれ自身の反省的観想〔sui ipsius contemplatio reflexa〕は何を翻弄しているのかを自問すること、〈プシュケー〉を構成することをこのように拒絶することが何を意味しているか、またあらゆる構成よりもいっそう明晰であり、デカルトが土台にしているこの知が何を意味しているのかを自問すること」。しかし、デカルトの方法論的手続きだけを頼りにすること（あるいは講義の表現に従えば、「言葉を信じること」）を私たちに禁じるその同じ理由によって、私たちは、デカルトの思考の順序に従わないのだとすれば、デカルトの思考のうちに私たち自身の問題を持ち込むことによってしかデカルトの思考をとらえることはできない、という確信が失われる。デカルトと私たちのあいだ、私たちとデカルトのあいだで、接続は自然に実現する。なぜなら彼の問題と私たちの問題は同じ起源をもっているからであり、私たちを隔てている数世紀の時間にもかかわらず、問題となっているのはつねに時間、空間、事物、事物であり事物でない身体、思考すること、感覚すること、欲望すること、伝えることだからである。たしかにメルロ＝ポンティは、デカルト的存在論との対比によって私たちの暗黙の存在論を定式化しようとするのだと宣言しているが、この言葉はその対比が所与のものではないこと、その対比を確立しようとしていることを隠すつもりはないのである。

こうしてメルロ＝ポンティは循環的な道筋を記述している。諸理由の順序によってデカルトを理解しうる可能性を疑わせる手短な考察から出発して、彼は、第一節（「［A　視覚と現代絵画］」を指す）で、次のように問うために、現代絵画に関するいくつかの重要な側面を強調している。画家の仕事とともにどのような新しいことが起こっているのか。その奥行、線、運動、色、光についてはどうなのか。結局のところ、即自的な事物でも、反映でも、だまし絵でもないようなタブロー、イコンとは何か。それは視覚について、そして私たちの存在への住み方について、どのような知を隠しているのか。途中で、近代絵画の探求はレオナルドによって先取りして示されており、「それはデカルトを越えてルネサンスを再発見する」。前年の夏に起草された試論（そこにおける大部分の参照と例は同じである）、『眼と精神』（第四章）の省察の跡をとどめているこれらのページは、二つの問いで終わっている。デカルトは同じ主題について何を語っているか。文学の探求には「非常に異なる」目的があるのか。

実際、メルロ＝ポンティは第二節（「［B　視覚――］デカルト」を指す）で、まず最初に「モデルによって光を論じること」を対象とする『屈折光学』の研究に着手している。その少し前で、彼はレオナルドを注釈しながら、次のように注意していた。「見ることとは、質をもつことではなく、〈存在〉の形象に到達することである。〈存在〉の形象こそが中心にある。「絶対的なイマージュ」（シャステル）、諸瞬間の比例〔proporzionalità in istanti〕、同時性、それは、私たちがそれではないようなものへの開けであり、私たちが存在するための起点となるような、〈存在〉の分裂である。この存在の分裂は見ることの属性などではない。「魂の窓」。ひとが見るものであり、ひとがそれによって見るようなものであり、ある意味では「見る」ものであるような光。視覚とは投影とはまったく異なったもの［である］。それはアナモルフォーズ、固定された視点ではない。視覚は至る所からなされるものでもある。それは脱‐自であり、自然な視覚（レオナルドの球状の視覚）である」。『眼と精神』においてメルロ＝ポンティは、この講義と非常に近い道を同じようにたどりながら『屈折光学』に言及していたが、同書では次のように書いていた。「デカルトは絵画については多くを語っていない。そして彼が二ページほど銅版画について論じていることをあまり重視するのは、不当だと言うことになるかもしれない。それにもかかわらず、彼がこれをほんの通りすがりに論じているというそのこと自体に意味があるのだ。彼にとって絵画は存在者への私たちの接近を定義するのに役立つ中心的作業ではない。絵画は、正規な形では知的所有と明証性とによって定義されるはずの思考の一様態であり、その一つの異本なのだ」〔訳注8〕。おそらく講義草稿は、私たちの存在論の解明によってそのように命じられた彼の思考の動きをよりよく認識させてくれるだろう。『屈折光学』の検証は実際に現代絵画の探求によって正当化される。なぜなら、現代絵画は、具体的な言説や哲学的洗練には欠けているとしても、透視力や、画家が見えるものに内属しているという感情や、まなざしを促しておのれを見せようとする事物などについての新しい考えを含んでいるからである。したがってデカルトは、私たちの問題を、デカルトが同意しない地点、あたかもそれらの問題が解決されたかのように彼がふるまう地点にまで、引き寄せるのである。彼の考えとは、光を眼に入る光線に還元し、光の作用と、逆に光に働きかけ、光を妨げ、偏向させ、反射させるといった、私たちのもっている手段とを区別することである。彼が人工器官の捏造と光の操作によって作り出すのは一つのモデルである。この哲学者はあるがままの光には興味をもたない。「私は何が光の本性かということを正しく言おうとする必要はない」と彼は書いていた。こうして、見る者の見えるものへの没入の現象と同じく、彼は離れた視覚の現象をまったく知らない。デカルトは、視覚の活動を触覚の活動（杖で物体に触る盲人の活動）と比較している。私たちは、メルロ＝ポンティが、だまし絵を可能にしている規則《コード》を適用したおかげで練り上げられた人工的産物という、タブローの定義を明らかにするために、彼がデカルトの分析から引き出している帰結には立ち止まらないでおこう。むしろ、デカルトが思考の活動と身体の使用のあいだに導入する厳格な分離にとどまろう。さて彼が言うところによれば、この分離は何かを、つまり記号の偶然性を闇に放置している。記号はどのようにして思考に与えられるのか。答えは次のようになると思われる。デカルトにとって「記号は、記号意味《シニフィエ》を考えるのに十分な機会［である］」。すべては、「あたかも私たちの身体がこうした思考によって設定されてしまっているかのように」〔強調メルロ＝ポンティ〕進行する。こうして、「思考の次元では、神的な思考の再構成が、こうした身体を与えてしまっている」ことになる。

メルロ＝ポンティが「モデルによる構成」、つまり光を眼に届く光線へと還元し、視覚を思考に還元することの意味を完全に明らかにするのは、もうすこし後、講義の第二部〔「二　デカルト」を指す〕においてである。「デカルト的〈端緒〉。――目の視覚と精神の視覚。目による視覚のモデル。デカルトは、精神の視覚について語ることが新奇であることを自覚している〔『精神指導の規則』が参照されている〕。熟考をこらしたうえで、そして明示的に、デカルトは目の視覚をもとに〈精神の洞察〉を構築する（……）。職人と同じように、一つ一つの点〔singula puncta〕に視線を向けなくてはならない」。したがって視覚はその妥当性を失っていないにもかかわらず、触覚との比較によって視覚を定義する必要はまったくない。本当に見ることとは、細部を定着させることであり、形象を浮かび上がらせることであり、形象を他のいかなるものにも還元できないものとする操作によって、形象を明白であるという点で現前化する操作によって、視覚を同定することである。つまり、視覚を領野に挿し入れ、近くにある他の見えるものと視覚をごたまぜにするような暗さはまったく含んでいないのである。判明、明晰で現前しているのは単純なものである。したがって、メルロ＝ポンティは、眼で見ることが見ることについての思考に還元されるということを証明するだけではなく、「形の視覚としての眼の視覚の分析によって、精神の視覚そして知的作用の全か無かというあり方が定義される。そしてその名において、哲学者たちの問題の大部分が疑問視されるのである」〔強調メルロ＝ポンティ〕と断言するまでにいたる。これ以前に彼が『屈折光学』を参照している研究草稿（一九五九年九月、『見えるものと見えないもの』[訳注9]）にふたたび関係づけておこう。講義の場合と同じく、デカルトが客観主義的な投影理論を批判するときに、その炯眼が強調されている。「目や脳に描かれる像を見るのは誰であろうか。したがって、結局はこの像についての思考が必要となる――デカルトはすでに、私たちが人間のうちに小人を置いているということ、私たちの身体を客観化するような見方をするために、私たちはつねに、〔客観的身体よりも〕もっと内側に、眼球の奥にいると思われるこうした見る人を捜し求めざるをえないということ、を見きわめていた」。しかしながら、ここで無視されているのは、メルロ＝ポンティが注記しているように、私たちは「見ることについての思考」という概念によっては、この幻想から解き放たれないということである。「結局のところ誰かのためのものであるこの思考、存在のこの開示は、やはり人間の中の小さな人間であるが、今度は形而上学的な点に縮減されているのである」。この文章は、なぜメルロ＝ポンティが『屈折光学』と『精神指導の規則』に同じように関心をもつのかをよく示している。彼はそこで、彼が「〈精神〉の視覚の実証主義」と呼ぶものを、画家たちが空間に関してもつ経験と、そして画家たちに内部と外部の分離を拒絶させる経験と対比することによって明らかにするのである。

　第二節に戻ると、そこではデカルトの視覚の分析から引き出される結論が延期されている。実際、すぐにメルロ＝ポンティは、思考による記号の読解という理論が、絵画的創造と同じくらい言語的創造の信用を落としていることを示そうとしている。普遍言語の計画が検討されているメルセンヌ宛書簡をよりどころにして、メルロ＝ポンティは、デカルトがそれを実現不可能なものだと判断してはいるが、原理的に可能なものとして認めていることを思い出させている。「彼の普遍言語の構想においては、記号は厳密に限定された意味をもつ。これは遠近法の理論の等価物である」。言いかえれば、見えるものと同様、語りうるものの中には、単純な要素に達するために分解したり、複合物を説明するために順序づけたりできるようなものはまったくないのである。こうして、真の哲学は、「人間のすべての思考を数え上げること」にあり、完全に明晰な言語を認知することにある、ということになってしまうだろう。

　したがってメルロ＝ポンティは、現代の作家たちの仕事に捧げられた第三節〔「C　見えるものの哲学と文学」を指す〕を、新しい抜け道を通って光というテーマに戻ることから始めている。彼の意図は、「「自らのうちで思考されるもの、分節されるものが命ずるままに」書き、見えるものの本質を留めるような作家の存在を証すようなものを、文学において探すこと」である。デカルトが思考の操作として認めた視覚から無意味に排除していたこの透視力、それが書くことの中に戻ってくる。メルロ＝ポンティは、私が先に注意した文章の中で、私たちの時代の空気の中の存在論の探求を告知していた。そこにおいて彼は基礎的思考の見本を示そうとしていることを明らかにしていた。彼はこの語を取り上げ直しているのである。彼が文体の分析の代わりに作り出そうとしているのは、単純な見本である。なるほど彼は他の作家に言及しているが（とくに、ヴァレリー、そして後にはミショーに対する彼の愛着は疑いえない）、彼が彼自身の方向性を認めて接触している三人の作家がいる。プルースト、クローデル、クロード・シモンである。彼がプルーストの著作と取り結んでいる親密さはきわめて古く、つねに変わらないものなので、彼がその跡を追った哲学者たちの著作と同じくらい大きなインスピレーションの一部をそこから汲み取っていないかどうか、当然問うことができるだろう。読者は、彼がまず第一に、見本としてプルーストの長い一節（ヴァントゥイユのソナタを聞いたときのスワンの情動に言及している）〔本書二三三－二三四頁）を引用しているのに気づくだろう。この一節は、非常に有名な一節で、よく称賛されるので、そこから何も新しいことは学べないと思われるかもしれないが、そのせいで彼にとって注釈の魅力が失われることはなく、デカルトの一節との対比によってこの省察の射程が測られるのである（『失われた時を求めて』の同じ文章が『見えるものと見えないもの』で言及されていることを思い出しておこう）〔訳注10〕。こうして彼はプルーストのテクストから、古典哲学が背を向けてきた〈存在〉の経験の特徴を示している言葉や文を際立たせるのである。実際、どの古典哲学によっても、判明ではあるが切り離されておらず、「闇で覆われ」、未知で、「知性が入り込めない」音楽的観念を認識することはできない。「暗闇」の中にある魂の生活。私たちが疑うことのできない、光が湧きだしてくる感性的空間の中の光。通常の現実的視覚や想起の観念を裏切る、私たち自身の中での過去の現前。たとえば観念が原理上数えきれないことが明らかになるような思考の豊穣さ。最後に、私たちの内部領域への入り口を唯一開くことができ、また私たちと世界とのつきあいから私たちのうちに刻印されていたものを私たちに読み取らせることのできる、エクリチュールの仕事。しかしメルロ゠ポンティは、プルーストを追いながら、音楽的観念の手前に、すでに可視性の謎を、等価物をもたない概念を、「光、音、レリーフ、官能性」を作り出しているものを明らかにしている。それによって私たちは世界に参加し、そこから知性の諸観念が派生してくることになる。同じ探査が、とくに一つのテクストに結びつけられているわけではないが、クローデルの著作に手を出す機会を利用して行われる。直ちにメルロ゠ポンティは、「同時性」というタイトルで、いくつかのテーマを強調している。それらのテーマは、それらが『見えるものと見えないもの』の中でどれほど重要であるか、肉の概念とそれらがどのような類縁性をもっているかが測られるようなテーマである。ただ、クローデルは本書で（またこれ以前のメルロ゠ポンティの著作の中で）何度も引用されている。彼はとりわけクローデルに「存在の凝集」の概念を見出している。それは、延長としての空間および瞬間の継起としての時間にかんするすべての表象を裏切るものであり、私たちの上方ではなく下方にあるものとしての存在の観念を含意している（彼は別の箇所ではより忠実に神について語っていた）。すなわち、無差別ではなく「共存不可能なものの統一」を意味する、すべてのものすべてのものへの分有の観念である。

クロード・シモンについての草稿は、とくに注意をひくものである（これだけが切り離されて、ジャック・ネーフの発意で、『ジュネシス』一九九四年六号に出版されたことを記しておく〔訳注11〕）。この草稿は、先行する草稿よりも省略が多いとしても、メルロ＝ポンティの探求における新たな突破口を示している。彼が『風』『草』『フランドルへの道』を知った日付を確定することはできないが、プルーストを読むことによってもたらされた発見にも比較しうる発見をしたという印象を、ほぼその直後に私に知らせてくれたことを思い出す。その少し前に導入されたイメージの数々が戻ってくる。存在の蚕食、嵌合、重なり合いといったイメージである。しかしながら、彼が開くのを見ているのは文学への新たな入り口であり、こう言ってよければ、非形象的なエクリチュールへの移行であり、知覚、認識あるいは想起の対象である事物、登場人物、場所、瞬間を越えて、私たちがいる場所から、それらが作り出し私たちがその一部をなしているマグマをほぼ感じることができるようにしようとする試みである。「このことは一般に妥当する。クロード・シモン。その深い新しさは、存在するものを外から描くこと、空間や時間や人間を、その形に従って、「形象」として外的な輪郭や遠近法によって描くことではもはやなく、透けて見える輪郭なき現前として、「全体的に存在するもの」［インタヴューから抜粋されたシモンの表現］として描くことにある。私たちの経験はすべてそこから引き出される。全体性は、つねに包括するものあるいはマグマのようなものとして透けて見えるのだ」と彼は記している。たしかにプルーストは物語のモデルと手を切った。しかし彼は、時間の生起を文章にし、継起の順序に逆らい、啓示を与える創造の法則以外の法則には従わないと同時に、やはり数々の人物像をもたらし、状況を記述しており、それらの意味はそのたびごとに語り手の時間－空間の中の位置に依存しているが、その断片的な視点は最終的に「形象」の中で接合されるのである。さらに、彼が行っているのは探求であり、それは探求自身に立ち返りつつ、その完成によって作品の生成の物語を明らかにするのである。最後に、以上が言葉の連鎖であり、私たちはその動きに触れつづけるのである。メルロ＝ポンティはクロード・シモンに新しい形式の物語を見出しており、そこでは、プルーストが悟性に逆らって手に入れた空間と時間を再構成するために使った分節はかすんでしまう。シモンの小説のあれこれの抜粋を注釈しながら、メルロ＝ポンティは「時代と時代が互いに重なる」とか、「場と場が互いに入れ子になる」とか、「身体と身体が互いに二重写しになる」とか、あるいはもっとはっきりと「身体同士はいわば絡み合っており、一つの身体に起きること、その生と死は、別の身体の持続や年齢を変容させる」と記している。彼は、「植物的な空間」について、また同様に「エレメント〔元素、元基、境位〕の時間」について語る。クロード・シモンの語法において、句読点が多くの場合削除される点で、また「不分割の文」を使う点で、彼は、言われたことと、見たり聞いたりするよう与えられたものとの不－分離への関心を認識させてくれる。そしてそれは、思考と言われたことの不－分離と対をなしている。インタヴューの途中にシモンの語った「私は私が考えているとは思いません」という言葉を引用しながら、メルロ＝ポンティは以下のような注釈を行っている。「彼はセザンヌが「絵画において思考していた」ように思考している」（彼がたびたび想起させた絵画の定式）、そしてこうつけ加えている。「（……）切り離された思考〔強調ルフォール〕をもたないような、世界のこのような開示こそが、現代の存在論である」。

注目すべきは、メルロ＝ポンティが、デカルトについての研究を企てる前に文学と絵画に与えていた位置である。それを見るために、私たちは『見えるものと見えないもの』に付されている研究草稿の表現（一九五九年六月）[訳注12]を思い出しておこう。「〈存在〉とは、私たちがそれを経験しようとすれば、私たちに創作することを要求するものなのである」。この草稿の後に、彼の次のような命令が続くのである。「この方向で、つまり〈存在〉の刻印としての文学の分析を行うこと」。

第二部（すなわち『講義』の最終部分）については、すでに眼の視覚のモデルに基づいて着想された精神の視覚について語ったときに暗示しておいた。ここでは、彼の分析の細部に立ち入る余裕はない。少なくとも、メルロ＝ポンティとデカルトを結びつけている関係についてふたたび強調しておけばよいと思われる。彼の意図はデカルトの議論に反駁することにはない。むしろ、彼が示したいと思っているのは、私たちの時代に形をとりはじめている問題の数々が、デカルトにとっても無縁でなかったこと、それらの問題は、彼が自らの思考を新しい存在論の方向に維持するために強いられる位置変更の中で透かし見えるということである。デカルトの構想は、非－哲学とされるものから哲学を引き離すことであるが、しかし哲学は非－哲学に回帰するのである。彼の足取りを理解するためには、彼の方法の提示に立ち止まるのではなく、彼の歩みを復元しなければならない。その歩みは、近代の哲学者たちの探求と対比することによって「認識から存在に向かう」歩みであるが、しかし「存在の経験についての私たちの観念がもはやあてはまらない誰かの歩み」ではないような歩みである。より正確に言えば、私たちは二つの逆転によって行われる一つの動きを発見すべきである。第一の逆転は、生を行使する際の世界の混乱した理解からコギトに回帰させる逆転。第二の逆転は、思考と存在の結合を保証する確実性から、「実存する世界へと、統一へと回帰」させる逆転である。さて、もしこれがデカルトの哲学であるとすれば、したがってそれはデカルトが哲学として限定しているものとは一致しないが、――またもし彼の二つの転回が矛盾していないならば――、「デカルトの哲学は（……）自然の光と感覚、見えないものと見えるもの、肯定的なものと否定的なものの両義的な関係を含んでいなければならない。このような関係や混合こそを探求しなければならないだろう」。これこそ、実際にメルロ＝ポンティが自らに与えた仕事である。『精神指導の規則』から『省察』にかけて、デカルトは、精神の視覚の肯定＝実証主義に依拠した自然の光の観念から、「懐疑の夜」や、全能にして欺く悪霊の仮説を通して、「我思う、我あり」の確実性において与えられる自然の光の観念への移行を示している。しかしながら、懐疑が我思うの確実性の中に解消されなければならないこと、悪霊の観念が支持しがたいことが明らかになることによって、肯定的思考に回帰するわけではない。否定的なものの働きは消えない。思考は、中断された思考としてのみ取り戻されるのであって、それは思惟作用〔cogitationes〕という資格ではすべてを受け入れる。すなわち、感じられるもの、夢見られるもの、想像されたものを、知覚されたものと同じように、「区別の名のもとに何も抑圧したりせずに」受け入れるのである。我思う、我ありは、「私には……だと思われる」と混同されるという意味で、存在－対象の確立なしに、「懐疑と確実性のきらめき」にとどまる。実存は、あらゆる存在者を否定しようとする試みに抵抗してきたものとしてと同時に、私だけのものとしてのあらゆる視覚の自己現前として、与えられる。こうしてコギトの発見は自然の光の意味作用を変えてしまう。コギトは瞬間の中でのみ確実性をもたらす以上、コギトによって時間から抜け出すことはできないとすれば、この確実性は数学的真理のそれとは別の秩序にあることになり、その確実性は「内的証言、非定立的な「内的な認識」、私の私に対する、そしてあらゆるものの私に対する非－隠蔽の確実性」である。自然の光が「純化される」とき、それは判明ならざる仕方で現前している一切のものを照らしだし、同時にそれ自身と「暗さの混合」をも照らしだすのである。結局、コギトによって時間から抜け出すことはできないということと、コギトは私たちの自然的構成から派生するのかもしれないということの二重の反論から、デカルトは、神、すなわち限りなき〈存在〉の観念によってのみ解放される。しかし、この神は悟性の限界を越えている。それは「広大な光」であると同時に、至高の不可知性、永遠真理の創造者にして「神－深淵」なのである。

*

一九五九年の講義の序論で、メルロ＝ポンティは、キルケゴール、ニーチェ、マルクスの検証を通じて私たちの非－哲学の状態を問うという構想を退けていた。それは、彼によれば、形而上学がヘーゲルとともに完成するということの証明に行き着き、ヘーゲルから離れた三人の思想家が本当に形而上学と手を切ったのか、そして彼らがどの程度私たちの時代の問題を予告しているかを問うだけになるだろう。彼はこれらの問題に真直ぐ向かう方を望んだ。それにもかかわらず、一九六一年の二回目の講義は、彼が放棄したようにみえた道を再開している。

たしかに彼のつけたタイトル「ヘーゲル以後の哲学と非‐哲学」は部分的にひとをとまどわせるものである。キルケゴールは、ほんのわずかに言及されるだけであり、ニーチェは、『悦ばしき知』（一八八六年版）の「序文」の長い抜粋に触発された短い反省の対象になるだけである。講義は、何よりもヘーゲル自身とマルクスに関わるものである（ある意味でそれは、その『要録』で知られている、一九五六年の講義「弁証法的哲学」〔訳注13〕において展開された分析の続きをなすものである）。メルロ＝ポンティは、ヘーゲル主義に対する重要な批判の両義性を探る決意をした後で、あたかも『精神現象学』の著者の誘惑に屈したかのようであり、また哲学と非‐哲学の関係という彼にとって同じくらい重要な問題が、すでにヘーゲルの作品の中心にあり、したがって、形而上学の完成という命題はヘーゲルの思想の最も生きた部分を無視させることを示そうとしているかのようである。いずれにせよ、メルロ＝ポンティの研究は原理的に、私たちが「序文」の名で知っているが、もともと役割が決まっていなかった『精神現象学』の断章である最後の四ページの注釈にあてられている。したがって問題になるのは、その作品の性格そのものに関わるためらいを証言していないかどうかを問うことのできるテクストである。ある意味では自己満足する以前の現象学、また別の意味では現象学に領野を開き、弁明を与える言葉の欲求を引き起こす現象学である。

　注目すべきことに、ハイデガーはすでに、「ヘーゲルの経験概念」というタイトルで、「精神現象学序文」についての長い注釈を行っており、これは『杣径』〔訳注14〕に収められた。さらに注目すべきことに、メルロ＝ポンティがヘーゲルのテクストを読んだのは、この試論においてであり（当時未訳だった）、そこにたまたま転載されていたのである。彼がこのようにしたのは、『精神現象学』の版を調べる労を惜しんでのことではない。彼は、同じ動きの中で、ヘーゲルと、ヘーゲル以後の哲学と非‐哲学を考える大哲学者に向かうのである。

　ヘーゲルにあてられた草稿の冒頭で、メルロ＝ポンティ自身が「デカルト的存在論」において定式化している批判にきわめて近いデカルト批判が強調されていることが確かめられるだろう。メルロ＝ポンティが〈存在〉について語っているのに対して、ヘーゲルが相変わらず絶対者の概念を用いているという留保を除けば、認識から出発する概念への批判は同じである。さらにメルロ＝ポンティは、ヘーゲルが次のように書くとき現象学への道を開いていると示唆している。「絶対者への関係は認識に先立っており、絶対者はすでに私たちのもとに〔bei uns〕あるはずであり、認識は絶対者を暴露する光そのものであるはずである」[訳注15]。「デカルト的存在論」において非常に重要だった光のテーマが、後のヘーゲルの弁証法の検討の際にもふたたび現れるのである。メルロ＝ポンティは次のように記している。「新しい光の観念。すなわち、真なるものはそれ自体両義的〔zweideutig〕である。なぜならそれは本質《ヴェーゼン》あるいは即自《アンジッヒ》でなければならず、そしてそうでありうるのは、即自の意識に対してあるとき、すなわち本質あるいは即自ではないときに限られるからである（……）、多義性〔Vieldeutigkeit〕は真の光の消されるべき影ではない」。まず、認識と絶対者の分離を行うことの不可能性を示した後で、彼はデカルトの「誤ったラディカリズム」に対するヘーゲルの批判に注意を促している。一般的に言うと、メルロ＝ポンティの関心は、突出したいかなる立場も排除し、「測るもの」と「測られるもの」のあいだのいかなる分離も排除する経験の思考——意識と対象は交互に互いを明らかにする——の中で、最も先までヘーゲルに同行することにある。認識と対象のあいだの弁証法的交換についてのヘーゲルの考えを強調しながら、彼は次のように書いている。「経験、すなわち実際の存在の受諾のみが弁証法を引き起こすことができる。というのも経験のみが何ものか、すなわち自らを露呈でき、深さ、潜在性をもち、それゆえ新たな真なるものの淵源となるような脱自を引き起こすことができる何ものかへの開けだからである」。交差配列《キアスム》、相互包摂、骨組、ゲシュタルト〔Gestalt〕といった語の使い方で知られているメルロ＝ポンティの語法は、きわめて自然にテクストの解釈に適合しているので、私たちは最後の講義に近づくと、メルロ＝ポンティの思考に通暁して、メルロ＝ポンティが現象学から論理学への転向を暴く前にヘーゲルからどのようにして別れるつもりなのか、疑問に思うようになるだろう。実は、注釈の途中で数多くの前兆が結論を予測させる。すなわち、自分自身の歩みに対するヘーゲルの盲目、あらゆる外在性が知に吸収されるようにしている意識への言及などである。

メルロ＝ポンティは、『精神現象学』全体にわたってヘーゲルの思考を導いている二つの要請のあいだの緊張関係を明らかにしようと努力している。一方で重要なのは弁証法を経験に内在するものとして、「内容の運動」として再認識することである。弁証法は意識の事実でも、客観的なものでもない。弁証法は「意識の属性」であるどころか、「むしろ意識こそが弁証法の属性なのである」。この意味で私たちは、一つの対象から別の対象への変形が意識と意識自身との関係の中で生まれることを認めつつ、この意識が経験の中でとらえられる不透明なものだということを認めなければならない。同様に、ヘーゲルはこのことを強調した最初の人であるから、弁証法を立て直そうとしても無駄だと思われるだろう。他方で弁証法は、経験に含まれるものとして理解された意識と、経験の知として理解された意識とのあいだの分裂を含意している。そして、このようなことが、継起する意識の諸形象の復元なのである。またこの意識は、意識に現前する世界と結びついた意識として、外にあるものとして意識に与えられるものについての意識として姿を現すことをやめるとき、したがって意識が、それ自身の運動の知られざる部分において神秘化されることをやめるとき、そして意識が完全に自己意識となり、意識の発生の知となり、また同じことだが「意識の外部と等しくなる」とき、達成されるはずである。このとき、経験は絶対知に変身するとメルロ＝ポンティは記している。同時に、哲学は非‐哲学から切り離される。メルロ＝ポンティの解釈の長所は、彼がヘーゲルの試みに、狡智とは別のものを、言いかえればヘーゲルが現在の中にあると理解している世界の秩序の必然性を信じ込ませるために、造作もなくその意味作用を手にする経験の構築とは別のものを見出していることである。メルロ＝ポンティは、経験と経験の認識との循環という観念を自分のものにしている。彼は、ヘーゲルとの決裂の意味をこのように説明しながらではあるが、この循環が終わりのないものであることを明確にしているだけである。彼はヘーゲルに対して、両義性を非難するのではなく、良き両義性から悪しき両義性への移行を非難しているのである。彼は、最後から二つ目の講義で、検討された断片を彼の著作の冒頭に置くことを決めて、「ヘーゲルは絶対者の現前である『精神現象学』に序文がないとは見ていない」ことをついでに思い出させながら、まず次のように記している。「一八〇七年には相互内属〔Ineinander〕の関係、中心を同じくする状況、相互包摂があるが、それはやがて「肯定的に合理的なもの」――あるいは思弁的なものの包摂的思惟に席を譲る。それは、「同一性と非同一性の同一性」が、ついに差異（強調ルフォール）を下位におくということである」。数行先に示されているように、「絶対者は空虚になり、無差異（強調ルフォール）になり、純粋な保存になる」のである。ヘーゲルはすべてを正当化することを自らに許しているのだと理解しておこう。最後に、最終の講義でメルロ＝ポンティは、やはり意識への言及を読み取りながら、どれほど自らのヘーゲル解釈が自分自身の現象学の概念に結びついているかを理解させようとしており、両者のつながりと断絶に力を注いでいる。メルロ＝ポンティは、ヘーゲル的絶対者が「〈即自〉と〈対自〉が意識のレベルで現れるようには、〈即自〉の側にも〈対自〉の側にもない」ことを強調しながら、絶対者は「絶対知は経験という環境においてのみ〈即自／対自〉である。絶対知は経験の骨組であり、経験は形象である（……）。私たちは自己理解する経験の運動において、絶対者に触れるのであるが、絶対者は、経験の背後や下にある何かではなく、経験の中に透かし模様になっており、透かし模様としてしか存在しない」。

ヘーゲルの注釈をする哲学者は、プルーストやクローデル、クロード・シモンの注釈をする哲学者とまったく同じなのである。

＊

私たちが見てきたように、ヘーゲルと同じようにマルクスも、すでに一九五六年の講義の対象になっていた。この講義は、それ自身『弁証法の冒険』の特徴をもっていた。ふたたび分析を支えるのは、主に『ヘーゲル法哲学批判序説』と『経済学・哲学草稿』から借りたテクストである。目的は、マルクスが、彼の意図にもかかわらず、「一貫して」ヘーゲル主義者でありつづけたことを示すことである。すなわち、彼が内容の運動である弁証法を構想しているときには語の最良の意味でのヘーゲル主義者であり、また哲学と非‐哲学を分離することを禁じるときや、完全に実証的な知の試みに屈するときも、また『資本論』でヘーゲルの『論理学』の体系に等しい体系を仕上げるときもやはりヘーゲル主義者である。理解しやすいので議論はすべて脇に置いておくが、それはフォイエルバッハの思想との対比で、マルクスの思想の中で否定性が果たしている中心的な役割を認識させ、またヘーゲルの場合認識と対象のあいだの直ちに曖昧な関係によって課せられた限界から、マルクスの思想を解放するための努力を認識させてくれる。ここで強調しておく価値があると思えるのは、メルロ＝ポンティの関心が、すでに彼がヘーゲルを検証する際に専念していたように、マルクスの試みの中にある新しく豊かなものに合流することだということである。彼は次のように書いている。「マルクスによって素描された哲学は、本質的に弁証法的である。言いかえれば、自然や人間、歴史は、ある原理的属性によって定義できるような実体としてではなく、標定可能な中断がないような運動、そこにはつねに他者が含まれている運動だと理解されている。そこには、物質‐観念、主観‐対象、自然‐人間、即自‐対自の裂開はなく、そこで否定性が働いている〈存在〉のみがある（……）」。人間と自然の融合ということから、人間は自然の主体でも断片でもないということになり、自然は外的なものではなく原理上感性的なものだということになる。彼は、この融合から、歴史は人間の肉（強調ルフォール）そのものだと考えられるという結論を導く。有名になった『経済学・哲学草稿』の長い一節に、メルロ＝ポンティによって注意深く注釈が加えられており、その結論は歴史が「人間の真の自然史」だということである。メルロ＝ポンティは、この一節の引用から、フォイエルバッハの着想に非常に近いとしてもヘーゲルの着想にもそれに劣らず近いという結論を引き出している。ヘーゲルの「否定性」の方は世界の肉に「かつて」降り下ったものだという違いを除いて（ふたたび私が強調したこの語は、彼の存在論に固有の概念を明らかにすることが知られている）。彼がこの目的を定式化している節には、やはり「マルクスの存在史〔Seinsgeschichte〕の素描」というタイトルがつけられている。メルロ＝ポンティは、マルクスの道程の一部分をもとに、彼自身が追求しようと努力している方向性を見出しているのだと判断してもよいだろう。メルロ＝ポンティの見るところでは、マルクスは通行止めだと思われた道を開いているとさえ考えることができる。しかしこの道はふたたび続きがないことが明らかになる。実際、マルクスがフォイエルバッハに反して、「否定の否定」という観念を維持しているのは、結局のところその観念を、自然と和解した人類の到来をもたらす時間に限定するためである。マルクスは、歴史が歴史自身を乗り越えるような運動を、あるいは人間の真の本質の中で実現されるような運動を想像している。メルロ＝ポンティがかつて指摘していたように、マルクスはヘーゲルの肯定主義を見分けることができたにもかかわらず、また宗教あるいは法、政治における人間の外在化過程に関するヘーゲルの記述が、いったん絶対知が達成されてしまえば、意識の以前のあり方の保存に至り、「理性は非理性としての非理性において自身のもとにある」と結論づけさせるものであることを示すことができたにもかかわらず、マルクス自身、ふたたび肯定主義に陥り、否定の否定を疎外の克服に還元し、歴史や前歴史と名づけられるものの終わりを着想していることが明らかになる。否定的なものの働きは、意識の道程という観念にふたたび支配された後、人類の境界線の中に厳密に閉じ込められることが明らかになる。そして人類は、その区分から解放された後、自然的なものになるだろう。

哲学か非－哲学か。〔本書に収められた〕講義全体を通してメルロ＝ポンティは私たちに、両者を切り離すことも混同することもできないと説く。

はしがき

本書は、哲学の可能性を対象にしたメルロ゠ポンティのコレージュ・ド・フランスにおける最晩年の講義群で構成されている。一九五八－一九五九年の講義——実際には五九年一月に始まったのだが——について、メルロ゠ポンティは、ガリマール社から『講義要録』の中で、「哲学の可能性」〔訳注1〕というタイトルで出版された要録《レジュメ》を書いている。これはその年にメルロ゠ポンティが行った唯一の講義である。この講義によって、彼は自然に関する講義〔訳注2〕を中断しているが、それにもかかわらず「哲学の可能性」は〔自然に関する講義のあいだにはさまれたたんなる〕挿入ではない。このタイプの問いかけは、一九六〇－一九六一年の主要な講義〔訳注3〕、「デカルト的存在論と今日の存在論」と、「ヘーゲル以後の哲学と非－哲学」についての講義で、新しい方法で再開されている。本書でこの三つの講義の草稿を結びつけることが重要であるように思えた。一九六〇－一九六一年の講義は、メルロ゠ポンティが一九六一年五月三日に亡くなったため、終わりにまで至らなかった。したがって、この主題についての要録はない。本書で示される「存在論」についての講義草稿は、初めて公けになる。「ヘーゲル以後の哲学と非－哲学」の準備草稿はクロード・ルフォールによって筆写、編集され、一九七四年に出版部数の少ない雑誌『テクスチュール』に発表された〔訳注4〕。

さらに、私は、付録として、『見えるものと見えないもの』の「問いかけと直観」〔訳注5〕の章に対応する書きかけの原稿を公表することを思いついた。この「草稿」は今までまったく知られていなかったものである。クロード・ルフォールは『見えるものと見えないもの』のはしがきの中で、メルロ゠ポンティが出版することになった新たな原稿のためにその草稿を放棄したので、それを省いたことを示していた。この「草稿」は講義のテーマと類似しているので、それ自体興味深いものであることから、終わりの方はいくぶん空白が目立つが、本書に収めた。

読みやすさを配慮して、必要だと思われた出典をすべて付してこれらの草稿を筆写した。メルロ＝ポンティが引用している〔フランス語以外の〕テクストについては、当時まだ翻訳されていなかったテクストや、彼が翻訳に満足していなかった〔当時既刊の〕テクストについても、既存の翻訳を示した。いくつかの冠詞や、＝、≠、↓などの記号に対応する語は、必要だと思われる場合にはカッコ内に復元した。句読点は往々にして変更した。著者注はイタリック体のアルファベットで示し、編集者注は番号で示す。判読不能のままの語は［?］で示す。著者による草稿のページづけは、欄外に復元した。講義計画は、さまざまな節のタイトルや、テクストの中で突き止められたタイトルから私たちが再構成した。〔日本語版の凡例については、巻頭を参照。〕

哲学における彼の仕事の仕方、とりわけ芸術実践への関わりの探求という動機で、私はフランス国立図書館におけるメルロ＝ポンティの草稿研究を企てた。私は困難にして魅力的な紙片の筆写に専念した。最初は、小さくとがった文字に解読を妨げられた。私は、遺稿の紙片に関心を抱いた他の研究者と同様、最初はためらいがちな、次いで次第に規則的になる読解の息吹によって、これらの記号に命が与えられたときには、大きな感動を経験した。

本書の実現を許し、ご助力くださったシュザンヌ・メルロ＝ポンティ夫人に心から感謝する。またクロード・ルフォール氏にも心から感謝する。氏はこの計画を支え、主唱者となって実行してきたメルロ＝ポンティの遺稿編集作業すべてによって、この計画を可能にしてくださった。マルク・ド・ローネー氏には、ドイツ語のテクストの筆写の訂正と、とりわけ熱心な励ましに感謝する。マルク・ジムネーズ氏には、数年の長きにわたって惜しまずに与えてくださった貴重な助言と教示に感謝する。メルロ＝ポンティの遺稿に関心をもち、遺稿の媒体についての経験を教えてくださり、私自身の研究技術を豊かにしてくださったジャック・ネーフ氏に感謝する。また、国立図書館の手稿部の管理者で、メルロ＝ポンティ・コレクションの所蔵責任者であり、私の研究上の要望に手際のよさと好意で応えてくださったフロランス・ド・リュシー夫人にも謝意を述べたい。

ステファニー・メナセ

一九五八―一九五九年講義

今日の哲学(1)

(1) 〔国立図書館分類番号、メルロ＝ポンティ、第番号七、第四巻。このテクストは「哲学の可能性」(M. Merleau-Ponty, *Résumés de cours*, Paris, Gallimard, 1968, p. 141-156. 〔M・メルロ＝ポンティ『言語と自然』木田元・滝浦静雄訳、みすず書房、一九七九年、一〇一―一一三頁〕) と対応している。〕

［講義の計画］

全体から見た今年の講義の位置。

〈自然〉(1)についての講義の一部をなす。私たちは〈物理的自然〉〔Physique〕とピュシス〔φύσις〕を検討してきた。さらに動物性を検討した。象徴機能《サンボリスム》の根源としての人間の身体の研究は、ピュシス－ロゴス〔φύσις-λόγος〕の接続に向けられている。というのも目的は、ピュシス－ロゴス－〈歴史〉〔φύσις-λόγος-Histoire〕だからである。目的は、より一般的には（現代的な意味での）存在論でもある。すなわち、実体、主観－客観、原因といったカテゴリー、言いかえれば古典的な意味での形而上学の彼方での、全体とその分節の考察である。

（1）［一九五六－一九五七年および一九五七－一九五八年の講義。M. Merleau-Ponty, « Le concept de Nature », *Résumés de cours*, pp. 91–137.〔「自然の概念」、『言語と自然』所収、六七－九九頁〕。および聴講者のノートから編集された自然についての講義録。M. Merleau-Ponty, *La Nature*, Paris, Seuil, 1995, Cours de 1957–1958, p. 259.］

〔この古典的な意味での形而上学には〕「物質」「精神」「理性」と呼ばれるものが位置しているが、それとは別の、存在の類型の開示。私たちは、私たちの科学を通して、また私たちの私的生活や公的生活を通して、この存在の類型に触れている。しかしそれは公式の現実存在をもっていない。私たちの「哲学的」思考は、沈黙していないときは、唯心論的、唯物論的、合理主義的か非合理主義的、観念論的か実在論的なものにとどまる。ルヴェル〔訳注1〕のパンフレット(1)の意味は次のことである。私たちは、かつては一つの哲学があったと感じていたが、今では精神分析、民俗学などの中に有効なものがあると感じている。しかし私たちは、前述のカテゴリーに支えられた古典的な意味での哲学と、あまりにも性急に科学と同一視されてしまった具体的探求とのあいだに、問いかけの存在論〔ontologie interrogative〕としての哲学の場所を見出していない。私たちは古典的な哲学にも科学主義にも満足してはいないのだが。

（1）［J.-F. Revel, *Pourquoi des philosophes?*, Paris, Julliard, 1957.］

初めのいくつかの講義。私は、初めのいくつかの講義でこの存在論的研究の意味を強調し、その後で〈自然〉の問題に立ち返りたいと思う。哲学史から出発して存在論的研究を正当化しようとすることもできるだろう。しかし、もしそうすれば消極的なものになり、ヘーゲルにおける形而上学の到達点とドイツ観念論の崩壊を示すことになるであろう。しかし、その後に何が来るのか。キルケゴール、マルクス、ニーチェは、本当に形而上学以後にいるのか。あるいは、形而上学の歴史のニヒリズム的結末なのか。彼らは未来への道しるべなのか、それとも今日の哲学の同様の危機を表現したものなのか(1)。

（1）ヘーゲル以後の哲学的「空白」。彼とともに何かが終わった。その後、哲学は哲学の問題化、それも混乱した問題化になる。形而上学の運命と今日の非－哲学の予兆（ニーチェ、マラルメは歴史に先んじていたという思想）。問題化しなければならないのなら、今日の経験から出発すること。

いずれにせよ両義的なので、私たちは現在から出発して彼らを再解釈する。したがって、むしろこの現在に身を置くこと、私たちがそこにおり、私たちの歴史全体に結びついている哲学的空白から出発して、存在論的研究を特徴づけること。

私は、哲学と歴史の同一性や、哲学的立場と社会・歴史的立場の一時的な並行関係など仮定しない。そのような仮定は不可能であり、そうだとも違うとも言えるので、「答え」は自由なのである。しかし問いは与えられている。哲学の問題化は、私たちの時代によって与えられたものである。私たちの時代を参照する必要［があるの］は、まさしくそれが非‐哲学〔non-philosophie〕の時代だからである。

一　非－哲学という今日の状態

私たちが今置かれている人間の状態があり、それは、（一）通常の古典的意味の哲学を破壊するものであるが、[1]（二）それにもかかわらず最高度の哲学的な意識化を要求するものである。フッサールはそれを「不死鳥」だと述べている。[2]

（1）他方で、私たちの時代をこのように特徴づけることは、哲学の危機の説明ではない。根源における存在の企図（存在の歴史〔Seinsgeschichte〕の局面）があり、私たちの時代はそれを開示するだけである。

（2）［E. Husserl, *Die Krisis der europäischen Wissenschaften und die transzendentale Phänomenologie* (*1935-1936*), La Haye, Nijhoff, 1954, p. 348, *La crise des sciences européennes et la phénoménologie transcendantale*, trad. fr. G. Granel, Paris, Gallimard, 1976, p. 382-383.〔E・フッサール「西欧的人間性の危機と哲学」谷征紀訳、フッサールほか『現象学と人間性の危機』所収、御茶の水書房、一九八三年、五七頁、以下『ウィーン講演』と略す〕］

そこから、（一）厳しく定められた公式的な哲学の頽廃と、（二）文学や芸術などの哲学的性格が生じる。

2

私の命題は次のようなものである。この哲学の頽廃は非本質的なものである。それは（実体、主観－客観、因果性などに基づいて行われる）ある種の哲学の仕方〔philosopher〕の頽廃なのだ。哲学は、詩や芸術などに、それらとはるかに緊密な関係をもちつつ、助けを見出すことになり、そうしておのれの固有な形而上学的な過去を再生させ、再解釈することになる。この過去はまだ過ぎ去っていないのである。

しかし、哲学が危機的状態にあることにはかわりがない。今にも芽生えそうなのは、口ごもりがちな哲学、あるいは、ほとんど沈黙したもの、あるいは、ことさらに非‐哲学として示されるものである。この非‐哲学という歴史的状態の特徴は、この二五年のあいだに少しずつ明らかになってきている。そのいくつかは最近のものである。それより古い特徴はあげないことにしよう。その意味は同じだからである。

（一）人間と人間の関係における合理性の危機。これは、たとえ権利上のものだとしても、人間の共可能性〔compossibilité〕――有機的社会の可能性――があるかどうかを知るという問題である。

実を言えば〔これは〕マルクス以後に立てられた問いである。彼は社会（資本主義）が階級の矛盾によって引き裂かれていることを見てとっている。

階級の思想、階級の道徳は、普遍主義を［意味しない］。しかしマルクスにおいては、その下に合理性の原理がある。階級とは、潜在的にあらゆる矛盾から解放された新たな文明の基礎である。というのも私たちはあらゆる領域で矛盾にむしばまれているからである。実を言えば、詳細に検討すると事態はそれほど単純ではない。この新たな文明なるものは、どのようにして新たな指導階級によって作りあげられるというのだろうか。どのようにして新たな階級はその深い歴史的意味を表現しうるのか。この未来を表象することはできない。文明化の活動は、階級であるかぎりでの自分自身を破壊するものとしての普遍的階級という保証のもとで行われるのだから。マルクスは古典にとどまる。実践《プラクシス》は、（歴史的真理を作り出しながら）歴史的真理を拡張するからである。マルクスはヘーゲル主義者にとどまる。ヘーゲルは解体されるのではなく、実現されるからである。

マルクス主義が合理性を問いに付すのは、ようやく一九一七年、つまり歴史を生み出すだけでなく歴史をこじ開けることが問題になるときである。革命の課題は、行政機構を移しかえることではなく、創造することである。ボリシェヴィキの主意主義と主観主義。計画の統制、その合理性や普遍主義は後退する。その計画が、階級なき社会（階級としては廃棄される階級）とは別ものになってしまわないかどうかを知ることは、私たちの主題ではない。私たちにとって重要なことは、そこに何らかの非合理主義の正当化があるということである。

同様に私たちにとって重要なことは、この最初の事実が世界中に余波をもたらすことである（そしてそれは終わっていない）。反革命は、革命を抑圧することを自らの課題としつつ、革命に対抗して、革命の非合理主義を取り上げ直すことで発展する。革命から、この非合理主義だけを取り上げ直すのであり、その歴史哲学ではなく、その手続き、その政治的で警察的な技術を取り上げ直すのである――ファシズム。

これは第二次世界大戦とともに終わったわけではない。なぜなら、西欧における革命運動が脆弱なのは、たとえマルクスが当初考えていた問題（先進諸国における革命）とは異なっているとしても、やはり西欧の「合理性」の危機を示すような問題が日程にのぼってきているからである。〔それは、〕発展途上国の命運の問題である。たしかにマルクスにとっては、発展途上国の諸問題と先進国の諸問題のあいだには関係があった。またマルクス主義者たちにとっては、一九一七年以来、不均等発展という観念や、発展途上国の革命への直接的移行という観念があった。しかし彼らの場合、革命の図式はプロレタリア革命の図式にとどまっていたのである。実際に起こっていることはかなり違っていた。先進国のプロレタリアートの相対的無関心と発展途上国の自発的運動である。それゆえ、多くの西欧人に、ファシスト的振る舞いをふたたび生み出すような退行的態度が生じたのである。

明からさまな事実の背後で問題になっているのは、ヨーロッパが世界的文明を創造する可能性である。私たちがものごとの法則だと考えてきたことが、実は偶然的な歴史的特権であることが気づかれる（あらゆる人民に私たちと同じ将来が約束されている〔という考えは、〕自民族中心主義〔である〕。つまりあらゆる人民が、〔私たちと〕同じ道の後方にいるという考えである。マルクスにさえも、プロレタリアートや普遍的階級という概念を植民地に拡大することによってこれらの問題が解決されるという考え〔がある〕）。この歴史的特権への異議申し立てによって、その特権が当然のものだという意識がゆらいでいる。発展への権利要求によって、私たちは悟性の政治が権利上のものではなく、たんに事実上のものにすぎないと感じるようになっているのである。それは、古典的な社会「哲学」の否定であると同時に、歴史についての反省への、意識化への差し迫った要求でもある。しかしそれは、あらゆる限界状況と同様に、たんなる抑圧の可能性でもある。

「沈澱」――私たちの自民族中心主義、素朴な信念としての私たちの普遍主義、私たちが世界の法則だと考えていた私たちの歴史の投影――の発見。この沈澱を、歴史的創設〔Stiftung〕[訳注2]として意識化すること、つまり、その価値と、その価値に異議を申し立てるものを同時に意識化すること。この意識化は（消去によって、あるいは単なる力の闘争によって）衰退《デカダンス》を［もたらす］こともありうるし、再生の機会ともなりうるのだ。

（二）〈自然〉と私たちの関係における合理性の危機。技術的進化の論理。〈原子〉爆弾、原子エネルギー[1]。

（1）［M. Merleau-Ponty, *La Nature*, Paris, Seuil, 1995. 一九五六―一九五七年講義の第二部を見よ。］

1／世界の枠内になく、世界を条件づけ、世界を破壊することのできるエネルギー、2／分裂によって獲得されるエネルギー。これらのエネルギーの顕在化。真の存在は爆発的なものであり、知恵のある存在はこの火山の表面にいる。

そこから、（一）私たちの世界は存在しなくなるかもしれないという考え、外的な無化作用というこの絶対的他者による動揺が生じる。そこから、あらゆる課題の相対化‐非合理主義が生じるのである。（二）しかし別の側面がある。そのエネルギーは人間によって明らかにされたものだ。したがってこの超自然主義は、超人為主義でもある。現代物理学の高度に技術的な性格が意味するのは、技術がもはやたんなる科学の応用ではなく、科学の条件だということである。技術の（人為主義的）精神は、すでに物理‐数学的科学の誕生のときから、すなわち主体にとって透明な対象からなる宇宙の誕生のときから意図的に存在していた。しかし今や、科学が目に見えるかたちで技術の中に包み込まれ、そこから新しいプロメテウス主義が現れる。宇宙は構築されたもの〔constructa〕からなる宇宙である。それは、まったく人間的であり、かつまったく非人間的である。

このような自然主義と人為主義の混合について、ネオ・ダーウィニズムのようなアメリカ思想を参照すること。ある生物は矛盾を含んでいて滅亡するか、さもなければ適応するかのいずれかである。そこから、目的論なしに目的論の言語を話す可能性が現れるのだ。（細胞としての社会は統制されるべき事物であるという）因果論的実在主義的存在論が人為主義的思考と一致する。たとえばこれらの事物は「装置〔device〕」で満ちている。競争のイデオロギー。たとえば草食動物の栄養摂取が「成功」したのは、肉食によるならば動物どうしが共食いしてしまうからだということになる。昆虫の「栄養摂取装置〔Feeding devices〕」（花の蜜を集める蝶の舌）、あるいは植物の「栄養供給装置」さえも、「進化の過程を通じて蜜を発達させた花自身（そして花は蜜がある際の指標である）、受粉を容易にするために昆虫を引きつけるという特別な意図のためにある」[1]。つねに存在する「〔ガス〕交換表面の必要性」に帰され、「進化の過程において異なった動物に異なった仕方で見出される」鰓《えら》と肺は、盲目的必然性と人為主義の混合であり、自然と人為主義的合目的性の無差別である。サイバネティックスを参照。私たちによって構築され、私たちよりもよく考える機械という観念。機械に与えてもらう真理という観念。これは、真の存在を構築された存在に還元することであり、極端な人為主義である。しかしそれは同時にまたひそかに、人為の放棄でもある。人為は、コミュニケーションの「自然的」、物的な関係を暴露し、これが人間の思考を形成する原因となる。人為主義による〈自然〉の極端な抑圧と、「抑圧されたものの回帰」。

（1）〔おそらくこれは、A・アルベールの文章であり、メルロ＝ポンティは彼女の著作のタイトルをいくつか引用している。Agnès Arber, "The interpretation of the flower: a study of some aspects of morphological thought", *Biological Review* XII, p. 157-184. あるいはA. Arber, *The Natural Philosophy of Plant Form*..., 1950, Cambridge University.〕

これらの考え方はほとんど夢想的なもので、おぞましいものの寄せ集めである。それらは矛盾から抜け出すことができないのだ。私たちが関わっているのは、人間と不可分な構築物〔constructa〕だけであり、人間が作った以上人間にとって透明な対‐象〔ob-jet〕だけであり、人間の活動だけである。にもかかわらず、すべてこれらのものは〈自然〉の産物なのである。それは即自としての自然科学的〔naturwissenschaftlich〕な[1]〈自然〉である。そしてそれにもかかわらず、この〈自然〉は人間の歴史の中で構成されたのである。この矛盾は現代思想の真のコンプレックスである。この思想は、〈自然〉の肯定という点で、そして〈自然〉の否定という点で、二重に誤っている。この矛盾の危険性は近代科学の始まりからすでにあった。すなわち、（一）即自的自然の開示として、（二）それにもかかわらず人間の歴史に条件づけられた自然の開示として。そこから、科学の到来そのもの、現実的な事実を、科学がこの語に与える意味での〈即自的〉〈自然〉の事実として理解したいという愚行が出てくる。しかし、この愚行は、神的〈理性〉が〈即自的〈自然〉と人間の歴史の中で構成された〈自然〉とのあいだを〉媒介することによって長いあいだ覆い隠されてきたのである。逆に、今日の科学はこのような基礎を主張することはできないのであって、科学は明らかに人間的なものであり、したがって人間‐自然の循環が明白なのである。

（1）〔E. Husserl, *Krisis*, p. 42, et s., *La Crise*, trad., p. 50.〔E・フッサール『ヨーロッパ諸学の危機と超越論的現象学』細谷恒夫・木田元訳、中央公論社、一九七四年、六二‐六六頁、以下『危機』と略す〕〕

しかし、私たちの思考にとって危機的状況であるこうした事実は、深化の出発点にもなりうるかもしれない。構成された世界の枠組からはみ出すエネルギーは、偶然性を開示する。しかし、この地盤〔Boden〕〔訳注3〕の意識化、沈澱の意識化は、〈〈自然〉を、客観主義的科学が記述するようなものとして、つまり即自的な普遍的原因として理解しないという条件で）〈自然〉の再発見となり、私たちのあらゆる文化の地盤〔sol〕としての、私たちにとっての〈自然〉〔Nature-pour-nous〕の再発見になりうるかもしれない。そして私たちの創造活動はとりわけこの地盤に根を降ろしており、したがってこの活動は無条件ではなく、生《なま》の存在〔l'être brut〕との接触において文化を維持し、生《なま》の存在と文化を対峙させなくてはならないのである。存在を、純粋対象である即自と人工物という二者択一や二律背反に還元するのは、技術の世界の論理なのである。

（三）〔近代科学——世界と真理〕

宇宙ロケット。そして宇宙ロケットによって、〈自然〉と私たちの関係、真理、即自と私たちの関係を問題にすること（思考する他の可能的存在を介して）。技術によって他の惑星に住みにいく手段が作られるが、先に述べたのと同じように両義的な帰結が、すなわち懐疑主義的、非合理主義的、超人間主義的、超合理主義的な帰結が生じている[1]。

（1）〔一九五七－一九五八年講義を参照。M. Merleau-Ponty, Cours de 1957–1958, *La Nature*, Paris, Seuil, 1995, p. 182.〕

（一）「形而上学的中心」という特権を剝奪された地球は、もはや理論的にだけではなく実践的にも、他の数ある天体の一つになる。シリウス星の、ミクロメガス[訳注4]の視点。人間的なものごとの懐疑的相対化。というのも逆に、「天体」の数々の方にも、身体や精神が私たちとは別様にできている思考する存在がひょっとすると住んでいるかもしれないからである。

（二）この動揺、この他者との出会いに対する反動〔として〕、暴力や人間の再肯定。かつて「火星人」を攻撃した農民[1][2][訳注5]。プロメテウス的な「人類」の強調。社会主義とは、人間と人間が和解することによる、人間による〈自然〉の支配である。スプートニクのプロパガンダとマルクス主義の変質。同じテーマが、すでに原子エネルギーに関しても使われていたかもしれない。しかし（一）アメリカが先行したせいで、それはできなかった。原子エネルギーを発見したのは社会主義だったと言うことはできなかったのである。（二）それが危険だったのは、それによって〈自然〉の支配という問題が（a）社会構造から相対的に独立しており、（b）おそらくそれよりもずっと重要であることを示してしまう危険があったからである。

（1）これはもはや一八世紀の限られた不条理主義〔absurdisme〕（「理性」によって感覚を批判する）ではない。私たちの相対性を明らかにする科学は、もはやその代わりに何も置くものがなかったのである。

（2）［矢印で数行先の「他者を前にした欲望と恐れの混合としての不安」に結びつけられている。］

したがって、ここにもまた極端に混乱したコンプレックスがあり、そこにひとはつけ込まれているのである。他者を前にした欲望と恐れの混合としての不安。しかし、同時にこの経験は、深い哲学的意識化の機会となりうるかもしれない（前述部分参照。問題としての低開発[1]）。

（1）［再読の際の加筆。］

他の惑星に接近することによって、〈大地〔Terre〕[訳注6]〉が相対化されるわけではないこと、〈大地〉が他と同じ天体〔Körper〕になるわけではないこと、むしろ前客観的な地盤《ボーデン》の役割が他の惑星に広がることを示さなくてはならない。他の惑星が〈大地〉の属領となるにせよ、あるいは〈大地〉が拡張するにせよ、私たちはつねにどこかにいるのである。以下を参照のこと。私たちが、彼らをそのようなものとして思考する者として認識できるとすれば、他の思考する存在者との出会いは、私たちが彼らとコミュニケーションを確立できているということを意味する[1]。そして結局のところ、（たとえば、彼らが別の身体性に基づく言語を有したならば）習得されたコミュニケーションは、つねに私たちの人間的宇宙との接続となり、したがって私たちの人間的宇宙は拡張されたり一般化されたりはするが、消し去られることはないのである。

（1）〔Cf. E. Husserl, *Recherches logiques I*, §7.〔E・フッサール『論理学研究2』立松弘孝・松井良和・赤松宏訳、みすず書房、一九七〇年、四三－四五頁〕〕

したがって、絶対的他者を前にした恐怖があるわけでも、人間中心的な権利要求があるわけでもない[1]……。しかし、このことを考えるためには、状況を、正当化されえない偶然性として、真理なき純粋事実として捉えるべきではないし、精神を、状況づけられず、場をもたない純粋な観想《テオーリア》として捉えるべきではない。『転覆』[2]におけるフッサールを参照、「生活世界〔Lebenswelt〕」の開示。生活世界は、さまざまな理念化の下に存続していて、理念化を養い、私たちの歴史を維持し、それなしには相対的権利における「構築」が基礎づけられないようなタイプの存在に属している。

（1）フッサール、「もし私が鳥だったら」。『論理学研究』参照。「もし私たちが天使に出会ったら」。さらに『イデーンII』参照。「もし私たちが、真理を絶対精神の相関者だと想像したら」。

（2）〔E. Husserl, *Umsturz der kopernikanischen Lehre : die Erde als Ur-Arche bewegt sich nicht*.〔E・フッサール「コペルニクス説の転覆――原－始原としての大地は動かない」村田純一・新田義弘訳、『講座 現象学』第三巻、弘文堂、一九八〇年、二六七－二九四頁〕メルロ＝ポンティはA・グールヴィッチを通じて、一九三九年に内容を知っていた。Cf. M. Merleau-Ponty, *Phénoménologie de la perception*, p. 85.〔M・メルロー＝ポンティ『知覚の現象学1』竹内芳郎・宮本忠雄訳、みすず書房、一三一頁〕〕

（四）〔文化の兆候と哲学の可能性〕

以上で述べたことはすべて、多数の公衆に技術の発展の余波を増幅して感じさせる感情的「共鳴器」〔である〕。その諸帰結により、この「技術的世界」そのものが問いに付される。

それよりも目につかず、広まってもいないが、同じ危機的状況を証言している他の諸現象を引用するべきなのかもしれない。それは哲学の窮地であると同時に、再生の可能性でもある。たとえば、私たちの西欧イデオロギーにおいては、詩、音楽、絵画、精神分析がそうである。おそらくこれらの現象は、前述した視点から明らかになるだろう。あらゆるところで地盤は、偶然的なもの、唯一可能なものではないものとして認識されており、そしてひとはこの偶然性に、非合理主義もしくは人為主義によって応答しており、それらは同じ病の正反対の兆候なのである。

(a) 文　学

近代的な意味での「詩」――（マラルメとランボー）。言語という「地盤」への異議申し立て。

マラルメ――知覚可能な事物（客観的〈自然〉）を指示する言語は、既成の相関関係に従って直接知覚に関係づけられており、記号は指標［である］。それは「自明な〔selbstverständlich〕」言語であり、それをマラルメは創設的言語の結果として、沈澱として理解している。創設的言語は、あらかじめ定められたコードなしに、それ自身で意味しなければならない。子どもだけでなく、新しいことを言うときの私たちも〔そうである〕。その場合、与えられた言語は、諸々の空隙の輪郭を描き、謎をかけながら、機能する。したがって〔それは〕、側面的で内在的な意味作用、すなわち言語と不可分で言語によって誘導された意味作用をもつ言語である。この言語によってのみ、利用可能な意味作用をもった日常言語が存在しうる。

マラルメは、自明なものとして〔selbstverständlich〕、事物、感情、細部を、それらの凹みをもった鋳型に置き換える。すなわち、それらではないもの、それらが中断させる不在に置き換えるのである（「いかなる花束にも不在の」薔薇）。

さらに気を配った言語、あまりに性急に語ることを妨げられた言語、一種の無言に帰され、世界の肯定性から切り離された言語。それは、あまりにも文学くさい言語、作家の言語、気取りになってしまう危険がある。「他のこと」（ジロドゥ[訳注7]）について話すこと、マラルメの散文において目につく危険、そこでは詩という高尚な手段によってではなく、「世紀末」の色合いで口ずさまれた一節によって散文調が避けられている。

ランボーが記号－意味作用の相関関係を乗り越えるのは、世界の肯定性に背を向けることによってではなく、逆に留保なしに世界の前論理的統一へと入りこむことによってであり、その野生の結合と共鳴（感覚の方法的惑乱、それらの感覚された統一の体験、極限まで行使されることによって相互に移行する感覚）を目覚めさせることによってであり、言語をこの訓練の場に入れることによってであり、言語を世界の事物として生きさせることによってである。ちょうど事物に色や質の群れがあるように、語の群れとして〈生きさせることによってである〉。


「日々と季節、そして人間たちと国々のずっと後で、（……）[1]

勇壮なる古めかしいファンファーレから立ち直り――そいつはいまも僕たちの心臓と頭を攻撃している――昔の暗殺者たちから遠く離れて――（……）

霧氷まじりの突風を受けて降り注ぐ猛火、――甘美よ――僕たちのために永遠に黒焦げになった大地の心臓が投げつけるダイヤモンドの風の雨のまじまった火。おお、世界よ！

おお甘美よ、おお、世界よ、おお、音楽よ！　そしてそこには、形が、汗が、髪の毛が、そして目が漂っている。それに沸騰する白い涙、――おお、甘美よ！――そして北極の火山と洞窟の奥に届いた女の声」。

（『イリュミナシオン』二九「野蛮人」）


したがって、マラルメとランボーは意味するもの《シニフィアン》－意味されるもの《シニフィエ》の並行関係を、前者から後者への蚕食

（1）［欄外に］原初的なものの将来――火傷と凍結、贈与と呪いという、この原初的なもの。

〔empiètement〕（事物からその意味へ、あるいはその施行図への還元）によって、あるいは前者を世界の生へ引き入れることによって、切断する。他方この二つの企ては、蚕食がある以上、絶対的に区別されるものではなく、偶然に一致することもありうる。

シュルレアリスム[1]におけるこの企ての取り上げ直し、「文学」の解体（マラルメのアンチテーゼ、世界は「書物」へ行き着くためにある）。しかしそれは文学の神聖化でもあるような解体である。まず、よく練られた文学と対立する自動筆記、不分割な生、無意識の「意味作用の小石」に声を返すこと、取るに足らないもの（小さな紙片）に身を委ねること、無意味としての客観的偶然。「言葉のホロコースト」「言葉は、愛を営んでいる」[2]。それから、ブルトンはきわめて性急に、この解体を深層の言葉の奪回として理解する。「皺のない言葉[3]」――「闇の口」（ブルトン『失われた足跡』、p. 151〔一三二頁〕）。

（1）〔欄外に〕言語の解体と崇拝。
（2）Breton, *Pas perdus* (1924), Paris, Gallimard, 1949, p. 171.〔A・ブルトン『失われた足跡――アンドレ・ブルトン集成6』巖谷國士訳、人文書院、一九七四年、一四八頁〕「残りの言葉は戯れをやめた。語は愛を生む」。
（3）[A. Breton, *Pas perdus* (1924), Paris, Gallimard, 1949, p. 167.〔A・ブルトン『失われた足跡』、一四五頁〕]

〔それは〕実は、詩的なものでさえないものを含む今世紀のあらゆる文学によって取り上げ直される試みであり、小説のような「客観的」芸術形式にさえあるものだ。古典的な小説でさえ、「客観的」（中間の観察者Xによって外から見られた登場人物）であったり、登場人物の一人によってその人の視点から作られた物語であったり、語り手によってあるいは作者の介入やある「声」によって作られた物語であったりする。その変形は、主観的－客観的というカテゴリーによっては定義できない。

それを定義できるのは意味するもの《シニフィアン》と意味されるもの《シニフィエ》との関係によってである。主観的であれ客観的であれ、古典小説は措定的あるいは主題的であろうとする。枠組の記述、感情［すなわち］言表の分析（古典小説は、彼方で、しかしそれとは知らずに意味する）[1]。

（1）ある意味されたものとの関係において。

プルーストやジョイス、アメリカの作家たち以後、意味作用の様態は間接的である。私－他者－世界は、意図的に混ぜ合わされ、側面的関係において、一方が他方に含まれ、交互に表現される。プルースト、事物による書くことへの呼びかけ（マルタンヴィルの鐘楼、三本の木）〔訳注8〕。言葉を要求する事物の黙せる存在の明証性、その言葉の目的は事物の沈黙を復元することにある。逆説的にも、見かけのうちに本質〔があるのだ〕。この逆説としての超越、それは至るところで再発見される。私において、私は間歇的であり〔訳注9〕、ミクロ記述によって非連続性が示されるが、それにもかかわらず（数ヵ月後に見出される祖母の死によって）私はこの非連続のうちに私を見出す。他人は私にほかならない。私は私の疑念によって他者を見知らぬものにし、不実なものにしてしまう（眠っているとき以外には近づけないアルベルチーヌ〔訳注10〕。彼女が生きはじめるや、彼女は疑わしくなり、そしてこの疑わしさから、距離と不実が生まれる）[1]。他者はけっして到達されない。しかしながら、この嫉妬は、その極限において、他者への純粋な愛になる（この点で、他者を疑うことは、まさに自己から離れて、他者のうちで、無私のまま、真理への愛を生きることである）。この失敗した愛は愛であっただろう。そしてそのことは、現前の緊張が途絶えるやいなや理解されることになる。〈語り手〉は言う、私は彼女を愛していたし、彼女は私を愛していたのである。『囚われの女』の経験と同じように、もはやこの見かけを信用しない理由はない。

（1）［M. Proust, *La Prisonnière*, Paris, Gallimard, *NRF*, IV, 1923 ; « Bibl. de la Pléiade », III, 1952, p. 69 sq.〔M・プルースト『失われた時を求めて6』（第五篇　囚われの女）鈴木道彦訳、集英社、二〇〇七年〕］

私‐世界、私‐私、私‐他者の関係は、この横滑りする超越的関係である。不在、剝奪であると同時に、まさにそのことによって所有でもあるような時間を参照せよ。各人は自分のものである時間のピラミッドの上に座っているのである。したがって、プルーストにおける表現は措定的なものではない。各々のアスペクトは古典的な、措定的な仕方で表現されるが、表現されるべきものは、これら対立しているものを包みこむものであり、そしてこれは肯定的に言われるのではなく、記述と記述のあいだにある（プルースト自身、哲学について語り、相対主義的・懐疑的哲学によって自らの思想を表現できると信じているときに、彼は自分で間違っているのである）。プルーストの真の思想は、すべてが嘘だということではなく、嘘の中の真実であり、同じ物語の中に虚偽と真実を一緒に結びつけることの不可能性である。

ジョイス、他者の侵入に貫かれた内的独話のもや。アメリカの作家たち、三人称の小説、行動の小説は、注釈抜きの登場人物の言葉、最高度の不安を生み出し（ヘミングウェイ）、したがって自由な夢想と矛盾することなく隣接している（フォークナー）。

したがって主観的でも客観的でもなく、一方から他方への、そして世界の中への登場人物たちの、また作者の中へのすべてのものの包含と側面の関係があり、したがって間接的意味があるわけである。(1) ここには先と同じく、表面的には解体、分離がある。そしてより基礎的な結びつきや強固さの探求がある。

（1）［欄外に］意味するものと意味されるものの相対化。物のことばの探求（マルタンヴィル、私たちの中で書かれる書物）、もはや、意味するものと意味されるものの並行関係では満足できない。

(b) 絵画

絵画の「地盤」とは、だまし絵である。つまり、タブローとは、眼中に客観的知覚に等しいものを引き起こす、ずっと貧弱な記号の総体というわけである。それにふさわしい技術の探求がある。たとえば、ヴェルヴェットの表象、視覚的所与による「触覚的価値」（バーナード・ベレンソン）[1][訳注11]の表象などである。より一般的に言えば、感情や状況を現前させるもの、見せかけの「表象」を引き起こすものとしてのタブローである。現実世界（ヴァトーにおける痛み、愛、不安）の代理、自然な知覚に対応するものの体系に基盤を置き、人工物に関してその体系を巧みに働かせる表象としての絵画。

（1）［B. Berenson, *Esthétique et Histoire des arts visuels*, Paris, Albin Michel, 1953.〔B・ベレンソン『美学と歴史』島本融訳、みすず書房、一九七五年。メルロ＝ポンティ『眼と精神』木田元・滝浦静雄訳、みすず書房、三二一頁訳注も参照のこと〕］

絵画と科学（自然で必然的な諸関係）。描画技法のモデルは、〔たとえば〕遠近法である。浮き彫りや奥行といった自然記号。〈自然〉の地盤は、現実主義的すなわち因果的、目的論的な仕方で認識されている（デカルト。〈自然〉の制度）。芸術は技術［であり］、科学［である］。共可能的なものの同一性の存在論。真なるものは理念的［であり］、観想《テオーリア》［である］。破壊され、乗り越えられた世界。

相対化された地盤は、即自的〈自然〉ではなく、沈澱した文化の産物である。事実、ルネサンス以前の絵画はこのようなものではなかった。子ども、他の文化。知覚の数々。しかしこれらの事実が価値づけられるのは、もっぱら実践《プラクシス》によってである。空間性の表現は別の仕方で実現される。セザンヌ、変形。〔それは〕既成の記号からなる鍵盤ではない。そうした記号のうちの一つを確立すること[訳注12]。一度確立されてしまえば、自然と地盤とが姿を見せる。それが文化、沈澱であり、意味の空洞化〔Sinnentleerung〕である。しかし確立〔Etablierung〕においては、一方が他方に対して相対的に意味する（対立的・相関的・弁別的）記号の体系の設立それ自体が有意味であり、発明を必要とする。不足によってではなく、過剰によって知覚される無定形の世界。

ダヴィンチは、より一般的に、次のように述べている。事物、顔のかわりに、ある線を、ある「蛇行」を、その生成の原理(1)を見出すこと。どのような点で「原理」であり、どのような点で「生成的」なのか。それは線であり、それ以上ではない。そして世界の一部ではなく、見かけの中にはないような線である。その線は、何との関係において意味するのか。一つの基準あるいは水準〔との関係において〕である。運動の痕跡としての線は、リズム、法則でなければならない。その法則とは、空間における実際の移動の法則であるだけでなく、蓋然的なものを越えた可能的なものの領野の法則でもある。この空間的なものはメタ空間的である(2)。線は、ある実存的可能性の領野に対して、その領野との一定の隔たり〔écart〕として、私たちの中で語る(3)。クレー、「天才は体系上の誤謬である(4)」。それは体系的エラーであり、「一貫した変形〔訳注13〕」である。したがって、それぞれの絵画が一つの次元性の創造なのである。したがって（一）絵画はおのれに対する世界であり、世界のコピーではない。（二）絵画は間接的に表現するのであり、対象に関係することによって表現するのではない。次に「おのれに対する世界」を明確にしなければならない。これが意味するのは、「構成主義」でもなければ、他の捏造された対象、組み合わされた色でも、「装飾」でもない。

（1）講義草稿 **p. 11**[ter]〔本書五一頁〕を参照せよ。
H. Bergson, *La pensée et le mouvant*, p. 264-265.〔ベルクソン『思想と動くもの』、『ベルグソン全集 7』矢内原伊作訳、白水社、一九六五年、二九四－二九五頁〕
ダヴィンチの『絵画論』。「生物というものは波の型のような、または蛇の型のような線によって特徴づけられること、各々の生物はそれぞれ固有の仕方で蛇行すること、そして芸術の目的はこの個々の蛇行を表現することである」（ベルクソン）。

ラヴェッソン「（……）その発生軸ともいうべき一本のうねうねした線が、その全範囲を通して向かっていく特殊な仕方を、各々の対象の中から発見することである」。

ベルクソン「もっともこの線は、図形が目に見えている線のうちのどれでもありえないのである。それはここにもなければかしこにもないが、しかしすべての鍵を与える」。たしかに！　他方で線は「ある」のだろうか。輪郭は線の一つではない。「対象の」線は、線によっては明らかにされない。多くの線によって、あるいは、中断され、取り上げ直される線によって、より強く与えられるのである。

〔『眼と精神』〔二九〇頁〕とベルクソン『思想と動くもの』所収の「ラヴェッソンの生涯と著作」を参照。〕

11[ter]　12

（2）クレーの線についてのミショー。
線の冒険、ミショー（W・グローマン『パウル・クレー』の冒頭）

線たち。

「散歩する線たち──西欧でそのように散歩する線たちを見たのは初めてだ。

オブジェよりは、行程を、走行を走る、旅行する線たち……。

包むことを、取り囲むことを熱望し、場所を占有する線たち、フォルムを作る線たち（で、それから？）内側にあるもののための線（……）。

暗示的な線たち（……）。

列挙に、見渡すかぎりの並置（……）。

一本の線が一本の線に出会う。一本の線が一本の線を避ける。線たちの冒険。

線であることの、行くことの、楽しみのための一本の線。点たち。点たちの粉末。一本の線が夢見る。

人々はその時まで一本の線に夢みることをけっして許さなかった。

一本の線が待つ。一本の線が期待する。一本の線が一つの顔を考え直す（……）。

これは一本の考える線である。もう一本の線は思考を完了する。賭けの線たち。決定の線（……）。

一本の線があきらめる。一本の線が横たわる。休息。三本の鎹《かすがい》つきの一つの休息、すなわち一つの居住形態。

一本の線が閉じこもる。瞑想にふける。何本かの糸がそこから、ゆっくりと出てくる。（……）」等々。

[Cf. H. Michaux, *Passages*, Paris, Gallimard, p. 175-178. « Aventures de lignes » (1954)]〔『アンリ・ミショー全集Ⅲ』小海永二訳、青土社、一九八七年、七二五－七二八頁〕

（3）［欄外に、メルロ＝ポンティによる強調］。線は、与えられた領野を変形しながら、線に意味を与える領野を生み出す。誤謬が何ものでもないという条件で、作家と与えられた言語との関係を参照せよ。

（4）［参照。W. Grohmann, *Paul Klee*, Paris, Flinker, 1954, p. 376.〔W・グローマン『クレー』井村陽一訳、美術出版社、一九九二年、四四頁〕］

前絵画的世界とのある種の関係の中での、絵画の自律性。カシのルノワールは水を見つめる……、そして画布にまったく別のものを描き込む。〔訳注14〕純粋な不在ではなく、隔たりとしての絵画。たしかに、ひとは見えるものについて自らの手で描き、手はまなざしにぶらさがっている……。

11bis

世界への参照を明確にすること、それはまったく類似ではない。マッソン[1][訳注15]の正午の麦畑の生き生きした赤い雲。タブロー全体は、けっして正午の麦畑として客観的あるいは直接的に識別できない。その証拠は、タイトルが必要だ〔ということである〕。クレーは、九〇〇〇ものタイトルを考え出した。抽象画家の場合、よくタイトルがつけられる。バゼーヌ[訳注16]の〈小川〉——タイトルがなければ、タブローではなく、色が見えるだけということになるだろうし、タイトルがなければ、マッソンの雲の赤さは「威嚇」や「熱さ」[2]としてでなく、旗の赤として機能することになるだろう。しかし、タイトルの役割は、対象の一義的指示を引き受けるために、非効率的な絵画にとって代わること［ではない］。タイトルの役割は、絵画の記号が絵画の記号として働くことができるようにすること［にある］。タブローが表現機能を行使できるように、言いかえれば世界の非論理的本質を示せるように、絵画を類似という機能から免除することである。この世界の非論理的本質は、ダヴィンチが語っていた線のように、経験的に世界内にあるのではないが、それにもかかわらず世界をその純粋な存在の口調に連れ戻し、「世界になる〔Welten〕」方法、世界である方法を浮き彫りにする。タイトルのついたバゼーヌのタブローは、水や小石では［なく］、水性の、鉱物性の本質である。

（1）［M. Leiris et G. Limbour, *André Masson et son univers*, éd. Des Trois Collins, Genève-Paris, collection « Les grands peintres par leurs amis », 1947.］

（2）［M. Leiris et G. Limbour, *André Masson et son univers*, p. 152. *Massacre au Soleil*, 1934, p. 170.］

エコール・ド・パリの若い画家（ジャンニ・ベルティーニ[訳注17]）に関する批評からの数行[1]を参照。「（……）さまざまな生物界や歴史界を結びつける（……）パノラマ的緯糸。同じ非ユークリッド連続体によって、タイタニック号が波間に沈む瞬間と、鉄王冠が岩に沈む瞬間とが途切れなく並んでいるような光景が思い浮かべられる。鋼鉄と水晶の無敵艦隊が、珊瑚礁の沖を巡行する（……）、［彼は］[2]、長く続く嵐を生みだすショートカットにおいて、時間と構造の中で、この上なくちぐはぐな現実どうしを組み合わせる。彼にあっては、過ぎ去った時代の野蛮な年代記と、仮想的な牧神たちと、原子核の崩壊や超音速（……）といった現実的なものにつながる目のくらむようなテーマとの、アナロジカルな共生が見られ、非常に異なる原理や実体のあいだの豊かな衝突への意志が見られる（……）」（『若きエコール・ド・パリI』、p. 34）。

（1）［E. Jaguer, *Seize peintres de la jeune école de Paris*, Paris, Le musée de Poche, 1956.］
（2）［メルロ＝ポンティによってつけ加えられた代名詞。］

エコール・ド・パリは、いくつかの象徴的母胎、〈世界〉の蝶番をとらえる。それらは、作品において、さまざまな経験的対象において働いている。空間、時間、界、区別、自然－歴史を越えた統一であり、目覚めと夢（現実の僅少性〔ブルトン〕）、現実的－可能的の差異を越えた統一、分割されない原的な統一である[1]。

（1）［エコール・ド・パリについてのこの文章は、別の研究の際につけ加えられたものである。］

同じように、ウィルフリド・モーゼル〔訳注18〕に関して（同書）。「数々のイメージからなる大著、そこには町や風景が反映されているが、画家はそれらを見たのか夢見たのか、それらについてのメランコリックな物語が語られるのを聞いたのかわからない。ときに私たちは、穴があいてぼろぼろに崩れた壁、何層も重なり合っているのに透明な壁を通して、夜の空間を見る。ときに私たちは、処女林独特の香りをとらえ、自らのために道を切り開くことのできる者だけが生き残る不安に満ちたジャングルの中にいる。しかし、暗闇はいつでも照らし出され、すべての裂け目に隠されている光はいつでも漏れ出る可能性がある」（同書、p. 56）[1]。

（1）［ジャゲによる引用。Jaguer, *op. cit*, p. 56.］

したがって、絵画には世界との関係がある。タブローがタブローとして機能することができるのは、つまりコピーするのではなく本質を与えることができるのは、まさに（たとえばタイトルによって与えられた）この関係によってである。

非具象芸術の問題。かりにすべての結びつきが断ち切られたとしたら、タブローはもっと自由に本質を与えることができるのではないか。〈存在〉の絵画？

実際そうなれば、タブローは、まさしく一つの事物としてのそれ自身に戻ってしまうことも起こりうる。ふたたび、事物やバクテリア、わずらわしい生物学的形態に似たものになってしまう。きわめて一般的な物理学的構造の表現方法（他方でそれは感動的なものであるが）に限定されてしまう。タブローは、色づけされた事物やさらには物質一般が振動し、夢を見ているだけの、破れた壁になる。

画家の自由にいかなる制限も課すべきではない。画家には最大限に外的な類似から遠ざかる自由がある。しかしそれは諸々の世界〔Welten〕を獲得するためである。「私はロマン主義の徒ではない。世界の無限の広がり、世界の急流がほんの一寸足らずの物質の中に。それが不可能だとお考えですか。私があなたに翻訳しようと試みているもの、それはより神秘的なものであって、存在の同じ根に絡っており、感覚という触れることのできない起源にあるものなのです」（J・ガスケ『セザンヌ』[訳注19]）。ラプジャード[1][訳注20]はいかなる「類似」もなしに顔の表情のおそるべき本質を表現する。

（1）〔R. Lapoujade, *L'Enfer et la mine*, dans *Seize peintres...*, p. 50. ラプジャードについては、サルトルの論文を参照。J.-P. Sartre, « Préface au catalogue de l'exposition Lapoujade », *Méditations*, n°2, 1961, repris in *Situation IV*.〔J－P・サルトル「特権を持たぬ画家」矢内原伊作訳、『シチュアシオンIV』所収、人文書院、一九八二年、三〇九－三二七頁〕〕

その解決はクレーの習作[1]の中に探されるべきである。クレーは具象である。チュニスにおける色への一体化。正確に画家の精神を満たす、自然による絵画の「創設〔Stiftung〕[2]」（クレーのテクスト1[3]）。「抽象」と呼ばれているものは、記憶における具象である（クレーのテクスト2[4]）。抽象もまた世界である。それはただ恐るべき世界であり、その超越の探求（クレーのテクスト3[5]）である。しかし「芸術家は人間であり、また自ら〈自然〉でもある。自然の広がりの中の一片の自然なのである！[6]」

（1）〔クレーの研究の参照とそれに続くテクストの指示は、最初の紙片につけられた日付に従うと、一九五九年一月に記された一群の引用である。メルロ＝ポンティは、それをグローマンの著作『パウル・クレー』（W. Grohmann, *Paul Klee*, Paris, Flinker, 1954, **trad. de l'allemand par J. Descoullayes et J. Phillipon**）〔邦訳前掲〕から引用している。私たちは、付録としてこの読書ノートを示すよりも、メルロ＝ポンティが指示している文章を抜き出し、この読書ノートに対応する番号をつけて注にした方がよいと考えた。〔以下、同書からの引用箇所の指示は、確認できるものに限定する〕〕

（2）これは、クレーにおける「線」について私たちが述べたことを、しかるべき場所に位置づけるためのものである。線の芸術は、「正しい場所にばらまかれた」（ミショー）斑点の芸術のヴァリアントである。斑点のレイアウトと実現。つねにすでにそこにあるもの。あらゆるものより古い〈存在〉。

（3）〔Grohmann, *op. cit.*〔クレーのテクスト〕1、一九一四年四月七日チュニスにて、一九一四年四月一五日カイルーアンにて。

「私は、いま仕事を止める。なにか知らぬが、心深く、なごやかに染み渡るものがある。それを感ずると、私の心は安らぐ、齷齪するまでもない。色は私を捉えた。自分のほうから色を探し求めるまでもない。私には、よくわかる。色は、私を永遠に捉えたのだ。私と色は一体だ――これこそ幸福なひとときでなくて何であろうか。私は絵描きなのだ」（54）〔P・クレー『クレーの日記』南原実訳、新潮社、一九六一年、三二一頁〕。

「多きを望むならば、いそぐ勿れ。この夕暮れは私の心の奥深くしみわたって永遠に消去ることはないであろう。北の国にブロンド色の月がのぼるのを見れば、私はこの南国の月を思い出すであろう。北の空に輝く月は、この南国の月が湯気にくすんだ鏡にうつったものにすぎない。鏡像にすぎないのだ。ゆめ忘るること勿れ。北国の月は私の花嫁といったらよいだろうか。いま一つの私である。自分の姿を見出すとは、すてきなことだ。私自身は、南国の月の出なのだ」（54）〔P・クレー『クレーの日記』、三一四－三一五頁〕。

一九一四年九月、「かの崩壊せる世界にいまなおわが精神が遊ぶとすれば、それはほかでもない。誰にでも回顧ということがあるように、たんに思い出のなかをさまようだけなのだ。かくて私は、「思い出にみちているが、その思い出は私にとって抽象的」である」〔P・クレー『クレーの日記』、三四〇頁〕。]

（4）［*Ibid.*〔クレーのテクスト〕2、一九一五年、「この世が恐怖に満ちていればいるほど（まさに現在の如く）、芸術は抽象的となる。此岸的な芸術は、幸福な時代に栄えるものなのだ」(55-56)〔P・クレー『クレーの日記』、三三九頁〕。]

（5）［〔クレーのテクスト〕3、「生じることは象徴でしかない。私たちが見るものは、命題、可能性、一時しのぎにすぎない。根本のところで、本当の真理とは、まずもって目に見えないのである」(57)。]

（6）［Grohmann, *op. cit.*, p. 370.〔P・クレー『クレーの日記』、二五頁〕]

絵画は運動であり（1）、仮象の中に芽を出し、仮象によって指示される運動であって、けっして知性によって示唆を受けた運動ではない（右手よりもむしろ左手）。主題、リンゴの木、すべてが同時に〔totum simul〕〔ボエティウスの言葉〕としての眠る人（クレーのテクスト4（2））。では、なぜ絵画は見かけとこれほど異なっているのか。まさに絵画が〈自然〉だからであり、見かけではなく、「事物の表皮」ではないからである。また絵画は能産的自然だからである。その「手は、遥かなる意志の道具以外のなにものでもない」。なぜなら、絵画は自然が言おうとして言わないことを与えてくれるからである。事物と世界を存在させる「発生の原理」（クレーのテクスト5（3））「第一原因」「創造の頭脳あるいは心臓」「絶対知」。〔それは〕神自身よりも古い原理（シェリング）であり、生《なま》の存在である。消すことのできないもの－壊すことのできないもの（ミショー）。そしてその理解可能性。「諸々の中心から離れた」中心。円の中心、すなわち技術の中心と悟性の中心。円環的有機体の中心は、この中心から区別される。遠近法の中心と現代のタブローの焦点。

（1）［欄外に］「芸術作品もまず第一にゲネシス（発生）として捉えられねばならない。芸術作品を、完全な姿で提出された制作物として受けとってはならない。或る炎が生きようとし、燃え上がる。その炎は手を通じて流れ、キャンバスを手に入れ、それを侵食し、火花のようにきらめきながら、円を閉じ、やがてもと来た場所に戻っていく。つまり製作者の眼のなかに、はるかかなたに還っていく」（Grohmann, p. 99〔メルロ＝ポンティはクレーの『造形思考』を参照していないが、日本の読者の便宜のために、該当箇所を示す。P・クレー『造形思考』土方定一他訳、上巻、ちくま学芸文庫、二〇一六年、一六七頁〕）。

（2）［*Ibid.*〔クレーのテクスト〕4、「形式的な創造は運動から生まれ、それ自体が固定された運動であり、運動においてとらえられる」（160）。

「諸主題」「花に包まれたりんごの木、その根、樹液の上昇、幹、幹の断面の年輪、花、その構造、その性的機能、果実、花芯と種。増殖する諸状態の集合体」。あるいは、「眠っている人、血液の循環、肺の緩慢な呼吸、腎臓の繊細な機能、頭の中には夢の世界があって、それは運命の力と結びついている。休息のうちに統一されている諸機能の一例」。］

（3）［*Ibid.*〔クレーのテクスト〕5、「類型から原型へ！〔講義草稿では「？」になっているが、原文は「！」なので、後者で記した〕（……）いったいいかなる芸術家が、時間と空間のあらゆる運動の中心器官――それは創造の脳あるいは心臓と呼ばれるものだが――があらゆる機能を規定している領域に住むことをのぞまないことがあろうか？

自然のただ中、第一原因のただ中、そこに偏在の秘密の鍵があるのだろうか？

しかし、この使命は万人に課されるものではない！　各人は各人の心の鼓動が描きだす目的地へ向かって歩むのである。

したがって、今日の私たちと対極にいた印象主義者たちは、彼らの時代に日常的光景を拒絶することと日常的光景の藪の間に、彼らのとどまる場所を確立したのはまったく正しかったのである。私たちに関して言えば、私たちの心は、原初的な息吹きの底知れない深みへと私たちを連れていくのである……。

これら見慣れぬものが、実在に、芸術の実在になるだろう。それは、人生を一般にそう見えるより、ほんの少し高いものにするのである。

なぜなら、見えるものをさまざまな強度で再建することに苦労するかわりに、芸術の実在は、不思議なしかたで認識された見えないものの部分を、再び見えるものにつけ足すからである」［G・W・F・ヘーゲル『イエナ講義一九二四年』（*op. cit.*, p. 367）から引用されたテクスト］〔P・クレー『造形思考』上、一九七－一九九頁〕。］

超越（まだ生まれていない者たち、あるいは死せる者たちのもとにある芸術家）（6）[1]（世界以前、あるいは以後であって、世界の相関者ではない）。

（1）［*Ibid.*〔クレーのテクスト〕6、「私が私のための場所を探すのは、神のそばにのみである。私は宇宙の支店であって、「種」ではない。内在においては私を定義することはできない。なぜなら私は、これから生まれてくる者たちと同じく、死者たちのもとにもとどまるからである。通常よりも、創造の中心のほんの少し近いところに。そしてそれにもかかわらず、私は必ずしもそこに近づいているわけではないのである」(p. 162)。メルロ＝ポンティは次のようにつけ加えている。「彼の死の二四年前（したがって三七歳のとき）に書かれ、墓碑銘になった」。］

「原型」、すなわち世界がその一つの「例」でしかないような諸々の可能的なものの辺暈《へんうん》に置き直される自明な〔selbstverständlich〕世界[1]（クレーのテクスト7、8、9）。まさにフォルムをその生誕においてとらえるためにデフォルメするのである（クレーのテクスト10[2]）。

（1）［*Ibid.*〔クレーのテクスト〕7、「創造との関係において、芸術はたとえ話である。どの場合にも、地上の諸事物が宇宙の一例なのと同じく、芸術は一つの例である」(p. 161)〔P・クレー『造形思考』上、一七一頁参照〕。

Ibid.〔クレーのテクスト〕8、「象徴は精神をなぐさめ、精神にとって地上の存在は唯一の可能性を構成するのではないことを精神に教えてくれる。芸術は知らぬうちに至高の事物と戯れ、それにもかかわらず、それらの事物に到達することで終わるのである」(p. 161)〔P・クレー『造形思考』上、一七一頁〕。

Ibid.〔クレーのテクスト〕9、クレー「芸術は、人間を助けて「魂が食事をして元気を取り戻す祝祭の夕べを、たえず喜びのうちに待つ」ようにさせてくれる」(p. 161)〔P・クレー『造形思考』上、一七二頁〕。

「かつて画家は地上に見られる物を、見て好ましかったものを、あるいは見たら好ましかっただろう物を描いた。しかし、今日では目に見える事物の実在性は明らかにされた。そしてこのことは、眼に見えるものが宇宙の全体の中で孤立した一例でしかないという信念の表現に適っている。他の諸真理も存在し、潜在的で、より多数の真理も存在するのである。ひとは、事物を、より開かれた、より多様な精神において洞察する。たびたび事物は昔の合理的経験と矛盾するように思われる。芸術が探求するもの、それは偶然に本質を与えることである」(p. 160)〔『造形思考』上、一六八頁〕。］

（2）［*Ibid.*〔クレーのテクスト〕10、「芸術作品においては、デフォルメする必然性が重要である。芸術作品は、形態の特殊な諸次元に入り込むときに課されるものである。なぜなら自然の再生は、そこまで拡張されるのだから」(p. 182)〔『造形思考』上、一八二頁〕。

「いま、諸々の対象が私を見てとっているのだ、と仕事をしているときのクレーは言ったものだった」(p. 182)。］

したがって、絵画は一種の哲学［である］。それは、発生の把握であり（11）[1]、完全に現実態の哲学である（「画家は多くのことを知っているが、後になってからしか知らない」[2]）。絵画は「抽象的」なのではなく、「絶対的」（すなわち根源的）[3]なのだとクレーは述べていた。つまり科学や日常生活にとっては理解しがたい存在、つまりあらゆる「説明」においてすでに前提にされてそこにある存在という地位をふたたび見出すのである。見かけの数々は、この存在の「寓話」としてとらえられる。見かけ（すなわち見かけの発生、最大限可能なものからの見かけの派生）の象徴を与える芸術。それは、はっきりしない（「はっきりそれを望まない」）哲学である。象徴は物そのものではない、「精神の鏡に凝集されるが、対象と同一である像」[4]（ゲーテ）ではない。象徴は覆いをかけることによってのみ覆いをとる――（そして哲学は？）。

（1）［*Ibid.*〔クレーのテクスト〕11、グローマンはクレーを引用している。「はっきりとそれを望まなくとも、芸術家は哲学者なのだ（……）自然の完成されたイメージの代わりに、彼は創造の唯一本質的なタブローを見てとるのだ。すなわち発生を」。彼は「こうして持続に発生を与えつつ、宇宙の創造的活動の方向を転回させるのだ」（p. 182）〔『造形思考』上、一九五頁〕。］
（2）［*Ibid.*, p. 189.］
（3）［*Ibid.*, p. 207.］
（4）［*Ibid.*, p. 208.］

そこから、「道徳的重々しさと、博士や司祭を嘲笑する小鬼《コボルト》の笑いとが同時に支配するように」[1]（クレー）、芸術におけるイロニーが生まれる（この「イロニー」は哲学でもありうるだろう）（哲学による存在の所有[2]はあるか）。イロニーは無関心であり、偶然性の意識であり、可能的なものどうしの一種の等価性であり、すべての事物の同時代性である[3]。「もし私が神だったら……、私もまた歴史の舞台に力を及ぼしたいと思うだろう。時代は、その年号から解放されるだろう」（クレー）[4]。

（1）［*Ibid.*, p. 184.］

（2）［メルロ＝ポンティによる強調。］
（3）［欄外に、テクストへの注］「芸術家は人間である、彼は彼自身〈自然〉であり、自然領土の中の自然の一断片なのである」（p. 181）〔『造形思考』上、一四二頁〕。
外的視覚と内的視覚。そこで「対象のイメージとはまったく異なっているが、それにもかかわらず全体性のパースペクティヴにおいて、対象と矛盾することのないような形態化」（p. 181）が生じる。「意味の多様性の背後に、究極の神秘がある。そして、そのとき、知性の光は惨めたらしく消えていく」（p. 207）。

作品が与える真理は「ハイデガーにおけるのと同じようにここで、「真理の創設」である」。画家にとっての「跳躍」（グローマン）。「たとえその始まりが神秘的なままであろうとも、その始まりはすでに「ひとがまだ知らない終わり」を含んでいる」（p. 207）。
（4）［*Ibid.*, p. 184.］

偶然性を表現するためのもう一つの（不可避的な）手段。神話的、叙事詩的、幼児的表現。ミショー、「幼児たちがすぐに忘れてしまうが、その歳頃に彼らのあらゆるデッサンに見られる幼児の」筆致。「位置の標定、ここを去る、あそこへ行く、距離、方向、家と同じくらい必要な、家に向かう道……それも彼のものだったのだ[1]」。根源的なデッサン、常ならざる眼で見られたかのような世界。この世界はまじめなものと遊戯、（そこに魔術が置かれる）「客観的なもの」と「主観性」との分離がまだ行われていない。

（1）［H. Michaux, *Passages*, p. 175.〔H・ミショー『パサージュ』小島俊明訳、思潮社、一九六五年、一四七頁〕］

原理からしても[1]このような視覚の様態は大人の世界そのものを導くはずであろうし、「内在」の世界は幼児期に閉じこめられるわけではない。それが「子どもじみている」のは、大人の世界を今あるようにするために、画家が「本当に初歩的な表象はもはや問題にならないようなもつれたこの点に線の網を必要とすることになり、物を認識できなくするような暗さがそこから生じることになる[2]」（クレー[3]）からにすぎない。

（1）［欄外に、テクストへの注］『日記』から抜き出された墓碑銘。

「私は内在においてはとらえられない。なぜなら、私は、死者たちのもとに住まうのと同じく、まだ生まれていない者たちのもとに住まうのだ。常なるものではないような創造の中心の、ほんのわずかだけより近くに。そしてそれにもかかわらず、私はそうであることを望む」（W. Grohmann, *op. cit.*, p. 88-89）。

セザンヌ「色は、私たちの脳と宇宙が結合する場所である」（p. 141）。

クレーは、ゲーテ的な理性に言及している。「それは〈自然〉でできており、それにしたがって自然が働くのである」。

「すべての芸術は、その断片が芸術家の中でまだ生きている古代の夜と起源の想起である」（p. 381）。「俗人の介入」は、判決文の背後に、このような最終判決を見つめていたのである。「しかし、そのタッチはほとんど似ていないように私には思われる！（……）しかし、遅かれ早かれ、俗人の介入の必要などなしに、芸術家は同じ種類の感情を経験することができる（……）。対象に対するこの受諾によって、ときにはあらかじめ確立されていた主観とのその関係が必然的に明らかにされるような、あれやこれやの付け足しが導かれる。幸福者の芸術家は、最後の小さな〝穴〟が存在しつづける場所にまで、彼の造形的装飾品を張りつけ、そして、彼に対して、ひとは常にそうあるべきだった、と言うことだろう。対象に関して、本当は、対象に固有の諸傾向しか認識されていないのだ。ひとは、作り上げられる作品の中で、なれ親しんだ輪郭が、それ自身によってかのように現れるときに、喜びを感じるのだ」（p. 367）。

（2）［*Ibid.*, p. 192.］

（3）デッサンは記念碑的（あるいは戯画的）であり、屈折がない。なぜなら、デッサンは、見慣れたもの、自明なもの〔selbstverständlich〕の記録簿の中からではなく、独創的なものの記録簿から人間を示さなくてはならないからである。

そこから、輪郭、タイトル（上で定義されたような意味で。つまり、デッサンが曖昧なままにしている対象を同定するためではなく、また日常的対象に連れ戻すためでもなく、対象を変身させるため、次のように言うために。一本の樅の木、そこにこそ、現実的に、本質的に、それのあり方があり、(1)発芽した先端をもち、毛に覆われた細胞の交互の折り畳みがある。それは、「〈即自〔In sich〕〉」(2)、即自的に、対自の展開以前の包摂であり、可能的なものである）(3)、現実的なもののヴァリエーションによって得られた可能な植物、動物（〈巨大なカイガラムシ〉）(4)(5)、〈道化の分身〉〈〈鳥の芝居〉(6)、鳥たちの世界による私たちの世界の変様と異議申し立て。鳥たちは、重ね刷りされた［さまざまな］かたちの怒りによって描かれ、全体が爪、くちばし、混ざりあう眼差しであるような生物によって描かれる、W・グローマン、p. 151)[7]〈涙[8]〉――頭からずれた二重の輪郭をもつ図式、ひと目を引く横から浮き彫りになった活動的な唇、石膏の胸像のような肩の静けさ、目と口、完全に明確な三つの黒い穴、そしてまた左目の完全に明確な付属品としての涙、すべてを不安定にし、全体の意味すべてを変えてしまうこの内側からの産出。身体の中からの鋭い感情[9]。〈(果物と果物の) 親愛[10]〉、いくつかの植物の果実、あるいは同じ植物の枝が結び合わされている。〈逃げ去る扇動者の群れ[11]〉(一体となったたくさんの少女)、〈友愛[12]〉(ふくらはぎとコートが強調された男のフリーズ)、「天使たち」(〈忘れっぽい天使[13]〉〈武器を持った天使[14]〉〈哀れな天使[15]〉)。

(1) さらなる証明。タイトルが抽象的で、デッサンが具体的だということもある。
(2) ［一九四〇年のデッサン。グローマンの著書所収。W. Grohmann, *op. cit.*, p. 4.］
(3) そこからまた「画題」。
(4) 可能的な街、「選別の場」。
(5) ［« Die Riesenblattlaus », 1916, W. Grohmann, *op. cit.*, p. 1.］
(6) ［一九二〇年のデッサン。« Vogeldrama ».］
(7) このことは次のことを考えさせる。私たちはXの前に、Xが私たちの前にあるように存在している。深淵の沈黙〔Sigé〕* に比べると、私たちのドラマ、私たちの「感覚」は、錯乱していて感動的である。私たちの暗さ。
［*『見えるものと見えないもの』、p. 233〔M・メルロ＝ポンティ『見えるものと見えないもの』木田元・滝浦静雄訳、みすず書房、一九八九年、二五三頁〕、『世界の散文』、p. 157〔M・メルロ＝ポンティ『世界の散文』木田元・滝浦静雄訳、みすず書房、一九七九年、一五二頁〕、『シーニュ』、p. 395〔M・メルロ＝ポンティ『シーニュ2』竹内芳郎監訳、みすず書房、一九七〇年、二五三頁〕を参照。］
(8) ［« Die Träne », 1933, W. Grohmann *op. cit.*, p. 83.］
(9) 見かけの、スペクタルとしての人間と、そこで「諸器官のつめこまれた暗闇」である人間。下部構造。
(10) ［« Familiäres (unter Früchten) », 1927, *Ibid.*, p. 257.］
(11) ［« Gruppe mit dem fliehenden Schimpfer », 1940, *Ibid.*, p. 343.］
(12) ［« Bruderschaft », 1939, *Ibid.*, p. 344.］

(13) [« Vergesslicher Engel », 1939, *Ibid.*, p. 348.]
(14) [1939, *Ibid.*, p. 350.]
(15) [« Armer Engel », 1939, W. Grohmann, *op. cit.*, p. 304.]

なぜクレーにこだわるのか。私たちの「地盤」の動揺の兆候〔として〕。日常的世界は、つねに絵画によって動揺［させられる］。しかし［絵画は］（一）意味と、意味の「自然」な等価体系、（二）「画題」から絵画的意味にいたる言語的意味作用、といった手段によって、自分自身を伝えることができると信じている。要するに、ロゴス〔λόγος〕は原理的に論理に還元される。

現代絵画の探求は、このような意味作用と存在の様態の解体ではない。むしろ、いっそう一般的なコミュニケーションと前客観的存在に置き直されるのである。

（c）［音　楽］

音楽についても同じ分析をすることができるだろう（私たちは後で［それを］行うつもりである）。絵画の一般化と同じく音楽の一般化（そして「純化」）がある。かつては調性という特権的な形式があった。隔たりの定義、間隔、「有効な」同時的かつ継起的な組合せの定義とともに――音楽的コミュニケーションは、この「地盤」、この自明なもの〔selbstverständlich〕の上で保証されていたのである。これらすべてが、物理的に排除されるのではなく、音楽の特権的諸構造が一二音音階の音列《セリー》の何らかのヴァリアントでしかないような、より大きな音楽的可能性に再統合されるのである。

この「地盤」は、偶然的な歴史的あるいは文化的形成物であることが明らかになる。音楽は自分自身に立ち返るのである。このことは「一般化された」あらゆる音楽をカバーするわけではないし、正当化するわけでもない。

この自由の中で本当に音楽家であることは（真に画家であること、あるいはモンドリアンであることと同じように）どういうことなのかを知るという神秘的問題。つまり、抽象的に可能なものを数え上げることではなく（「新たなもの」としての他のもの、何らかの他のもの、組合せ、でたらめな配列。ブーレーズ[訳注21]。エンジニアは何でも「試してみる」が、彼の目的は実現すべき特定の仕事によって定められている。画家と同じように音楽家が目的とするのは、彼が到達しようと望むこと、内的「必然性」だけである）、可能なものつまり実存的可能性を、現実性へと移行させること、「他の」ものにすることであるが、しかしそれは、音楽家が、先行する音楽の中にそれが要求するものとして見出すものである。次のような留保つきで。すなわち、おそらく音楽が自らを見出すのは、音楽そのものを目的と見なさないことによってのみであろう。絵画を参照すること。この点において、一般化された音楽はなかなかバランスを見つけられないという兆候がある。同時に、習慣的なものから遠い探求や、タイトル、非常に「不純な」技法（バックグラウンドミュージックの前での朗唱[1]、「世俗的」ワルツや音楽の合体、アルバン・ベルク[訳注22]）が、自足していない象徴機能を「通用させる」ための外的な手段を保証している。ロマン主義と合理主義。タイトルや体験への回帰は、絵画の場合と同じように、めっきの付いた体験の一片ではなく、体験を変形するための道でなければならない。

（1）シェーンベルク。

これらの留保つきで、音楽を解放し、音楽自身に立ち返らせるという意志には真理がある。それは、言葉ではないがゆえに、音楽の意味そのものの中で、すべてを語ることである。

ミショー、「（……）音楽と呼ばれるものがある[1]」。あの音楽の微細波が、事物の重さ、事物の重々しさを軽くし、事物の固さと鋭さ、事物の長さと高さ、不潔さを軽減し、また錯綜を維持しているものを（維持しているものだけを！）、事物の含意と帰結を軽減する。「それらの波は、物体の上を、また人間たちが物体のようになったときにはそれらの人間たちの上を、夜にするすべを知っている。それらの波は、肉体を肉体でなくし、具体的なものを抽象化し、状況を非問題化することができる。ひとは呼吸し、生き返ろうとし、他の一切のことが忘れられ、快い洪水が、幾何学と壁と醜さと無数の好ましくないものとが場所を塞いでそこにはいりこんでいた地球、それらを取り除くためには少なくとも三度の戦争と三度の革命とが必要だっただろうが、この単純で驚くべき覆いがやってのけるほど巧みにはやれないであろうこの地球を、覆い隠すために戻ってくる。

（1）［H. Michaux, *Passages*, « Un certain phénomène qu'on appelle musique », p. 181. 初出は『音楽百科事典』（H. Michaux, *L'Encyclopédie de la musique*, Farquell, 1958）序文。〔H・ミショー「音楽と呼ばれるある現象」『パサージュ』所収、一五二頁〕］

音楽、たしかに火に先行した驚くべきもの。人々は火とは別のかたちで音楽の方を必要とした（……）内的生命が通過する、流出と歯止めとによって生じる驚くべき内的生命が。

ここには、他の諸芸術が注意深く隠しているその手探りが、そのためらいが、そのぶっきらぼうな言動が、その強調が、その下書きが、そのくり返しが、その後退が、さらけ出されている（……）。音楽は、諸存在が、母が、子どもが、友人たちがもっているすばらしいもの――だが、ひとがしばしば、そうとは知らずに、面倒なものを見事に取り除いてしまうことで、これだけは守りたいと思う、そのすばらしいもの――に関して、彼らにとって代わり、そしてそれは、彼らを表現して、心を奮い立たせる歓喜の波と同様に彼らを無害なものにする。音楽、深い軸、古風な軸、それは多様な軸をもつ。前の軸、まるで対立感情の両極性のようである。

神を信じなければならないということも、宗教に属さなければならないということも、教義にすがらなければならないということもなく、それの構成するものが実際に一つの聖歌であるかそれともたんに「崇高な行為」の中に場所を占めたいという一種の願望であるかどうかさえ知らずに、神的なものをうたう芸術。

音楽、不断の婚約の技法。それがひとりの女性の愛であるかどうかを知ることなく、契約があったということもなく、彼女が精通しているということもなく、どんな女性もそうでなければならないということもなく、また彼女が、太陽の光線や高山のバラ色の雲やふたたびめぐってきた春の熱狂よりも自分自身で存在しなければならないということさえなしに、愛をうたう芸術。不可能な愛の育つ見込みのある芸術とその王道（……）。

　対立感情の両立性を創り出すのは、とくに、体験された人生よりもずっと、語られる思想の方である。定義し、明確な意志表示をする思想は、柵を作るが、少し経つと、新しい状態の方へと進むために、その柵を粉砕しなければならなくなる。そうしてその新しい状態を、思想はもう一度定義することになる。すなわち、思想は、その新しい状態をふたたび柵のあいだにおくことになる。ところが、その柵も、しばらく経つと、ふたたび華々しくあるいはこっそりと虚言を以て、破壊しなければならなくなる（……）[1]。

（1）〔H. Michaux, *op. cit.*, p. 182-186.〔H・ミショー『パサージュ』、一五三－一五六頁〕〕

音楽は、外部の物理的世界を参照しないにしても、行動の芸術である。行程と通過、一つの態度を表現するのにこれ以上のものはない。一つの在り方ではなく、一つの生き方であり、自分が生きていることを感じるための一つのやり方である――これ以上にものごとを伝えうる何があろう？　民間に伝承されている音楽の八分間は、ある未知の民族について、百頁分のノートや抜き書きよりも多くのことを語ってくれる（……）。

　外部から見える物質的な目印として外部のスクリーンの上に、そのままのかたちを映し出すことのできない音楽は、それを聞く者に、それを内部の行程として追いたどるようにと強いる。

　かくして音楽は、ひとを、まったく自然に、ある同一化へと、また存在から存在への移し換えという錯覚へと導く（……）[1]。

（1）〔*Ibid.*, p. 194.〔H・ミショー『パサージュ』、一六一－一六二頁〕〕

音楽の「夜」に包み込まれた存在者と存在は、それにもかかわらず音楽によって示され、表現され、私たちと交感している。それらのすばらしいところ、不快でないところ、矛盾を越えて、抵抗なく、「立場決定」なく近づくことができるところで。

危険。ナルシス的、夢幻的な音楽的意味作用（ありうる幻想。民族音楽は、八分間で本当の意味で読まれうるか）。（「存在から存在への横断という幻想」）。

真理。そこには内から外への入り口があり、両極性と定立の側では絶対的であるような存在と存在者たちとの関係がある。存在と存在者を考えつつ生きる人間の身振りをその源泉においてとらえると、これこそがたしかに音楽の起源である。(1)

（1）一九五九年講義。

ヘーゲル『美学』。「しかし、芸術によって、私たちはたんに快い、あるいは役に立つ機械じかけに関わるのではなくて、ある真理の拡張に関わるのである」。

拡張〔Entfaltung〕。展開であり、説明、主題化ではない。〈真理〉は自己展開する。真理〔Wahrheit〕。しかし絵画は、経験的世界について語るのではなく、音楽（プログラムされた音楽）は、事物について語るのではなく、とりわけ一般化された音楽は感情について語るのではない。そうではなく、むしろ事物の胚芽について、感情の暗号について、ちょうど現代絵画が世界化〔welten〕、事物化〔dingen〕について語るように、語るのである。

ミショー。対象にかぶさる夜。諸対象を諸存在さえも覆う氾濫。私たちと音楽のあいだに距離はない。また、それにもかかわらず、それは感覚的な快楽や痛みのように感じられるのだろうか。否、それは一つの言説である——沈黙としての雄弁。何ごとかが起こり、述べられる。輪郭、水準、隔たりをもった準世界があるのだ。

クレー参照。音楽は古い軸［であり］、分節化に先立つ分節化に私たちの中で呼びかけ、それを開示する。またそれは「神の力で」場を占めることの中に［ある］。それは、認識すること（主観－客観関係）［ではなく］、意味つまり音楽的諸存在をめぐる組織化であり、この音楽的存在は、障害も邪魔もなく柔軟に接近可能なものとなった、一連の経験的現実の組み合わせ文字《モノグラム》である。

危険と真理（**p. 19**〔本書六八頁〕を見よ）は、拡張されたもの〔Entfalter〕でしかない真理［である］。しかし、この拡張〔Entfaltung〕（私－世界の相互内属〔Ineinander〕）は、垂直の世界を呼び覚ます（私たちは、対象的で、通俗的で、この始まりからすでに構成された世界を認識しなければならない。他人は、この独自性に抵抗する。クレー参照。原理的に、この道を通って内在を見出さねばならない）。音楽についてのこの意識はつねに変わらぬものである（カント『判断力批判』、主観‐客観の手前で。概念なき普遍）。

新しいのは、認識の世界がこの統制的使用との関連で派生した観念であるという考え方であり、各々の音楽はそれ自身の地盤《ボーデン》を創り出し（ロスタンが述べるには、ブーレーズは、セリー的概念さえ地盤《ボーデン》とは見なさない）、コミュニケーションの感覚的手段を前提にするだけで、いかなる弁別的体系も、いかなる所与の文化的地盤も前提にしないという考え方である。

（d）［精神分析］

これもまた（技術界のものではなく）「文化的な」最新の兆候であるが、しかし、文学、音楽、絵画よりも一般的な兆候〔である〕。連鎖的解体、エネルギー解放の現象だが、知と人間関係の水準においてである。精神分析(1)。

（1）　メルロ゠ポンティは、この頁の裏にあった「**20** 精神分析——**20bis** を見よ」という注記を抹消している。彼は、明らかに精神分析への展開を断念したのであり、おそらく哲学の可能性についての論述から精神分析を遠ざけようと考えたのだろう。私たちは、一九五九‐一九六〇年講義の書類の中に、この欠けている草稿 **20** から **25** に対応するテクストを発見した。メルロ゠ポンティは、それを「自然とロゴス」講義の続きに置いていた。私たちは、一九五八‐一九五九年講義の終わりの一四九頁〔本書一八〇‐一八八頁〕に筆写草稿を採録した。

二　この非－哲学を前にした哲学(1)

（1）［最初に文書が作られたときにメルロ＝ポンティによって与えられたタイトル。p. 156〔本書一八九頁〕を見よ。］

［A］フッサール――問題としての哲学

ヘーゲルの崩壊(1)に続く心理主義、歴史主義、実証主義――ニヒリズムのアカデミックな形態――の後で、哲学を作り直すという野心が、始めからあった。［フッサールは］「自らの」素朴さから出発して、哲学全体を自分で再発見するのである。

（1）フッサールは、ニーチェとあらゆる非合理主義を知らなかったようである。

Ｉ『論理学研究(1)』の時期

（1）［E. Husserl, *Recherches logiques*, Paris, PUF, 1969 (trad. fr. H. Elie, A. L. Kelkel et R. Schérer).〔E・フッサール『論理学研究』立松弘孝他訳、みすず書房、一九七〇年〕］

郵便はがき

料金受取人払郵便

本郷局承認

2074

差出有効期間
2019年10月
9日まで

113-8790

東京都文京区
本郷2丁目20番7号

みすず書房営業部
行

通信欄

（ご意見・ご感想などお寄せください．小社ウェブサイトでご紹介させていただく場合がございます．あらかじめご了承ください．）

読者カード

みすず書房の本をご愛読いただき，まことにありがとうございます．

お求めいただいた書籍タイトル

ご購入書店は

・新刊をご案内する「パブリッシャーズ・レビュー　みすず書房の本棚」（年4回 3月・6月・9月・12月刊，無料）をご希望の方にお送りいたします．

（希望する／希望しない）

★ご希望の方は下の「ご住所」欄も必ず記入してください．

・「みすず書房図書目録」最新版をご希望の方にお送りいたします．

（希望する／希望しない）

★ご希望の方は下の「ご住所」欄も必ず記入してください．

・新刊・イベントなどをご案内する「みすず書房ニュースレター」（Eメール配信・月2回）をご希望の方にお送りいたします．

（配信を希望する／希望しない）

★ご希望の方は下の「Eメール」欄も必ず記入してください．

・よろしければご関心のジャンルをお知らせください．
（哲学・思想／宗教／心理／社会科学／社会ノンフィクション／教育／歴史／文学／芸術／自然科学／医学）

（ふりがな） お名前　　　　　様	〒
ご住所　　都・道・府・県　　市・区・郡	
電話　（　　　）	
Eメール	

ご記入いただいた個人情報は正当な目的のためにのみ使用いたします．

ありがとうございました．みすず書房ウェブサイト http://www.msz.co.jp では刊行書の詳細な書誌とともに，新刊，近刊，復刊，イベントなどさまざまなご案内を掲載しています．ご注文・問い合わせにもぜひご利用ください．

この新しい哲学は、科学と歴史が語ることのないような領域、諸主題のかたちでまずは現れる。帰納法を越えた諸本質――帰納の盲目性――。帰納法は、形相的変更が明らかにする諸本質、諸構造、諸々の不変なものを前提としている。それはすでに物理学の帰納法からしてそうなのだ。たとえば、歴史学や言語学はそれら固有の普遍の類型を前提にしている（普遍文法）。

語の意味〔Wortbedeutungen〕を越えた、「何を意味しているか〔Was heißen〕」。語の使用の諸規則。しかしその場合、どこでそれをくみとるべきなのだろうか。「事象そのものへ〔zu den Sachen selbst〕」。具体的な意味の核への回帰。

この諸本質の領域が一般的論理学であり、諸々の領域的存在論となるであろう。『算術の哲学』の後の「純粋論理学へのプロレゴメナ」、『厳密学としての哲学』(1)。数学的学問がその範例を与えてくれたような、知の様態を一般化することが重要なのだろう。自然のアプリオリだけではなく、その他のもののアプリオリも。客観的な方向づけ。このアプリオリは、記述的に形づくられるもの、存在の意味を与える。〔それは〕一般化された存在論の企て、すなわち何ものか一般〔etwas überhaupt〕についての存在論――領域的存在論〔である〕。しかしフッサールは「実在主義者」ではない。これらの本質は一つの志向性にふたたび結びつけられている（すでに『論理学研究』第二巻の中の「志向的体験について」〔においてそうである〕）。しかし、志向性、〈……についての意識〉は、意味あるいは本質への精神的な関係として理解されている。

（1）〔E. Husserl, *La philosophie comme science rigoureuse*, Paris, PUF, 1989 (trad. fr. M. de Launay).〔E・フッサール『厳密な学としての哲学』小池稔訳、中公バックス『世界の名著62』、中央公論社、一九八〇年、一〇一－一七一頁〕メルロ＝ポンティ『知覚の現象学』序文を見よ。〕

それにもかかわらず、哲学的意志のこの最初の表明以来、通常の意味での「プラトン主義」が問題なのではないことがわかる。この本質主義的、客観主義的哲学の中に、「改造〔Umbildung〕」の「動機〔Motive〕」が、すでに存在して働いているのである。

本質《ヴェーゼン》の探求（それは本質に属している……〔es gehört zum Wesen...〕）は経験の解明である。それは「現象学」、すなわち事実において出会われるがままの存在を表現することである。たとえば、世界、事物はその現出の様態によって定義される。すなわち（一）本質は事実性を表現しており、（二）本質は具体的な主観との関係を表現している。すでに『論理学研究』において、普遍は本質主義的なもの、〔たとえば〕天使などではない。私たちの論理学の普遍的価値は、コミュニケーションの事実に基づいているのである。

II 『イデーン』[1]から『デカルト的省察』[2]へ

（1）〔E. Husserl, *Ideen I* (1911), *Ideen zu einer reinen Phänomenologie und phänomenologischen Philosophie*, La Haye, 1re éd. Niemeyer, 1922, Nijhoff, 1950, *Idées directrices pour une phénoménologie et une philosophie phénoménologique pure*, traduit par P. Ricœur, Paris, Gallimard, 1950.〔E・フッサール『イデーン』第一巻（I・II）渡辺二郎訳、一九七九／一九八四年、みすず書房〕〕

（2）〔E. Husserl, *Cartesianische Meditationen*, 1929, *Husserliana I*.〔E・フッサール『デカルト的省察』浜渦辰二訳、岩波文庫〕メルロ＝ポンティは一九三三年以来、エマニュエル・レヴィナスとガブリエル・ペフェールの翻訳を読んでいたが、満足していなかったようだ。〕

「『イデーン』期」に深められるのは、この二つのテーマである。初期の「現象学者たち」の驚き。客観主義的かつ本質主義的な方向づけは主観性の哲学であることが明らかになる。この主観性は「主観性の本質」であるだけでなく、経験でもある。

超越論的観念論の再発見。すべての存在は構成された存在である。すべての存在は、反省や意味への還元によってノエマに転換されねばならない。超越論的還元が形相的還元につけ加えられる。

では、超越論的還元とは何か。それは、志向性の開示である。しかしその志向性は、もはや本質の直接的な分有（最初期）ではなく、（カントと異なり）能動的で純粋に精神的な結合の働きでもない。（知覚された世界の分析による）志向性。対象の多様性はノエマにかかわっており、志向性とはノエマの現出様式〔Erscheinungsweise〕である。構成とは、〈……として統握すること〉〔Auffassung als ...〕、統握内容－統握[訳注23]〔Auffassungsinhalt-Auffassung〕〔である〕。ヒュレーとモルフェー。この帰結の不安定さ。（一）統握〔Auffassung〕は意味付与〔Sinngebung〕であり、意味と本質の［付与？］[1]である。しかし意識はたんにこのような能動性ではない。『時間講義』[2]で提起されたヒュレーの位置づけの問題があり、そこでは統握内容－統握ではなく、客観化でもないような「原体験〔Urerlebnis〕」の把握があり、意識の只中での非定立的なものとの出会いがある。諸作用に先立つものとの〔出会い〕。作用志向性と、作動する志向性[訳注24]、あるいは潜在的志向性。受動的総合の問題。私たち自身の只中の原的な受動性と二次的受動性。重い志向性、「流動的本質[訳注25]」。（二）そのことと相関的に、世界の存在の意味は作用によって定立される存在ではない。「形成物〔Gebilde〕」の世界に対する、知覚され、印象に基づく世界の優位。（三）反省の概念への跳ね返り。反省あるいは超越論的還元は、志向性の段階的な層を開示するが、普遍的に構成する〈精神〉との適合ではありえないし、私たちを〈精神〉に置き直すことでもありえず、〈精神〉との一致として我を忘れることでもない。反省は自らが二次的なものであることを知っているのである。反省は、原理上は手が届かないわけではない非反省的なものを開示するが、それを汲みつくすわけではない。すべての還元は形相的である。すなわち、還元は私たちの実存を私たちに所有させはしないのである。おのれを意識している反省はこのことを知っている。つまり、自らが無際限な反復であることを知っている。反省はその法則を認識することによって克服されるのである。それは「いつも同じようなもの」かもしれない。主観はおのれを把握しながらおのれを抜け出し、おのれを抜け出しながらおのれを把握するのである。だとすると、意識の内在と世界や事物の超越との区別をどのように厳密に保つのか。両者は互いに一切か無かである。私たちの内にも外にも、精神的内在の意味付与〔Sinngebung〕としての志向性に対する抵抗があるのだ。

（1）［メルロ＝ポンティは「贈与（donation）」とは書いていなかった。］
（2）［E. Husserl, *Phénoménologie de la conscience intime du temps. Leçons de 1905*, trad. fr. H. Dussort, Paris, PUF, 1964.〔E・フッサール『内的時間意識の現象学』立松弘孝訳、みすず書房、一九六七年〕］

自然的態度と超越論的態度の弁証法も同様である。自然的態度は乗り越えられ、かつ保持される。原ドクサ〔Urdoxa〕、原信憑〔Urglaube〕〔訳注26〕としての世界定立〔Welthesis〕。観照《テオーリア》に先立つ存在との接触。哲学とは、この観照以前のものを発見する観照である。非隠蔽性《アレーティア》〔ἀλήθεια〕〔訳注27〕でも隠蔽性〔Verborgenheit〕でもあるような、存在との接触。

構成の逆説の出現。世界定立を問うこと、その志向的含蓄を解き広げること、それはもはや内在的な意味作用としての諸本質やノエマへの準拠を明らかにすることではない。それはたびたび（『イデーン』第二巻）(1)最も「深い」層とともに、世界への（身体への、他者への）(2)内属を発見することであり、この内属によって、即自についての、たんなる事物〔bloße Sachen〕についてのあらゆる思考が基礎づけられるのである。根源的に現前可能なもの〔urpräsentierbar〕〔訳注28〕としての私の身体や感じるものが、統握〔Auffassungen〕のシステム、これらの「態度」とその諸々の相関の戯れ、体験〔Erlebnisse〕の多様性、すなわち志向的対象によって構成されているというのだろうか。しかしながら、フッサールは次のことを主張しつづけている。身体性〔Leiblichkeit〕そのものは、自然的態度において記述される。それを越えたところに最終的な構成が残っていて、それは、「主観的なもの」、もはや意識とその作用しか残っていないような完成した還元の内在においてなされるのである。しかし問題は差し迫ったものになる。構成は遠心的なものであろうか。もし構成がスピノザ的思考におけるような直接性でなく、もし意識の分析論がつねに遅すぎて、後から来るものなら、もし世界がつねにあらかじめ構成され、あらかじめ与えられていて〔vorgegeben〕、自明である〔selbstverständlich〕なら、世界を生じさせるものを何と呼べばよいのだろうか。

（1）［E. Husserl, *Ideen II* (1912-1928). *Phänomenologische Untersuchungen zur Konstitution*, La Haye, Nijhoff, 1952, *Idées*, Livre Second : *Recherches phénoménologiques pour la constitution*, trad. fr. E. Escoubas, Paris, PUF, 1982.〔E・フッサール『イデーン』第二巻（I・II）立松弘孝・別所良美・榊原哲也訳、みすず書房、二〇〇一／二〇〇九年〕］

（2）反省することとは、ある地盤《ボーデン》、ある自明なもの〔selbstverständliches〕を開示することである。非－哲学を前にした驚き。

『イデーン』第二巻の出版のとりやめ。

これらの逆説と問題のすべてが一九二九年（『デカルト的省察』[1]）にかけて、より先鋭化する。反省と還元という主題の深まり。還元はますます漸進的なものとして現れることになる。複数の段階。第一段階の現象学（物体と身体性、感情移入〔Einfühlung〕〔訳注29〕）があり、それから第二段階の現象学、すなわち精神の内在への還元がある。しかし、還元が漸進的であるということは、それが一つの構築だということであり、関与しない観察者〔unbeteiligte Zuschauer〕〔訳注30〕は（一）普遍的な審級であるが、（二）先行する生において生まれたことを自覚しているのであり、したがって、まさしくそれが絶対的意識であるはずならば、その出生証明書を提示せざるをえない。哲学とは、哲学としての自らの権威の疑問視である。

（1）［E・フッサール『デカルト的省察』を見よ。E. Husserl, *Méditations cartésiennes*, trad. fr. M. de Launay, Paris, PUF, 1994.］

とりわけ、フッサールは還元の概念に残っていた「素朴さ」に気づくのである。ひとは意識なるもの、志向性い、い、い、なるもの一般について語っていた。哲学者の語ったことが読者によって理解され、直ちに読者に関係するということが暗黙のうちに前提とされていた。しかし、それもまた絶対的無前提性〔absolute Voraussetzungslosigkeit〕の規則に忠実でないことである。この規則にしたがえば、哲学者はまずもって、彼の哲学の中に、哲学を伝達する可能性を主題として入れておかなくてはならない。このことが自明なことのようにふるまうわけにはいかないのである。

そこから「還元の中の還元」、反省の中の反省が生じる。哲学者としての私は、いかにして私の反省が全員にとっての反省でありうるのかを説明しなくてはならず、私の反省がまずは私にとっての反省でしかないことをよく確認しておかなければならないのである。帰属領域への還元、あるいは自我論的還元。この領域において、他我〔alter ego〕――私が自分について語ることを、アプリオリに語ることができるような他我――としての他者が私にとって、（そして私が他者にとって）どのようにして可能かを示すこと。『イデーン』第二巻では反省の最初の水準に存在するだけだった感情移入〔Einfühlung〕の主題が、高次の水準でふたたび現れる。いかにして私は他者を、構成する者として（そして私を構成する者として）構成することができるのか。

このことは、先行するすべての区別をふたたび問題にする。[1] なぜならもし他人が構成する者であるなら、他者は人間であり、たんなる精神ではないことは明らかだからである。したがって、私は、構成する者は人間であると言わねばならない。そして他方で、私自身、もし私が究極の資格をもって構成されるならば（他者が構成する者であるためにはそうしなければならないので）、最終的主観としての私は、関与しない観察者〔unbeteiligte Zuschauer〕ではなく、世界の中の人間である。超越論的主観性と世界の中の人間の同一性。完全な還元は不可能であり、哲学は不可能なのか。

（1）　加えて、「一人の」私として現れる「関与しない観察者」の自律性。

これこそ一九二九年、『デカルト的省察』において、フッサールが到達していた状況である。探求の内的な展開によって、あるいはむしろ反省的な歩みが探求そのものに跳ね返ることによって（一歩ごとに風景が変わり、統合すべき残余が開示され、それを探求することで初めの歩みが変わってしまうような新しい領野が開かれる）、哲学を作り直すという差し迫った意志（すなわち厳密学、すなわち数学的明証性の一般化、すなわち全面的権利の理性〔Vernunft〕の普遍性）は、失敗に行きついたのではなく（これらの「難問」が哲学そのものである）、普遍的なものを問題的なもの（理性問題〔Vernunftproblem〕）と特徴づけることに行きついたのである。というのも、哲学者は世界に差し戻されたのだから。もし素朴な態度に逆戻りするなら、そこにあるのは失敗であったかもしれない。しかし、それは問題にならない。私たちは素朴さに戻るわけではない。そこに別の意味が再度見出されるのである。事前の非‐哲学と、事後の非‐哲学があり、後者が哲学なのだ。しかし少なくとも哲学はもはや必当然性への直接的な歩みではない。哲学は状況の真理〔Situationswahrheiten〕によって足枷をはめられた歩みである。あるいはむしろ、哲学は私たちの結びつきと状況を発見することにあるのだ。

したがって問題になっているのは、世界へと導いてくれる自己省察〔Selbstbesinnung〕の、きわめて首尾一貫した運動である。同時に、この時期はファシズムと大戦前の時代でもあった。フッサールはファシズムのうちに、合理性の、悟性の哲学の、啓蒙〔Aufklärung〕[1]の試練を強く感じとっていた。彼が示そうとしたのは、（一）この危機には動機があること、悟性の合理主義は完全に意味を失ってしまったこと、実存の危機は、あたかも哲学者には責任がないかのように、高みから判断されるべきではないこと、それは哲学の危機であること、哲学史は一般的な歴史と交流していること、である。つまり哲学史においても、一般的な歴史においても、人間が世界を構成する方法、人間が世界と結んでいる関係がみられる。哲学は〈世界〉のうちにあるのだ。（二）しかし、全面的で、正当にも哲学を問題視するこの危機は、哲学が新たな基盤の上で再生するように命じるだけであり、あらゆる哲学の終わりを意味するわけではない。それは、あまりにも容易に実存的なものの外で合理性を基づけることができると信じた哲学の終わりである。伝統的な意味での哲学は、それが当然のことながら失ってしまった生命をとり戻すために、再検証されなければならない。不死鳥。ギリシア人やルネサンスの知の観念は、実存的でさえある私たちの歴史全体（それは衰退の歴史である）にとっての中心であると同時に、展望でもある。そして、その最初の活力に、ギリシア人やルネサンスには知られなかった世界の謎〔Welträtsel〕や理性問題〔Vernunftprobleme〕によって差し戻されたなら、新たな哲学の目的《テロス》が残るのだ。

（1）二つの態度が排除される。（一）あらゆる責任を排除するような、哲学の無関心。哲学は疑問視されている。哲学は理解しなければならないのである。（二）哲学はもはや存在しない、その証明はなされた〔という態度〕。逆に、哲学の危機を、哲学の意味の空洞化〔Sinnentleerung〕だと理解し、哲学に足場を見つけさせなければならないのである。ヨーロッパ的人間の危機を理解させてくれるのは哲学である。哲学が疑問視されているのは、歴史が哲学の歴史だからである。全面的権利ゆえの全面的責任。

本質－事実性の諸関係についての省察は、哲学の本質を問いただす事実と交差する。[1] この出会いから次のこと
が帰結するはずである。事実性の方向へ向かう哲学の深化とこれらの事実の了解。しかしまた哲学の再創設も。 32
なぜならまさに哲学は、理性の動揺、哲学の再創設を、まさしく非－哲学についてのこのうえなく十全な意識として理解するからである。[2]

（1）〔欄外に〕世界と混じりあった哲学、まさに全面的権利をもった哲学として。
（2）〔このページの下部にメルロ＝ポンティは「III　後期の研究」と書いているが、この節タイトルの後、このページにはまったく文章がない。〕

III　最後期 33

ヨーロッパの学問と哲学は、正当で根拠のある目的《テロス》を代表しているが、それは根本的な改造によってのみ到達

されうるような目的《テロス》である。［フッサールは］とりわけまず、妥当な目的《テロス》を強調し（『ウィーン講演』(1)）、次いでその根本的な変様を強調するが、この変様が哲学に威厳を取り戻させるのであり、これは本当の意味での転回なのである。

（1）［E・フッサール「ヨーロッパ的人間性の危機における哲学」、『ウィーン講演』（一九三五年五月七日および一〇日）。『危機』付録三、p. 347に再録。〔E. Husserl, « La philosophie dans la Crise de l'humanité européenne »〕］

妥当な目的《テロス》。哲学（およびその分枝である諸学問）は、ギリシア人によって創設された〔gestiftet〕理念［であり］、無限の探求の地平を備えており、限りない漸近的過程の展開によって到達されるべき真理をもっている。このことは根本的に独特である。南半球、中国は人類学的標本である。ギリシアは人間性を創設する出来事［である］。その歴史的‐実践的射程は、世界の改修であるが、しかしとりわけ真理、普遍性、知といった人間的世界の創造であり、したがって、責任、コミュニケーションなど〔である(1)〕。おのれに忠実であること、おのれで存在すること。合理性、意識。

（1）無限の理念‐目的のない「有機的」歴史から、歴史性〔Geschichtlichkeit〕への移行。後者は真なるものの無限定な漸近と、人間性の増大と再創造であるようなものである。

『ウィーン講演(1)』、非合理主義（世界観〔Weltanschauung〕）への抗議。「人類の公僕」としての哲学者。哲学は合理主義である。「歴史の頭脳」としての哲学。哲学は理論的態度（*Revue de Metaphysique et de Morale*, no.3. Juillet-Septembre 1950, Presses Universitaires de France, tr. Stephan Strasser, p. 241〔一二二頁〕）、理念化〔Idealisierung〕、論理化（*Husserliana VI*, p. 355）である。精神は即自的かつ対自的に、単独で現実存在する（*RMM*, p. 255〔五二頁〕）。関与しない観察者〔unbeteiligte Zuschauer〕としての哲学者。

（1） *Krisis*, p. 314 *[La Haye, Nijhoff, 1954].〔E・フッサール『ウィーン講演』、前掲書、三－五七頁〕

デカルト以後の科学と哲学

しかし『危機』書においては（第一部と第二部はベオグラードで、(1)準備中だった第三部はルーヴァン(2)から最近出版された）、次のことが力説されている。哲学は、全面的に変貌することによってしかその役割を果たすことができない。この変貌は、ルネサンス以来の科学と哲学の進化に含まれていた哲学的誤謬のゆえに、必要になったのである。(3)(4) ルネサンス。デカルト、学問性〔Wissenschaftlichkeit〕と高い威厳をもつ哲学の創出。(5) しかしそれらは素朴であり、自らを意識していなかった。その欠陥は使ってみるとわかるものであり、危機を生み出すのだ。哲学を全的な哲学として、空虚化した合理主義とは別の地盤の上に再建することを学ぶためには、創設的行為に戻らねばならず、そこにその正当性と一面性〔Einseitigkeit〕を同時に見なければならない。この一面性が意味の空虚化〔Entleerung〕（啓蒙）〔Aufklärung〕を準備していたのである。

（1）〔フッサールはこれらの文章を、一九三六年、ベオグラードで『フィロソフィア』誌に発表した。〕

（2）〔『フッサール全集』第六巻は、M・ナイホフ社から一九五六年に出版された。〕

（3）『ウィーン講演』ではすでに次のように言われていた。「したがって一面的な合理性は、害悪ともなりうる……。哲学者たちが、彼らの無限の課題を、まずもって絶対的に必然的な一面性においてのみ理解し、取り組むことがありうるということは、理性の本質に属することである」（*Husserliana VI*, p. 338〔E・フッサール『ウィーン講演』、前掲書、四二頁〕）。

（4）[E. Husserl, *Krisis*, traduction de G. Granel, p. 373.〔『ウィーン講演』、四二頁〕（「一面的な合理性は、たしかに悪ともなり得るわけです。……哲学者たちは、その無限な課題を、まずそれの絶対的に必然的な一面性を基盤としてのみ理解し、それを仕上げてゆくことができるが、そもそもそういうことは、理性の本質に属していることだからだ、ということです」。）]

（5）[E. Husserl, *op. cit.*, p. 176.〔E・フッサール『危機』、二四七頁〕]

認識の高次の理想

科学は、即自的世界を数学的多様体として規定する。ガリレオによって数学化された〈自然〉。たんなる事物〔bloße Sachen〕の概念、質的でなく、幾何学的に、あるいは少なくとも、数的に定義された変数。質的な「充満」の間接的数学化。範型〔Vorbild〕、空間的諸形態の世界。「即自的」世界は、（一）あらゆる領域でこのアプリオリな体系に従属し、（二）帰納性の無際限の進歩によって征服されるべきものでありつつ、演繹的な回帰の可能性を伴い、（三）この理念的現実存在にしたがって構築されるべきものであり、（四）即自であるか、無限の主観性の前にあるような世界である、という理念。[1]

（1）方法を完全にするための、方法の無限の〔in infinitum〕漸近化という理念。この理念は、質に関しては意味をもたず（*Krisis II*, p. 33〔『危機』、三三頁〕）、いつも「距離をおいて」存在している。

哲学。数学的な知から全体的な哲学的知に至る連続性（デカルト――デカルト主義者たち）。それは同じ「〈基礎原理〉」ではあるが、一般化されている。〈即自存在〉、制約なき存在としての神、〈客観〉――諸対象、理念性。世界だけではなく、神と人間も「数学化」されているのである。

　この数学化と理念化が含むのは、（一）すべての質的変化は量的な用語で記されうるという公準、（二）世界はすべてたんなる事物〔bloße Sachen〕でできているという公準、である。精神的‐人間的宇宙が世界となるのは、この下部構造によってのみである。残りは科学の対象でも、存在論の対象でもない。精神《ガイスト》（客観的精神、人間や有機体が存在する世界）の領域には世界性〔Weltlichkeit〕〔訳注31〕がない。精神にはすき間があり、それを本当に連続的な唯一の全体、つまりたんなる事物〔bloße Sachen〕の全体に置き換えねばならないのである。

　その結果、たんなる事物〔bloße Sachen〕という抽象と、「心理的なもの」としての人間精神という補足的な抽象〔ergänzende Abstraktion〕（あるいは反抽象〔Gegen-abstraktion〕）が生じ、それは「第二の自然あるいは見かけとして認識され」、それ自身「断片的なもの」〔fragmentarisch〕なのである（*Husserliana VI*, p. 342〔『危機』、四八頁。以下〔　〕内は同書の頁数を示す〕）。

普遍数学

所与をこのように変換することは、結果により正当化される。発見されたものの豊かさが相対的な権利を確立するのである。しかし、まさにこの変換は絶対的権利を要請する。それは、人間の形成物〔Gebilde〕、行為〔Tat〕（ガリレイの行為〔Tat〕）の創造から帰結したものであることを忘れ、自らを自明なものとして与え、その瞬間に、その枠のうちに置き直していた真理を失い、誤った存在論となってしまう。方法の自律化（方法化〔Methodierung〕）。方法は理論的実践《プラクシス》を開示すると同時に忘れてしまう。方法は「純粋思考」を開示すると同時に忘れてしまう。純粋思考そのものを忘れてしまわないということは、純粋思考が経験〔Erfahrung〕から生じることを知ることであろう。

〈理性〉の暴露〔Entdeckung〕と隠蔽〔Verdeckung〕(1)。

（1）〔E. Husserl, *Krisis*, p. 53, trad. p. 61.〔E・フッサール『危機』、九五頁〕〕

二重の忘却。理念化や数学化に先立つ〈自然〉の忘却。前科学的、前理論的、前客観的な世界の忘却。知覚そのものの分析が理念化的である。問題は、知覚の同一化を説明することであると思われていた。だが重要なのは統一〔Einigung〕なのだ。同一性は論理的であり、統一は前論理的（充実化）である。諸感覚〔Empfindungen〕の分析、あるいは諸特性の分析、あるいはパースペクティヴの分析は理念化的である。事物の肉的統一。世界には固有の「習慣」があり、精確でない因果性がある。様式《スタイル》と類型は「還元」される。類型は現代物理学でふたたび現れることになるが（量子〔quanta〕の集合における類型や様式《スタイル》）、同様の理念性の基礎原理の枠内でのことである。ところで、この生きられた世界についての無知は、科学自身を、硬直した物質の表象の中に長期間幽閉することによって、枯渇させてしまう。創設〔Stiftung〕の働きの忘却[1]は、それ自身の帰結によって隠蔽される。創設の働きは、これらの働きを先延ばししてきた生活世界《レーベンスヴェルト》に由来するものである。しかしまさにこの理由によって、創設の働きは、人間の形成物〔Gebilde〕の創造としての自分自身に無知なのである。創設〔Stiftung〕があり、つづいて意味の空虚化〔Sinnentleerung〕、起源の忘却、伝統性、沈澱がある。それはペンチや穿孔機のようなものであって、私たちはそれらをあるがままに見ていると信じている。同じように、形成物〔Gebilde〕の意味は自明なものに見える。生活世界《レーベンスヴェルト》、それは自然であり、また文化でもある。

（1）忘却はあらゆる伝統、沈澱に特徴的である。既得物〔Erwerbe〕の明証性は忘却である。想起の確実性を参照せよ。行ったことや企図したこと〔Vorhabe〕の確実性は、顕在的現前をもたない、距離をおいた、事前所有〔prépossession〕や事後所有〔postpossession〕である。このことは、それ自体技術化（*Krisis II*, p. 23.〔同、四二頁〕）であるような「純粋思考」を基礎づけている。この場合、生活世界《レーベンスヴェルト》を再発見することは、沈澱した歴史的なものを再発見することであり、それは私たちの中に広がっている〔strecke〕。それは言語《ラング》であり、沈澱したロゴス〔niedergeschlagene Logos〕である。忘却ではないような精神的世代性、それは生活世界への適合であろう。「純粋思考」、観照《テオーリア》は生活世界の地盤を用いており、ひそかに実践であるが、企図したこと〔Vorhabe〕の明証性しかもたない。*Beilage V*, p. 401.

その結果、思考の技術化〔Technisierung〕[1]が生じる。思考が技芸《アール》（芸術の意味で、そしてまた技術の意味でも）になるのである。つまり起源の意識なしに、意味の源泉の意識なしに、処理し、操作することになる。それゆえ、このように理解された合理性の危機が生じるのだが、それは存在との関連で、そしてまた深く根づくことのなかった精神《ガイスト》の宇宙（科学的政治を基づけるための精神諸科学〔Geisteswissenschaften〕の宇宙ではなく）との関連で、理論上あるいは実践上の不適切さがあることが明らかなときである。

（1）［*Ibid.*, p. 121.〔E・フッサール『危機』、六六頁〕］

これらの忘却は偶然ではない[1]。（見かけの）堅固さは、物体化〔Verkörperung〕[2]とひきかえに獲得される。進歩もこのこととひきかえに手に入るのであり、もはや再活性化はされない。事実学〔Tatsachenwissenschaft〕と事実的人間〔Tatsachenmensch〕[3]。これらすべてのことは、それらが自立したものとされるかぎりにおいてのみ、無であるかぎりにおいてのみ、誤りである。

（1）隠された理性〔verborgene Vernunft〕という問題（あるいは目的論）（あるいは弁証法的、媒介的意味。デカルトは、永遠真理の観念によって、おのれの合理主義を反駁するものを生み出す）。ガリレオ、発見と隠蔽の天才〔entdeckender und verdeckender Genius〕（*Krisis I*, p. 53〔『危機』、七四頁〕）。発見することは隠すことである。
（2）［*Ibid.*, p. 23, trad. fr., p. 30.〔E・フッサール『危機』、四二頁〕］
（3）［*Ibid.*, p. 4.〔E・フッサール『危機』、一七頁〕］

自己省察〔Selbstbesinnung〕によって根源的創設〔Urstiftung〕へと回帰しなければならない。つまり、（一）〈自然〉としての生活世界（自明性〔Selbstverständlichkeiten〕の総体－地盤〔Boden〕－世界定立[1]）へ、（二）歴史としての生活世界《レーベンスヴェルト》へ。生活世界は、そこに沈澱している時間からすべての文化的獲得物を「受け取る」。それは科学を、「客観的」哲学を、あるいは実証的哲学を含んでいるのである。科学の常識〔communis opinio〕と完全な論理化といううぬぼれ。――科学にとっても歴史が必要であること。

（1）無限の知に対立する地平の開放性。三つの状態、（有機的）有限、（即自的）無限、地平。

現象学に特徴的な生活世界《レーベンスヴェルト》への回帰。生活世界は「普遍的」問題である[1]。それは「すべて」を含んでいる。

客観化に先立つ次元をふたたび見出さなくてはならない。理論的ではないような世界を。観照《テオーリア》は人間的態度の実践《プラクシス》の一類型である。以前の野生の世界をふたたび見出すこと。したがって、主観的なもの（心的なもの）と客観的なもの（即自）の地平の区別がまだ生まれていない世界を〔見出すこと〕。哲学は「態度」であるべきではなく、観照《テオーリア》としての自分自身との円環であり、〈前学問的なものおよび学問〉についての学問という逆説である。危機という動機づけによってフッサールは自分の問題を、つまり超越論的なものと非超越論的なものの弁証法を再発見するのである。

（1）すべてを包括する様式〔allumspannende Seinsweise〕、*Krisis III*, p. 134.〔E・フッサール『危機』、一八三頁〕

先行するものの中にこれらすべてのものの端緒がある。あらゆる定立に先立つ〔vor aller Thesis〕世界定立。世界の逆説あるいは世界の謎〔Welträtsel〕。世界の同一性と精神の同一性〔Selbigkeit〕(1)。現象学的反省によって保たれる世界。内在のうちに保たれる超越。還元は懐疑ではない。懐疑は心あるいは霊魂〔mens sive anima〕を手つかずのままにしてしまう。真の哲学的態度は、世界が無であること〔Nichtigkeit〕の仮説ではなく、世界を前にしての驚きである。哲学は自然のまま〔natürlich〕ではなく、自然的〔natural〕である（『イデーン』第二巻）。還元は、自分自身についての知的理解であろうとするなら、自分自身に先立つものについての知的理解である。

（1）『危機』書の付録では、哲学の〔理念性の〕同一性は世界の同一性の表現である。

ただ、かつてフッサールは次のように述べていた。還元は超越論的観念論に、意識の作用とその作用の対象についての——唯一必妥当な——意識の内在に、構成に行き着く。たとえば、身体や感情移入〔Einfühlung〕や、感性的なものについての記述的現象学は、構成の第二段階においては、どのようにしてノエマ的諸統一が、観念を与える現出諸様式〔Erscheinungsweisen〕を通じて構成されるのかを示す分析論に場所を譲るのである。

彼はこのことについてさらに述べている。彼は、生活世界《レーベンスヴェルト》への還元について、それは自然的態度におけるあらかじめ存在する一位相だと語ることがある。歴史は生活世界《レーベンスヴェルト》を知っているのである。しかしながら、ますます彼は超越論的哲学を、生活世界《レーベンスヴェルト》への、この「層」の普遍性への移行と同一視するようになる。この層は存在と理性の全問題を含んでいるのである。ひとは、数々の統握〔Auffassungen〕と態度の体系としての超越論的なものが放棄されたのではないかと考えるに至る。それも正当なことに、このような体系は身体に光をもたらすかと自問するに至るのだ。こうした用語におしこめられると、身体はその明証性を失ってしまうのではないか。同じくこうした用語におしこめられると、他人もまたもはや他者としては把握されず、「内在的」になるのではないか。他者と身体が他者や身体自身であるのは、超越するもの、脱－自としてでしかない。前理論的諸能作〔Leistungen〕が、このような超越だということになってしまうだろう。

超越論的なものの「逆説」。その「地盤」なき思考は没論理的である。逆説は「解明」されなければならないのだ。しかしその解明は内在への回帰でありうるだろうか。たとえば、間主観性の問題。経験的自我と還元された自我の同一性。とりわけ他者は経験的で、外的で、内在的でない他者でしかありえない。[1] そこから次のような問題が生じる。すなわち、もし他者が真に超越論的であるなら、それは〔自我への〕完全な超越論的還元が不可能だからではないかという問題である。「解決」――超越論的諸主観の共同体〔超越論的な間主観性〕があり、[2] それは不変の〈自我《エゴ》〉の単独性〔Einsamkeit〕を妨げない。というのは、不変の自我についてのあらゆる肯定が、他者のうちに反映するからである。あらゆる〈自我《エゴ》〉でないものの否定は、自我の外に伝播する。〈自我《エゴ》〉の相互内属〔Ineinander〕は、まさに各々の〈自我《エゴ》〉が同じ不可能な単一性とともに定立されるようにする。〈自我《エゴ》〉は共不可能であるが、それにもかかわらず同時的である。不在としての不在の……根源的現前〔Urpräsenz〕。いずれにせよこれらのことは、もはや構成が、内在への還元や私の志向的体系の肯定性への還元ではないことを前提にしている。〈自我《エゴ》〉と〈自我《エゴ》〉の結びつきは、それらに共通する絶対的対立であって、この対立は同じ世界への帰属（不在）を前提にしており、それらの並行した機能だけでなく、それらの生の共同化〈Vergemeinschaftung〉を前提にしている。[3] 生活世界は構成する者たちの複数性からなる共同化の指標である。生活世界においてこそ、構成する者たちが自我性〈Ichlichkeit〉[4]という一般性をもつのである（*Krisis III*, p. 176〔二四七頁〕）。

（1）　フィヒテの自我一般〈Ich überhaupt〉はフィヒテでしかありえない。
（2）　もし超越論的主観性が間主観性であるなら、このことが言わんとするのは、意味付与〈Sinngebung〉が根源的創設〈Urstifung〉であり、一つの領野の開かれであって、内在ではないということ（*Krisis III*, p. 45-46〔『危機』、六六－六七頁〕）、すべての意味付与は、意味の重なり〈Sinnenverschiebungen〉を含んでいるということである。「志向的越境」がその一つである。
（3）　フッサールは、還元はすべての者において同時であり、内的な絆があると主張している、つまり、相互外在〈Auseinander〉ではなく、相互内属〈Ineinander〉。しかしこうしたことが可能なのは、前－理論的な感情移入〈Einfühlung〉に基づく共理念化〈co-idéalisation〉によってのみである。
（4）　［*Ibid.*, p. 482, trad. fr., p. 534.］

もしそうなら、〈哲学〉とは何か。新しいタイプの学問性〈Wissenschaftlichkeit〉による生活世界《レーベンスヴェルト》の奪還として定義されるべきである。[1] 非知であるような知。

（1）　「以前には思いもおよばなかったような種類の世界の謎」（*Krisis I*, p. 3.〔『危機』、一九頁。ドイツ語による引用〕）。「決して問われることのなかった新しい次元」（*Krisis I*, p. 16〔『危機』、四二頁。ドイツ語による引用〕）。「そこにはたらく必然的な思想が本質的にいままで知られていないものであること、なみなみならぬものであること」によって正当化される、前もって反省することの困難（*Krisis III*, p. 137〔『危機』、二三九頁。鉤括弧内ドイツ語による引用〕）。「生活世界は知られていないものであり、生活世界についての文献は存在しない」（*Krisis III*, p. 114〔『危機』、二〇一頁。ドイツ語による引用〕）。「世界中の文献のなかに私たちの先駆的研究として役立ちうるような研究（……）を探してもむだであろう（……）」（*Krisis III*, p. 158〔『危機』、二八二頁。ドイツ語による引用〕）。

『厳密な学としての哲学』への付録によれば、その「学問」の特徴は、「主観的」で「否定的」な〈哲学〉である。理念性の前理念的な基礎、主観性の前主観的な基礎を理解するためには、哲学は「肯定的」でも「客観的」でもあるべきではない。哲学は、人間の形成物〔Gebilde〕としての哲学への懐疑である。哲学は一つの円環であり、それはそれ自身で閉じられている。それはそれ自身で〔von Selbst〕存在するものを構築することである。哲学は生物学の中で先取りされている（生物学についての付録(1)）。哲学が直接的に実現されることは考えられない。(2)「構成的な生」という新しい観念、「目的論」の観念。

（1）［〔『危機』の〕付録二三については、本書補遺のメルロ＝ポンティによる翻訳と注釈を参照。p. 383.〔本書四六五頁〕］
（2）**p. 37bis** を見よ。［本書の補遺、p. 379.〔四六一頁〕］

超越論的なもの。カントの超越論的なものは生活世界《レーベンスヴェルト》(1)から借りられている。カントは世界の可能性を問題にしなかった。ヒュームにおける世界の謎〔Welträtsel〕。超越論的なものの逆説。デカルト。デカルトには、カントに欠けていた世界の逆説という基礎的考察〔Fundamentalbetrachtungen〕(2)があるが、デカルトはそれを逸してしまう。なぜならデカルトにとって〈自我《エゴ》〉は世界の一部分（霊魂《アニマ》）だからである。真に超越論的なもの、心理学的意味での私の内在。さらに、私たちにおいて語る存在そのもの。

（1）［E. Husserl, *Krisis, op. cit.*, §25, p. 100, trad. fr., p. 112.〔E・フッサール『危機』第二五節、一三五頁〕］
（2）［*Ibid.*, p. 91.〔E・フッサール『危機』、一六三頁〕］

意志や哲学になるような哲学的な「エス」、超越論的な本能、あるいは超越論的な生があるのは、自ら思索する者〔Selbstdenker〕(1)としての私の努力によってだけであり、それは、沈澱した過去においては、匿名の「エス」（*Krisis II*, p. 74）(2)でしかなく、自らの背後の哲学的間主観性の結びつきでしかなく、各人にとって孤独の中でしか把握できないような相互内属〔Ineinander〕なのである。時間の全体性としての生き生きした現在〔lebendige

Gegenwart〕[訳注32]（*Krisis II*, p. 73）[3]。隠された生き生きした精神性〔lebendige Geistigkeit〕（p. 121）[4][訳注33]。これらすべてのことは、私的な作用を備えた、並行する複数の意識によっては理解されえない。奥行の領域〔Tiefensphäre〕（*Krisis III*, p. 121〔一六六頁〕）、第三の次元（*Krisis III*, p. 126〔一七三頁〕）、顕在的な表面の生〔Flächenleben〕と潜在的な奥行の生〔Tiefenleben〕（*Krisis III*, p. 122.〔一七三頁および三一－三四節〕）。奥行は逆説、反意味〔Widersinn〕によって特徴づけられる（*Krisis III*, p. 123）[5]。しかし、私がこの道を作ったのであり、それは歩むことのできる〔begehbar〕道である（p. 123）[6]。

（1）［*Ibid.*, p. 512.］
（2）［Trad. cit., p. 84.〔E・フッサール『危機』、一二二頁〕］
（3）［*Ibid.*, p. 83.〔E・フッサール『危機』、一〇〇－一〇一頁〕］
（4）［*Ibid.*, p. 135.〔E・フッサール『危機』、一六七頁〕］
（5）［*Ibid.*, p. 137.〔E・フッサール『危機』、一六九頁〕］
（6）［*Ibid.*, p. 137.〔E・フッサール『危機』、一六九頁〕］

「認識の母」というゲーテ的比喩（*Krisis III*, p. 156）[1]。還元はこの母の領域への入り口である。地盤《ボーデン》のないこの領域の開示は、一つの行為〔Tat〕である（*Krisis III*, p. 158〔二一九頁〕）。唯一の課題とは、「まさしくこのスタイルをとらえること、まさしくこのたんに主観的で一見とらえがたい「ヘラクレイトス的流れ　心《プシュケー》〔ψυχή〕」をとらえること」（*Krisis III*, p. 159）[2]である。世界－主観〔Welt-subjektiven〕の相関関係の所与様式〔Gegebenheitsweisen〕（*Krisis III*, p. 168）[3]を前にした哲学的試みのため、「前ソクラテス期の哲学〔vorsokratischen Philosophie〕」とソフィストが参照される。「事実、これは一つのまったき世界であり、もしヘラクレイトスのいうプシュケー（心）〔ψυχή〕をこの主観性と等置することができるとすれば、疑いもなくこの世界には、「心の限界を汝はけっして見出すことはできない。たとえ汝があらゆる道を歩み尽くそうとも。心はそれほどまでに深い根底をもっている」

というこの哲学者のことばが当てはまることであろう。まことに、到達されたいかなる根底〔Grund〕もふたたびその根底〔Gründe〕を指示し、開かれたいかなる地平も新たな地平を呼び覚ます。しかも無限の全体は、その流動の無限性のままに、意味の統一へと向けられている」（*Krisis III*, p. 173〔二四一頁[4]。ドイツ語による引用〕）。

（1）〔*Ibid.*, p. 174.〔E・フッサール『危機』、二一六頁〕〕
（2）〔*Ibid.*, p. 177.〔E・フッサール『危機』、二二〇頁〕〕
（3）〔*Ibid.*, p. 188.〔E・フッサール『危機』、二三四－二三五頁〕〕
（4）〔メルロ＝ポンティによる仏訳、**p. 38ter**. 本文ではドイツ語での引用。〔以下はメルロ＝ポンティによる仏訳からの邦訳。本文にはドイツ語からの訳を示す〕。〕「事実、これは一つのまったき世界である。私たちがこの主観性をヘラクレイトスのプシュケー（心）〔ψυχή〕と同一視できるとすれば、きっとそれについて次のように言えるだろう。「君がどんな道をとろうとも、心〔âme〕に形を見出すことはないだろう。その根底はあまりに深いのだ」。到達されたあらゆる「根底〔Grund〕」は、実際のところ、さまざまな根底〔Gründe〕を指し示している。開かれたそれぞれの地平は新たな地平を呼び覚ます。しかしながら、その運動と流れの無限性の中での無限の全体は、ある意味の統一へと方向づけられている」。

哲学の循環性[1]。それ自身で〔von Selbst〕存在するものをとらえようとする形成物〔Gebilde〕。流れこんでくること〔einströmen〕〔訳注34〕、見渡すこと〔überschauen〕。それを利用している歴史のアプリオリについての反省（*Beilage II*, p. 362）[2]。哲学はすべての人において同じであるが、〔その同一性は〕世界の同一性であるような同一性〔Selbigkeit〕である（*Beilage V*, p. 394）[3]。

（1）〔欄外に〕真に超越論的なもの、基礎的考察〔Fundamentalbetrachtung〕。態度や目的に対応するような、肯定的あるいは内在的明証性は、真に超越論的なものをもたらすことはできないだろう。それは全体に適合するのでなくてはならない。すなわち、彼方にあるものに対してと同様に、形成されたものに先行するものにも適合するのでなくてはならない。観察者〔Zuschauer〕としての我を越えた「超越論的生」――「母たち」。
顕在的と潜在的＝（理念的）同一性と統一。理念と概念。自然の組織化と領野としての歴史。環境世界〔Umwelt〕の開け〔Offenheit〕。時間性。ヘラクレイトスとソクラテス以前の哲学者＝地平の統一。

哲学は行為〔Tat〕、構築、おのれの自己〔Selbst〕からの形成物〔Geblde〕である。しかし、私はこの道を進んだ。哲学的な間主観性。一つの絆があるが、私がそれを捉えるのは、私であること、ひとりであることによってでしかない。

（2）〔E. Husserl, *La crise (…)*, *Appendice II au paragraphe 9, a*, trad. cit., p. 394.〔E・フッサール『危機』、五二七頁〕〕

（3）〔*Ibid.*, *Appendice V au §16 et s.*, trad. cit., p. 433.〕

〈エポケー〉そのものは存在妥当〔Seinsgeltung〕を利用している。〈エポケー〉は〈エポケー〉ではない。内在のうちで再把握しようとする意志そのものが大地に縛られたもの〔Bodenständlichkeit〕である（*Beilage X*, p. 431）[1]。

（1）〔*Ibid.*, *Appendice X au §21 et s.*, trad. cit., p. 464.〕

あらゆる意図〔Absicht〕、あらゆる「目的」の外の哲学。ちょうど「それ自身で〔von Selbst〕」（*ibid.*）存在する生活世界の哲学のように（*Beilage XVI*, p. 462[1], cf. *Beilage XIX*, p. 466）[2]。

（1）〔*Ibid.*, *Appendice XVII au §33 et s.*, trad. cit., p. 508.〕

（2）〔*Ibid.*, *Appendice XIX au §34 (e)*, trad. cit., p. 515.〕

全面的問いかけと全面的応答としての「客観的」哲学が問題視される（*Beilage XIX*, p. 467）[1]。哲学は、自分自身にとって問題である（*Beilage XXVIII*）[2]。

（1）〔Trad. cit., p. 518.〕

（2）〔E. Husserl, *op. cit.*, p. 508, *Ibid.*, *Appendice XXVIII au §73*, trad. cit., p. 563.〕

動物との私たちの「類縁性」の問題、生物学的問題は「技術的」知識から出発して意味の源泉〔Sinnes Quellen〕へ接近する方法である（*Beilage XXIII*[1][2][3], XXV）。

（1）［E. Husserl, *op. cit.*, p. 482, *Ibid.*, *Appendice XXIII au* § 65, trad. cit., p. 534.］
（2）［*Ibid.*, *Appendice XXV au* § 73, trad. cit., p. 544.］
（3）［**p. 34bis** から **p. 37bis** に関して、メルロ＝ポンティは、フッサールに関する先行ページの要約を書いている。この要約は、この **p. 37bis**〔本書四六一頁〕が、**p. 37**〔本書八七頁〕と **p. 37ter**〔本書九三頁〕の二度にわたって再録されていることを示している。補遺 p. 379〔本書四六一頁〕を見よ。］

すべてを包括する存在様式〔allumspannende Seinsweise〕[1]としての生活世界《レーベンスヴェルト》の再発見、すなわち理念化、即自、対象以前の世界の再発見。現象学的分析以前の精神や歴史の再発見。この理念的分析が、精神や歴史を、固有の世界性〔Weltlichkeit〕をもたぬ「断片的」領域とする。

（1）［E. Husserl, *Krisis*, *op. cit.*, p. 134, trad. fr., p. 149.〔E・フッサール『危機』、二三五頁〕］

ガリレイと同じくデカルトも、発見〔Entdeckung〕と隠蔽〔Verdeckung〕〔をなした〕。物理数学的なものの発見〔Entdeckung〕。物理数学的なものが基礎づけられている先行世界の隠蔽〔Verdeckung〕、固有の基礎的考察〔Fundamentalbetrachtung〕の隠蔽。基礎的考察〔Fundamentalbetrachtung〕とは、世界の謎〔Welträtsel〕の入り口〔Eingangstor〕としてのコギト〔である〕。このことは心あるいは霊魂〔mens sive anima〕、すなわちそこから一切が再構成される世界の断片として純化された〈コギト〉ではなく、真に超越論的な〈コギト〉を要求するだろう。それは根本的に世界から身を切り離し、世界と霊魂《アニマ》を逆説として見るものである。

独自の秩序として認められた、心と身体の合一。しかし心と身体は実体として考えられつづけている。

創造された永遠真理の数々。理念的なものの優位ではない。隠された理性〔verborgene Vernunft〕あるいはデカルトにおいて「ふたたび覆い隠された」真理を回復する目的論。しかし、この基礎的考察〔Fundamentalbetrachtung〕は科学の独断論によってふたたび覆い隠されてしまう。超越論的なものの次元は生活世界《レーベンスヴェルト》についての意識と同

36ter

一視されてしまう。またフッサールはしばしば述べることがある。生活世界は超越論的態度ではない。歴史家はそれを自然的態度において認識するのだ、と。

しかし、いずれにせよ超越論的なものは、もはや構成的統握〔Auffassungen〕の内在的意識ではない。これは、ウィーン講演で彼が「一面的な合理性〔einseitige Rationalität〕」と呼んでいるものであろう。さらに、たとえば、私たちのうちで働いている歴史があり、それはプロセスや目に見える出来事の連鎖ではなく、諸々の創設〔Stiftungen〕をともなった、志向的な歴史、あるいは「垂直の」歴史であり、伝統であるような忘却、再把握、外在性における内在性である。現在と過去の相互内属〔Ineinander〕である。この超越論的なものが発見されないうちは、合理性は危機状態にあるだろう。

そこからフッサールは、『デカルト的省察』が導く逆説、すなわち超越論的なものと経験的なもの、構成するものと構成されるものの同一化をともなった、間主観性（過去‐現在）の逆説を再発見するのである。この逆説は、透明な構成などもはやないのだから乗り越えられている。根源的創設〔Urstiftung〕としての意味付与〔Sinngebung〕は、いつも意味の滑りこみ〔Sinnverschiebungen〕、志向的越境を含んでいる。私たちは絶対精神をもつことはなく、哲学者は絶対精神ではない。

同時的な間主観性という問題に適用してみよう。（一）不変の主観の単独性〔Einsamkeit〕、独我論。あらゆる「他の」思考がよみがえるのは、私によってである。これが追遂行〔Nachvollzug〕である。（二）超越論的主観の複数性、超越論的間主観性。

ここには矛盾はない、なぜなら私のうちで蘇るのは、本当に他者たちだからである。私だけが、他者をコギトとして追‐思考できるのである。私たちの結びつきとはまさに、私たちの諸主観の敵対関係であり、私たちが私たちのあいだに保持しているこの隔たりであり、現前の中の私たちの不在であり、他者と私たちの非合致である。

〈自我《エゴ》〉どうしの相互内属〔Ineinander〕。その結果、還元は権利上全員に反響し、自我論的還元には多くの同じものがあり、それは一人の中にあるわけでも、複数の人の中に少しずつあるようになるわけでもなく、同時的なのである。相互外在〔auseinander〕はなく、あるのは共同化〔Vergemeinschaftung〕、〈客観的精神〉、自我性〔Ichlichkeit〕と「精神的産出性」（『危機』）である。

哲学とは何か。このことを理解するためには、理念化に先立つ精神そのものを考えなくてはならない。哲学は観照《テオーリア》や人間的態度ではない（観照《テオーリア》には前提があり、理念化、沈澱を含んでいる）。それは思考であり、観照《テオーリア》の、前理論的なものの、それらの共通の生地の思考である。哲学は哲学自身と循環した関係に［ある］。人間の形成物〔Gebilde〕として、哲学は生活世界《レーベンスヴェルト》に、歴史に下り、そこに沈澱するが、一方でそれは全面的な再活性化でなければならず、沈澱についての思考、前理論的生活と人間の形成したものとの分離に先立つ全面的な〈存在〉との接触でなければならず、すべてを現在に保持する拡張された生き生きした現在〔lebendige Gegenwart〕、世界の同一性と同じ秩序の同一性〔Selbigkeit〕でなければならないだろう。語らなければならないのは、つまり言語が前提にしているものをまったく前提にしないで語らなければならないのは、いまだ黙した経験である。

あらゆる特定の「意図〔Absicht〕」以前の「超越論的生」。顕在的な表面の生〔Flächenleben〕と潜在的な奥行の生〔Tiefenleben〕。「ヘラクレイトス的流れ」（*Krisis III*, p. 159〔二二〇頁〕）。「事実、これは一つのまったき世界であり、もしヘラクレイトスのいうプシュケーをこの主観性と等置することができるとすれば、疑いもなくこの世界には、「心の限界を汝はけっして見出すことはできない。たとえ汝があらゆる道を歩み尽くそうとも。心はそれほどまでに深い根底をもっている〔so tiefen Grund hat sie〕」というこの哲学者のことばが当てはまることであろう。まことに、到達されたいかなる「根底〔Grund〕」もふたたびその数々の根底〔Gründe〕を指示し、開かれたいか

38ter

なる地平も新たな地平を呼び覚ます。しかも無限の全体は、その流動の無限性のままに、意味の統一へと向けられている」（*Krisis III*, p. 173〔二四一頁〕）。

前ソクラテス期の、そしてソフィストの哲学への参照。

別の表現の仕方〔は〕講義草稿 **p. 37bis**〔本書四六四頁にある〕。

Beilage XXVIII(1)、厳密学としての哲学〔Philosophie als strenge Wissenschaft〕。

（1）［*Ibid., Appendice XXVIII au §73*, trad. cit., p. 563.］

(1)そこから哲学と非超越論的な思考との関係が再検討される。心理学は哲学である。生物学は哲学である。哲学は、生命と心理が側面から私に参与することを認めることにあり、一切のものの、志向的相互内属〔intentionales Ineinander〕における「万物流転〔ὁμοῦ ἦν πάντα〕〔訳注35〕」を認めることにある。私たちが行おうとしているのは、このような全体の相互連関の哲学なのである。

（1）［このページはメルロ＝ポンティによって番号を付けられておらず、別々の草稿として示されている。］

フッサール　終わり

〈哲学〉についての省察（一九三五年夏）。（*Beilage XXVIII*）真面目で〔ernstliche〕で、厳密で〔strenge〕、必当然的に厳密な学問〔ja apodiktisch strenge Wissenschaft(1)〕。

（1）［*Ibid.*, p. 563.］

38a

これは「想像上の目的」なのか。これまで一度もなかった哲学を作ることを期待できるのだろうか。かりにそれが期待されるとしても、それは伝統によってであり、この伝統は過去の解明によってしか了解できない。哲学的な普遍は、文化、歴史でできている。しかし、もしかしたら歴史は、この目的《テロス》が特権的なもので、人間性と同義であることを示すことになるのだろうか。

しかし、いかにして私は歴史の真理に到達したと称することができるのだろうか。私の哲学史は創作〔Dichtung〕[1]であり、つねに作り直されるべきものである。哲学者は、自分の内にも外にも、安定したものをまったく見出さない。「したがって彼の仕事は失われてしまったのであろうか、つまり、彼が、彼の「非歴史的」で真ならざるプラトン〔seines “unhistorischen”, unwahren Plato〕の導きのもとで、そしてその適用によって、学問的な歴史性の関心の中で完成させたこの仕事は、失われてしまったのであろうか[2]」。

（1）［*Ibid.*, p. 512-513.］
（2）［*Ibid.*, p. 512.］

客観性の失敗。しかし、この断念のうちには一つの成功〔eines Gelingens in diesem Versagen〕がある（『危機』、p. 510）[1]。厳密でない道具でなされた仕事は、失われたわけではない。なぜならそれは仮定からの演繹ではないからである。プラトンはこうだった、スピノザはこうだった、彼らのあいだの階層関係はこうだった、したがって哲学はこうである、真理はこうである……（というような）水平的な歴史ではない。

（1）［Trad. cit., p. 565.］

それは、私の想像上のプラトンはこうであり、私の想像上のスピノザはこうであり、両者は（彼らに問いかけ、彼らについて自問する）私の哲学的視点との関係でしかじかの仕方で位置づけられるということである。「過去」は私の過去（私の「哲学史の創作〔Dichtung des Philosophiegeschichte〕」[1]）であり、逆に哲学者として私が考えることは、この過去が私の中で働きかけているということである。私の「哲学する生〔philosophierendes Leben〕」[2]はこの往還運動、このジグザグ[3]なのだ。そして同じように、他者と対立しつつ、かつ他者と共にある私の働きかけは、批判的な友情と敵意のうちに〔in kritischer Freundschaft und Feindschaft〕[4]ある。そして同じく、私の過去と対立しつつ、かつ私の過去と共にある私の働きかけも。「連結〔connex〕」であり、演繹ではない。

（1）〔E. Husserl, *Krisis*, *op. cit.*, p. 513, trad. fr., p. 568.〕
（2）〔*Ibid.*, p. 512, trad. fr., p. 568.〕
（3）〔*Ibid.*, p. 59, trad. fr., p. 68.〕
（4）〔*Ibid.*, p. 512, trad. fr., p. 568.〕

哲学は時間と場所の外に［あるのではない］。哲学は、生き生きした現在〔lebendige Gegenwart〕の内にある。つまり〈存在〉は垂直であり、それはすべて私の現前野〔Präsenz-Feld〕〔訳注36〕である。ただし定義や「語の意味〔Wortbedeutung〕」というかたちではなく、暗い知〔dunkles Wissen〕[1]というかたちにおいてである。「超越論的生」、それは原理的に開かれている。哲学が諸観念であると信じる誤謬。哲学は、問いかけ[2]をともなった領野である。この問いかけは、自分が何を問うているか自分でも知らない（哲学は哲学者自身にとって問題である）。

（1）〔*Ibid.*, p. 512, trad. fr., p. 568.〕
（2）〔M. Merleau-Ponty, *Le visible et l'invisible*, Paris, Gallimard, 1964, p. 142 et sq.〔M・メルロ＝ポンティ『見えるものと見えないもの』、一四七頁以下〕〕

したがって、「主観的な」働きかけは失われていないし、「すべてこのような「創作〔詩〕」は哲学者に役立つのであり、哲学者自身と彼の企図〔sein Absehen〕を自ら理解するのに本当に役立ちうるのである。哲学者の企図は他の哲学者たちの企図、彼らの創作、彼らの企図に相関的であり、結局のところ私たち全員に対して、統一的

38b

なテロスとしての、そしてその成就の体系的な試みとしての哲学そのものを構成する共通の普遍〔das Allgemeinsame〕である……」（*Krisis*, p. 513）[1]。

（1）〔Trad. cit., p. 568.〕

〈哲学〉は、哲学の哲学になり、自らを形成物〔Gebilde〕と考え、「哲学的生」の中で生まれ出る状態においてとらえられるとき、たんなる形成物〔Gebilde〕であることをやめる。私の生き生きした現在において、歴史的相対性と生活世界《レーベンスヴェルト》に陥ることになる「ふらふらした」哲学が乗り越えられる。そして歴史的相対性を乗り越え、哲学の本拠となるのは、生きた精神として（そして何か無時間的なものの中ではなく）とらえられた私や他の哲学者たちであり、それは客観的精神（過程としての歴史）としての精神でも、主観的精神（私が哲学について知っていること、私の定義、私の「意識」）としての精神でもなく、哲学どうしの互いの相互内属〔Ineinander〕であり、それらの共通の根源つまり純粋な問いかけとしての精神である。

「それのみが歴史の統一性を形づくっている志向的内在性の隠れた統一というかたちで、これらのすべての哲学者において「それ」が究極的に何を「目指しているか」ということ」（*Krisis II*, p. 74）[1]。

（1）〔Trad. cit., p. 84.〔E・フッサール『危機』、一三一頁。ドイツ語による引用の後にメルロ＝ポンティによる訳〕〕

鍵となる語。志向的内在性〔intentionaler Innerlichkeit〕。構成する〈自我〉の直接的な内在性ではなく、間接的な内在性であり、権利上すべての者によって実行可能なものとして与えられる〈自我〉のそれぞれの歩みによって目指される、複数の内在性である。それは反省によって考えられうるものではなく、〈実践〉によってなされるものである。ポーラン参照[訳注37]。「少なくとも、その束の間の一閃のうちに、わたしはきみとなったのだ」（『タルブの花』[1]）。

（1）〔Jean Paulhan, *Les fleurs de Tarbes*, Paris, Gallimard, 1941, p. 138.〔ジャン・ポーラン『タルブの花——文学における恐怖政治』野村英夫訳、晶文社、一九六八年、一四九頁〕〕

「隠されたもの」としての精神、〈理性〉、〈普遍〉、つまり未知のものを規定することによって解決されるような問題の対象（認識可能ではあるがたんに覆われただけの存在）ではない。歴史のうちに隠された理性〔verborgene Vernunft in der Geschichte〕、それは哲学者たちが理性と呼んできたものすべてのように、たんに超越的な（雲の中の、しかし即自的かつ対自的に理性である）理性ではない。潜在的なもの、可能的なものは、潜在的なものとしてあり、可能的なものとしてある。けっして説明的な仮説ではない。生き生きした現在〔lebendige Gegenwart〕[1]の世界を考慮するならば、現前野における、見えないものとしての見えるもの〔である〕。

（1）〔E. Husserl, *Krisis, op. cit.*, p. 73.〔E・フッサール『危機』、一〇〇−一〇一頁〕〕

この哲学の新しい意味、すなわち哲学の流れ〔Strom〕、複数性を押しつぶし、理念的統一という基礎的原理によって遂行される哲学ではなく、そこで流れが準備されるような、奥行の生〔Tiefenleben〕（「それ《エス》」が「目指していたもの〔hinauswollte〕」）の中に入っていく哲学である。側面的統一の、相互内属の哲学。人間たち、諸哲学、諸文化の縁に、結合部にある統一。

この哲学そのものが、精神《ガイスト》のあらゆる認識が向かう終極である。心理学的反省は哲学的反省に至る。完全な心理学はひとつしかなく、それが哲学である。［つまり］プシュケーは〈存在〉の自己啓示に隣接する（そのことからヘラクレイトス的プシュケーが参照される）。哲学が真の心理学であるなら、心理学は始まりつつある哲学である。しかし、このことはたんにプシュケーだけについて真であるのではない。プシュケーの担い手としての身体の数々は、すべての事物がそこにおいて一緒に存在している〈存在〉に回帰する。それは人間の身体のみだと言う人もいるだろう。しかしそうではない。動物たちも彼らなりの仕方でプシュケーの担い手である。私たちが動物たちについてどう考えようとも、私たちは彼らに向かって感情移入〔Einfühlung〕を実践している。動物たちは少なくともヴァリアントという資格で間主観性の中に入ってくる。同じように、狂人たちも「完全に」超越論的でないものとして、入ってくる。植物や事物も同様である。一般化された感情移入、つまり、側面的で正面からではない関係、相互内属〔Ineinander〕である。事物に対しては、デカルト的なたんなる事物〔bloße Sachen〕への還元があるというのは本当である。それは結合するが、吸収ではないような還元である。そこから現代物理学における、「自然」の新しい存在論が現れる。

　ましてや有機体については、その存在は事物〔Sache〕として定義することはできない。すべての生体は多かれ少なかれ曖昧に「霊魂《アニマ》」だと考えられている。有機体が考えられるのは、人間においてだけ、私たち人間との「類縁性」によってのみである。

　なぜなのか。それはすべての存在が、人間がその担い手である構成的意識に送り返されるからではなく、人間の中で生命、有機体が自らを理解するからである。「そこでのみ生命は生物学的なものそのものの自己了解のうちで、独自で固有の仕方で与えられている」(p. 482)[1]。超越論的なものはもはやすべてを構成する意識ではない。それはまた逆でもある。どんなものも人間においては意識に到来する。ミクロコスモスとしての人間。ベルクソン参照。

（1）［*Ibid., Beilage XXIII, §65, trad. cit., p. 534.*］

ハイデガーを参照。「「生命についての科学」としての生物学は、たとえどこまでもその中にではないにしても、現存在の存在論に基礎づけられている。生命は一つの固有の存在の仕方であるが、本質的にはただ現存在においてのみ近づくことのできるものである。生命の存在論は一つの欠陥のある解釈の道で行われる。それは、存在す

38[d]

るはずのものを、ただまだ生きているものとしてのみ存在しうるものと規定するのである。生命は純粋な手前存在でもなければ、しかしまた現存在でもない」（*Sein und Zeit*, p. 49–50）[1]。

（1）［Martin Heidegger, *Sein und Zeit* (1927), Tübingen, Niemeyer, 1957, *Être et temps*, trad. fr. F. Vezin, Paris, Gallimard, 1986, p. 82.〔M・ハイデガー『存在と時間』（二）、熊野純彦訳、岩波文庫、二〇一三年、二五四－二五五頁。ドイツ語による引用〕］

したがって〈生物学〉[1]は、それが生命について語るかぎりで、必然的に意識の受肉について語っているのであり、それによって私たちの身体が肉〔Leib〕になるこの最初の感情移入〔Einfühlung〕について語っているのである。そしてその後で他の身体が私たちにとっての「他の身体」に、そしてたとえば動物が動物となるのだ。間主観性の相互内属〔Ineinander〕は私たちの身体、動物、植物との私たちの関係にまで拡張される。〈普遍的存在論〉、ただしそれは私たちが構成する、本質や意味の規定としてではなく、〈他者〉の「未知の存在論」との私たちの類縁性、私たちの共存としての普遍的存在論であり、「そこから」「目的論」の概念（つまり隠された理性〔verborgene Vernunft〕）は、観念論の終末を示すのである。それは合目的性への回帰（「人間に対する」動物、あるいは動物たちがその抽象的契機であるような「全体性」としての人間。動物たちは私たちにとって未知のものである）ではなく、ましてや超越的な目的性ではない。動物たちを「私たち」に結びつけているもの、それは私たちが動物に到達するのは私たちの実存を通じてのみだということである。他人を参照。私たちが動物についての意識を持つためには、動物が私たちの実存に入りこまなくてはならないし、動物がそこに参加するのでなくてはならない。歴史の〈目的論〉を参照。歴史の「本能」、抑圧されたものの回帰。隠されたものは、別の顕現ではない（ハイデガーの隠蔽性〔Verborgenheit〕と非隠蔽性〔Unverborgenheit〕を参照[訳注38]）。

（1）［補遺 p. 383〔本書四六五頁〕で、メルロ＝ポンティによって訳された『危機』付録二三を見よ。］

他方で、生物学は技術的な科学であり、生物を人工物として、物理－化学的合成物として取り扱う。しかし、これらすべては、たんなる事物〔bloße Sachen〕ではなく、感情移入〔Einfühlung〕の有機体であるような有機体のイメージに依存している。これらの規定に対して、知覚された有機体や感情移入が抵抗する。それはデカルト的存在論が信じているような、科学の中の前科学の残滓ではなく、「諸源泉」の近さ（つまり相互内属〔Ineinander〕の状態にある、世界の全体的イメージ）であり、奥行き〔Tiefe〕の近さであって、それは生物学をして、つねに超越論的諸問題にたち戻らせる。この近さは、生活世界の地盤に湧出するものなのである。

したがって生物学は存在論的射程をもっており、存在の（まったく地上的な、そして大地そのものの上で、ある区域に限定されている）局所的領域について私たちに教えるのではない。それは物理学と同じ世界普遍性〔Welt-allgemeinheit〕をもっている。それは精神的存在〔geistiges Sein〕の世界性〔Weltlichkeit〕であるような、記述的世界性をもっているのである。なぜなら（一）金星において、私たちに「生命」として認識されうるものは、私たちの生活世界に入るという条件でのみそのように認識されうるからである（それは、私たちの実存の普遍性が、意識や、思考の事実的法則から、私たちの存在へと拡張されるという議論である。その結果として、ただ意識の統一性による世界の統一性だけではなく、生命の統一性へと拡張された世界の単独性がある。フッサールの以下の言葉を参照。哲学の同一性〔Selbigkeit〕は世界の同一性〔Selbigkeit〕と同じ種類のものである）。（二）より根本的には、たんに観念論者の議論（存在するものは、統覚の総合的統一にしたがって私たちにとって存在する）を繰り返すことでもなく、その議論を構成的なものから統制的なものへと拡張すること（すでにカントには、概念なき普遍がある）でもなく、志向的含蓄が、生命において、たんなる事物からは再構成されえないような環境世界〔Umwelt〕や世界《ヴェルト》への指示を明らかにすることを理解することが重要だからである。物理的世界こそが生命の世界に包含されるのであって、逆ではない。そして生命の世界は、人間の世界に包み込まれているのだから、意識的な生物学は哲学へ向かうのである[1]。

38e

（1）〔私たちは、メルロ＝ポンティが言及しているフッサールのテクスト（『危機』付録二三、一九三六年六月）の翻訳を、付録として掲載したほうがいいと考えた。なぜなら、ご覧のように、彼はそれに注釈を加え、聴衆の前でこれらのテクストを読み上げると記しているからである。メルロ＝ポンティの翻訳の独創性に気づかれるだろう。補遺p. 383〔本書四六五頁〕以下を見よ。〕

［B］ハイデガー——問題としての哲学(1)

（1）〔紙片の**p. 39**以降の、ハイデガーに関する部分の構成の要約と再定義。メルロ＝ポンティは以下に挙げるテクストの中で、彼自身のテクストのページを指示している。この計画によって、議論の流れの中でメルロ＝ポンティが行った手直しを確認できる（以下を参照）。〕

39

ハイデガー。

現存在の分析論（人間学）から存在の問い〔Seinsfrage〕（神秘主義）への変化。しかし、その変化はむしろ解明である。最初から存在の問いが目標だったのであり、そこに介入してくる記号《シーニュ》の変化の数々は、存在の領野の開けに呼応している。

現存在という否定的なものは、存在者や存在的なものにかかわる、外的な観点であり、この平面では、現存在はかつてと同じものにとどまっているが、まさにひとたびこの深淵が見出されると、現存在は何にも開かれていないことに気づくのである。無としての無〔nichtiges Nichts〕の排除。現存在は、十全な肯定性にも開かれていない。現存在は、非‐存在者〔Nicht-Seiend〕つまり〈存在〉に開かれており、それは、存在した〈存在〉〔Être été〕と比べると、非‐〈存在〉〔non-Être〕にとどまる。——第三段階。

そこから記号の変化が生じる｛存在《ザイン》は、世界《ヴェルト》、現存在《ダーザイン》、時間化〔Zeitigung〕、つまり、時間の記号の変化を含んでいる。**p. 41**、注一［**p. 41**、注一、「存在は時間から把握されなければならない」〔ドイツ語による引用〕］（『存在と時間』p. 18〔（一）、一三九頁〕）。

自由、真理、人間｝、**p. 40**〔本書一〇五頁〕。現存在、世界｝、**p. 46**〔本書一一一頁〕。

否定的なものは、〈存在〉への開けであることが明らかになるが、この新たな存在は、すでに乗り越えられた存在（対象‐存在）ではない。

現存在〔Dasein〕から現‐存在〔Da-Sein〕へ（名詞から動詞へ）。

現存在、**p. 45**〔本書一〇九頁〕（「意識」に反対して）——。

『講演と論文』のテクストは、開けを強調している。**p. 45**〔本書一一〇頁〕。

真理と開けの観念の、内具的だが内在的ではない関係。「尺度」の先取り（**p. 42–43**）。

その結果として、自由が「私たちを所有する」（**p. 43**）〔本書一一四頁〕。サルトル参照。

両者の違い。その関係は内在的ではない。つまり、その開示は覆うことであり、明証性ではない（**p. 43**〔本書一一四頁〕）。現－存在、現に－そこに－あること〔être-le-là〕。

明確化するため、サルトルとの関係（**p. 48–49**）〔本書一二〇頁〕。ベルクソンとの関係（**p. 48**〔本書一一九頁〕）。

そこから、人間学の、客観的あるいは主観的形而上学の排除が生じる。存在の経験〔Seinserfahrung〕（**p. 44**）〔本書一一六頁〕の奪還。なぜなら主観とその対象、人間とその創造物とは別のものが「ある」からである、**p. 57**〔本書一三五頁〕。

ハイデガーの〈存在〉概念。

（一）それを明確にするためのよりよい手段。存在－存在者の関係。

（新しい〈本質＝現成〉〔Wesen〕概念）**p. 49–51**〔本書一二一頁〕、その続きは**p. 51**〔本書一二四頁〕から。

ハイデガーを昔のハイデガーと新しいハイデガーとして説明するのではなく、私たちの問いに関わるもの、すなわち哲学の可能性を新しいハイデガーの中で明らかにすること。

『存在と時間』の序文で定められた課題を不可能にするような、原理的な理由〔がある〕。そして、〈存在〉についての形而上学的な問いかけをより根源的に取り上げ直すこと。〔『存在と時間』の〕課題を不可能にしているのは、おそらく私たちの言語であり、（つねに不徹底なものを前提にしている）「真理」の本性そのものであり、（〈存在〉の西欧的な運命に深く結びついているがゆえに、〈存在〉のより広範な解明をさまたげるような）「哲学」の本性そのものである。哲学は思索《デンケン》にとってかわられるべきものである。

したがって、それはたしかに同じハイデガーである。しかしハイデガーは、失敗の原理的理由を見て取っている。彼が「変わった」のは、通俗的な解釈との関係においてのみである。つまり、（一）否定主義。究極の諸現象——死としての全体性、否定的なものの起源としての不安、死に直面しての決意としての自由、そこから〔現れる〕本来性。（二）人間学。超越、存在〔Sein〕への存在者〔Seiende〕の乗り越えは、人間の属性〔と考えられる」。時間にしたがって、そして人間存在というかぎりで理解される存在（『存在と時間』）。〔三〕これらすべてのことは、形而上学的な（肯定的な－超人的な）問いを開かれたままにしてしまう。この問いをハイデガーは、『形而上学とは何か』[1]の終わりで、ライプニッツ的なかたち、つまり「なにゆえ無ではなくむしろ何ものかがあるのか」というかたちで取り上げ直していたように思われる。

（1）［Martin Heidegger, *Qu'est-ce que la métaphysique ?*, tr. fr. H. Corbin, Paris Gallimard, 1938, nouvelle références dans *Questions I*, Paris, Gallimard, Tel, p. 72.〔M・ハイデガー『形而上学とは何か』（増訂版）、『ハイデッガー選集1』大江精志郎訳、理想社、一九六一年、六六頁〕］

『存在と時間』の立場はそこにはなかった。「序文」で、現存在〔Dasein〕の分析論は、存在〔Sein〕の問いへの入り口として提示されている。現存在が考察されるのは、もっぱらそれが〈存在〉への問いかけであり、この存在者が〈存在〉への特権的関係をもつかぎりにおいてである（『存在と時間』、p. 8[1]。つまり存在者そのものが問いかけ〔Fragen〕であり、おのれの存在において問いに付される存在であるからだ（『存在と時間』、p. 15〔（一）、一二五頁〕）。

（1）［M. Heidegger, trad. Vezin, p. 32.〔M・ハイデガー『存在と時間』（一）、九九頁〕］

この展開は、人間学を〈存在〉の神秘主義に転倒することではない。始まりは人間学ではないし、終わりは神秘主義ではない。変化はあるが、転倒ではない。それは強調点の移動や探求の不可能性の経験をともなった、同じ探求の深化である。彼の言葉そのものが変化について語っている[1]。

（1）［メルロ＝ポンティは欄外で次のような問いを指示している。「何が起こったのか」。］

自由。「基づけつつ自由は根拠を与えるとともに根拠を受け取る」（『根拠の本質について』、p. 44[1]）。「このような根拠として、自由は現存在の深淵〔脱－底、Ab-grund〕である」（『根拠の本質について』、p. 53）[2]。自由がそれ「思惟？」を受け取る以上、根拠を創造するのはすでに自由ではないが、自由が根拠を与えてはいたのである。今や根拠〔Grund〕であるのは存在《ザイン》であるが（『根拠律』[3]）、以前は深淵とは自由のことだったのである。しかるに『真理の本質について』、p. 14[4]では、「自由は……それ自身の本質を、唯一の本質的な真理[5]のより根源的な本質から受け取る」。

（1）〔M. Heidegger, *Vom Wesen des Grundes*, Francfort, Klostermann, 1929, *Ce qui fait l'être-essentiel d'un fondement ou « raison »*, trad. fr. H. Corbin, Paris, Gallimard, 1938, rééd. *Questions I*, p. 144.〔M・ハイデガー「根拠の本質について」、『道標』所収、『ハイデッガー全集9』辻村公一・ハルトムート・ブフナー訳、創文社、一九八四年、二〇二頁〕〕
（2）〔Trad. cit., p. 157.〔M・ハイデガー「根拠の本質について」、二一三頁〕〕
（3）〔M. Heidegger, *Der Satz vom Grund*, Pfullingen, G. Neske, 1957, *Le principe de raison*, trad. fr. A. Préau, Paris, Gallimard, 1962.〔M・ハイデガー『根拠律』辻村公一・ハルトムート・ブフナー訳、創文社、一九六二年〕〕
（4）〔M. Heidegger, *De l'essence de la vérité*, Paris, Gallimard, 1958, repris dans *Questions I*, 1968, p. 175.〔M・ハイデガー『真理の本質について』、『ハイデッガー選集11』木場深定訳、理想社、一九六一年、二一頁〕〕
（5）正しさ〔Richtigkeit〕ではなく、「開け〔ouverture〕」であるような真理。

人間は「無の場を保つ者」（『形而上学とは何か』〔五三頁。以下、該当訳書の頁数のみ記す〕）、「〈存在〉の牧人」（『ヒューマニズム書簡』〔『「ヒューマニズム」について』[1]〕）である。第二の表現は第一の表現を破壊しない。私たちはそのことを後で見ることにしよう。むしろ第二の表現は、異なった仕方の強調をしているのである。

（1）〔M. Heidegger, *Über den Humanismus*, Berne, 1946, *Lettre sur l'humanisme*, trad. fr. R. Munier, Paris, Aubier, 1957.〔M・ハイデガー『「ヒューマニズム」について』渡邊二郎訳、ちくま学芸文庫、一九九七年、八四頁〕〕

真理。「すべての真理はその本質的に現存在に即した存在様式に応じて、現存在の存在に相関的である」（『存在と時間』、p. 227)[1]。たしかに彼は、このことによって、真理が私たちの現存在《ダーザイン》の恣意にまかされることはないと説明するだろう。彼はやはり、人間と、存在への乗り越え、つまり真理とのあいだに、一種の同義性があると考えている。にもかかわらず、彼が『真理の本質について』においては、もはや現存在《ダーザイン》の言語ではなく、開け〔Offenheit〕の言語を話す必要を感じていることにかわりはない。

（1）〔Trad. Vezin, p. 278.〔M・ハイデガー『存在と時間』（二）、五二六頁〕〕

何が起こったのか。現存在〔Dasein〕の内的な存在の深化が明らかにするのは、現存在が内世界的なもの〔Innerweltlich〕との関係、存在的なものとの関係からすれば否定的であるものの、存在的なものとは別の肯定的なもの、すなわち〈存在〉への開けであることである。現存在の否定的な側面は、外的で予備的な見方でしかないのだ。以後、ハイデガーはこの新しい領域の表現に集中することになる。もはや肯定的なもの、存在者〔Seiend〕、存在的なもの〔ontique〕はない。あるのは、深淵としての現存在であり、深淵としての固有の可能性であり、各自的なもの〔jemeinig〕である。この現存在《ダーザイン》そのものは、隠されたまま、退隠〔retrait〕としてのみおのれを示すことが本質的であるような領域に、世界《ヴェルト》と現存在《ダーザイン》と時間化〔Zeitigung〕を包括する領域に、開かれているのである[1]。世界は隠されているのだから肯定的な面を与えず、世界へと乗り越えてゆく現存在は、無に向かって乗り越えてゆくように見える。しかし、それにもかかわらずそれは無ではなく、〈存在〉である。無としての無〔nichtiges Nichts〕は排される。存在は存在者でないもの〔nicht-Seiend〕でしかない。存在者でないものは、あいかわらず存在者でないものである。『存在と時間』には直接的な哲学があったのである。そこでは現存在《ダーザイン》が記述され、現存在が何であるかということ、つまり存在者との対比からして深淵であるということが語られていた。つづいて、この直接的な記述が根源的なものではないことが気づかれる。なぜならこの記述は、本質〔Wesen〕を独断的に使用しているからであり、それは現存在《ダーザイン》が何であるか、つまり非存在が何であるかを語っているからである。

本質《ヴェーゼン》の媒体について問いかけながら、真理の本質〔Wesen der Wahrheit〕という問いが、本質の真理〔Wahrheit des Wesens〕の問いを解決済みと想定していると考えられるようになる。真理をもつためには、本質を語るだけでは十分ではなく、その何〔Was〕に連れ戻されてしまった真理がそもそも何であるのかを考慮しなくてはならないのである。十全な本質はこのようなものではない。それは「動詞的本質《ヴェーゼン》〔Wesen verbal〕」〔訳注39〕であり、現実存在と分割されないものである。（真理の本質に続くはずであった）本質の真理についてのこの省察は、もはや直接的でない分析への転回を示している。本質－現実存在の無差別はすでに『存在と時間』において表明されていた。現存在《ダーザイン》の本質はその実存である。しかし、このこと自体が本質の真理として言表されており(2)、現存在《ダーザイン》に、つまり人間の存在〔das Sein des Menschen〕に限定されている（『存在と時間』、p. 25）(3)。それ以外のものに関して、ハイデガーは本質や理念の観念をためらうことなく用いていた。たとえば、世界性一般〔Weltlichkeit überhaupt〕の記述（『存在と時間』、p. 64-65）(4)における、世界性一般の理念。「（動詞的）本質《ヴェーゼン》」の探求という立場は、二者択一の放棄［である］。存在するものはすべて、実存すること〔existieren〕（現存在）という意味においてか、「世界」という意味においてか、のいずれかである。現存在《ダーザイン》と世界という二つの相関項を包み込む普遍的〈存在〉がある。

（1）「存在は時間から把握されねばならない」（『存在と時間』、p. 18〔(一)、一三九頁〕）。「時間は、存在の真理のための名として呼ばれる」（『形而上学とは何か』一九四九年の序文［（この「名」〔Vorname〕というのは）先行する名か、「呼び名」か］〔p. 17〔『形而上学とは何か』（増訂版）、二二頁〕〕）。「「存在」は『存在と時間』においては「時間」と異なった或るものではない。何故というと「時間」は存在の真理に対する呼び名に名づけられているのであって、その真理が現成するもの〔das Wesende des Seins〕であり、またそのように存在そのものである」（p. 16〔『形而上学とは何か』（増訂版）、二二頁〕）。

（2）現存在の各人であることは、本質的には、他の現存在によって共有しうるものである。『存在と時間』、p. 42〔(一)、二二三－二二七頁〕。それは、共に言うこと（Mitsagen）、人称代名詞がいつもあることを意味している。

（3）［Trad. fr., p. 51.〔M・ハイデガー『存在と時間』(一)、一六五頁〕］

（4）［Trad. fr., p. 100.〔M・ハイデガー『存在と時間』(一)、三一一－三二一頁〕］

したがって、変化はあるのだが、それは現存在の分析論から基礎的存在論〔Fundamentalontologie〕への移行であり、最初から予見されていたものであって、その帰結として、否定主義の排除（無の概念の見直し）、人間学的曖昧さの排除（人間の内部で働いている「存在」への諸関係を、それ自体で研究すること）、形而上学的問題の排除をともなっている。たとえば、『存在と時間』はすでに、この取り上げ直しは「現象学的解体」であると述べていた。それは、今でもハイデガーが述べているように、〈存在〉の問いが問いとして立てられた最初の書物である。しかし、その問いは古い意味での問いであるような印象がもたれるかもしれない（『形而上学とは何か』の最後を参照。ライプニッツ的な問いが取り上げ直されている）。今や「形而上学の問題」は「問題」としては、つまり「答え」を含んだ問題としては、消滅してしまう。まさしく現存在《ダーザイン》から存在《ザイン》へと移行したがゆえに、存在《ザイン》が「問題」の機会なのではなく、秘密であり神秘であることがよりはっきりと理解されるのである。

以下のものを検討しよう。（一）存在《ザイン》へのこの移行。（二）「ヒューマニズム」に関する諸帰結。〈存在〉と人間、〈存在〉と言語。（三）歴史に関する諸帰結、存在の歴史〔Seinsgeschichte〕の観念。（四）結論。形而上学の終わりとニヒリズム、哲学と非‐哲学。

42

I　現存在《ダーザイン》の分析論から存在の問い〔Seinsfrage〕へ[1]

（1）〔草稿には、**p. 45**と**p. 46**〔本書一〇九‐一一一頁〕に位置する「現存在から〈存在〉へ」の展開を、この場所に置くようはっきりした指示がある。メルロ＝ポンティは、〈Sein〉の二つの異なった綴りを、同じ表題のために指示している。〕

（一）現存在《ダーザイン》から存在〔Seyn〕へ

動機づけられた移行、それもやはり転倒である。現存在《ダーザイン》、［それは］現にある存在〔être-là〕である。〈内‐世

45

界的対象から区別し、存在の能動的意味を肯定するために）より明確に言うと、現にそのようにあること〔être-le-là〕、世界であること〔être-le-monde〕である。

「私」「主観」「意識」と言うことを拒否すること。たとえ、事物化〔Verdinglichung〕――「作用中心〔Aktzentrum〕と体験〔Erlebnisse〕」（『存在と時間』）――からは純化されているとしても。なぜならもしそう言ってしまえば、存在は「非我」「対象」になり、結びつけられたものになるからであり、自己性が〈存在〉との関係において第一のものであることになってしまうからである。実際には自己性は、間接的なものであり、そこから世界が見られる場所Xとして、世界から出発してからしか把握されない。私が語る現存在《ダーザイン》は私である、あるいは私はそれである〔Ich es bin〕と言うことはまちがいではないが、それは形式的な指標であり、その指標の下で分析はその反対物、つまり世界性〔Weltlichkeit〕（『存在と時間』、p. 116）を開示するのだ。現存在が各々の私のものであること〔je meines〕は、まずもってなにより現存在がそれ自身である〔es selbst〕（『存在と時間』、p. 116）[1]ということを意味するのではない。それどころか――

（1）［Trad. fr., p. 158.〔M・ハイデガー『存在と時間』（上）、六九－七〇頁〕］

「私たちは遠くの物たちをたんに内面で思い描き、その結果、遠くの物たちの代用物として、私たちの内面と頭の中でそれらの表象だけが流れてゆくのではない。私たち全員が今、この場からしてハイデルベルクの古い橋を考えるなら、かの場所へと向かっていくこの思考は、ここに臨席する人たちのたんなる体験なのではない。むしろ件《くだん》の橋に向かう私たちの思考の本質には、この思考がそれ自身において、その場所への遠さに屈せず耐え抜くということが属する。私たちはこの場からして、かの地の橋のもとにあるのであり、私たちの意識内の表象内容のごときもののもとにあるのではない」（『講演と論文』、p. 157）[1]。

（1）［メルロ＝ポンティによる翻訳。M. Heidegger, *Vorträge und Aufsätze*, Pfullingen, G. Neske, 1954, dans *Essais et conférences*, trad. fr. A.

Préau et J. Beaufret, Paris, Gallimard, 1958, p. 186–187.〔M・ハイデガー「建てる　住む　思考する」、『ハイデガー　生誕一二〇年、危機の時代の思索者』所収、大宮勘一郎訳、河出書房新社、二〇〇九年、一四一頁〕

これは魔術的関係だと言われるだろう。もちろん私は、他者を眺めながら、彼らがここにいて、ハイデルベルクの橋のところにいるのではないこと、彼らが彼らの表象にしか関わらないということをよくわかっている、と。ハイデガーは、私たちが自分の目から飛び出して、事物としての対象の中を散歩しにいくと思っているわけではない。

彼が言わんとしているのは、物そのものへの私たちの現前が、もしそれを表象〔前に‐立てること Vor-stellung〕に置きかえてしまえば、けっして再発見できないということである。したがって、内容を与えられた〔Inhalt gegeben〕この経験を、真なるものとしてとどめておかなくてはならない。そして、その経験から出発して、さまざまな扱いにくい「事実」、たとえば他者が、物の外で、物そのものから切り取られて私に現れるという事実を理解しようと試みるのでなくてはならない（たとえば私はこう言うだろう。他者とハイデルベルクの橋のあいだに外在性があるのは、私たちが現存在《ダーザイン》のいない即自的世界の中にいる場合にのみである。他者がハイデルベルクの橋について話すとき、私は彼らがそこにいることをよく理解している。さらに説明しなくてはならないこと、それは（彼らのものであれ、私のものであれ）不在の事物の経験と現前する事物の経験とのあいだの差異である。しかし、それは、どのようにしてであれ、私がいつも居合わせている〈存在〉の内部での差異である）。

「現‐存在〔Da-sein〕」は、まずもって、〈……に属する存在〉であり、物そのもの、世界そのもの、存在そのものに属する存在である。はじめからハイデガーがあらゆる分析から救い出そうとしていたのは、この「現‐存在」である。

しかし、「現存在‐世界〔Dasein-Welt〕」の統一が「主観的に」表現されていたこともあった。「現存在自身の特徴〔Charakter des Daseins selbst〕」（『存在と時間』、p. 64-65〔（一）、三一二－三二一頁〕）として考察された世界性。同じく、「あらゆる真理はその本質的に現存在に即した存在様式に応じて現存在の存在に相関的である」（『存在と時間』、p. 227）[1]。今や同じ関係はもはや「脱－自」〔Ek-stase〕や超越の用語では表現されない。（たとえば、現存在に関して）「「現存在」と名づけられるのは、存在の真理の位置即ちそれの場所として先ず一たび経験され、それからそれに適わしいように考えられるべきところのことである」（『形而上学とは何か』新しい序文、p. 13）[2]。それは同じ発想であるが、より一貫しているのである。もはや独立した契機について語るように現存在《ダーザイン》について語ることさえできない。現存在が現存在であるのは、存在論的機能における〈存在〉への開けとしてのみである。現存在《ダーザイン》はこの存在論的機能の「場」でしかなく、この機能が前面に出てくるのである。その存在論的機能を記述することにしよう[3]。

（1）［M. Heidegger, *Être et Temps*, trad. fr., E. Martineau, p. 167.〔M・ハイデガー『存在と時間』（二）、五二六頁。ドイツ語による引用〕］

（2）［一九四九年の新しい序文。M. Heidegger, *Was ist Metaphysik?*, Francfort, Klostermann, 1949, *Qu'est-ce que la métaphysique?*, *Questions I*, trad. fr. R. Munier ; preface : *Le retour au fondement de la Métaphysique*.〔M・ハイデガー『形而上学とは何か』、一七頁。ドイツ語による引用〕］

（3）**p. 42**〔本書一一二頁〕に戻ること。真理の分析。

（二）真理、開け〔Offenheit〕、隠蔽性〔Verborgenheit〕と非隠蔽性〔Unverborgenheit〕[1]

（1）［**p. 42**〔本書一一二頁〕のやり直し。私たちはメルロ＝ポンティのページづけを尊重しない。彼が私たちに示している再編成の仕方によると、この元々一番目の部分が二番目の部分になる。］

最初の歩み。自由の主題を犠牲にしてでも真理の主題を強調すること。『真理の本質について』。

正しさ〔Richtigkeit〕、〈……へ差し向かうこと〔Sichrichten nach〕〉としての真理は、事物の真理〔Sachwahrheit〕（事物が知性〔intellect〕に適合すること。真の黄金）（それはカント的理念であり、キリスト教的理念である）という概念におけるのと同じく、命題の真理〔Satzwahrheit〕（知性〔intellectus〕が事物に適合すること）という概念のうちにある。

真理の関係がよそで完成されることを前提にしなければ、正しさ〔Richtigkeit〕で満足することはできない。正しさそのものは何に依拠しているのか。

正しさ〔Richtigkeit〕の経験とは、私たちの目の前にあるものに尺度を適用することである。そして私たちがたしかに知っているのは、この尺度がたしかに尺度であること、つまり尺度が事物との同質性をもち、尺度が事物を受け入れること、つまり、尺度が参照領域をもっており、開け〔Offenen〕の内部で適用されることである。尺度という機能における尺度の先取り〔Vorhabe〕。つまり、あらゆる「表－象すること」〔vor-stellen〕を条件づけている、存在へのあらかじめの開け〔pré-ouverture〕。この〈……への「開け」〉〔訳注40〕、この〈「……への自由」〉があらゆる真理を条件づけているのである（フッサールの「合致〔Deckung〕」[1]の経験を参照）。その自由は、けっして恣意的ではなく、存在者を存在せしめること〔Seinlassen von Seiendem〕に存し、「存在者」の中に失われるのではなく、存在者を開示するためにそこから距離を保持する自由である。現存在の「光」は、「開け」によって念入りに準備されたこの距離である。現〔Da〕、［それは］開けの開在性〔die Offenheit des Offenen〕（『真理の本質について』[2]）［である］。

（1）［p. 14, trad. cit., p. 175.〔M・ハイデガー『真理の本質について』、二二一頁〕］
（2）［p. 15, trad. cit., p. 177.〔M・ハイデガー『真理の本質について』、二二三頁〕］

つづいて、「人間は自由を特性として「所有」するのではなく、むしろ高々その逆である。つまり、自由、脱自的に実存し、露呈する現－存在が人間を所有するのである」（『真理の本質について』、p. 16）(1)。現存在は、人間を貫き、「人間を所有する」〈存在〉の運動になるのである。

（1）［Trad. fr., p. 178.〔M・ハイデガー『真理の本質について』、二五頁。ドイツ語による引用〕］

このことは受動性として理解されるべきではない。サルトル（『蝿』）〔訳注41〕(1)も「自由が電撃のように私に襲いかかった」と言っている。つまり、自由であるのは存在者〔étant〕としての私ではなく、実存するもの〔existant〕として、肯定へと自ら決意する否定の能力としての私であり、そうしなければ、加入することも、為すこともできないのである。同じように、〈……への開け〉とは、外的な項に関する受容性ではなく、あらゆる表象すること〔Vorstellen〕、一つの領域、一つの「圏域」〔Bezirk〕に先立つ関係であり、尺度の「あらかじめの贈与」である。そのことが言わんとしているのは、次のことである。（一）その関係は超越であり、〈……への乗り越え〔Überstieg〕〉(2)であり、〈現〔Da〕〉は地平である。（二）表象〔Vorstellen〕への還元の後でさえも、この関係は、それがもつあらゆる生き生きとしたものにおいて、そのようなものでありつづける。

（1）［J.-P. Sartre, *Les mouches*, Paris, Gallimard, 1943.〔J－P・サルトル『蝿』加藤道夫訳、『恭しき娼婦』所収、人文書院、一九五二年、六六頁〕］
（2）［次を参照。M. Merleau-Ponty, *Le Visible et l'invisible*, p. 313.〔M・メルロ＝ポンティ『見えるものと見えないもの』、三八二頁〕］

つまり、真理は外的な関係、受容性ではなく、彼方〔un au-delà〕との関係づけであり、したがって内在でもないのである。この固有ではあるけれども内在的ではない関係を表現するためには、真理が与えられていると言うのではなく、真理は隠されていない、非隠蔽性《アレーテイア》〔ἀλήθεια〕、隠蔽されざるもの〔Unverborgene〕である、と言うべきだろう。この隠れなきことは、明証的なもの〔見えること〔Sichtbarkeit〕〕ではない。それは距離をとり、私たちが見ているものの彼方のもの、〈存在〉、すなわち覆いを取ることにおいて、隠蔽性〔Verborgenheit〕を暗示するのである。こういうわけで『真理の本質について』は、真理〔Wahrheit〕から非 - 真理〔Un-wahrheit〕を抜き取ることを拒否するのである。非 - 開示性〔Un-entborgenheit〕(1) は「あれこれの存在者のあらゆる開示よりも一層古い」(『真理の本質について』、p. 19) (2) のである。

（1）〔Trad. fr., p. 182.〔M・ハイデガー『真理の本質について』、二八頁〕〕
（2）〔Trad. fr., p. 182.〔M・ハイデガー『真理の本質について』、二九頁〕〕

秘密〔Geheimnis〕。ある存在者の完全な開示とは、開示されていないものの忘却であり、まずもって隠されているもの〔das erstlich Verborgene〕であるような隠蔽〔Verbergung〕である（『真理の本質について』、p. 20）(1)。この点で、「非真理〔Unwahrheit〕」は人間の不注意ではない（同じく「真理」は人間の産物ではなく、行為の、表象の結果ではない）。「非真理は却って真理の本質に由来しなければならない」（『真理の本質について』、p. 17）(2)。「真理の本質の内で非本質をとらえる」(*ibid.*) (3) のでなくてはならない。真理は本質性の用語では定義されえないのである。

（1）〔Trad. fr., p. 183.〔M・ハイデガー『真理の本質について』、二九頁〕〕
（2）〔Trad. fr., p. 179.〔M・ハイデガー『真理の本質について』、二六頁。ドイツ語による引用〕〕
（3）〔Trad. fr., p. 180.〔M・ハイデガー『真理の本質について』、二六頁。ドイツ語による引用〕〕

したがって、存在の「贈与〔don〕」は「退隠〔retrait〕」でもあると言わねばならない。「おのずから現れ来ること、つまりピュシス〔φύσις〕のうちでは、自ら引きさがることが支配しており、しかもこの後者なしには、おのずから現れ来ることも支配もできないように定められているのである」（『根拠律』、p. 113）(1)。ヘラクレイトス。

「ピュシスは隠れることを好む〔φύσις κρύπτεσθαι φιλεῖ〕(2)」。

（1）［M. Heidegger, *Le principe de raison*, trad. fr., J. Beaufret, Paris, Gallimard, 1962.〔M・ハイデガー『根拠律』、一三〇頁〕］
（2）［ヘラクレイトス断章一二三。〔M・ハイデガー『根拠律』、一三二頁〕］

「真理」によって明らかとなったこの存在の退隠は、存在を「最大に実在するもの〔ens realissimum〕」、広大な「存在者《ザイエンデ》」に還元する客観的形而上学によっても、この形而上学の主観主義版によっても、知られていないものである。ヘーゲル。「存在の隠蔽の最後の残余が消失するとき、すなわちドイツ観念論の形而上学における絶対精神の絶対的な自己知において、その存在に関する存在者の露呈、すなわち形而上学は完成されるのであり、哲学は終わりに達するのである」(『根拠律』、p. 114)(1)。

（1）［Trad. cit., p. 155-156.〔M・ハイデガー『根拠律』、一三二頁。ドイツ語による引用〕］

ハイデガーは彼の存在の思索によって、形而上学に抗して、形而上学がその「諸表象」によって表現し、歪曲してしまった〈存在〉の経験を見出そうとする。「俗見となり空虚になった諸表象を解体することにおいて、形而上学の根本的な存在経験を取り返すこと」(『存在の問いへ』、p. 36)(1)。形而上学を、(一)粉砕することや、(二)こっそりと保存することが重要なのではない。重要なのは形而上学をその真理へと転換することである。このことから、ハイデガーに対してなされた受容のばかばかしさがわかる。ハイデガーは〈……の真理〉を表現しているのに、人々は、彼が形而上学を破壊していると批判する。また、存在のこの表現を、形而上学を再構成し、形而上学を「再建する」ために利用しようとする人もいる。これは、前者と同じくハイデガーの見方に対立するものである。それは、落ちたリンゴをふたたび集めることである。「人々は私の思索の試みを形而上学の破壊(démolition)であると言いふらし、同時にその試みの助けを借りて、そして彼らがあのいわゆる破壊なるものから引き出した——負っている、とは私は言わないが——表象の中に立ち止まったままである」（『存在の問いへ』、p. 36）[2]。

（1）［M. Heidegger, *Zur Seinsfrage*, Francfort, Klostermann, 1956, *Contribution à la question de l'être*, trad. fr., G. Granel, Paris, Gallimard, 1968, repris dans *Questions I*, p. 197.〔M・ハイデガー『存在の問いへ』、『ハイデッガー選集22』柿原篤弥訳、理想社、一九七〇年、五六頁〕］
（2）［Trad. cit., p. 240.〔M・ハイデガー『存在の問いへ』、五五頁。ドイツ語による引用〕］

だとすると、形而上学の真理であり、かつ形而上学を、そしておそらくは「〈哲学〉」を決定的に信用失墜させ 45
る、この〈存在〉の「本質‐非本質〔Wesen-Unwesen〕」とは何であろうか（上記参照）。

II　存在〔Seyn〕あるいは~~存在~~〔~~Sein~~〕[1]

（1）［**p. 46**の再録。］

たった今述べられたばかりのこの変化を、次のようにさらに言い直すことができるだろう。『形而上学とは何 47
か』において、その〈分析論〉は、（科学が定義するような）肯定的で顕在的な〈存在〉との対立として提示され、それ〔分析論〕が想定する無の地平に対立するものとして提示されていた。科学は、これとあれがあるだけで、「その他は何もない」と言う。科学によって規定される存在を科学が設定することは、その他のものを否定することを含んでおり、その他のものは無である（デカルト主義参照。無は特性をもたない）。ハイデガーが示していたのは、科学の存在が、無から跳ね返されたこのような思想を含んでいることであり、このような思想が、科学の存在の外部に余白——たとえば、無の可能性を開示する、不安の諸現象によって生み出される余白——を作り出すことである。そして彼は、形而上学は「なにゆえ存在であって無ではないのか」という問題を、はっきりと立てるものであることを示していたのである。無を科学が否定することは、その否定そのものを奪い去るわけではないのである。

こうしてハイデガーは、（一）このようなものとしての形而上学（自己を定立する肯定的存在を見出すこと）の問題を開いたままにしていたように思われるし、（二）その思想を二者択一——無かまったく肯定的な存在か——として認識していたように思われる。

今日（『形而上学とは何か』新しい序文）では次のとおりである。たしかにまったく肯定的で、まったく能動的で、まったく客観であるような科学の存在を批判しなくてはならない。しかし絶対的な無（無としての無〔nichtiges Nichts〕）の観念も、その避けがたい反論（科学）もどちらも承認できるものではないのであって、哲学的問いかけはそのような観念からは出発しないのである。それらは同じ平面に置かれるべき（ヘーゲル参照）であり、識別不可能である。あるいは少なくとも連帯している。

何ものかがあるのだから、無としての無〔nichtiges Nichts〕は、すぐさま客観的な、規定された、即自的な、まさしく科学の存在がそうであるような存在を証し立てるだろう。そして、その存在はただたんに我を忘れてしまい、逆転したニヒリズムであることになろう。〔すなわちこれは、〕限定されない、あるいは無限である存在者としての神〔である〕。

たしかに、科学の存在者《ザイエンデ》とは別のもの、したがって非－存在者〔Nicht-Seiende〕、非－存在〔non-être〕、いかなる事物でもないものであるような何ものかではあるが、無としての無〔nichtiges Nichts〕を定立したりはしないようなものを見出さなくてはならないだろう。それはハイデガーが存在〔Seyn〕あるいは~~存在~~〔~~Sein~~〕と呼ぶものであって、それは無ではなく、「ある〔es gibt〕」であり、開かれた「なにものか〔etwas〕」であって、私たちは、私たちが所属している真理のうちで、その「なにものか」に対して「開け」ているのである。それはもはや世界《ヴェルト》と呼ばれずに存在《ザイン》と呼ばれ、同じように現存在《ダーザイン》についてもほとんど語られなくなる。なぜなら存在は「世界」と現存在をいっしょに含んでいるからである。というのは存在とは、世界や現存在の、無に対する純粋な差異であり、世界や現存在において無ではないものであるからだ。この存在を記述することが重要である。それは肯定的・科学的・客観的な存在と無との共通の起源あるいは場であるが、この無は、それについて語られていて、それについて考えられていて、したがってなにものでもないものではないかぎりでの無なのである。「何ものでもないもの以外のものは、すべてである。そして無でさえも、私たちにとっては、「存在」に「属する」」（『形而上学入門』、p. 64）[1]。

（1）［M. Heidegger, *Einführung in die Metaphysik*, Tübingen, M. Niemeyer, 1952, *Introduction à la Métaphysique*, trad. G. Kahn, Paris, PUF, 1958, repris in Paris, Gallimard, 1967, p. 93-94.〔M・ハイデガー『形而上学入門』、『ハイデッガー選集9』川原栄峰訳、理想社、一九六〇年、一〇九頁〕］

ここで無の観念についてのベルクソン的批判と一致することになる。しかし［ハイデガーは］、ベルクソンのように、「肯定主義」〔訳注42〕のモチーフ、存在の「遺漏」なき肯定をたんに見るだけではなく、無を存在に組み込まねばならないことを理解している。ベルクソンは、現実主義《アクチュアリスム》を（当然のこととして）認め、可能的なものをも粉砕する。これに対して、ハイデガーは、存在はあるところのものではないことをわかっているのである。したがって、［ハイデガーには］否定主義に反対するベルクソンとの一致がある。他方で、ベルクソンには、無の観念に結びつけられたスピノザ的永遠性と対立して、自明なもの〔de soi〕としての存在の観念がある。

〔ハイデガーは〕否定（それは肯定的なものの事実上のたんなる不在ではない）の相対的権利に関してサルトルに同意する。しかし、「あるところのものである」という存在の定義に関してはそうでない。ハイデガーにとって、〈存在〉は「なにものでもないもの〔rien〕ではないもの」であり、「なにものでもないものであるよりもむしろ」地の上に浮かび上がるものであり、「なにものでもないもの」へと落ちてゆく斜面に、弱々しいけれども征服もできない抵抗を置くものであり、無〔néant〕によってつねに限定されており、その中心において、無ではないもの〔nicht Nichts〕、「なにものか〔Etwas〕[1]」にほかならない。これに対して、サルトル的な〈存在〉は、無を前にしながらも無によっては脅かされないまったく現実的なもの、完全に現実的であるもの（ライプニッツ。「なぜなら無は存在よりも簡単なものだから」）である。〔ハイデガーにとって、〈存在〉は〕簡単なものへと落ちていく斜面を遡って行くのであり、自明でないものであり、「隠されていないこと」以上に「明白では」ないものなのである。サルトルにとって、存在は無を塞ぐものである。ハイデガーにとって、存在は、そこに無がそれに対して開かれているものである。サルトルにとって、存在と無は矛盾であり、そのようなものとして不可分である。ハイデガーにとって、現前はおそらくは無化の裏面を想定するが、しかしまた無化は「覆われた現前」である。「無は現前の不在として、現前を無化することなしに破壊を行う（「無化する」）。無が「無化する」かぎり、それはむしろ卓越した現前として自己を確証し、現前そのものとして覆われているのである」（『存在の問いへ』、p. 23）[2]（フッサールを参照。「根源的現前〔Urpräsenz〕」の中で、「根源的に現前しないもの〔Nicht-urpräsentierbar〕[訳注43]」として、与えられる他者――『イデーン』第二巻）。ハイデガーの「〈存在〉」は、「真理〔Wahrheit〕」と「開け〔Offenheit〕」の観念から出発すれば理解することの難しいものではない。サルトルには開け〔Offenheit〕がない（ハイデガー的な意味での超越がない）、非存在と存在のあいだに開けの契機がない。あるのは偽の超越（あるいは〈脱‐自〉）であり、それは無の「内在性」と存在の「外在性」を含み、それらは根本において相関的な諸事実、根本においてデカルト的で現象学以前の諸概念なのである。ハイデガー的な存在は、そうした観点からのみ、困難をきたす。つまり、なにものでもない距離（無のマフ）によって私の前にあるものとして、なにものでもないもの〔*rien*〕によって私から隔たったものとして〔存在を見る〕観点からのみ、困難をきたすのだ。ハイデガ

49

ーの企図はつねに、現存在《ダーザイン》を「世界への直接的現前」（サルトル）としてではなく、いつも私を真に乗り越えている乗り越え〔Überstieg〕として記述することであった。したがって〈現存在〉を、あるところのものである存在としてではなく、二段階の構造として記述しようとした（『存在と時間』が述べるには、現存在は「性格」として世界性〔Weltlichkeit〕を備え、世界《ヴェルト》は「主観的〔subjektiv〕」である。現存在《ダーザイン》は〈存在〉の定義の部分をなし、そして〈存在〉は現存在《ダーザイン》の定義の部分をなしている）。そこから、ハイデガーにおいては、たんなる可能的に存在するもの〔das möglicherweise Seiende〕ではないような存在の可能（『根拠律』、p. 17〔一一頁〕）、可能的に現実的であるもの、無としての無〔nichtiges Nichts〕そのものの〈存在〉への従属がある。これに対して、サルトルにおいては、可能的なものは「意識の可能」であり、〈存在〉はまったく現実的であって、〈存在〉と〈存在者〉との区別がない。

（1）*Satz vom Grund*, p. 27.〔M・ハイデガー『根拠律』、二三頁〕
（2）[Trad. fr., p. 221-222.〔M・ハイデガー『存在の問いへ』、三四頁。ドイツ語による引用〕]

開け〔Offenheit〕と真理〔Wahrheit〕の概念から出発すれば、ハイデガーの〈存在〉概念は難しくはないのである。

〔目次によれば、「(一)〈存在〉のハイデガー的概念」という見出しが入る〕

(一) 存在《ザイン》、存在者《ザイエンデ》、本質《ヴェーゼン》＝現成

存在者《ザイエンデ》としての一片のチョークについて、灰白色で、決まったかたちをし、軽く、もろい、などというのは、何〔Was〕という問いに答えるような諸特性である。何性〔Washeiten〕＝あるところのもの《タ・オンタ》〔τὰ ὄντα〕＝物そのもの〔die Dinge selbst〕であると同時に実体《ウーシア》〔οὐσία〕。

しかし、「いわば当該のものが一つの存在者であって、むしろ非存在的であるのではないように「させている」

ところのもの」があり、その存在《ザイン》、何であるか《ト・エイナイ》〔τό εἶναι〕をなしているもの、「存在者性〔die Seiendheit〕」、存在者存在〔das Seiendsein〕、存在〔das Sein〕」がある(1)。

（1）〔M. Heidegger, *Einführung in die Metaphysik*, p. 23, trad. cit., p. 42.〔M・ハイデガー『形而上学入門』、四四頁。鉤括弧内はドイツ語による引用〕〕

存在《ザイン》は外延（チョークの塊すべて）と内包（実体としてのチョーク）のあいだにある。空間＝時間的な個体化の意味での現実存在と本質のあいだに。存在は両者を基礎づけるものである。というのも、この本質は、これらのチョークの塊の中にしかなく、そしてこれらのチョークの塊は、この本質の展開でしかないからである（『形而上学入門』、p. 23–24〔四四－四五頁〕）。

別の例。高校——それが高校であるかぎりでの高校、つまり、とりわけ生徒たちにとっての高校——、それは彼らにとって高校であり、それ自身のどのように〔wie〕ということにある——あるいは私たちがそれを思い出すかぎりでの、私たちにとっての高校である。「このような建物の存在は、いわば嗅ぎつけられうる、そしてしばしば何十年たった後でもまだ鼻の中に匂いがのこる。この匂いは記述とか視察とかがおりにふれて伝えうるよりもずっと直接的に、真実に、この建物という存在者の存在を与えてくれる」（同書、p. 26〔四七－四八頁〕）。

他方もちろん、「建物の存続（対象〔Gegenstand〕とは対立的な存立〔Bestand〕）が、このように、どこかに漂っている嗅覚的素材〔Riechstoff〕に基づいているわけでもない」（同書、p. 26〔四八頁〕）。メルロ＝ポンティの訳の後、ドイツ語）。

プルースト参照。存在論的な記憶の新しい（「情動的」「嗅覚的」）「内容」を描くことが重要なのではない。先ほどの一片のチョークの例と同じく、存在論的な追想が開示するのは、本質－現実存在、実体《ウーシア》－諸事物－

〈あるところのもの《タ・オンタ》〈τὰ ὄντα〉〉の区別に先立つ統一であり、天使たちと同じく種としての個体〈individu-espèce〉でありながら、それらのどれでもないような、その明証性における高校である。意味の空間的放射や歴史的「領域」。

絹とヴェルヴェットを参照（両者の関係と差異において）。両者を区別するものは、存在《ザイン》の仕方の違いである。「一方が他方と違ったふうに存在していること」（同書、p. 26）[1]。本質の諸差異は、同一の存在を変調させるさまざまな仕方から生じ、そうして絹‐存在〈être-soie〉になったりヴェルヴェット‐存在〈être-velours〉になったりする。したがって、存在《ザイン》は本質の起源［であり］、また本質が受肉している諸事物の起源でも［ある］。山脈を参照（たとえば「ピレネー」との対比における「アルプス」）。一つの国家を参照。国家において、存在はどこに成り立ち、どこにあるのか[2]。それは列挙できる特性でもなければ、位置づけることのできるものでもなく、それらが互いに参与しているものなのである。国家の〈存在〉はどこにあるのか。仕事中の警察の働きの中にあるのか、国務省のタイプライターの中にあるのか、国家元首と外交官との連絡の中にあるのか。「国家はある[3]。だがその存在はどこに隠れているのか。そもそもそれはどこかに隠されているのだろうか[4]」。ファブリス〔訳注44〕を参照。ワーテルローの戦いはどこにあるのか。それは見えるものすべての中にあり、またその彼方にある。国家がどこから無くなるか（国境の向こう）は語れるが、それがどこにあるのかは語れない。その位置づけは特殊な種類のものである（ちょうど心‐身のように）。そしてこのことはあらゆる感性的事物に拡張されうるだろう。事物はいつも、もろもろの性質のあいだにある。そしてこのことこそが、事物を空間＝時間的な個体でもなければ、実体《ウーシア》〔οὐσία〕でも諸性質の集まりでもないようにさせているのである。

（1）〔Trad. fr., p. 45.〔M・ハイデガー『形而上学入門』、四八頁〕〕
（2）〔これらの例は、次から引用されている。M. Heidegger, *Einführung in die Metaphysik*, p. 27, trad. cit., p. 46.〔M・ハイデガー『形而上学入門』、四九頁〕〕

（3）［メルロ＝ポンティは「ある〔ist〕」を強調している。］
（4）［*Ibid.*, p. 27, trad. fr., p 46.〔M・ハイデガー『形而上学入門』、四九頁〕］

ファン・ゴッホの絵はどこにあるのか。画布の上にか。意味作用として画布の外にか。いや、そうではない、それは私の頭の中にあるのではなく、私は絵とともに一人残されるとは言える（『形而上学入門』、p. 27）(1)。サルトル『想像力の問題』〔訳注45〕を参照。私を「見つめる」シャルル六世はどこにいるのか（しかしサルトルは、類同物〔analogon〕を忘れ、シャルル六世が幽霊のように「現れる」ことを忘れて、シャルル六世は想像の中にいると結論していた。逆に、ハイデガーは、芸術作品のこのような存在を、自然な存在そのもののモデルとして取り上げる）。それは空間＝時間的な個体化の意味ではなく、「現出」として、その〈何であるか〔Was〕〉とその〈あること〔daß〕〉の不可分性のうちに存在するのである。

（1）［Trad. cit., p. 46.〔M・ハイデガー『形而上学入門』、五〇頁〕］

この存在《ザイン》（それは無限の外延、内包のゼロではなく、逆に外延とともに増大していく内包である。なぜならそれこそが一つの事物をあらしめ、そして他のものとは別のようにあらしめるからである）は、能動的あるいは動詞的な現成〔Wesen〕であり、世界を世界たらしめる〔weltet〕ものであり、事物を事物たらしめる〔dingt〕ものであり、すなわち（外延において……、内包において……(1)）思考される以前の存在であり、存在される〔l'être-été〕のとは対照的に、現成する〔west〕能動的存在である。

（1）**p. 41**を参照。

（二）〈存在〉と根拠〔Grund〕

したがって存在《ザイン》は、「相在〔So-sein〕」あるいは「他のあり方の存在〔anders-Sein〕」を含み、これらは「本質＝現成〔Wesen〕」（動詞的）のさまざまなあり方である。（どうして複数の小石が、複数の有機体が、複数の人間等があるのか、などといった）一般性の問題がどのようなものであろうとも、そのつど一つの小石を一つの小石たらしめているものが、その本質だと言っても何にもならない。なぜなら本質は現実存在によって参与されていなければならないからである。それが現成する〔west〕かぎりでの本質＝現成〔Wesen〕が本質として君臨するのであり、これが存在《ザイン》（現実存在を要求するものとしての可能的なもの）である。どちらの場合にも、この存在について、それは説明できないもので、理由を与えることができず、あらゆる「根拠〔Grund〕」が存在に内在的であると言わねばならない。このことはピュシス〔φύσις〕としての存在《ザイン》の解明そのものから帰結する。（一）フッサールの言う意味で「おのずから〔von selbst〕」顕わになり、（二）まさしくこうした理由で、自明〔selbstverständlich〕ではないような現前[1]。たとえば、薔薇、薔薇存在〔Rose-sein〕。アンゲルス・シレジウス[訳注46]（『根拠律』での引用、p. 67–68〔七〇－七三頁〕に引用）。

（1）［欄外に］自己の外に原因をもたず、自己の内に原因をもたない。

「薔薇はなぜ無しに存在する、それは咲くがゆえに咲く。
それは自分自身に気を留めないし、人が見ているか否かと、問いはしない[1]」。

（1）［Trad. fr., p. 103.〔M・ハイデガー『根拠律』、七二頁。ドイツ語による引用〕］

存在（現成〔φύω〕）の推力としての薔薇。サルトルが、あると同時に現実存在しない存在について語りつつ、言いたかったのはこのことである。ただし（一）彼の〈ある〔est〕〉は受動的なものであった。存在は存在されいる〔est-été〕。したがって存在を定立する能動性を想定していた。ハイデガーにおいては、存在はその固有の可能であり、つまり薔薇の連続的な自己創造があり、それこそが薔薇存在〔Rose-sein〕なのである。「完全」な上弦の月と対照的に、薔薇の粘り強い持続、再編成。（二）さらに、この存在を人間へと拡張することが問題だったのではない。おそらくハイデガーにとって、私たちは薔薇のようにあるのではない。「私たち人間は、次のことなしには、自分たちがそれで存在するような本質＝存在〔Wesen〕ではありえない。すなわち、そのこととは、私たちが、自分たちを規定している世界に留意し、その留意の内で同時に自分自身に留意する、ということである」[1]。薔薇はひとがそれを見ているかどうかを知ろうとしたりはしない〈存在〉の深い意味、それは知覚されていること〔percipi〕、目に見えること〔Sichtbarkeit〕ではない。それが私の表象〔Vorstellung〕になるのは堕落と忘却によってである）。人間は（一）世界に、（二）したがって自己に、（三）したがってその〈見られていること〔être-vu〕〉に注意を払っているからである。

（1）〔M. Heidegger, *Der Satz vom Grund*, p. 27, trad. cit., p. 107.〔M・ハイデガー『根拠律』、七八頁〕〕

それにもかかわらず、〈なぜということなしに〔ohne warum〕〉を発見したとき（それは薔薇が知らないこと、薔薇が自らを知らず、他者を知らないこと、したがって手段あるいは結果としての他の存在に自らを結びつけたりしないということに基づいている。それがあるということをのぞけば、このことは現出の諸条件を与えるだけで、現出し放射しているものを与えることはないだろう）。

人間はその在り方からして、たとえ彼が世界のために、あるいは世界が彼のためにあるのだとしても、このなぜ〔warum〕によっては説明されない、ということがわかる。人間は彼自身のなぜ〔warum〕なのである。「その箴言において言われていないことは（……）むしろ次のことである。すなわち、人間が彼自身の仕方で薔薇のように——なぜ無しに——存在するとき、そのとき初めて人間は彼の本質の最も隠された根拠において真実に存在すると」（『根拠律』、p. 73）[1]。「なぜということなしに」というのは「説明できない」［のではない］（つまり、根拠

〔Grund〕はあるが、それは私たちには近づきうるものではなく、あるいは私たちによっては知られないものである）。それは「原因の欠如」［でもなければ］また「自己原因」［でもない］（これらは至高の存在者《ザイエンデ》、内世界的な〔innerweltlich〕存在者《ザイエンデ》の拡張である）。［それは］存在であり、「現成〔ester〕」[2]（G・カーン〔訳注47〕）であって、「非－因果的〔a-causal〕」である（『根拠律』、p. 78〔八六頁〕）。

（1）［Trad. cit., p. 108.〔M・ハイデガー『根拠律』、七九頁〕］
（2）［次を参照。M. Merleau-Ponty, *Le Visible et l'invisible*, p. 256.〔M・メルロ＝ポンティ『見えるものと見えないもの』、二九六頁〕］

この意味で、ギリシア人にとってピュシス〔φύσις〕は、人間、人間の歴史、神々を含んでいる[1]。この点について、ハイデガーは、『根拠の本質』が満足のゆくものでなく、存在者《ザイエンデ》という意味での根拠〔Grund〕についてしか語っておらず、非因果的な純粋原理としての〈存在〉を示していなかったと述べている（『根拠律』、p. 84〔九三－九四頁〕）。

（1）『形而上学入門』、p. 13〔二七頁〕。「ピュシス〔φύσις〕は存在そのものであり、これのおかげで初めて、存在者は観察可能になり、いつまでも観察可能なのである」（p. 11〔二四頁〕）。

『根拠律』をまとめながら彼は言っている。存在の根拠〔Grund des Seins〕などない。存在《ザイン》そのものこそが、残りのものすべての根拠であり、現実的にすべての説明、すべての根拠づけ〔Be-gründung〕を基礎づけている。このことは、ちょうど「咲くがゆえに咲く」薔薇のように、自己自身であるものとしての存在《ザイン》の観念とともに与えられる。

「存在は本質において根拠で「ある」。それゆえに、存在は存在を基礎づけるべきさらにもう一つの根拠を、けっしてもちえない。したがって、根拠は存在から離れ去っている。根拠は存在から脱け去っている。根拠が存在からこのように脱け去っているという意味において、存在は深淵〈Ab-grund〉「である」（……）。存在と根拠。同一、存在――深淵（……）」（『根拠律』、p. 93[1]）。

（1）〔Trad. cit., p. 131.〔M・ハイデガー『根拠律』、一〇五－一〇六頁〕〕

「存在が根拠として現成するかぎり、存在それ自身はいかなる根拠ももたない。しかしながら、このことがそうであるのは、存在がそれ自身を根拠づけるからではなく、いかなる根拠づけも、自己自身による根拠づけでさえも、根拠としての存在に不適合たるを免れないからである（……）。存在は存在として根拠なきもの〈grund-los〉にとどまる」[1]（同書、p. 185[2]）。〈存在〉の根拠づけ可能性〈Begründbarkeit〉についてのあらゆる観念は、〈存在〉を存在者《ザイエンデ》にしてしまうだろう（同書）。

（1）〔欄外に〕自己原因（causa sui）ではない。
（2）〔Trad. cit., p. 239.〔M・ハイデガー『根拠律』、二二一－二二二頁〕〕

「深淵」「無底」としての存在《ザイン》――しかしおそらくは、この存在《ザイン》はやはり存在者《ザイエンデ》の視点から、非存在者〈Nicht-Seiende〉として見られた存在である。むしろこう言わねばならないのだろう。存在《ザイン》は内世界的意味での根拠〈Grund〉ではなく、根拠づけ〈Gründung〉の「おそらくは必然的な」見かけしか提示せず、存在《ザイン》は無底〈Ungrund〉である（『形而上学入門』冒頭）。形而上学の問いへの三つの答え。根拠〈Grund〉は原根拠〈Urgrund〉であり、深淵〈Ab-Grund〉（「あらゆる基礎づけの拒絶」）であり、無底〈Ungrund〉である。ハイデガーの答えは第三のものであるように思われる。

したがって、〈存在〉は神ではない。神は、実在の存在〈Ens reale〉で、必然的な存在〈Ens necessarium〉〔訳注48〕である（ライプニッツ）。この存在が根拠〈ratio〉を与える。しかも根拠そのものは事物の〈自然〈本性〉〉と同一である。

なぜ事物は実在しないよりもむしろ実在するのか。神はすべての事物の根拠である存在者〔Seiende Grund alles Dinge〕である。〈存在〉を「護ること」である。神についての問いは二次的なものである。最初に来るもの、それは神的なものについての問いである。哲学的に神的なものは信仰にとっては不条理である。たしかに、不信心になりえないような信仰とは何であろうか。この意味で、欲望は哲学者にも信仰の人にも共通しているのである。

（三）〔存在《ザイン》について何を語りうるか〕

もし存在《ザイン》がこのように通常の諸規定――〈本質〉、存在、根拠〔Grund〕――に反するものであるなら、存在についての「命題」を作れないのは驚くべきことではない。命題は、現成する〔este〕〈存在〉ではなく、存在された存在〔être-été〕において生じるのである。

この現成する存在について、私たちは途上にある思索（『根拠律』、p. 93〔一〇六頁〕〔訳注49〕）を有するだけで、「もはやいかなる「命題」でもない命題」を作りうるだけである。「存在と根拠、同一〔das Selbe〕」（同書）[1]。

（1）〔Trad. fr., p. 132.〔M・ハイデガー『根拠律』、一〇六頁。鉤括弧内はドイツ語による引用〕〕

「私たちが或るものについて（von etwas）、それはある（es ist）とかそれはこれこれであると言うならば、その場合には、そのものは、このような言い方のうちでは、存在するものとして表象されている（als Seiendes vorgestellt）[1]。ただ存在者〔Seiend〕だけが、存在されているものだけが、「ある〔est〕」そのもので「ある〔est〕」。存在《ザイン》は「ある〔est〕」のではない[2]。あなたたちの前の、そして私の後の壁、それはある。その壁は自分自身を、ある現前しているなにものか（etwas Anwesendes）として、直接に私たちに示している。しかし、一体どこに、壁が存在するという、その〈ある〔est〕〉はあるのか。一体どこに、私たちは壁の現前（das Anwesen der Wand）を求めるべきであろうか。おそらくこのような問いにより、私たちはすでに迷路の内に踏み入っているのであろう。

しかしながら、壁は「ある」」(『根拠律』、p. 93〔一〇六頁〕)。

(1)〔M. Heidegger, *Satz vom Grund*, p. 93, trad. cit., p. 132.〔M・ハイデガー『根拠律』、一〇六頁〕〕
(2)〔*Ibid.*.〔M・ハイデガー『根拠律』、一〇六頁。メルロ＝ポンティの訳の後に、ドイツ語による引用〕〕

「ある〔ist〕」そのものが、ある〔soit〕(たとえば、壁が物としてあるのと同じように、「表象」としてある)とは言えない。壁がどこにあるかを言うことはできる(あなたたちにとっては、あなたたちが壁を見ているそこに、私にとっては、私が地平としてその壁を見ているそこに。これは存在《ザイン》を客観的な場から切り離すためにとられた例である。空間、地平の存在の中での現出を基づける、前空間的存在がある)。壁の存在〔être〕が客観的な場にあるとか、その現前が即自的な場にある、とは言えない。あらゆる知覚された事物の分析は、存在が前客観的であることに非難を加えるのだ。

存在は即自でも、表象でもなく、したがって、諸々の言表が指し示す項ではない。存在されているもの〔être-été〕が、存在を示す用語と関わるのとは別の仕方で、存在は、自分を示す用語に関係する。通常、私たちには、語詞形態－意味(それについて表象されるもの〔vorgestellt〕)、そして、たとえば時計のような、物〔Sache〕がある。存在《ザイン》という語に、対応する物(Sache)はない。それは、屋根や地下室のように、建物の中にあるわけではないのだ。しかし、このことは〈存在〉が、たんに語に、物には欠けているような表象を付け足したものにすぎないことを意味しているのではない(ニーチェ。蒸気[訳注50])。存在そのものは語によって、直接に思念されるが、それは物としてでもなければ、表象としてでもない。「存在そのものは、どんな存在者ともまったく違った、もっと本質的な意味で、語に結ばれている」(『形而上学入門』、p. 67)[1]。

(1)〔Trad. fr., p. 97.〔M・ハイデガー『形而上学入門』、一一四頁。ドイツ語による引用〕〕

〈「ある〔est〕」〉は、「言うこと〔Sagen〕の中で、私たちに対して、簡単に跳び出してくる」(『形而上学入門』、p. 69)[1]。言語は、存在が語となること〔Wortwerden des Seins〕あるいは詩である(『形而上学入門』、p. 131)[2]。物〔Sache〕はここでは、語によって述べられはしないはずだ。なぜならそれは、包み隠されているのではなく、語に対して包み隠すものだからである。

(1) [Trad. fr., p. 99.〔M・ハイデガー『形而上学入門』、一一七頁〕]
(2) [Trad. fr., p. 176.〔M・ハイデガー『形而上学入門』、二二九頁〕]

〈ある〉という動詞の「浮遊する意味」や「多義性」(それは〈ある〉という動詞のうちで、複数の語根に頻繁に出会うことで確証される)は、それが蒸気であるとか、何も意味づけをしようとしないことを意味しているわけではない。逆にそれが言わんとしているのは次のことである。私たちはそれを、あらゆる非存在〔Nichtsein〕でないものとして(『形而上学入門』、p. 62〔一〇五頁〕)、諸カテゴリーを抱合するものとして「了解している」ということである。「ある」という動詞が複数の語根を含んでいるのは、完全な動詞が「失われた」という理由からではない——(なぜ?)それは、構成要素となる動詞のそれぞれが他の動詞を求めたからである。さらに〈存在〉が、その統一の中で、「もともと違っているものを意味の統一の中で一致せしめ混ぜ合わす」(『形而上学入門』、p. 55)[1]からである。それは豊かさなのである。この理由から、存在《ザイン》は存在〔Seyn〕、あるいは~~存在~~〔~~Sein~~〕となる。

講義草稿 **p. 47**[2](〔本書一一八頁〕)。

(1) [Trad. fr., p. 82.〔M・ハイデガー『形而上学入門』、九五頁〕]
(2) [メルロ=ポンティは彼自身のテクストを参照している。]

私たちは存在と言語の関係を再発見することになる。この関係が言わんとしているのは、存在が動詞的であるということではない。この関係は、むしろ言語が存在の家であり、存在の所産であることを意味している。

（四）しかし、存在者が何であるのかを肯定的に語らねばならないとすれば？

「したがって、次のことはいたるところで容易に示されている。すなわちそれは、その都度、存在者〔Seiende〕は、例えば、地とか海とか山脈とか諸々の植物とか諸々の動物とかは、私たちに向かって何時でも開かれて示されている、ということである……。それに反して、次のもの、つまりそれを通じて〔das, wohindurch〕自ら現前するもの〔Von-sich-her-Anwesende〕が現前し私たちに到来する〔anwest und aufgeht〕[1] ところのものは、その都度ここかしこに在るもののようには、私たちに向かって在りはしないのである。存在は自分自身を完全に隠しつつ留まっているのではない……。もし存在が現われなければ、その内部で〈対して向かう〉ということ〔ein gegenüber〕や根をおろすようないかなる「対抗」〔Gegend〕も（いかなる正面も、いかなる隣接も）ないことになるだろう」（『根拠律』、p. 111〔一二七－一二八頁〕）。

（1）〔*Satz vom Grund*, p. 111.〔M・ハイデガー『根拠律』、一二七－一二八頁〕〕

存在は、それを通じて〈存在されたもの〉が私たちへと向かってくるもの〔である〕。開くこと〔Eröffnung〕、遠さとしてではなく、諸事物の「環境〔milieu〕」としての地平〔である〕。あるいはエレメント〔である〕。「雲が天空の雲であるのと同様に、言語は〈存在〉の言語である」[1]（『ヒューマニズム書簡』〔『「ヒューマニズム」について』〕、p. 166〔一四六頁〕）——あるいは「次元〔dimension〕」〔である〕。「それによって〈天〉と〈大地〉の間なるものが開かれることとなる、測ったもの〔die zugemessene Durchmessung〕、次元」（『講演と論文』、p. 195）[2]〔である〕——測る能力という意味での尺度〔である〕。つまり尺度の原器プラス可能な諸々の尺度の余地、〈存在……に属すること〉、〈存在〉に住み着くこと〔である〕。「重要なのは人間ではなく、実存の〈脱－自的〉なものの次元としての〈存在（Sein）〉である。しかしその次元は、よく言われるような空間的なものではない。むしろあらゆる空間的なものとあらゆる空間－時間が、〈存在〉そのものの意味である次元的なもののうちで現成する〔este (west)〕のである」（『ヒューマニズム書簡』〔『「ヒューマニズム」について』〕、p. 80）[3]。

（1）〔ミュニエのフランス語訳は単純未来形（« sera le »）を使用している。〕

（2）〔ドイツ語のテクストは次の通りである。「それによって天と地の間なるものが開かれることになる測ったものを、私たちは〈次元〔Dimension〕〉と今は名づけることにする」。Trad. fr., p. 233.〔M・ハイデガー「詩人のように人間は住まう」、『哲学者の語る建築――ハイデガー、オルテガ、ペゲラー、アドルノ』伊藤哲夫・水田一征編訳、中央公論美術出版、二〇〇八年、一九－二〇頁〕〕

（3）[M. Heidegger, *Über den Humanismus, Lettre sur l'humanisme*, Paris, Aubier.〔M・ハイデガー『「ヒューマニズム」について』、六五頁〕メルロ＝ポンティは、この著作をたびたび『ヒューマニズム書簡〔*Humanismus Brief*〕』と記している。メルロ＝ポンティは、翻訳を変更し、この二ヵ国語版のドイツ語テクストの方のページをいつも引用している。その文章は次の通り〔上記引用参照〕。ミュニエによる翻訳は微妙に異なっている。「本質的なものは人間ではなく、むしろ脱－存の脱自的な実在の次元としての〈存在〉である。そうはいっても、この次元とは、空間的な要素として知られているものではない。むしろ、あらゆる空間的な要素や、あらゆる時間－空間は、〈存在〉そのものがそれとしてある、この次元的なもののうちで実現されるのである」。

このことは、存在の実体主義的あるいは本質主義的観念を払拭する。存在は、広い意味において、それとの関係において、〈より多くのもの〉ないし〈より少ないもの〉が存在し、〈多くのもの〉あるいは〈わずかなもの〉が存在するところのものである。存在は、心理学における空間的水準――水平と垂直――という意味で存在という語をとらえるなら、現象的世界の水準である。この水準との関係において、すべての対象は真っすぐに、あるいは傾いて現れる。「まさに私たちは人間だけが存在する平面にいる」（サルトル『実存主義とは何か』、p. 36）[1]。『存在と時間』の観点からすれば、次のように言わねばならないだろう、とハイデガーは言う。「まさに私たちは原理的に〈存在〉が存在する平面の上にいる。しかし平面はどこからくるのか、そして平面とは何か〔Woher aber kommt und was ist *le plan* ?〕」。〈存在〉と平面は同じもの〔das Selbe〕である……。〈存在〉がある〔il y a〕。しかし、

「ある〔il y a〕」は「ある〔es gibt〕」を不正確に訳している。なぜなら、ここで「与える〔gibt〕」「それ〔es〕」は存在そのものだからである」(『ヒューマニズム書簡』〔『「ヒューマニズム」について』〕、p. 82)(2)。

(1)〔J.-P. Sartre, *L'existentialisme est un humanisme*, Genève, Nagel, 1946, rééd, Paris, Gallimard, 1996.〔J－P・サルトル『実存主義はヒューマニズムである』伊吹武彦訳、『実存主義とは何か』(一九五五年)所収、人文書院、一九九六年、三三－八二頁〕〕

(2)〔ミュニエのフランス語訳。「しかし平面はどこからくるのか、そして平面とは何か。〈存在〉と平面は混ざり合っている……。存在がある〔il y a〕。つまり〈存在〉が「ある〔il y a〕」。この「ある〔il y a〕」は「ある〔*es gibt*〕」を正確に訳していない。なぜなら、ここで「与える〔donne〕」「それ〔ce〕」は、存在そのものだからである」〔M・ハイデガー『「ヒューマニズム」について』、六六頁〕〕

実際のところ、フランス語の〈ある〔*il y a*〕〉は、〔ドイツ語の〕〈ある〔es gibt〕〉をよく訳し出している。(一)なぜならそれは遠心的ではないからであり、(二)〔ドイツ語の〕〈ある〔es gibt〕〉は与えるという意味ではないからである。(1) アポリネール〔訳注51〕の『イリヤ』を引用してみよう。それは、ハイデガーがとりわけゲーテを引用するとき(『形而上学入門』)、まさに言わんとしていることである。

(1)〔それゆえメルロ＝ポンティは、〈gibt〉を〈donne〉と訳すミュニエの翻訳に従うことはできないと指摘する。〕

「山々の頂に、静けさがある」つまり???(1)

(1)〔疑問符はメルロ＝ポンティのものである。〕

「支配」を意味する一つのある〔*est*〕、そして「ある〔イリヤ、il y a〕」〔『形而上学入門』、一一六頁〕。

(五)「現成〔este〕」する存在の「能動性」、存在の「神秘学」

諸々の意識と自らを流し去る時間に対立する、真理、「世界の記憶」。「記入」（ベルクソンの記録簿〔訳注52〕）。「人間の」諸々の「作用」と人間の「対象」を用いて哲学をすることの不可能性。「人間の能動と受動」。存在、それはまったくの非‐人工物である。

存在を理解させるために、人間の受動性の言語、不十全な言語を語ることの必要性。人間は、これらの語の内世界的意味において、創造者的でも受動的でもない(1)。

（1）［欄外に］すでに述べた。

［（二）現存在から存在への移行について］

したがって、現存在〔Dasein〕から存在〔Sein〕への移行は、主観とその諸対象の哲学の中に——あるいは「人間」「創造者」の哲学の中に——短絡的で貧相な点があることを表している。あたかも人間が、詩、科学、芸術、哲学を一から造り上げたかのように。それらを作り出したのは人間以外のものではないが、しかし人間を通して、世界や存在であるような諸関係や諸制度が働いているのである。「居所〔Site〕」であって「状況〔situation〕」ではない。存在《ザイン》が自己を開示し、開くこと〔Eröffnung〕のために必要な居所〔Stätte〕（『形而上学入門』、p. 156〔二五九頁〕）。

真理。真理への開け、存在論的、哲学的真理への開け——それは存在せしめる〔Seinlassen〕ことである。あらかじめ仲よく暮らすことによってのみ、牧人が羊に「命令」するのと、ちょうど同じである。「決意」は創造的なものではなく、それはいつも限定的である。〈存在〉、無、仮象〔Schein〕という、三本の道を前にしたパルメニデス。「決意はここでは人間の判断と選択とを意味するのではなく、存在、非隠蔽性、仮象および非存在が上述のように凝集していながら、そのことにおいてそれぞれ区別されていることを意味する」（『形而上学入門』、p. 84(1)）。存在は、生成、仮象、思惟、当為〔Sollen〕に分けられ、包囲されていたのである。それらを包囲しているものこそ存在であるのを理解しなくてはならない」（『形而上学入門』、p. 156〔二五八頁。ドイツ語による引用〕）。

（1）〔Trad. fr., p. 119.〔M・ハイデガー『形而上学入門』、一四〇頁〕〕

私たちの前には、このような対抗〔Gegend〕があるのだから、私たちの背後にもまた、過去の無プラス現在にとどまっている記憶とは別のものがある。過ぎ去ったもの〔Vergangen〕ではなく、表象された過去でもなく、しばしば忘却〔Vergessen〕であり、能動的な忘却、過去の作業としての忘却であるような過去〔Gewesen〕がある。真なるものの居所〔Stätte〕(1)が決意によって創造されるのではないように、それは過去への滑り込みによって解体されるのではない。世界の記憶。そこに時間が書き込まれる、ベルクソンの開かれた記録簿（有機体はそのことを知らない。しかしこの有機体の「現在の状態」を知ることができるのは、その生成によってのみであり、それを記述することこそ、歴史を記述することである）――ペギー(2)〔訳注53〕の「歴史的記入」（この記入は、すべてを包括し、時間の一点が一度で決定的に創設され〔gestiftet〕、存在しなかったことにできないということに由来する。〈存在〉は無ではないものである）（そして、この諸真理の特権化された記入は、ただ時代の真理であっただけではなく、そのようなものとして承認された――あるいは歴史的記入に値しなくとも、真理として通用したのである。しかしそれらの諸真理がたんなる非真理ではなかったことは想定されている――決－断〔Ent-scheidungen〕は分裂として真なるものになる。――これは歴史的「選択」、ものごとの論理のようなものだ）。〈存在〉はこの記録簿である。

（1）〔「場所」はドイツ語では女性名詞である。〕

（2）〔Charles Péguy, *Note conjointe*, Paris, Gallimrad, 1935, p. 230-231.〕

存在は「主観」「客観」「人間」に対する、私たちの経験の超過である――分裂によって獲得されたこれらの用語のまったくの彼方、無ではない彼方なのだ。

そのことについて語り、この領野を開くためには、人間的受動性の言語を話さなくてはならない。しかし、この言葉づかいは適切ではない。人間は、内世界的な意味での創造者でないのと同じく受動的ではないし、原因でないのと同じく結果でもない。

（一）「受動的」かつ「神秘的」な言語（ハイデガー自身がこの語を否定している(1)）

（1）［欄外に］取り上げ直すこと——人間が自由を所有するのではなく、自由が人間を所有するのである。『真理の本質について』を参照。

「思索というものは、その存在の、人間の本質《ヴェーゼン》に対する関わりを、実らせ達成する〔vollbringt〕のである。思索は、この関わりを、作り出したり、惹き起こしたりするのではない。思索は、この関わりを、ただ、存在者から思索自身へと委ねられた事柄として、存在に対して、提示するだけなのである。この差し出し提出する働きの大切な点は、思索において、存在が言葉となってくる、ということのうちに存している」（『「ヒューマニズム」について』、p. 24〔一七–一八頁〕）。

一種の循環。思索が存在への関わりを得るのは〈存在〉からである。〈存在〉の固有の働きは、思索に〈存在〉への関わりを「提示」する——例、神に神自身の〈創造〉を提示する人間、人間による啓示〔Offenbarung〕、神の神としての再構成。だがその場合、人間は神から得る力だけを使う。

しかし違いがある。キリスト教にとっては世界は創られたものであり、〈存在〉は、創造されたもの（有限）と創造されないもの（無限）に分割されている。ハイデガーにとって、この種の分割はない。存在者《ザイエンデ》は創造されたのではないし、存在《ザイン》は対象あるいは〈自然〉、無限なものではない。存在《ザイン》は有限である（少なくとも講義『形而上学とは何か』においては）[1]。存在《ザイン》なき存在者《ザイエンデ》はないし、存在者《ザイエンデ》なき存在《ザイン》はない。

（1）［M. Heidegger, *Conférence – Qu'est-ce que la métaphysique ?*, 24 juillet 1929, Université de Fribourg, trad. fr., H. Corbin, *Postface*, trad. fr. R. Munier, *Questions I*, Paris, Gallimard, Tel, p. 47.〔M・ハイデガー『形而上学とは何か』後書き、三四頁〕］

どのような意味で人間において語るのが〈存在〉であるのかについては、後で確認することにしよう（言うこと〔Sage〕という発想）（思索する言葉としての思索〔Denken〕という発想）。しかし言葉における〈存在〉と人間の関係は原因と結果の関係ではない。

「人間は、話す以前に、存在によって新たに要求されねばならない（Von Sein sich werden Anspruchen lassen）」——要求することは、存在の私たちに対する権利［であり］、それは真理の権利、開け〔Offenheit〕の権利である。

〈存在〉は人間の本質を「使用する〔brauchte〕」。——しかしこのことはまた、〈〈存在〉は人間の本質を〉必要とする（『存在の問いへ』、p. 10〔一四頁〕）ことも意味している。思索がその反響〔Widerhall〕であるような、存在の恵み〔Gunst des Seins〕（『形而上学とは何か』後書き、p. 49〔七八頁〕）。存在の呼び声〔Ruf〕と人間の聴従〔Gehör〕。「思索」は「呼び〔heißt〕」、私たちに存在を「吹き込む」——『形而上学とは何か』（「後書き」）[1]における、不安の音声なき声〔lautlose Stimme〕を参照すること。それは「不安への不安」によって隔てられていなければ、私たちをそういう気分にする〔stimmt〕。つまり抑圧の不安と存在の不安がある（『形而上学とは何か』、p. 46〔七二－七三頁〕）。私の現存在《ダーザイン》は〈存在〉によって投げ渡される〔zugeworfen〕のではない（実存範疇としての被投性〔Geworfenheit〕との対比か）。「私の自己が現存在であるようにと、現存在が私に投げ渡されている」（『形而上学入門』、p. 22）[2]。現存在《ダーザイン》の各々私であること〔Jemeinigkeit〕は自己自身の外への逃亡にほかならない。「私たちを支えたり解き放ったりする、半ば存在的で半ば非存在的な存在者の振動、私たちをどんな物にも完全に属することができないようにし、私たち自身にさえも完全に属することができないようにする」（同書）[3]。哲学は存在を作り出す。「哲学には対象が与えられていないのみならず、哲学はまったく対象をもたないのである。哲学とは、いつも新たに、存在を（それに帰属している開明性〔Offenbarkeit〕において）成就しなければならないような一つの出来事である。この出来事が生起することにおいてのみ、哲学的真理は自己を開示する」（『形而上学入門』、p. 65）[4]。

（1）〔M. Heidegger, *Was ist Metaphysik ?*, op. cit., p. 77.〔M・ハイデガー『形而上学とは何か』、七八頁〕〕
（2）〔Trad. fr., p. 40.〔M・ハイデガー『形而上学入門』、四一頁。ドイツ語による引用。M・ハイデガー『存在と時間』第六四節も見よ〕〕
（3）〔Trad. fr., p. 40.〔M・ハイデガー『形而上学入門』、四一頁。ドイツ語による引用〕〕
（4）〔Trad. fr., p. 94.〔M・ハイデガー『形而上学入門』、一一〇頁。ドイツ語による引用〕〕

（二）これらすべての思考は神秘主義的なものか

ハイデガーは〈神秘主義的という〉言葉と受動性を拒否している。〈存在〉は時おり人間へと差し向けられる〔sich dem Menschen zuwendet〕こともあるような、「それ自身に対する何ものか〔etwas für sich〕」ではない。「しかし未だ隠されたあり方ながらも、私たちが困惑のあまりそして無規定なままに存在と名づけているものは、この差し向けることそのものなのでしょう」（『存在の問いへ』、p. 25〔四〇頁〕）。存在は、私たちへの存在の差し向け〔Zuwendung〕から区別されない。

『存在の問いへ』、**p. 30**を参照すること[1]。「この領域の中へ思索しつつまなざしを向けることは、「存在」を、ただ次のような方式でしか記すことができません。「~~存在~~」と。この十字に交差した抹消は、つまり「存在」を、それ独自で存立していてそれから人間の方へ向かってただ時折立ち寄って来る対立者のように表象するという、ほとんど根絶することができない習慣を、さしあたって阻止しているだけなのです」。

（1）〔Trad. fr., p. 232.〔M・ハイデガー『存在の問いへ』、四六－四七頁。ドイツ語による引用〕〕

人間が受動的であるように思われる文章と、〈存在〉の外在性のこの拒絶をどのようにして一致させればよいのか。両者は妥協によっては一致しない。これはハイデガーの本質的な思索である。アレーテイア〔ἀ-λήθεια〕としての、潜在性から現れてくるものとしての、したがってけっして非隠蔽〔Unverborgene〕ではないものとしての、そしてこの意味において「神秘」としての、存在の思索――この思索はけっして即自存在を呼び起こしてはいない。それはまさにその反対である。現存在を〈存在〉へと開き、現存在《ダーザイン》を現－存在〔Da-sein〕に、つまり〈存在〉によって現存在に投げられた〈現〔Da〕〉にすることで、ハイデガーは、Xによって投げられた孤独〔déréliction〕、被投性〔Geworfenheit〕(1)として現存在《ダーザイン》を記述したときよりもいっそう、即自存在からずっと遠ざかっているのである。否定主義はいつも、純粋に肯定的なものを暗に隠している。ハイデガーの進歩は、この肯定主義からも彼を解放するのである。「神的なもの」(彼にとっては、神の問題を要請し、神の哲学的意味を与える問い)を導入することで、彼は、現存在《ダーザイン》を無の場にしたときよりも、即自的な神から遠ざかっているのである。

(1)〔次を参照。M. Heidegger, *Introduction à la Métaphysique*, p. 22.〔M・ハイデガー『形而上学入門』、四一頁〕〕

だからこそ彼は、隠蔽性〔Verborgenheit〕と非隠蔽性〔Unverborgenheit〕の弁証法を力説する。(隠れた神という意味での)隠れた存在、隠れたままで、私たちから「身を引いている」存在(存在が私たちに与えているもの、それはまさにその退隠〔retrait〕である)、それは神秘主義的な受動性ではなく、隠れてあることが、そのものにおいては二次的な特性ではないこと(もしそうなら、存在は顕在的な「即自」あるいは「対自」となるだろう)、事物の裏面などないこと、すべての真理はまた非真理〔Unwahrheit〕であり、［したがって?］まさに全面的な開示の幻想などない、という考えなのである。「退隠〔Entzug〕という言葉は曖昧で、多くの人の耳には神秘的で、けっして事柄のうちにしっかりと固定されない言明のように響いていた(1)」。実際、退隠ということが意味しているのは、存在は存在者となることで、存在としては自らを隠してしまう、ということである。「存在は、その本質を隠しているということにおいて、別のものを出現させてしまう。その別のものとは、すなわち、始原《アルカイ》〔ἀρχαι〕、原因となるもの《アイティアイ》〔αἰτίαι〕、根拠、原因、原理、原因、理性的根拠という形態における根拠である。退隠において、存在は、根拠のこれらの形態を遺棄して行くが、しかしながら、それらの諸形態は、それらの由来に関しては知られないままにとどまっている」（『根拠律』、p. 183-184）[2]。

（1）〔Trad. fr., p. 237.〔M・ハイデガー『根拠律』、二二〇頁。ドイツ語による引用〕〕
（2）〔Trad. fr., p. 237.〔M・ハイデガー『根拠律』、二二〇頁。ドイツ語による引用〕〕

〈存在〉が隠れていると言うことは、出現するもの〔zum Vorschein〕が原理的に〈存在者〉の秩序に属し、存在《ザイン》には適さない、という発想［である］。神学的ではない「神秘主義」は無の哲学以上に神学から離れている。非肯定的なものの哲学は、神学の避けがたい対立項としての無の哲学やニヒリズムよりも神学から離れている。神の死の哲学はやはり神学である。形而上学の起源にある存在の経験を修復しながら、ハイデガーは、〈存在〉を「蒸気」（ニーチェ）にしてしまう者たちよりも形而上学から遠ざかるのである。このニヒリズム、それは「自分で自分自身を隠す隠蔽性」（『存在の問いへ』、p. 34）[1]である。ハイデガーによる存在の再認識は、おのれ自身に隠されていない隠蔽性〔Verborgenheit〕である。この意味で、ハイデガーはニヒリストたちよりも神学的肯定主義から遠いのである。

（1）〔Trad. fr., p. 237.〔M・ハイデガー『存在の問いへ』、五三頁。ドイツ語による引用〕〕

「秘密（Geheimnis）」という言い方、「神秘主義的」表現は、現象学的な表現と別のものではない。存在は現出することとして現成する[1]――存在とは現出のことである。このことは、存在にときたま出会う事後的な何かを意味しているのではなく[2]、存在への付け足しを意味しているのではない（『形而上学入門』、p. 77-78)[3]。なぜなら、初めから現象学は存在論として理解されていたのであり、現出は、存在が生みだす何ものか、私たちの諸表象よりも遠くから生みだすなにものかとして理解されていたからである。

（1）〔Trad. fr., p. 77.〔M・ハイデガー『形而上学入門』、一三〇頁〕〕
（2）〔Trad. fr., p. 110.〔M・ハイデガー『形而上学入門』、一三〇頁〕〕
（3）〔Trad. fr., p. 111.〔M・ハイデガー『形而上学入門』、一三〇－一三一頁〕〕

『存在と時間』。「存在」は自らにおいて示されるこのものとの対立において、隠されている〔verborgen〕。しかし同時に、「本質的にはさしあたってそしてたいていは己れを示すものに属しているなにものかである」(p. 35〔『存在と時間』（一）、二〇四頁〕)。「なぜなら現象はさしあたってたいていは与えられていないのであるから、現象学が必要である。隠蔽性は「現象」[1]の反対概念である」(p. 36)。

（1）〔マルティノーのフランス語訳、p. 47.〔M・ハイデガー『存在と時間』（一）、二〇五頁。ドイツ語による引用〕〕

だからハイデガーの思想は依然として同じである。〈存在〉はまさしく汲み尽くしがたいものとして、おのずから－与えられ〔selbst-gegeben〕、物は物になる〔dingt〕のである[1]。事実、世界は世界化する〔weltet〕。にもかかわらず、世界は、私たちがそれについて定立的あるいは対象的にもっているものの彼方にある。存在は、たとえそれが知覚の単純な可能性ではないとしても、すぐれて見えること〔Sichtbarkeit〕である。

（1）ここで実践《プラクシス》〔praxis〕とピュシス〔φύσις〕についての文章を探すこと。

［しかしその場合、〈存在〉が隠されているなら、このことはどの程度に存在－論をなすのだろうか。実際のと

ころ、神－学でもなければ、存在－論でもない（『同一性と差異』参照）[1]——意味、〈……として〔als〕〉、それは〈存在〉－存在者の動的関係であり、固定されず、意味との関係からして包括的な関係である→したがって思索《デンケン》であって哲学ではない。[2]」

（1）［M. Heidegger, *Identität und Differenz*, Pfullingen, G. Neske, 1957, *Identité et différence*, trad. A. Préau, repris dans *Questions I*, Paris, Gallimard, 1968.〔M・ハイデガー『同一性と差異性』『ハイデッガー選集10』大江精志郎訳、理想社、一九六〇年、五－三二頁〕］

（2）［［ ］内はメルロ＝ポンティによる。］

さらに、存在《ザイン》への関係がひとたび導入された後にも、どうしてハイデガーが『存在《ザイン》と時間』の否定主義を思い起こさせるような表現を保持しえたのかがわかる。この存在は私たちにとって、無と同じくらい遠いものなのである。人間以前に時間はない。人間が永遠だからではなく、むしろ時間が無限定な持続、永遠性ではないからであり、時間は人間を通じてのみあるからである（このことは〔時間が〕人間によって創造されたということを意味しているのではない）（『形而上学入門』、p. 64〔一〇九頁〕）。「私たちは一つの記号であり、意味もなく」（ヘルダーリン）[1]、（ジロドゥ「空虚の女像柱」参照）[2]。「裂目」としての人間。「歴史的人間の現－存在とは、裂目として置かれて－あることであり、この裂目の中へ存在の制圧力が現出しつつ突然割りこみ、そのために、この裂目そのものが存在にあたって砕けるのである」（『形而上学入門』、p. 124）[3]。「暴力－行為性が、存在という制圧力に対向しても、その制圧力にあたって砕けるに違いない」（同書、p. 124）[4]。「現存在とは、屈服と、存在に対する暴力－行為の再爆発との、絶えまなき苦境であり、しかもそれは、存在の全能が現存在に暴力を加えて〔vergewaltigt〕（ここでは ver-gewaltigen を文字通りに解していただきたい）、現存在をして、存在が現出するための居所たらしめ、現存在をこのような居所として囲み支配し、貫き支配し、そうすることによってそれを存在の中で保存しておく、という形においてである」（『形而上学入門』、p. 136）[5]。

（1）[M. Heidegger, *Vorträge und Aufsätze., op. cit.*, p. 136, trad. fr., p. 160.〔M・ハイデガー『思惟とは何の謂いか』、『ハイデッガー全集8』、四日谷敬子・ハルムート・ブフナー訳、創文社、二〇〇六年、一二頁〕]
（2）[Jean Giraudoux, *Églantine*, Paris, Grasset, 1927, p. 230.]
（3）[Trad. fr., p. 168.〔M・ハイデガー『形而上学入門』、二〇九頁。ドイツ語による引用〕]
（4）[Trad. fr., p. 168.〔M・ハイデガー『形而上学入門』、二〇八頁。ドイツ語による引用〕]
（5）[Trad. fr., p. 182.〔M・ハイデガー『形而上学入門』、二二六－二二八頁。ドイツ語による引用〕]

現存在《ダーザイン》の存在がこのような分裂に属するのだから、もはや存在しないことにしか勝利はない。「現存在－しないこと〔Nicht-Dasein〕、これが存在に対する最高の勝利である」（『形而上学入門』、p. 136）[1]、私たちは「存在の刑に処せられている」。

（1）[Trad. fr., p. 182.〔M・ハイデガー『形而上学入門』、二二六頁〕]

このことはペシミズムではない。それは商売上の決算のように人生を決算してしまうペシミズムとオプティミズムの彼方にある。「割に合わない事業、とショーペンハウアーは語った。彼はまちがっていた。人生が割に合うものであるからではなく、人生が事業ではないからである」[1]。

（1）[メルロ＝ポンティによる訳。M. Heidegger, *Einführung in die Metaphysik*, p. 136.〔M・ハイデガー『形而上学入門』、二二六頁〕]

実際、これらのサルトル的でヒューマニスト的な諸定式は、存在《ザイン》の思索と調和しないわけではない。それは形而上学の再建ではまったくなく、古い意味での存在論の再建ですらない。――それは存在《ザイン》と人間〔Menschen〕のあいだに相互の厳密な含み合いを打ち建てるのである[1]。両者のそれぞれが他方との関係を含んでいる。一方について語ると、他方を語ることになる。ただハイデガーは人間から存在《ザイン》へと〔時間から存在へと〕赴くことから始

めたのであったが、今や彼は、存在から人間へも（存在から時間へと）赴かねばならないのである。(2)

（1）［ヒューマニズムについては、メルロ＝ポンティ『自然』の中のノートを参照。M. Merleau-Ponty, *La Nature*, 1957–1958, Paris, Seuil, p. 182.］

（2）［このつづきにメルロ＝ポンティは次のようなタイトルを記しているが、その次には何も書かれていない。］II　言うこと〔Sage〕というテーマ、存在〔Sein〕と言葉〔Sprache〕。

III　〈存在〉と言葉(1)

（1）［ハイデガーに関する第三部のためのメルロ＝ポンティのプラン］

〈言葉〉と〈存在〉

（一）a　〈存在〉と〈言葉〉の「本質的な絡み合い」。

b　「イマージュ」の概念、あるいは「比喩」、あるいは「類同物」、あるいは「シンボル」、――「家」――「橋」＝四方界〔Geviert〕の結び目。

（二）同じく「記号」は、既成の存在者につけ加えられる符号ではない。

a　記号と音声的・意味論的「意味」（意味を身につけた客観〔Sinnverleibende Objekte〕）。意味付与〔Sinngebung〕の問題――いかにして［獲得？］を説明するのか。ハイデガーの解決――潜在的なものでもなく、「慣習的な」意味でもなく、歴史と神話。

b　語に「潜む」野生の意味（＝諸差異によってできた、開かれた意味）。私たちは、私たちの身体を使うように、私たちの言語を用いる。「叡智界」ではない。

c　語源学的――歴史的方法の真の意味。「意味するもの《シニフィアン》」と「意味されるもの《シニフィエ》」を相対化する点において、音韻論者たち（使用するものと使用されるもの）と一致。

d　プラトンに理解できないような問いかけが反対に、諸差異でできたものとしての、思索－言葉〔la pensée-parole〕の本質となる。

e　存在についての言表などない。なぜなら、人間の言葉のうちで語っているのは存在だからである――「並列《パラタクシス》的〔parataxique〕」言語――真の言葉は、他のものを一つの「居所」に導くのであって、意味に導くのではない。

（三）意味の定義――意味は存在者と存在の関係からできており、この関係が「それ自身〔es selbst〕」を基礎づけるのであり、言葉そのものなのである。

（四）a　したがって、言語が語るのであり、私たちを所有するのであって、私たちが言語をもつのではない。（『真理の本質について』における自由〔Heidegger, *Vom Wesen der Wahrheit*, 1943, Klostermann〔二二頁〕〕

b　最も表現力に富んだ私たちの語とは、熟慮された語ではなく、私たちにおいて語るものである。参照、エスプリに溢れた言葉と語のエスプリ――言語における遊戯、私たちからではなく存在から到来する両義性、考えられたもの〔Gedachte〕と考えられなかったもの〔Ungedachte〕――言語と〈全能〉。

〈時間〉と〈存在〉

存在の歴史〔Seinsgeschichte〕

（一）a　なぜハイデガーは、時間化〔Zeitigung〕、時間〔Zeit〕について、もはや他のやり方で語らないのだろうか。宇宙的時間と現存在《ダーザイン》の〈時間〉の人間学的曖昧さ。存在の準－直観とともに、時間は、存在の歴史〔Seinsgeschichte〕になる。

b　「創造的進化」でも「自己原因〔causa sui〕」でも、連続的創造でもない存在の歴史〔Seinsgeschichte〕。したがって、〈存在〉の「退隠」の作動についての新しい見方。

（二）存在の歴史〔Seinsgeschichte〕と「歴史哲学」。

（三）存在の歴史〔Seinsgeschichte〕と哲学史。

〈存在〉の産物としての哲学であり、存在の「概念」としての哲学ではない。

（四）結論。a　ハイデガーの絶対知とは何か。それは「哲学」ではない。b　しかし、それはニヒリズムではない。c　思索〔Denken〕と省察〔Besinnung〕。d　間接的な哲学としての哲学の可能性、非肯定的、非客観的哲学。

（一）言語の問題、哲学の主要問題としての言葉の問題

なぜなら（前記参照〔本書一四五頁〕）存在を、事象〔Sache〕として規定したり言ったりすることの不可能性は、存在と言葉のまったく特殊な関係を示しているからである。存在は言葉の側にあるのであって、ひとが語っていることの側にあるのではない――創造された言葉と受け取られた言葉、無と外的存在のあいだにあるのだ。哲学にとって言語の問題は領域的なものではない。たとえそうだとしても、言語から出発して〈存在〉に至る

ことができるだろう（ちょうど生命〔Leben〕から出発して→現存在《ダーザイン》→存在《ザイン》へ、というように）。しかしこのような通俗的な存在論的意味ばかりでなく、ロゴス〔λόγος〕にはもっと直接的なつながりがある。存在《ザイン》－存在者《ザイエンデ》の関係が真に見えるのは、ロゴス〔λόγος〕においてである。存在の本質は言葉の本質と「絡み合っている」（『形而上学入門』、p. 41〔六九頁〕、「本質的に言葉の本質と絡み合っていること」）。

存在の把握と同じように、言葉も堕落を経験する。すなわち、その存在論的意味を消し去り、存在から切り離されてしまった存在者《ザイエンデ》の用語で、つまり対象〔Gegenstand〕、客体〔Objekt〕の用語で存在を表現するような分析をしてしまうのである。特権的な例。存在を表現することに専念する言葉が、どうして存在者《ザイエンデ》という用語に堕落してしまうのか。

ハイデガー。「思索は存在の家を建てる」（『ヒューマニズム書簡』〔『「ヒューマニズム」について』〕、p. 150, オービエ版[1]）。それは一つの「イメージ」であると思われるだろう。言語という家の居住者としての存在。

（1）〔ミュニエの訳、「思索は〈存在〉の家を建てるべく努める。」（M・ハイデガー『「ヒューマニズム」について』、一二九頁）〕

ハイデガー。ここで存在に適用されているのはイメージではない（類同物——サルトル『想像力の問題』では明らかにされなかった概念。そしてフッサールにおいては、生命と有機体は自我性〔Ichlichkeit〕の「類同物《アナロゴン》」として考えられると彼が語るとき（『危機』書、生物学についての「付録」）〔にも明らかにされなかった概念〕——類似、イメージ、シンボルは存在者《ザイエンデ》の用語による概念であって、問題を先送りにしてしまうだけである。というのも、どうして対象－イメージが意味によって住まわれ、そしてその意味を象徴化するという責務を担うことになるのか、という問題があるからだ。サルトルにおいては（フッサールが自我性〔Ichlichkeit〕を好き勝手に純粋意識と定義しようとするときと同じように）、想像的なものを好き勝手に否定的に定義するために、イメージにおける肯定的なものを、類同物《アナロゴン》に肩代わりさせるのである。

ハイデガー。「イメージ」や「類同物」はない。家によって存在が思索されるのではない。[1]〈存在〉が思索されてはじめて、家が何であるかが理解されうるのだ。存在者は存在によって、あるいは存在者－存在の差異によって思索される（クレーを参照。そうしたイメージの配列が理解されるのは、「それ自身において〔an sich〕」ということによってである）。そして存在者はすでに〈存在〉を指し示し、〈存在〉を含んでいるのである。

（1）［欄外に］イマージュの中に、ひとはすでにあったものしか見出さない。「直接的」表現としてイメージに住みついているものは、やはり同じような存在の神秘である。

したがって（一）私たちが〈存在〉について語るあらゆることのうちに罠がある。そのことは私たちに対して〈存在〉を隠してしまうのだ。なぜなら〈存在〉は語られたすべてのことによって前提とされているからである。（二）そのことはまた私たちに〈存在〉を開示する。言葉についての省察〔Besinnung〕は存在の開示である。

「シンボル」「イメージ」「類同物」、言語の分析において用いられる［これらの］概念は、あらかじめ反省的に還元された一つの存在から借り受けられたものである。『講演と論文』、p. 153以降を参照。橋（論文「建てる、住む、思索する」[1]）。「橋はまずもって本来的に橋でしかない（bloße eine Brücke）ことが思い描かれる。橋がふたたび多くの他の事物を表現することができるのは後になって、偶然にである。表現（Ausdruck）として考えるなら、その場合橋は一つのシンボルであって、たとえば先に私たちが言ったことすべてのシンボルなのである［とり集め、確立されたコミュニケーションのシンボル等（メルロ＝ポンティによる挿入）］。ただし、もしそれが本当の橋ならば、橋はまずもってたんなる橋ではけっしてなく、したがってけっしてシンボルではない。ましてやその橋は、厳密に言って橋に属していないなにものかを表しているような意味でのシンボルではない。もし私たちが橋を厳密な意味にとるならば、それはけっして「表現」ではない。それは一つのもの（ein Ding）であってそれ以外のなにものでもない（nur dies）。それ以外のなにものでもない？　物として、それはそのうちに四つの主要点（四方界〔das Geviert〕〔訳注54〕。天－大地－神々－死すべき者たち）をとり集めている。たしかに、私たちの〈思索〔Penser〕〉は、事物の存在（Wesen des Dinges）をあまりにもささやかな仕方で立てることに長いあいだ慣れてしまっている。その結果、西洋の思想の流れにおいて、物を未知のXとして、知覚的特性をまとったものとして表象することになってしまった。そのため、この物のとり集めを行う（versammelnde）存在（Wesen）にすでに属しているすべてのものが、後からつけ加えられたつけ足しのように考えられてしまっている。

橋は（……）ある仕方で〈四方界〉をとり集め、橋に一つの居所（eine Stätte）をもたらす」。［つまり］各々の物は、四方界が生じる〔場をもつ〕際の、その生じ方〔場のもち方〕なのである。

（1）［M. Heidegger, « *Bauen, Wohnen, Denken* », dans *Vorträge und Aufsätze*. その後に続く訳はメルロ＝ポンティのものである。A・プレオーの別の翻訳は次の文献を参照。M. Heidegger, « Bâtir, habiter, penser », dans *Essais et conférences*, trad. fr. A. Préau, Paris, Gallimard, 1958, p. 181-182.〔M・ハイデガー「建てる　住む　思考する」、一三七－一三八頁〕］

橋は、天－地－神－人間によって集極化された領野の中の一つの痕跡、一つの転調である。この領野は〈存在〉の領野である。「もろい」〈存在〉、抹消された~~存在~~《ザイン》、存在、否定の否定、前－客観、それはこうしたものである、なぜなら〈存在〉は四方界〔Geviert〕の結び目であり、「諸次元」が交わり合う場だからである。十字交差の四つの先端はそれらの極の一つを示しているのだ。「想像的なもの」と「現実的なもの」は「神話的なもの」の上に予示されており、そこでは「固有の意味」と「比喩的な意味」(1)は逆転した、あるいはむしろ可逆的な関係の中にある。「固有の意味」という概念は、客体〔Objekt〕あるいは対象〔Gegenstand〕の概念と同系である（『根拠律』、p. 156〔一八四頁〕）。

（1）意味するもの《シニフィアン》と意味されるもの《シニフィエ》。

実際、語は、物のように（「特性」によって定義され、「特性」によって認識される）「客観」ではないが、その一方で言語学的な意味を備えており、それは橋のように、記号論的な秩序における結び目である音韻論的秩序の結び目なのである。

さて、「シンボル」についての以上の検証は、「記号－意味作用」のあらゆる関係に対して諸々の帰結をもたらす――「比較された」諸事物のあいだにおけるように、語と意味のあいだに、外的な対応関係が想定される。（理念化された意味、あるいは存在された物としての〔chose *étée*〕意味があり、語がある――そして比較される諸事物（家と住人、言語と〈存在〉）などなく、むしろ、それらはお互いに、〈存在された存在〔être-été〕〉と〈存在する存在〔être-étant〕〉との関係の中にあることを理解しなくてはならない。同じく、言葉を、意味作用として、〈存在〉の開けとして認めなくてはならない。

「命名作用は、すでに開示された存在者に、指示作用や語と呼ばれる符号を後から供給するのではなく、逆に、語が存在の開示（Eröffnung des Seins）としてのそれの根源的な暴力－行為（Gewalt-tat）の高みから、たんなる記号へと堕落し、しかもこの記号自身が今度は私たちと存在者のあいだに滑り込んでくるようになる」（『形而上学入門』、p. 131〔二一九－二二〇頁〕）。

（二）想像以前の神話として、作動する言葉をふたたび見出さねばならない

（a）堕落した言語は音韻論的あるいは言語学的素材［である］。再活性化によって、その機能を説明しようとするのだ。そこにあるのは、（一）（理念化された、あるいは〈存在された存在〉のうちに取り入れられた）意味作用と（二）言語学的素材である。一方から他方への参照関係を理解するために、言葉は意味形成作用

〔Sinnverbildungsakte〕、すなわち、意味を吹き込む思惟作用に基礎づけられてしまう。（a）音韻論的意味と（b）記号的意味〔を吹き込む作用である〕。

〔これは〕意味付与〔Sinngebung〕の問題の特殊例〔である〕。事物の中に、ひとはそこに置いたものしか見出さない――しかし、もしひとがそれをそこに置いたのなら、獲得物もなければ、コミュニケーションもなく、言葉の本来の効力もない。しかし、もし言葉の本来の効力があるとしたら、それこそが、私たちの能動性にとって代わる、言葉固有の合目的性なのではないか。

（一）意味は、けっして、異様なもの、純粋に受け取られたものであってはならない。ひとは自分のもっているものから出発して、理解するからだ。

（二）意味は、作用によって語のうちに置かれてはならない。そうでないと、獲得されるものもないだろう。(1) 潜在的なもの、つまり暗黙の、作動する現前は、もしそれがその端緒に折りたたまれていたものを広げたにすぎないのなら、解決にはならない。

（1）それに加えて、言葉の実践（一つの文を文字どおりに理解することや、それを発音すること）は、表象の知識を使用することとは別のことであり、器官の使用である。そして、言葉を知的に理解すること（その文の意味を理解すること）は、意味を身体化する作用〔Sinnverleibend Akte〕の再活性化とは別のものである。

最初の意味付与〔Singgebung〕は意味作用とコードの所有ではなく、「意味作用の諸差異」と「弁別的」諸記号の所有でなくてはならない。したがって、この意味作用の領野と弁別的な領野において、別のものが下書きされることもありうる。しかしそれゆえ、「意味するもの」と「意味されるもの」はもはや外的なものではなく、同族的な関係になる。したがって、取り決め〔convention〕という概念には留保が必要である。この概念は、「意味するもの《シニフィアン》」と「意味されるもの《シニフィエ》」は外的なものであり、命令によって結びつけられたものと想定している。

しかし、命令は言語を前提にするのである。たしかに、非‐自然的なものという意味では、そのとおり、取り決めではあるが、しかし人工物という意味においてではない。言語は自然ではなく、取り決めでもない。それは歴史、すなわち、つねにあらかじめ与えられた〔vorgegeben〕「さまざまな取り決め」のヴァリエーションなのである。言語は自らを前提とする。つまり、言語が自分の起源を考えようとするとき、言語はそれを暴力行為〔Gewalt-tat〕として、すなわち、無制限な豊饒性を備えた、制度化する行為として、神話として考えるしかないのである（1）（神話的な時間は、現在である過去〔passé-présent〕である）――しかし、もし言語が起源においてこうしたものであるなら、言語はどの瞬間にもそのようなものである。跨ぎ越し〔enjambement〕あるいは蚕食〔empiètement〕なのだ。

（1）　ハイデガー――あらゆる「起源」は神話である。

したがって、意味付与〔Sinngebung〕の問題点は、音韻論的領野と記号論的領野として、領野の意味を記述することにある。これらの領域の歴史、つまり先行するものから後続するものを産出すること、それは意味を与える〔Sinnverleihend〕諸作用ではなく、志向的総合［である］（フッサール『危機』）。つまり、把持され、もはや別個のものとして考えられる必要などない諸要素、すなわち沈澱から出発して、新たな意味作用のすべてを産出すること［である］。

歴史は、諸々の作用としてではなく、生産され、再‐生産される制度化として理解されるべきである。すなわち、ピュシス〔φύσις〕という意味で理解されるべきなのである（ギリシア人たちはこのピュシス〔φύσις〕のことを考えていたのであって、それは動物と植物だけではなく人間、神々をも含んでいる）。

（b）「野生」の歴史性

意味は諸々の語を「織りなす」――語の群生――使用による語の意味の表情、すなわち言葉の自発性――言語の生命。

（c）語源学的方法の本当の意味。「単語の、古い、もはや語られることのない意味を」確立し、「新たな言語使用に利用しようとしてそのような意味を取りあげること、そうしたことは、恣意以外には、なにもたらさない。むしろ重要なのは、早初の語の意味とそれの変化とを手がかりにして、その語が語りかけている（in den das Wort hineinspricht）事柄の領域（Sachbereich）を見て取ることである。重要なのは、この本質領域（Wesensbereich）を、そのような語によって名づけられた事柄（Sache）が動くところとして熟思する（bedenken）ことである。ただそのようにしてのみ、その語は語る。しかもその語によって名づけられた事柄が思索《デンケン》と詩作（Dichten）との歴史をつうじて展開してゆくさまざまな意味と連関（Zusammenhang）して語るのである」（『講演と論文』、p. 48〔M・ハイデガー『技術への問い』関口浩訳、平凡社、二〇〇九年、六六－六七頁〕）。

ハイデガー、〔『講演と論文』〕p. 172以降[1]。哲学を語源学辞典に変換するのではない。私たちの思索《デンケン》は語源学を糧としているわけではない。それは、存在の諸関係〔Wesensverhalte〕と、諸々の語が分割されない仕方で〔unentfaltet〕名づけているものとを熟考する〔bedenken〕（考える機会を提供する）のに役立つだけである。〈思索〉のための支え、目くばせ〔Winke〕であり、語が所有する思考を受容することではない。

（1）〔Trad. fr., p. 141-143.〔M・ハイデガー「物」『ブレーメン講演とフライブルク講演』所収、『ハイデッガー全集79』森一郎・ハルトムート・ブフナー訳、創文社、二〇〇三年、一八頁〕〕

『思惟とは何の謂いか』、p. 89-90を参照[1]。語の歴史的意味作用（語の「群生」の歴史）。「「思惟」、「思惟されたこと」、「思想」という語は、語られたことの活動空間から語っている」[2]。語が言うこと〔Sagen〕を知るのが問題なのであって、記号論的な諸変化の総和の問題ではないのだ。語を語る能力がこれらの変化に還元されるなどと言ってしまったら、2×2＝4は、人々がいつも2×2＝4と言うという、観察上の事実によって正当化されることになってしまう。重要なのは、語源学を用いて、命運〔Geschick〕であって〈歴史〉ではないような運命をふたたび見出すことである。哲学は超歴史学的認識〔überhistorische Erkenntnis〕なのである（p. 90）[3]。

（1）[M. Heidegger, « *Was heißt Denken?* », Tübingen, M. Niemeyer, 1954, *Qu'appelle-t-on penser ?*, Paris, PUF, 1959 (trad. fr. A. Becker et G. Granel).〔M・ハイデガー『思惟とは何の謂いか』四日谷敬子、ハルトムート・ブフナー訳、『ハイデッガー全集別巻3』、創文社、一九八六年、一二二頁〕]

（2）[Trad. fr., p. 141-143.〔M・ハイデガー『思惟とは何の謂いか』、一二二頁〕]

（3）[*Ibid.*, p. 143.〔M・ハイデガー『思惟とは何の謂いか』、一二二頁〕]

『根拠律』、p. 161〔一九〇－一九一頁〕を参照[1]。「私たちの言葉は歴史的に語っている」[2]。――ハイデガーは（これに関しては、ソシュールにすら反対しつつ、音韻論者と同調しているのだが）、音声的なものは意味論的なものによって「使用される」のではなく、意味論的なものは音声の使用者ではない、と考えている。「労働市場」があって、構造主義はこの「労働市場」にたずさわっている。すなわち、個人的行為ではなく、制度化の機能にたずさわっているのだ。

（1）[欄外に] さらに以下を参照。『思惟とは何の謂いか』、p. 13-14〔一二一－一二三頁〕。語られた〔sprachen〕語と語られなかった〔ungesprochene〕語、ある事柄が言葉へと至ること〔Sache zum Sprache kommt〕。象徴的母胎を開示すること。

（2）[Trad. fr., p. 210.〔M・ハイデガー『根拠律』、一九〇頁〕]

言語を把握すること、それはこうした歴史〔Geschichte〕、跨ぎ越し、創設〔Stiftung〕の展開を把握することである。この創設は「生きられた状態」のはるか彼方にある。ハイデガーが、省察〔Besinnung〕、つまり体験〔Erlebnisse〕への回帰と「まさに反対[1]」と呼ぶ操作なのである。

（1）体験〔Erlebnis〕。省察が欠如しているという事態〔besinnunglosigkeit〕［?-］（前記のテクスト）。

（d）たとえば、体験〔Erlebnisse〕あるいは意味を与える〔Sinnverleihende〕作用の哲学は、問いかけ的なあらゆる思考に対して盲目である。プラトン的なジレンマ。ひとは探しているものを知っているなら、その場合、それを探しはしない、あるいは、ひとがそれを知らないなら、どうやってそれを見つけることができるのか[訳注55]。探求、問いかけ、問い〔Fragen〕は、言語の群生とその歴史の中で、野生の状態においてしか理解されない。そこでは内在－超越のジレンマはもはや存在しないのである。そしてこのジレンマがそこに存在するのは、私たちが永続的な問いかけを保持しているからにほかならない。諸々の意味作用は、諸々の意味作用のあいだの隔たり〔écarts〕でしかない。そこでなにものかを理解しているというのは、むしろ私たちの錯覚である。そのときそのなにかは神秘的なものに見える。だから問いかけは、実存の在り方として（思考の操作や言葉の操作としてではなく）理解されるべきなのである。問いかけるのは言葉そのものである。問いは諸体験〔Erlebnisse〕についての、つまりそれ自体で問いかけ的な一つの体験〔Erlebnis〕についての言表ではない。あるいは、諸体験において、欠如だけが応えるような、たんなる表現形式でもない。問いは言葉とともに思索するようになる。問いは、私の諸々の思考の一つとして我思う《コギト》の中に位置するのではない。それについての言語的問いが言表であるのではないのだ[1]（問うことは、〈私は……と思う〉の変奏《ヴァリアント》ではない――知らないということは、〈……ではない〉ということを知ることではない）。問いは、たんなる言語的な定式（疑問符、言表の倒置）の中には位置づけられない[2]（このテーゼは、前者〔〈私は……と思う〉〕に帰着する。どちらの場合も、デカルト的意味での「思考」は自己の所有、それそのもの〔es selbst〕として捉えられているからだ）。問い〔Fragen〕は言葉でできている。すなわち、開かれた思考で、弁別的諸体系に結びつけられた思考でできている。そしてこの思考はつねに隔たりであり、脱中心的であり、「思考そのもの」ではない。したがって、思考はそれ自身が問いであり、それが言表であるのは相対的にでしかない（この問いは、内世界的な〔innerweltlich〕問いであり、そのようなものとして、答えを受け取りうるものであるが、しかしそれは、それ自身のうちに問うこと〔Fragen〕の能力を備えている。存在《ザイン》ゆえにこそ、存在者《ザイエンデ》は無ではない。したがって存在者《ザイエンデ》に関するあらゆる問いは存在《ザイン》を問題にしているのである）。

（1）〔私が見つけることのできなかった〕テクストで、ハイデガーは、問いは体験〔Erlebnis〕の言表ではないと言う。
（2）ハイデガーを参照すること。我思う《コギト》は、何が問いで、何が答えなのかを、既知のものとして想定している。哲学の本性は、問うこと〔Fragen〕の本性に依拠する。

（e）その〔動詞的〕現成〔wesen〕における言語は、言表（正しいもの〔Richtigkeit〕[1]）ではない。それは問いかけである。問いかけであって「質問」――〈「……という命題」〉ではない。存在の諸言表や諸表象がないということは、次のことを意味しているのではない。すなわち、存在が、超越しているもの（それはそれ自身における一致〔adéquation〕であろう）という意味で、語りえぬものだということを意味しているのではない。そうではなく、〔それが〕言わんとするのは、言表や表象は原理的に〈存在〉を語ることのできない状態にあるということだ。それらは〈存在〉の産物、〈存在〉の特殊化であるからだ。〈存在〉は言語に住み着き〔bewohnt〕、言語を動かすものであり、だからこそ、存在は対象としての言語によっては到達されず、言語は日常的に〔gewöhnlich〕住まわれるものなのである（『思惟とは何の謂いか』、p. 83）[2]。

（1）〔M. Heidegger, *Vorträge und Aufsätze*, *op. cit.*, p. 88, trad. cit., p. 101.〔一二九頁〕〕
（2）〔M. Heidegger, *Qu'appelle-t-on penser ?*, trad. cit., p. 134.〔M・ハイデガー『思惟とは何の謂いか』、一一二頁〕〕

現成する〔este〕存在は言表の対象ではない。しかし存在は言葉《パロール》において　現成する〔este〕。〈存在〉の言葉がある――そこにある存在者《ザイエンデ》を語るような意味で、〈存在〉を語るのではない言葉が〔ある〕。「存在」はあるのではない――それが与える〔es gibt〕言葉。

この言葉は何なのであろうか。それは言表ではないだろう。詩において（『思惟とは何の謂いか』、p. 163）[(1)]、「月が沈んだ」という語句は言表ではない。それは、（水や空などの意味での）「エレメント」を導入し、据えつけることである。存在はこのようなエレメントであり、諸エレメントのエレメントである――「僕は月を見る」と言う「代わりに」、「月」と言う子どもを参照。〔このような言い方が何かを〕「暗示している〔sous-entendu〕」という考えを批判すること。この考えは、標準的な言語としての言表〔Aussage〕を前提にしている。パルメニデスの「並列的《パラタックス》」で「統辞的ではない」言語。そもそも〔この「暗示」という〕語は不正確である。語の間隙が語るのだ（『思惟とは何の謂いか』、p. 113 s.）[(2)]。したがって、この前述語的な言葉は、発話についての言表〔Aussage〕ではないし、発話者の体験したある状態の表現でもない。この言葉は他者を「そこから発話者たちがそのつど語っている……滞在場所に」導くことにおいて成り立っている（「会話〔Konversation〕」とは対照的に――「対話〔Gespräch〕」の対話者）（『思惟とは何の謂いか』、p. 110）[(3)]。言葉は「体験」を表現するのではなく、一つの居所〔*site*〕、一つの場所〔*lieu*〕、持続的な制度、思索する者自身にも知られていないような命運〔Geschick〕を表現しているのである。「思想家に劣らず詩人もまた、自己自身を理解したりはしない」（『思惟とは何の謂いか』、p. 113）[(4)]。

（1）[Trad. cit., p. 246.〔M・ハイデガー『思惟とは何の謂いか』、二二七頁〕]
（2）[*Ibid.*, p. 175-176.〔M・ハイデガー『思惟とは何の謂いか』、一五四頁以下〕]
（3）[*Ibid.*, p. 171.〔M・ハイデガー『思惟とは何の謂いか』、一四九頁〕]
（4）[*Ibid.*, p. 175.〔M・ハイデガー『思惟とは何の謂いか』、一五三頁〕]

（三）この言うこと〔Sage〕の意味は何なのか

この意味は、存在者への指示、何性〔Washeiten〕の意味での諸本質への指示ではない。それでは、事態〔Sachverhalt〕への指示であろうか。

言葉の内部は何でできているのか。論理学が語るには、意味は「観念」あるいは「概念〔Begriff〕」である。

一九三四年の講義「論理学」[訳注56]以来、ハイデガーは「言語哲学とは何か別の問いであるような、（……）言葉の本質への問いへと論理学を転換すること」（『思惟とは何の謂いか』、p. 100）[1]として、論理学を理解している。「論理学」が言葉の変奏《ヴァリアント》としてあるのであってその逆ではない。ギリシア哲学により、「ピュシス〔φύσις〕」はイデア〔ἰδέα〕（可視性）に変換され、「とり集め」としてのロゴス〔λόγος〕（これは当然のことながら、物の物となること〔Dingen〕と同一である）は「語り〔Rede〕」「物語」「言表」としてのロゴス〔λόγος〕に変換された。さらに、開けの真理は正当性〔Richtigkeit〕の真理に切り縮められた。言われたもの〔Gesagtsein〕の諸様態としての諸カテゴリー。可能なものは、無矛盾〔non-ἀντίφασις〕という純粋な形式的特性によって規定されてしまう。

（1）〔*Ibid.*, p. 157.〔M・ハイデガー『思惟とは何の謂いか』、一三四－一三五頁〕〕

存在可能〔Seinsmöglich〕が忘却され、もはや存在者の可能的なものしかない――ヘーゲルとともに、矛盾〔ἀντίφασις〕が復活した。彼が形而上学、すなわち自らの「〈自然学〉」を、「論理学」と呼んでいるという事実、このことは、彼がロゴス〔λόγος〕の下にピュシス〔φύσις〕の秩序を再発見したことを証明しているのではない。そうではなく、対象が自分自身を破壊し、かといって、おのれが取り出された場、すなわち真の存在《ザイン》を開示することもないような、危機の地点に到達したことを証明しているのである（『形而上学入門』、p. 143〔一三八－一三九頁〕）。

したがって、言うこと〔Sage〕の意味が何であるかを問わねばならないのは、「論理学」に対してではない。

〈存在〉についての私たちの経験に対して、そのことを問わねばならないのである。

『存在と時間』のp. 151〔『存在と時間』（二）、二二五頁〕で語られていたとおり、意味は〈フッサールの言うように〉〈として〈als〉〉である。しかし、〈……としての統握〔Auffassung als…〕〉は、作用に引き戻された〈として〉である。すでに『存在と時間』は、意味〔Sinn〕をもはや作用ではなく、投企〔Entwurf〕によって定義している。「意味は意図、注意、先取りによって構造化された投企の「どこへ」ということであり、そこからなにものかがなにものかとして了解されるようになるのである」（p. 151）[1]。『形而上学とは何か』の新しい序文〔ドイツ語原文〕一八頁〔二五－二六頁〕は、さらにふたたびその定義から「主観的」諸要素をしりぞけている。「投企において開かれたものとしてもたらされた領域、したがってその投企において、なにものか（ここでは存在）がなにものかとして（ここではその非隠蔽性におけるそれ自身としての存在）が示される領域が、意味と言われる」（p. 17）[2]。意味〔Sinn〕は、それなしでは対象が存在しないような条件（カント）、すなわち権利上の存在に課せられた制限された条件としてではなく、むしろ〈存在〉と同義のものとしての「空間性」（「領域〔Bereich〕」）のエレメントを含んでいるのだ。前述したことを参照せよ。〈存在《ザイン》〉は対抗〔Gegend〕であり、「そこへの開けがあるところのそこ」であり、諸作用の志向性がそこで展開するところのそこである。〈存在〉の自己関係とは、派生的な存在者《ザイエンデ》としての〈存在〉の、現成する存在〔Sein, *estant*〕としての存在への関係のことである。この関係が意味〔Sinn〕の定義となる。それはもはや主観性の属性ではなく、存在《ザイン》と存在者《ザイエンデ》の関係あるいは存在論的差異である。

（1）〔M. Heidegger, *Être et temps*, Paris, Gallimard, 1986 (trad. fr. F. Vezin), p. 197.〔M・ハイデガー『存在と時間』（二）、二二五頁。ドイツ語による引用〕〕

（2）〔M. Heidegger, *Qu'est-ce que la métaphysique ?*, *Questions I*, trad. fr., p. 38.〔M・ハイデガー『形而上学とは何か』、二四頁。ドイツ語による引用〕〕

意味〔Sinn〕のこのような定義――存在《ザイン》による存在者《ザイエンデ》の活性化、存在《ザイン》自身による存在《ザイン》の活性化、自己自身としての〔als es selbst〕[1]存在の自己との関係は、意味と言葉の同一性を明らかにする。なぜなら言葉において重要なのは（前述）、たんなる「隔たり」を存在に結晶させ、存在を「それ自身として〔als es selbst〕」存在させるようにする能力、そして、〈存在〉と〈言葉〉の把握された同一性であるからだ。もし私たちが〈存在〉を了解していなければ、言葉も存在しえないだろう。つまり「語句の中で存在者が存在者として自己を開示する」（『形而上学入門』、p. 62）[2]ような言葉が生み出されることもないだろう。そして逆に、もし私たちの「本質が言葉の力の中にあるのでなければ、すべての存在者は私たちにとって閉ざされたままであろう。私たち自身がそれであるところの存在者も、私たち自身がそれでないところの存在者もともに」（同書、p. 63）[3]。そしてたとえ私たちが千本の手と千の耳をもっていたとしても、そうであるはずだ（同書〔一〇六頁〕）。

（1）退隠としての、差異における自己。
（2）〔Trad. cit., p. 91.〔M・ハイデガー『形而上学入門』、一〇六頁。ドイツ語による引用〕〕
（3）〔*Ibid.*, p. 91.〔M・ハイデガー『形而上学入門』、一〇六頁。ドイツ語による引用〕〕

（四）以上のことから、言語と存在および人間との関係〔を考える〕

（a）語るのは、あるいは言語を有するのは人間ではない、言語が人間のうちで語るのである。このことは、世界と存在者《ザイエンデ》の内部における、因果性や根拠〔Grund〕の意味では理解されない。ロゴス〔λόγος〕の働きは、単独ではなされない。この働きを実現するためには私たちの力が必要となるが、それは存在《ザイン》の領野を開く〔Eröffnung〕という意味においてである。ただしその領野の意味は、人間のうちに存在者として含まれているのではない。それは存在《ザイン》の領野に含まれている。

「言葉が語るのであって、人間が語るのではない。人間は、命運的に〔geschicklich〕言葉に呼応しつつ語るという仕方でのみ、語るのである」（『根拠律』、p. 161）[1]。言語は「人間の女主人」である――「人は言葉の語りかけに耳を澄まし、言葉に呼応する時にはじめて、またその時にのみ、語り話しているのである。人間が語るのは、彼が言葉の要求に従うことによって、言葉に一致する場合に初めて、そのかぎりにおいてのみである」（『講演と論文』、p. 190）[2]。

（1）［Trad. cit., p. 210.〔M・ハイデガー『根拠律』、一九〇頁。ドイツ語による引用〕］
（2）［Trad. fr., p. 227-228.〔M・ハイデガー「詩人のように人間は住まう」、『哲学者の語る建築――ハイデガー、オルテガ、ペゲラー、アドルノ』伊藤哲夫・水田一征訳、中央公論美術出版、二〇〇八年、一〇頁。ドイツ語による引用〕］

（b）「決定＝決断〔décision〕」においてではなく（〔この語の〕曖昧さ。それは私たちの本来的で形成的で多産的な〔fécond〕瞬間を表していない）、決定的な諸行為や言葉において、これらの言葉が、事物や他者によって私たちから引き出されているという、途方もない印象〔が生じることがある〕。にもかかわらず、そうした言葉はその最も高い地点において、私たち自身なのだ。このことはすでに、機知《エスプリ》に溢れた言葉の場合でもそうだ。それは言葉の精神《エスプリ》なのだ。戯れるのは私たちではなく、言葉の本質が私たちとともに戯れるのである（『思惟とは何の謂いか』、p. 83）[1]。言葉の戯れとは、「私たちの背後で」、語の表層的な意味作用が、私たちの知りえた以上の意味を備えた何かを私たちに語らせ、その同じ語の中で「偶然に」連結されたそれらの意味作用を考察させる、というところにある。言語の生命は私たちに深み〔profondeur〕を与えるのだ。「それはあたかも、人間が、言葉に本来的に居住することに、骨を折っているかのようである」（同書）[2]。そこから、言語が私たちよりも多くのことを知っているという、見かけ上の受動性が生じるのだが、それにもかかわらず、そこで働いているこの「無意識」は、このうえもなく私たちのものである。他の誰も、この語を作ることはなかっただろう、というわけだ。この場合、〈存在〉の本質的な特徴は、私たちの生のおかげで、言語によって守られているのである。

（1）〔Trad. fr., p. 133-134.〔M・ハイデガー『思惟とは何の謂いか』、一一三頁〕〕
（2）〔*Ibid.*, p. 134.〔M・ハイデガー『思惟とは何の謂いか』、一二九頁〕〕

諸々の語の戯れは、言語のうちに戯れがあることを表現しており、そしてそれはなくてはならないものであり、言語はそのようにしてしか意味をもつことができない。なぜなら意味は開かれであり、閉鎖ではないからである。そこから、絶対に必然的な言語にも曖昧さが出てくる。この曖昧さは言語の生命であり、それは私たちから由来するのではなく、存在に由来する。「この多義性は、思惟が厳密なものであるために、その中で動かなければならないところの境域《エレメント》である」（『思惟とは何の謂いか』、p. 68）[1]。「思索されたもの〔Gedachte〕」は「思索されなかったもの〔Ungedachte〕」である。「ある思惟がより根源的であればあるほど、その思惟の思惟されざることはそれだけますます豊かになる」（同書、p. 72）[2]。「一つの語が多様な意味をもつということは、私たち人間が話したり書いたりする際、時として一つの語で相異なる事柄を思念しているということから、初めて生じてくるのではない（……）。意味の多様性はその都度歴史的な多様性である。それは、言葉が語るということの内において私たち自身が何時でも存在の命運にしたがって、存在者の存在から、別のしかたで思念され、すなわち語りかけられている、ということから生じてくるのである」（『根拠律』、p. 161）[3]。

（1）〔*Ibid.*, p. 113.〔M・ハイデガー『思惟とは何の謂いか』、九四頁。ドイツ語による引用〕〕
（2）〔*Ibid.*, p. 118.〔M・ハイデガー『思惟とは何の謂いか』、九九頁。ドイツ語による引用〕〕
（3）〔Trad. cit., p. 210-211.〔M・ハイデガー『根拠律』、一九〇－一九一頁。ドイツ語による引用〕〕

言語の曖昧さは存在の多元論であって、主体の混乱した思考ではない。その曖昧さは、言語を通じて、存在によって私たちにもたらされる。言語によって〈存在〉から呼び求められ、〈存在〉によって呼び起こされるのは私たちであり、私たちは言語を存在させる〔Seinlassen〕ことしかできないのである。

「いまあげられようとしているいろいろなもの、すなわち言葉、理解、気分、激情、建設などは、海、大地、動物などに劣らず制圧的な暴力に属する」（『形而上学入門』、p. 119 s.）[1]。ハイデガーが付け加えるには、その違いは、ただ「言語が、人間が人間であるところの存在者として本来的に受け入れる（übernehmen）べきものとして、人間を貫いている」ということである。言語の起源と人間の起源は同じものであり、どちらも暴力、神話、秘密なのである。「秘密であるという性格は、言葉の起源の本質に属する。ということは、言葉は制圧的なものと最も不気味なものとからのみ始まることができ、人間が存在の中へと出発することにおいてのみ始まることができる、ということである。この出発においては、言葉は存在が語りとなることとして、詩作であった」（『形而上学入門』、p. 131）[2]。ヘルダーリンが、まさに文字通りの意味で言ったように、「私たちは一つの記号であり、意味がない」[3]のである。

（1）〔Trad. cit., p. 162.〔M・ハイデガー『形而上学入門』、二〇〇頁以下。ドイツ語による引用〕メルロ＝ポンティは次のように注記している。「まったく恒常的な暴力に〈属する〉」〕。
（2）〔Trad. cit., p. 176.〔M・ハイデガー『形而上学入門』、二一九頁。ドイツ語による引用〕〕
（3）〔以前に記された同じ引用を参照。M. Heidegger, *Vorträge und Aufsätze*, p. 136, trad. cit., p. 160.〔M・ハイデガー『思惟とは何の謂いか』、一九頁。ドイツ語による引用〕この頁の下にメルロ＝ポンティは、次に続く部分のためのタイトルを記している。〈IV 時間と存在――存在の歴史〔Zeit et Sein : Seinsgeschichte〕〉。〕

Ⅳ　時間と存在――存在の歴史〔*Zeit und Sein* : La *Seinsgeschichte*〕

（一）時間、存在の企図〔*Zeit, Vornahme de Sein*〕

（a）『存在と時間』において、至高の存在者《ザイエンデ》としての存在《ザイン》という客観主義的概念を避けるために、存在が時間を経由して論じられている。しかしこのことは「人間主義的」曖昧さを生じさせる。ちょうど「宇宙的時間」が「意識の時間」（内的時間意識〔innere Zeitbewußtsein〕）とつながるように、〈時間〉（および〈存在〉）が現存在《ダーザイン》につながっていると考えられたのである。

おそらくこの考えは、けっしてハイデガーの考えではなかった。開け、時間的脱自は意識の「作用」ではなく、あらゆる曖昧さは存在《ザイン》への移行によって遠ざけられて［いる］。現存在《ダーザイン》は［もはや］存在《ザイン》によって投げられて〔zugeworfen〕いないのと同じく、時間はもはや投企〔Entwurf〕や「志向性」の産物ではない。

志向性が生じる以前に、開け、余地〔Spielraum〕、志向性がそこで展開しうるような対抗〔Gegend〕がなくてはならない。時間とは、この対抗〔Gegend〕である。それは、そこで脱自が生じうるような、無ではない周縁である。

このようにしてのみ、時間は、同時的でない「現在」（今という点の継起〔Nacheinander der Jetztpunkte〕）という意味での、すなわち、より矮小な存在という意味での、たんなる継起ではなくなるだろう。時間は存在の膨張、あるいは「発芽」となるのだろう。しかしその場合、むしろ、「形式」や「歴史」を連想させる「時間」よりも、存在の［ある］働きを連想させる「時間」について語るほうがよいだろう。時間の内容（人間の行為や受難の連続という意味での「歴史」――〈歴史〉〔Histoire〕）という、形式に連関する概念との混同を避けるために、歴運〔Geschichte〕、あるいはもっとうまく言えば、存在の歴史〔Seinsgeschichte〕を語らねばならない。つまり、空間・時間的に個体化された内時間的なもの〔innerzeitig〕、内－時間的なものとして到来するものではなく、存在の発芽のエレメントとして、到来〔avènement〕として、現存在と共－現存在〔Mit-dasein〕への分け前として与えられたものとして、モイラ〔Μοῖρα〕あるいは命運〔Geschick〕として到来するもの〔を語らねばならない〕。

（b）しかし、無ではなく、生きるためのあれこれを私に投げかけ〔zuwirft〕、現存在《ダーザイン》の人間学を乗り越えるこのなにものか、――この「〈存在〉」は、かたや周知のとおり、至高の〈存在者〉、「創造的進化」などではなく、あるいは自己原因〔causa sui〕や連続的創造でもない――この〈存在〉はただ退隠としてのみあり、覆いのないいかなる現前によっても説明のつかない、究極の退隠であることを思い出しておこう――したがって存在の歴史〔Seinsgeschichte〕は、〈存在〉が自らを隠し、自ら背を向ける際の、諸々の在り方となるだろう。存在者の現在化は、原理的に〈存在〉の隠蔽性〔Verborgenheit〕である。これらの「退隠」は、〈即自〉による構築的な説明ではない。それらは、〈存在〉についての私たちの経験と、私たちがそれである〈存在者〉そのものについての私たちの経験において確認されるのだ。ハイデガーによると、私たちは、自分が何であるかを、失ってみてはじめて知る。各人は自分自身に対して最も遠いものである。つまり、自己現前は非知覚〔imperception〕であり、知覚は、私たちがもはやそれではないところのもの、私たちがそれであったところのものについての知覚である。私たちのうちで現成する存在は、まさに私たちの知覚の手前にとどまりながら現成するのであり、あらゆる知覚は非知覚なのである。これこそが真の無であり、無としての無〔nichtiges Nichts〕ではなく、存在《ザイン》である。

存在の歴史〔Seinsgeschichte〕とは、存在の形而上学的働きを認識する新しい機会であり、〈存在〉の多産的な退隠、〈存在〉が作り出すが、〈存在〉を減退させはせず、むしろそれを増大させるこれらの贈与であり、無限についての形而上学的諸「表象」の真理である働きである。

空間に適用した場合、〈存在〉の準‐直観は次のことを与える。周囲を囲われたもの〔Umfaßte〕の空間は、「無ではないもの」、その「限定」（カント的な意味で）ではないものを私たちが把握する際に課される条件ではなく、〈存在〉が、私たちがそれでなくてはならないなにものかを私たちに投げかける〔zuwirft〕際のその仕方である、ということである。――同じように「時間に適用するなら」、それが与えるのは次のことである。継起〔Nacheinander〕のうちにしか存在しないよう強いられた即自〈存在〉の服従ではなく、存在の歴史〔Seinsgeschichte〕の時間であり、現成する〈存在〉が存在したことになり、〈存在した存在〔l'être été〕〉へと移行する際の、その移行の仕方である。

（二）その結果、存在の歴史〔Seinsgeschichte〕は歴史の哲学から見られて［いる］ことになり、［それが］〈存在〉の産物として、そして哲学史としての歴史［である］＝存在の経験とその表現は、それ自身、ある間接的な行程を含んでおり、不可避的に一つの歴史を備えている――それは、たった今語られたことによれば、存在についての「諸概念」のヴァリエーションではなく、それ自身存在の産物なのである。哲学史の共通の生命としての存在。

そこから問いが出てくる。このハイデガー的な絶対知とは何か、どこから哲学と歴史の両方が理解されるのか。この知はそれでも、通常「哲学」と呼ばれるようなものなのだろうか。

この結論的な問いに至る前に、存在の問い〔Seinsfrage〕という展望の中で、（一）存在の歴史〔Seinsgeschichte〕における歴史と哲学の深い統一、（二）（動詞的）現成〔wesen〕における存在と非存在の統一に由来する、意味と無意味の深い統一が、そのそれぞれのうちにあることをよく見ておくこと。

［第一に］歴史と歴史の哲学

（a）歴史は一つの意味をもっており、〈存在〉－存在者の存在論的差異に照らされ読解可能となる。歴史はこの関係の絶え間ない注釈なのである。意味とは、投影されたものがそれ自身〔es selbst〕として、あるいは自己と異なるものとして明らかになるような領域［である］……（前述の『存在と時間』の定義を参照）。このような領域は、同時的なものと同様、継起的なもののうちに存在する。歴史が少しずつ明らかになる各々の場《シテ》に対して、一つの場所〔Stätte〕があり……、そしてすべての場所に対して、それらを比較可能にし、その唯一の企てを生み出すような、一つの同じもの〔das Selbe〕がある。

（b）しかし同時に、この意味、この唯一の「投企」は、真の〈状態〉や真の人間といった、いっそう真であるような、ある種の状態や人間の実現ではない。同じもの〔das Selbe〕は等しいもの〔das Gleiche〕ではないのである。「一望のもとに置く」ということは、ある特権的な存在者への歩みとして歴史を考えることにはまったくならない。それは、客観的に階層化されたり、分類化されたりすることのない、〈存在〉‐存在者の関係のヴァリエーションなのである――「進歩」でも「デカダンス」でもないのだ。

進歩もなければ、歴史の目的なき歩みもない。歴史は「乗り越え」られない。休息は渦（〈無〉の「魔力をかけられた循環」）の「中心」にしか見出されないのであって、渦から離れることによって見出されるのではない。デカダンスもない。――このことはそれほど明らかなわけではない。ハイデガーの記述と価値評価はデカダンスを連想させるように映るのだ。私たちの文明における〈存在〉の忘却――つまりそれ自身で〔von selbst〕あり、自らを現前せしめるものの忘却。作られたり、制作されたり、創造されたりした存在に特権が与えられている（キリスト教）。つまり主観にとっての対‐象〔ob-jet〕であるような存在、人間によって「作られ」、人間によって定義され、私たちの視覚（イデア〔ἰδέα〕）、私たちの言表〔Aussage〕と相関的で、技術的、公理的な存在に特権が与えられているのだ。技術の本質（それは、〈歴史〉に従って、もっと後になってからしか明らかになるはずはなかったのだが）は、すでに科学のうちに現れている。存在の安泰化（「不安を前にした不安」や不毛な不安、（「住まいの危機」に先立って）世界に「住むこと」の難しさ、技術がその症候であると同時に悪化であるような、住むことのできない世界――純粋に技術的な、つまり抽象的な行為（存在の主になること、人間がしていることについての宗教）によって実現された、地球規模の拡大（人間性のそれ自体との関係）。さらに、この拡大は平和の不可能性、戦争と平和が分割されないことへと行き着く（偽りの戦争である戦争、偽りの平和である平和）。これらすべてのことは、抽象的な行為がもはや場所〔*site*, Stätte〕をもたないということに基づいており、「世界大戦は戦争と平和が分割されないことの前ぶれ（Vorform）であり、それは不可避（nötig）である。なぜなら存在者が存在の真理から放逐されて以来、「世界」が「非世界」（Unwelt）になったからである」（『講演と論文』、p. 92）[1]。「なぜなら〈存在〉の空白は、とりわけそれがこのようなものとして（科学、技術はそれらの（動詞的）現成〔Wesen〕に無知であり、世界の動揺はそれ自身に対して隠されている——それに気づくためには、まさにそれでも世界《ヴェルト》が存在し、存在との関係が存在しなければならないはずだ）経験されえない場合には、存在者の充実によってはけっして満たされえないのであって、それを避けるためにすべきは、目的なき行為を確実にする（安泰化する）方法として、秩序化の恒常的な可能性を、存在者に暗黙のうちに準備させることだけである……技術とは欠乏の組織化（die Organisation des Mangels）である」（『講演と論文』、p. 95）[2]。

（1）〔Trad. cit., p. 106-107.〕
（2）〔Trad. cit., p. 110-111.〕

これらすべてのことは、技術以前の、地球規模以前の、異教的－農村的な過去への展望［となっている］。

しかしこれはデカダンスや黄金時代といった発想だろうか。ハイデガーは（〈形而上学〉に関して）あらゆる再建に反対している。そんな再建は落ちたリンゴを拾い集めることである。だがこれでは、究極の悲観主義になりかねない。デカダンスは不可逆なのか。

さらにハイデガーは、技術が——科学も——けっして真理なきもので、それ自身悪だとは考えてはいない。「危険なもの、それは技術ではない。技術のデーモンなど存在しない（es gibt keine Dämone der Technik）。反対に技術の本質の秘密（das Geheimnis ihres Wesens）がある。技術の〈存在〉は、開示の命運（Geschick）として、危険なのである」（『講演と論文』、p. 36）[1]。危険は、それ自身のうちにその治療薬を備えている。なぜなら、もし技術が開示の一つの仕方であるなら、技術は真理の能力を私たちが使用する際の、一つの使い方だからである。「技術の存在は、深い意味において、両義的（zweideutig）である。そしてこの両義性はあらゆる開示の、つまり真理の秘密（Geheimnis）を指し示している」（『講演と論文』、p. 41）[2]。技術を人間のコントロール下に維持しようというだけでは十分ではない。技術は人間を変える一つの存在である。しかし、存在された〈存在〉から現成する〈存在〉へと連れ戻された技術は「危険」をもたらさない。

（1）〔Trad. cit., p. 37.〔M・ハイデガー『技術論』、『ハイデッガー選集18』小島威夫・アルムブルスター訳、理想社、一九六五年、五〇頁〕〕
（2）〔*Ibid.*, p. 44.〔M・ハイデガー『技術論』、五八頁〕〕

「〈文化〉」の問題とのつながり。技術としての「文化」。「芸術」と「芸術的なもの」は、現－存在〔Da-sein〕に結びつけられる代わりに、「文化」のベクトルになった。ハイデガーは「文化」に対してどのような帰結を示しているだろうか。「教養（Bildung）の時代は終わりつつあるが、それは無教養な者が支配権を握ったからではない。問うに値するもの（das Fragwürdige）がはじめてあらゆる事物と命運とにおける本質的なもの（Wesenhaften）への門をふたたび開く、そのような時代の兆候が明らかになったからなのである」（『講演と論文』、p. 69）[1]。実際、ハイデガーが過去を展望するのは、過去だけが私たちに近づきうるからである。過去においてこそ、〈存在〉があったのであり、解読され明白になったのである。しかし、それは存在した〔gewesen〕過去であって、過ぎ去った〔vergangen〕過去ではない。避けがたい懐古主義〔passéisme〕があるとしても、それは絶対的なものではない。ハイデガーは絶対に楽観主義者《オプティミスト》でも悲観主義者《ペシミスト》でもない。彼がそう言っているように[2]、ショーペンハウアーは次のように言ったから間違っていた。人生、それは割に合わない事業である——それは人生が割に合うものだからではなく、人生が「事業」ではないからであり、現存在《ダーザイン》と非現存在〔Nicht-dasein〕のバランスをとることに意味などないからである。

（1）〔*Ibid.*, p. 77.〔M・ハイデガー『技術への問い』、九八－九九頁〕〕
（2）〔M. Heidegger, *Einführung*, p. 136.〔M・ハイデガー『形而上学入門』、二二六頁〕〕

（三）第二に、哲学の歴史と哲学。

したがって、けっして「命題的」な意味ではない、歴史の意味がある。この意味は存在－存在者の関係の様態付与である。この意味は存在論的であり、お望みなら、「哲学的」である。

諸々の哲学は、歴史と深く関係してゆき、歴史と同じように、存在－存在者の関係に様態を付与してゆく。その関係は、弁証法的唯物論においてそうでありうるのと同じくらい、存在の歴史〔Seinsgeschichte〕の只中の諸々の哲学と歴史のあいだで緊密である。実際、弁証法的唯物論は、ハイデガーからすれば、それが意味をもつ世界性〔Weltlichkeit〕の不適切な表現なのだ。なぜなら唯物論の歴史的本質《ヴェーゼン》は物質的ではないからである。その本質《ヴェーゼン》に連れ戻されたのなら、唯物論は真なるものである。というのもそれは、同時的なものと継起的なもの、世界化〔Welten〕の分割されない圧力の中で、「世界」の統一を（まずく）表現しているからである。

哲学の歴史は（諸作用、諸体験〔Erlebnisse〕、「過程」の水準での、内世界的あるいは内歴史的ないかなる並行関係もなしに）、歴史と並行している。したがってハイデガーは、（自身〔Sichheit〕ではない自己性〔Selbstheit〕という）意味と——そして（哲学を真なるものとして定めることの不可能性という）無意味という観念と同じ条件に哲学史を置き、「進歩」のイデオロギーと「デカダンス」のイデオロギーのあいだに立つことさえ拒否して、哲学史を展望するのである。一見すると、それはデカダンスの記述である。前ソクラテス期直後の存在の忘却。

ピュシス〔φύσις〕はイデア〔ἰδέα〕の哲学へ移り、取り集め（「事物」の定義）としてのロゴス〔λόγος〕は、語られたものすなわち言表〔Aussage〕としてのロゴス〔λόγος〕、語る者に課せられた理性（理性的な言表の原理〔principium reddendae rationis〕）としてのロゴス〔λόγος〕に移っていった。そこから、合理主義、存在とは思惟である、自己意識〔という哲学が生じ〕、この哲学はヘーゲルにおいて完成した。ヘーゲル以後は、反哲学が生じ、存在は「蒸気」（ニーチェ）である、無制約者は脆弱である、意志することへの意志、神は死んだ［という哲学が出てきた］。こうした非合理主義あるいはニヒリズムは、先行する〈形而上学〉と深いところで類似している。それは形而上学の反駁であり、形而上学への幻滅であるが、にもかかわらずそれは無差別という前形而上学的無垢に行き着くわけではない。その記述は悲観主義的なものか懐古主義的なものであるように思われる。ヘーゲル以来、「ドイツ観念論の崩壊」の原因である世界の平板化が生じた。つまりもはや何も映し出さない鏡のような、起伏のない世界が生じたのだ。〔それは〕諸事実の、計測可能なものの、無関心の、「果てしない羅列〔maßlose Und-so-weiter〕[1]」の、「いつも同じもの〔Immergleiche〕[2]」のただの表面のような、起伏のない世界〔である〕。世界にかかわるあらゆる精神的なもの〔welthafte Geistige.『形而上学入門』、六三頁〕は解体され、偽りと見なされ（ハイデガー、『形而上学入門』、p. 35〔六三頁〕を参照。精神の世界性〔Weltlichkeit der Geist〕はもうない）、人間はもはや創設〔Stiftung〕の内部では行動しない……（『形而上学入門』、p. 35〔六三頁〕）。

（1）［Trad. p. 57.〔M・ハイデガー『形而上学入門』、六三頁〕］
（2）［Trad. p. 57.〔M・ハイデガー『形而上学入門』、六三頁〕］

一つのデカダンスがある――しかしそれはデカダンスとしての哲学史の概念ではない。プラトンは前ソクラテス期と比べてたんなる「デカダンス」ではない。プラトンは「始まりの完結〔die Vollendung des Anfangs〕[2]」である（『形而上学入門』、p. 139[1]）。イデア〔ἰδέα〕としての存在は、発現する仮象〔aufgehendes Schein〕として、〈存在〉を定義したことの帰結である。ただその帰結〔尋問〔Vernehmung〕、裁判〔Gerichtetheit〕〕が本質と見なされただけである。したがって（一）原初が、この終わり、原初を「完成させる」終わりを要請したのである。プラトンは「典型的」終わり、終わりの原型〔fin-Urbild〕であり「偉大な始まりの原初的終末〔Anfängliches Ende des großen Anfangs〕」[3]なのである。プラトンとアリストテレス（『形而上学入門』、p. 137〔二二八頁〕）。[4]プラトンは古典主義者〔Klassizist〕ではなく、古典家〔Klassiker〕なのである（p. 141〔二三五頁〕）。「すきま風」の思想家としてのソクラテス、思想家たちの中の最高の思想家としてのソクラテス。[5]（二）この終わりそのものが、そのあらゆる意味を開示するためには、歴史的にふたたび取り上げられねばならない。プラトンから派生するものは「消極的なもの」ではない。「始まりは、それが始まりであるかぎりにおいて、ある仕方で自らを背にしている（したがって、始まりは必然的に自分自身を隠すのだが、この自己自身の隠蔽は無ではない）。始まりは、それが始まるときと同じくらい直接的にこの始めることを保持することはけっしてできないのだ。唯一可能な仕方でのみ、つまりその根源的な真理において根源的に、この始めることをやり直すこと〔wieder-holt werden〕でしか、それを保持すること〔bewahren〕はできない。であるから、〈思索すること〉を繰り返すことにおいてのみ、真理の始まりと侵入を適切に扱うことができるのである。〈存在〉の必然性〔存在の苦境〔Not des Seins〕〕とその最初の偉大さは、けっして歴史学的、経験的な確定〔historische Feststellung〕や、説明、価値評価の対象ではない。このことは、この出来事と侵入が歴史的な運命の経過〔geschichtlichen Verlauf〕の中で、できるかぎり可視的となることを考慮の外に置くどころか、逆にそのことを要請しているのである」（『形而上学入門』、p. 145-146〔二四二頁〕）。[6]したがってプラトンの後に語られたことさえ、無駄な繰り返しではなかったのであり、それは「模範的な終わりの」荘厳な捉え直しであったのである。そしてそれは、理念としての存在の解釈〔Auslegung des Seins als Idee〕を完成するヘーゲルまで続いた。「西洋的思考の最初の道の十分な結末」。「現実的なものの現実性、絶対的意味での〈存在〉が、〈理念〉として概念的に把握され、その名によってはっきりと示されている」（『形而上学入門』、p. 138〔二二九頁〕)。このことは無益ではなかったし、あらゆる思索《デンケン》の終わりでもなかった——それは、西洋が〈哲学〉と呼んだものの終わりでしかなかったのである。

（1）〔Trad. p. 186.〔M・ハイデガー『形而上学入門』、二三一頁〕〕

（2）〔Trad. p. 186.〔M・ハイデガー『形而上学入門』、二三一頁〕〕

（3）〔Trad. p. 184.〔M・ハイデガー『形而上学入門』、二二八頁〕〕

（4）〔欄外に〕プラトンは反復〔wieder-holt〕されねばならなかったのであり、ヘーゲルは第一期の終わりであり、他の終わりもありえるだろう。〈存在〉の歴運〔Geschick〕としてのあらゆる哲学は、それぞれ正しいのである。哲学は存在の歴史であって、存在についての諸概念の歴史ではない。

しかし、その場合、歴史のこのような（相対的な）正当化の全体は、絶対知あるいは絶対的な非-知を、存在への接近を想定しており、光の中で絶対的な知の残余のすべては解体されかつ実現される（弁証法についてハイデガーは、矛盾〔ἀντίφασις〕の秩序のうちに維持されることのみを批判する）。この絶対知、そこで哲学のすべてが死に、変身するこの絶対知は何であるのか。

結論——非-哲学〔non-philosophie〕としての思索〔Denken〕（沈黙、［古さ〔Altsein〕?.］、語られたもの、詩作）は脱-哲学〔a-philosophie〕ではないだろう。

（5）「西欧の最も純粋な思索者。それゆえ彼は何も書きはしなかった」（『思惟とは何の謂いか』、p. 52〔七四頁〕）。ギリシア人は、あらゆる事柄の原型を創造したのであり、あらゆるものの歴運〔Gschick〕を創造したのであって、彼らは「歴運的なこと〔Geschicklich〕」しかなすことができなかった。彼らは〈存在〉の死の歴運〔Gschick〕を描いたのである。

（6）〔メルロ＝ポンティによる訳〔ドイツ語原文からの邦訳は次の通り〕。「始まりは始まるものとして、ある仕方で自分自身を追い越していなければならない（だから始まりは必然的に自分自身を隠蔽するのであるが、この自己隠蔽は無ではない）。始まりがそれが始まったことと同じように直接的に、始まるというはたらきを保護することは決してできない。というのは、始まるということは独自の保護のされ方をするからである。すなわち、始まるということが、それの根源性において、より一層根源的に繰り-返されること〔*wieder-holt werden*〕によってのみ、私たちは真理の始まりと崩壊とを、それにふさわしい仕方で取り扱うことができるのである。存在の苦境と存在の始まりの偉大さとは、たんに史学的な画定や説明や評価などの対象ではない。しかし、だからといって、この崩壊という出来事をそれの歴史的な経過においてできるだけはっきりさせることを無駄だといっているのではなく、むしろそれを勧めているのである」〔『形而上学入門』、二四二頁〕。〕

したがって、技術と科学に基づけられた歴史全体と同じく、哲学は、存在そのものに引き起こされた、存在の一解釈から派生している。それは存在がまずもってピュシス〔φύσις〕、つまり現出しおのれを開示する力〔aufgehende-entbergendes Walten〕だからであり、そののちに存在は、エイドス〔εἶδος〕とイデア〔ἰδέα〕として示される。「解釈は決して、もっぱら哲学による解釈にのみ基づいているわけではなく、またそれは、まず第一に、哲学による解釈に基づいているのでもない」（『形而上学入門』、p. 150）[1]。哲学は「存在を（それに帰属しているそれの開明性において）成就しなければならない（sich erwirken muß）ような一つの出来事〔Geschehnis〕である」（『形而上学入門』、p. 65〔一一〇頁〕）。この意味で、哲学が表現しているものは、存在の歴史であり、存在の概念の歴史ではない――。フッサールを参照。還元は世界を変形する。このことは観念の歴史ではなく、世界そのものの変化である。およそ哲学は「結果」であり「原因」である。なぜなら、私たちは、その中では主観性と世界の関係の問題が解けなくなるような「因果的」思考（唯物論的あるいはヘーゲル的弁証法）から脱したからである。この意味でおよそ哲学は真であるが、それは最後の真理に属するものではない。

（1）〔Trad. fr., p. 200.〔M・ハイデガー『形而上学入門』、二五〇頁〕〕

（四）哲学と歴史の関係――。しかし哲学と歴史のこうした関係（深い同一性、対立がないこと）、そして哲学と哲学の歴史のこれらの関係（それは哲学が肯定する点においてまったく真であり、それが否定する点でのみ間違っている）[1]をハイデガーが維持できるのは、彼が一種の絶対知を意のままにしているからにすぎない。つまり、その内部ですべての残余（哲学のすべての過去、人間の歴史のすべての過去）は真でありかつ偽であり、和解している。もはや古典的な意味での哲学でも、歴史的確定〔historische Feststellung〕という意味での歴史でもない、この「絶対知」はほんとうのところ何なのだろうか。

（1）〔M・メルロ＝ポンティ『眼と精神』におけるライプニッツへの参照を見よ。〔M・メルロ＝ポンティ「眼と精神」、『眼と精神』所収、二七五頁〕〕

「〈存在〉の規定（Bestimmtheit）の能力……は、今日なお、全体としての存在者、生成、仮象、〈思索〉、〈当為〉と私たちとのあらゆる関係を支え、支配している力（Macht）である。私たちは途上にあり、〈存在者〉によってあらゆる面から取り囲まれており、〈存在〉がどうなっているかをもはや知らない。このことをもはや知らないということさえも、私たちはもはや知らない」（『形而上学入門』、p. 154）[1]。

（1）〔Trad. cit., p. 205.〔M・ハイデガー『形而上学入門』、二五六－二五七頁〕〕

したがって、あらゆる形而上学の真理であるものの、その中の一つの真理ではない〈存在〉の経験、そして西洋と哲学のない諸文明、つまり東洋との対話〔Zwiesprache〕を可能にするような存在の経験を回復すること。「存在は根底から、それの可能的本質（seines möglichen Wesens）の広がりの全体にわたって、新しく経験されねばならない（neu erfahren werden）」（『形而上学入門』、p. 155〔二五八頁〕）。

この存在の経験は探求〔Forschung〕（つまり一つの領域の在庫目録）ではなく、それは諸科学のように「結果」へと行き着かないのであり、それは「文化」を促進するどころか、逆に「文化」を困難に、重々しいものにする。それが真であるのは「精密」（「精密」は技術の公準である）ではないという条件においてのみであり、何を問うているのか知らないような問い〔Fragen〕、いずれにせよ、「答え」を求めず、「命題」や言表〔Aussagen〕に行き着かないような問いに対して答えるのである。哲学が探しているものは、私たちのあらゆることばが「形而上学的」であるなら、根本的に不可能なのではないか。〈存在〉の忘却は「死すべき者たちにとって、真理に到達しうる唯一の可能性ではないのか」（『思惟とは何の謂いか』、p. 108）。ハイデガーは『コロノスのオイディプス』〔ソフォクレスの悲劇〕を引用している。「けっして現存在の中へと踏み入らなかったということが全体としての存在者の集約態に打ち勝つ」(『形而上学入門』、p. 135〔一二五頁〕)。現存在《ダーザイン》は非現存在〔Nichtdasein〕の可能性である。自分の本質を放棄することで(同書、p. 135〔一二五頁〕)、すなわち存在へと自ら砕け散ることで、現存在は成就される。存在への回帰、それは「名前のないものの内に現実存在すること」である。「人間は、語り出すまえに、なによりもまず、存在によって新たに語りかけられるままの状態にしていなければならない。その際には、この存在が語りかけてくる要求に対して、自分はごくわずかに、あるいはごくまれに、言うべきことをもつだけだというリスクも覚悟しなければならない」(『ヒューマニズム書簡』〔『「ヒューマニズム」について』〕、p. 40〔二九頁〕)……「哲学」はニヒリズムではないだろうか。沈黙ではないだろうか。「思索する〈言葉〉(パルメニデスのそれのような)の尺度の原器を知る者は、必然的に、書物を書こうという気持ちなどまったく失ってしまうにちがいない」(『形而上学入門』、p. 74)[1]。知は非知であるだろう――〈ニヒリズム〉。

(1)〔Trad. cit., p. 105.〔M・ハイデガー『形而上学入門』、一二四頁〕〕

しかしながら、ハイデガーは「ニヒリズム」について自分の考えを説明した。非合理主義は合理主義からの偽りの解放であり、合理主義からの「後退」である。「神は死んだ」は、形而上学と同様に、彼の哲学ではないのだ。結論としてのニヒリズムは形而上学である。ニヒリズムには、形而上学と同様に、固有の真理が備わっている(ニヒリズムは、形而上学と同様に、乗り越え不可能である)。しかしこの真理はニヒリズムではない。「ニヒリズムを乗り越えよう」とひとは言う――ハイデガーは答える、「そしてもし形而上学の言語と形而上学が――たとえそれが生きる神のものであれ死せる神のものであれ、形而上学であるかぎり――、線を越え出て、ニヒリズムを乗り越えるのを禁じる、この閉域を構成していたとしたら」(『存在の問いへ』、p. 25)[1]、と。ゆえに、形而上学的でもなければ、したがってニヒリスト的でもない〈存在〉を経験できるかどうかを知ることが問題なのである。しかし、この真のニヒリズムは、いかなる場合においても、否定的な命題において定式化されるニヒリズム、〈存在〉を存在者の名の下で〈無〉として扱うニヒリズムではない。真なるニヒリズム、それは〈存在〉がまた無でもあること、「それが現成する〔west〕かぎりではやはり、ある仕方で「ある」ところのもの」を理解する、昇華されたニヒリズムである（『形而上学入門』、p. 155）(2)――無を〈存在〉に組み込むこと（同書、〔二五七頁〕）。

（1）〔Trad. cit., p. 224-225.〔M・ハイデガー『存在の問いへ』、三七頁〕〕
（2）〔Trad. p. 206.〔M・ハイデガー『形而上学入門』、二五七頁〕〕

ハイデガーの結論は否定的なものではない。反省（＝主題化、客観化、思惟することからではなく思惟する者から来る光）ではなく、まさに思索《デンケン》の事実（〔つまり〕(1)この「飛躍」、〈存在〉のこの呼びかけ（Heißen, Geheiß）、熟慮〔Bedenklich〕、「思索の機会を提供してくれるもの」と対応するようにすること、おのれ自身を照らすこの光の事実）そのものに属する思索がある。このまったく作動状態にある思索はまた、省察〔Besinnung〕とも呼ばれる。「事柄が、それ自身からすでにとっていた道の方向を描くこと」（『講演と論文』、p. 68）(2)。なぜなら飛躍としての思索《デンケン》は「〈存在〉のトポロジー」（『存在の問いへ』）と関係づけられるからである。したがって、思索〔Denken〕は「途上〔unterwegs〕」にあるのだ。この思索《デンケン》からすれば、私たちは目的にたどり着いたときも、途上にいるときと同じく、目的にいっそう近づいているわけではない（弁証法的思考。ハイデガーが弁証法を非難するのは、矛盾〔ἀντίφασις〕であるにしても、確言〔φάσις〕であるような秩序、したがって「操作」や人為の秩序のうちにとどまっているということについてのみである）。そしてそれはたしかに、もはや構成的、「肯定的」、「客観的」（フッサール）な哲学ではないが、ボーフレ〔訳注57〕も言うように、「脱哲学〔aphilosophie〕」でもない。「ハイデガーの思索は、たとえそれがもはや哲学ではなくても、だからといって哲学外のものではない」（『講演と論文』の序文）(3)。

（1）〔メルロ＝ポンティは〈＝〉と記している。〕
（2）〔Trad. cit., p. 76.〔M・ハイデガー『技術への問い』、九九頁〕〕

（3）［M. Heidegger, *Essais et conférences*, trad. fr. A. Préau, préface, J. Beaufret, Paris, Gallimard, 1958.］

さらに、この真理の道が可能で健全かどうかだけでなく、そもそも暴露されるべきものであるかどうかを問うことができる。「今や、人がこの種の道に従うことがなく、その道を絶望や皮相ととるか、その道を狂気ととるかという可能性はいつも残されている――そして実際そのとおりなのだが。そこで、この道を外から垣間見ることは放棄されねばならないだろう。もしかしたら、いかなる場合もその道を公開的に見えうるようにする（ihn öffentlich sichtbar zu machen）[1]ということは示されていないのかもしれない。この指示において、私たちは思索の道についての一般的な私たちの注意を終わる」（『思惟とは何の謂いか』、p. 165〔二二九頁〕）。

（1）［Trad. cit., p. 248.〔M・ハイデガー『思惟とは何の謂いか』、二二九頁〕］

しかしこの道は、おそらくたんに古い〔alt sein〕のである。「古参老達の人であるとは〔古いということは〕、一つの思索の道を導く唯一の思いが齋齋と振れ動き、その思いを支える内的条理となったところで、然るべきときには、しかと踏みとどまって動じないことなのである」[1]（『思惟の経験より』、一九四七年――五八歳〔の時〕[2]）。

（1）［M. Heidegger, *Aus der Erfahrung des Denkens* (1947), Pfullingen, G.Neske, 1954, p. 19, *L'expérience de la pensée*, trad. fr. A. Préau, Paris, Gallimard, 1966, *Questions III*.〔M・ハイデガー『思惟の経験より』、『ハイデッガー選集6』辻村公一訳、理想社、一九六〇年、一九頁〕］
（2）［Trad. cit., p. 33.〔M・ハイデガー『思惟の経験より』、一九頁〕］

この思想の本質的な居心地の悪さ（年代のせいにされるような居心地の悪さではない）に関して言えば、ハイデガーの表現のうちにはいつも、居心地の悪さがあった。（一）彼の寄与は「哲学的」なものであり、そして彼は「哲学」以上のものを表現しなくてはならない。（二）彼の言語はゆっくりとしか道をたどらず、まれにしか、言うこと〔Sage〕にたどり着かない（『哲学とは何か』参照）。（三）（一）と同じ。彼はよそで〔別の著作では〕存在が直接には表現できないことを示していながら、それを探求している。間接的な表現を試みないといけないのだろう。すなわち生命、科学等の目配せ〔Winke〕を通じて、〈存在〉を見えるようにしなくてはいけないはずだ。こうして哲学は、『ヒューマニズム書簡』〔『「ヒューマニズム」について』〕（オービエ版、p. 108〔八九頁〕）が語る「正統な沈黙〔das rechte Schweigen〕」として可能となるだろう。たとえば彼が語るには、「石の存在、あるいは植物や動物の存在としての生命」（p. 58〔『「ヒューマニズムについて」』、四五頁。ドイツ語による引用〕）についてもすでに、「思索する」ことができるのである。

生物を思索する〔Denken〕ことは、私たちと動物の関係の準存在論的問題［である］。生物は私たちにより近い親戚であるが、深淵によって私たちから引き離されている。「動物とのほとんど測り知れないくらいの底知れぬ身体的な親近性」（p. 60）[1]。

（1）［Trad. cit., p. 61.〔M・ハイデガー『「ヒューマニズム」について』、四五－四六頁。ドイツ語による引用〕］

たとえどれほど大きくとも、神と人間の隔たりよりも、私たちにとって奇妙な親近性——遠くからの近さ——生物とその環境〔Umgebung〕。これは世界〔Welt〕ではなく、〈存在〉ではない。有機体の表出〔Äußerung〕でもなければ生命の表現〔Äußerung〕でもなく、まして記号や意味〔Bedeutung〕でもなく、存在の出現であるような言語……（〔p.〕60〔『「ヒューマニズム」について』、四六頁〕）（フッサールを参照。相互内属〔Ineinander〕と感情移入〔Einfühlung〕）。これこそ私たちが提案するものであり、自然についての講義の哲学的な意味である。

［補　足］

［d］精神分析（1）

文化的事実としての精神分析の二重の意味。

（一）解体、偶然、心理主義、意味しないもの、あるいはわずかしか意味しないものに連れ戻された意味するもの《シニフィアン》、真理の解体。（二）より深い再統合、禁圧ではないような新しい堅固さ。

精神分析は、それが性的なものによる、あるいは反対に、自我による実証主義的な説明として理解される場合には、（一）である。

精神分析は、すべての支えとなっている「性的なもの」が性器的なものではない——すべてが性的なものに支えられているのは、人間の欲望が自動的な機能などとはまったく別のものであるからである——と理解されるな

20bis

（1）［このテクストは、一九五八－一九五九年講義の第一部を第二部に結びつけることを可能にする。メルロ＝ポンティは、彼の意図から隔たっていたこの展開部分——講義草稿 **p. 20bis** から **p. 25**〔本書一八〇－一八九頁〕——を一九五九－一九六〇年講義「自然とロゴス」の最後に置いた。したがって私たちは、この展開部分を講義に含めなかった。］

ら、(二) である。性的なものが自動化されてしまうのは、まさしく病的な場合である。そして自我は性とは別のものではないし、性を「乗り越え」たりはしないのである。

（a）エス、無意識、自我

事物としての、第二の意識としての無意識。意識の反撃としての、自我と防衛機制の精神分析。これら二つのテーゼは、すなわち因果的思考とその抑圧――〔これらは〕解体の二つの形態である。

偉大な真理についての表面的な考え方、その実証主義的歪曲。〔それに対し〕非知覚であるような知覚、慣習的ではない（それゆえに隠された十全な思考ではない）思考としてのエスがある。エスを忌避し、取り巻きながら（とはいえ無意識の意識ではないような）諸態度のシステムとしての、自我、知覚‐意識の装置が存在する。本能の内部での検閲[1]と、逃れ去る本能は、本能自身の検閲である。因果的あるいは外部的で総和的な諸構想と弁証法的な構想。

（1）自分の名前をもたない非慣習的な思考として、本能はおのれに無知なのである。

弁証法的な構想は、性的な地盤に支えられた私たちの全生活であるが、しかしそれは（一）性的な完全性の神話である。「純粋に」性的なものは存在しない。「それ自身にまかされる」と、性的なものは矛盾してゆく。(二) 天蓋のような上部構造の実効性が存在する――そして上部構造のいくつかの価値でさえ、下部構造の裂け目に結びつけられる。

（b）自我と他者

汎性欲主義。反駁、つまり、自我が強調されるのと相関的に、自我に対する自我の闘い、欲求不満‐攻撃の対抗、性的関係に付け加えられる攻撃的関係が強調される[1]。

（1）自我と可視的な自我の経験的な関係は、出来事的である。

もっと深い考え方。性プラス攻撃も、自我プラス自我もない。攻撃は性のうちにルーツをもち、他の自我は自我のうちにルーツをもつ——攻撃はエスの考古学によって説明されるのであって[1]、自我の目に見える諸関係によって説明されない。そして他者との関係である以前の攻撃は、自我自身との関係である。サド－マゾヒズムは相互的〔füreinander〕である（これは投影や投入という言葉でまずく表現されている）。このことは、自我や意識といった用語、つまり決意と経験的な行為の生地では考えることができない——記念碑的な地盤が必要であり、これこそ、フロイトがリビドーについて語りながら述べようとしていることである。

（1）他者との関係の母胎として。

したがって、全面的な鋳直しに先立たれないような、社会的調整などはない。

（c）統合。（d）治療——**p. 23**〔本書一八五頁〕を参照。

真の（そのうえ理解する）定式は、すべてが性的である、ではない。性的でないものは何もない、何ものも非性化されないのであり、性器的なものの乗り越えは区別や絶対的な切断ではない——性の存在論的性格。つまり性は存在と私たちの関係への重要な貢献である（つまり私たち自身と世界や他者との関係）。

もし精神分析が、人間を記述したり、諸審級を記述したりする際に、客観主義的で技術的な存在論を用いるなら、純粋思考へと向かう——それとは反対に、もし精神分析が、人間において開示されるとおりの存在との関係によって導かれるならば、精神分析は存在を破壊するのではなく、獲得するのである（そして精神分析は一つの哲学を粗描する）——（フロイトの場合——因果的思考から弁証法的思考へ）。

次の点（審級）について上記の二つの観点を対立させてみよう。（a）自我と無意識。（b）他者と攻撃性。（c）乗り越えと昇華。（d）治癒。

（a）諸「審級」。無意識と「知覚‐意識の装置」あるいは自我

世紀の始まりを支配していた意識の哲学——意味や目的について熟慮された定立ではないものはすべて、必然的に無‐意識として現れる——第一人称ではないあらゆるものは第三人称として現れる——つまり他の第一人称として、意識の背後の意識、「それ」（エス）として。

難点。両者の関係。——心的実存＝意識としての実存↓無意識＝引き受けたくないもの↓抑圧あるいは能動的な禁圧↓無意識が、「防衛機制」の設置から帰結することになる↓自我が強調される。精神分析の中心が、自我の方へとずらされる。

これが解決なのか——その場しのぎの解決である。「無意識」の不十分さは修正されるのではなく、自我の強調によって覆い隠されてしまっている——反定立への移行——すべてを取り上げ直さなくてはいけないだろう。

無意識を、覆い隠すべき最初の意識、すなわち忘却された適合（慣習的な思考と思考する主体の優位という要請）としてではなく、諸記号の弱々しく分節化したシステム、「近似的な」等価性に従うような、間接的な、あるいは厳密さのない、あるいは、自己のそばで、自己に対して思考する意識として立てること。意識は、それが精神的な適合ではなく、意味する主体《シニフィアン》、あるいは語る主体である場合に、「無意識」でありうるのである。

さらに、自我とその「防衛機制」もそのような用語で理解されるべきである。自我と防衛機制による抑圧されたものの回避は、無意識の知ではなく、間接的な意識でもあり、避けられるべきものは否定される（〈否定され

るということは〕それを知っていたことを意味するはずだ〕のではなく、迂回されているのだ。定立的で公的で認識された領域としての自我、そしてエスは、自己性の諸審級である。

このような修正によって、私たちはもはや、エスの因果性や、自我の因果性をもつことはないだろう。対面的ではない関係が存在することだろう。下部構造の上部構造に対する関係、つまり性的なもの＝生を支える〈地盤〉(Sol)。(一) 生の完成があるためには、性の完成があることは必要ではない。必要とされているのは、破壊的な葛藤がないことである。(二) 下部構造にすべての効力を与えてはならない。天蓋のようなものとしての、上部構造の効力がある(「防衛機制」と機制が実現する均衡。ただこの均衡は、病的なもの＝不安、状況からの逃避、全面的な窮状などではないのでなくてはならない)。(三) 下部構造における裂け目が上部構造の価値によって翻訳されることはありうる――「善」と「悪」は混ざり合っている。つまり、諸審級は諸審級でしかない＝それを前にして……、一つの生としての生が出現する。

(b) 自我と他者

純粋意識、絶対的自発性としての〈自我〉の概念においては、他者は外部である――諸意識の闘争、あるいは競合――欲求不満－攻撃――エスあるいは自我との関係とは数的に別のものである、この関係を明らかにすること――「性的なもの－攻撃的なもの」。

上に述べたように、自我と防衛機制の導入に関しては、これは悪しき修正であり、外的なものである。この種の着想における解決は妥協でしかありえない。適応－適応を獲得するための人間たちの操作、つまり抽象的な類型の中への統合による統一。

より深い着想においては、他者との関係と自我との関係は絡み合っており、同時的なものである。――攻撃は客観的な欲求不満に対する応答ではない(したがって治療薬となるものは客観的な満足感ではない)。攻撃はまたマゾヒズムでもある。私が他者の中に追い求めるのは自我であり、私が自我の中に追い求めるのは他者である。フロイト。サド－マゾヒズム。私はけっして単純なものではない。他者は自我のうちにあり、私は他者のために私を破壊する、そこには交換がある。対自存在プラス対他存在ではなく、相互存在〔Füreinander〕、つまりサド－マゾヒズムである。私が「対自」的に存在しているものは、「他者に対して」もそうである。他者が「対自」的に存在しているものは、他者はまた「私に対して」もそうである。――このことは、「意識」にとっては考えることは不可能である。意識は絶対的他者によって無化されていると感じることができるだけであり、絶対的に有罪であり、絶対的に正当化できず、責任があり、罰せられているとせいぜい感じるだけである。しかし、もし私が一つの実存であるなら、つまりいつも惰性に、自我とは別のものに結びつけられているなら、この生殖性は私を赦免し、私は意識を否定することで、意識ではないことを知っているのである。

（c）統　合

一人称－三人称の哲学にとどまるかぎり、抑圧、検閲、コンプレックスなどは、生の不純さと考えられる。外部と内部は侵入なしに相関している。「コンプレックスなき」全体的人間という夢想――ナルシス的な内属のない、純粋に対象的なものへの接近という夢想。独占欲から献身的な愛への移行[1]――善と悪とは並立している――矛盾の全面的止揚による、精神分析的智慧――昇華（と転移）というエネルギー論的比喩。症状から取り去られた、同じエネルギーが、生命の彼方の、超自我の目的に移し替えられてしまう。

（1）問題は自我から外的な適応へと移行することではなく、夢幻的－ナルシス的他者を、現実存在する他者と結びつけることである（現実原則）。

自我－エスの具体的で繊細な関係について考えてみたとき、検閲は外的なものではないし、抑圧は他のものとの闘いではなく、確証という直接性への回帰は存在しない（性について語るアメリカ人たちの偽りの自由。反－羞恥心であるような羞恥心のなさによる解放など存在しない）、コンプレックスのない人間など存在しないし、独占欲の除去も存在しないし、純粋に対象的なものも存在しないし、残余のない転移というものも存在しない。いくつかの昇華の、病的で、儀礼的な性格。形成するものとしてのコンプレックスすなわちエディプス。男は、エディプスによって男という彼の役割を学ぶのであり、彼はエディプスによって愛の中に加入するのであり、他の道などない。止揚は保存でもあって、静寂主義ではない。「超自我の優しさ」とユーモア。昇華のエネルギー的比喩などなく、あるのは建築術的比喩である。たとえば、無意識は「壊すことのできないもの」である。

（d）治癒――精神分析

自我－エス－他者を外的なものと見なす考え方において、自我と他者への適応とを過剰に強調することによって、（二）歴史とその重みが過小評価される。技法上の介入主義。短絡的な考えによって医療上の手がかり《キー》を手に入れるため、医療技法が求められる（あたかも問題は自己と自己のあいだのコミュニケーションを再建することではなかったかのようであり、あたかも重要なのは手がかりを見つけ、それを病人の「解釈」という形式のもとで与えることであったかのようである）[1]、――あるいは、結局のところ、やはり技法上の行為という性格をもった分析医の介入。質問、議論、忠告、従属関係（あるいはそうでなければ、失敗）。転移は、分析医による条件づけ操作となる。なされねばならないこと、それは分析医が信頼されることであり、過去がより強い現在によって打ち消されることである。技法論は非合理主義に行き着いてしまう[2]。治療は暗示になってしまう。もちろん、本当に病的な場合には効果はない。しかし、臨床において、精神分析は万人にあてはめられるので、決定的な経験はもはや存在しないのである。制度としての精神分析は、それが（見かけの上では）「治す」ことのできる患者を準備しているのである。しかし、患者たちは治るのではない、なぜなら彼らは病人ではないからである。彼らは、この歴史的な場の健常者たちなのである。不道徳と真面目さの交替。顕在的な［?］の秩序での転移、つまり日常的な現実と彼方への移行……。

（1）［欄外に］誤謬——分析が知識であると信じてしまうこと。誤謬——分析が影響であると信じてしまうこと。
（2）あるいは諸々の考え方を与える。

反対に、フロイトの精神の中には、制度ではなく、治療法としての精神分析〔がある〕。観察可能なものにとどまるのだ。精神分析はその真理の客観的証明を提供するわけではない。真理は転移の関係によって支えられ、その唯一の明晰さや説明力によって認められると主張することはできない。人間へのあらゆる行為は、見たり考えたりする誰かへの行為であって、その成功は部分的には、その誰かが考えていることに負うことがある。それにもかかわらず、たんなるシャーマニズムではないというためにとられる最高度の予防策こそが、不介入、ゆるやかな精神分析、無‐操作である。私たちは自我とその移り変わる感情ではなく、閉じ込められているものを解放し、すなわち、それを主体の生活全体の中に統合し直すことを目指す。私たちの「考古学」の領域をめざすのである——分析医は手がかりなどもたない。手がかりは各々の事例に対して作られるべきである。分析医は、知らない者の目の前にいる、知っている者ではない。分析医は戯れ（反‐転移）の中にいるのだ。彼は他者を認識するために自らを認識しつづけなくてはならない。ソクラテス的対話術（ほとんど沈黙しているソクラテス）[1]＝この対話術の中での真理の出現。転移は、プラトン的愛のように、真理への上昇の条件であって、原因ではない。精神分析は操作技法ではなく、文化である。[2]この「兆候」の重要性、精神分析。精神分析は「危機」から生まれた（それについてフロイトはすでにある居心地の悪さを語っている）。したがって、精神分析は、自分がそこに由来する客観主義的で技術者的な精神を強調するか[3]（神経症は、客観的認識のもとに置かれ、科学の対象となる）、あるいはその限界を認める精神であり、自我の決意や意識体験〔Erlebnisse〕から作られたのではないような、

私たちの考古学を再発見するのかに応じて、それはおそらく文化を深め豊かにするか、危機を悪化させることになる。神話的時間＝時間以前の時間、あるいは事物以前の、そしていつも現在である時間。〔この時間は〕、啓蒙〔Aufklärung〕により、「主観性」の中へ閉じ込められた。問題なのはふたたび野生に戻ることではない。精神分析は、運命ではなく、血統を選択に甦らせはしない。しかし選択は瞬間の空虚における決意ではない＝病気の、あるいは治癒の選択。いつもやり直されるのであり、その日付を定めることはできない。——サルトル本人によると、知的な性格の選択＝カント的神話である↓人は変わらない、実存的永遠性。「意識」の次元とは別の次元。他人との関係、神話的－夢幻的な他人、主観－客観、蚕食〔empiètement〕。——主体の側には、無関心がある。人は望むことを行い、その前客観的で神話的な源泉を認識しているので、後悔することがない。精神分析。科学的かつ技術的存在論の最終的な征服か、存在との別の接触における治療の再発見か。対自存在ではなく、対象的存在でもなく、人間的な欲望という矛盾した存在との。アメリカ的世界（そしてヨーロッパ的世界でさえも）における「父性」の崩壊。アメリカ的世界では、エディプスはもはや、ヨーロッパの創造を条件づけてきたと思われるエディプス的関係の活力を形成したり、ふたたび見出したりすることはできない（近親相姦は、禁止されたというよりもむしろ、回避され、〈自然〉は文化との緊張関係にあり、文化によって同化されるのではない）——意識と対象の文明の偉大さを生みだした、前客観的なものをふたたび見出すこと。(4)

（1）認識を生みだす影響と、影響を生みだす認識——真理の愛へと変容させられた、ソクラテスの愛。
（2）〔二つの草稿がメルロ＝ポンティによって挿入されている。それらは、メルロ＝ポンティによって連続して番号をつけられたこれらの紙片と、筆記に関して同じ連続をなしていない。私たちは、それらをp. 388〔本書四七二頁〕に補遺として掲載した。〕
（3）その場合には、悪と同じ種類の薬である。
（4）講義草稿 **p. 25bis** を参照。

精神分析。神話的時間——「主観性」の中へ閉じ込められたのか。事実は、血統のつながりが、選択のつながりに連れ戻されたということである。

それにもかかわらず、精神分析的「選択」（神経症の選択、治癒の選択）は、めまいを起こしながらの決断とは別のものである。

25bis

選択は動機づけられている、つまり、それ自身に先行している。サルトル、知的な性格をもつ選択。自己への適合におけ・る・自由を表現する神話——選択はとり上げ直される。したがって体験〔Erlebnisse〕と生活がばらばらになった映画ではなく、〈自我〉のエゴ性〔Egoïté〕よりもさらに深い利己性。リビドーのエゴ性〔Egoïté〕であり、すべて（超自我、他者、自我自身の否定、等）がそこにある。

精神分析——フロイト。自我や検閲などの地盤の解体、等。しかし、それは倒錯でも「適応」でもない。再度見出すべきものは、失われた統一の秘密、間主観性の骨組、あるいはむしろ共存の骨組であり、消失した確かさ（社会的生活‐世間的生活）の秘密、スタイルの秘密である。

II　この非‐哲学を前にした哲学

ますます「意識される」これらの兆候。主観と客観の概念の、それらの発展そのものによる危機——ニヒリズムへ向かうか、あるいは主観存在と客観存在とは別の存在に基づいた新しい哲学へ向かうか。

哲学者たちは、これらの経験によって動機づけられ、問題の成熟によって問題史的に〔problemgeschichtlich〕動機づけられている（解決しても無駄である）。もし哲学がいつも反映であるなら、二つの動機は同じ点に行き着く。私たちの時代の反映、私たちの哲学は、私たちの時代が先行する時代から演繹されるように、先行者たちから演繹される。反映論においてさえ、問題史的な〔problemgeschichtlich〕道は閉じられていないのだ）——哲学者たちはどのように反応するだろうか。彼らは危機をどのように理解するだろうか。そして彼らはどのような解決を提案するのだろうか。

フッサール。ファシズム——それは彼とニヒリズムの最初の出会いである——『ヨーロッパ諸学の危機』。ハイデガー。彼の経歴は、公的なニヒリズムの発展と一致している。サルトル。すでに、一九一四年の戦争〔第一次世界大戦〕とともに始まっていたニヒリズムの時代の子どもであった。

手短にフッサールとハイデガーを検討してみよう――彼らによれば、哲学の未来にとっての危機は何を意味するのかを検証してみよう。

（一）フッサールと哲学の新しい創始という発想[1]

（1）［タイトルはこの紙片の上に記入されている。］

一九六〇―一九六一年講義

デカルト的存在論と今日の存在論(1)

(1) [国立図書館分類番号、メルロ＝ポンティ、箱番号五、第一巻。]

［講義の計画］

〔今日の私たちの問い(1)〕

(1)〔テクストの第一部は、メルロ＝ポンティによって**1**から**42**までの番号が付けられている――以下、下欄外に記す。第二部（デカルト）の執筆状態は、それより完成度が低く、頁付けも連続的ではない。〕

195　デカルト的存在論と今日の存在論

この講義は哲学史ではない。過去それ自体に対する過去ではないのだ。そうではなく、私たちが何を思考しているかを理解するために呼び起こされる過去である。現在という、理解されるべき地平における過去なのだ。この講義の目的は現代の存在論、今日の哲学〔である〕。

なぜこのような回り道をするのか。それは、私たちは自分が何を思考しているか知らないからだ。どのような点において、私たちがデカルト主義者ではないかを語るほうが簡単である。

私たちは自分が何を思考しているか知らない。百年前から、必ずしも明白には「哲学」ではないような根本的な思考(1)がある。芸術のあらゆる探求、「地下室の人間」(2)の探求があった。ドストエフスキーやニーチェのことだ。こうした探求と比べると、とくにフランスにおいて公式の哲学は遅れている(3)（ベルクソン、ブランシュヴィック〔訳注1〕、そしてアランやブロンデル〔訳注2〕さえそうだ）。ラッセルはさらにそうだ。クローチェはそれほどでもない。ドイツに

1

はショーペンハウアーがいる。

（1）　この根本的な思考は、哲学を拒否し、非‐哲学であろうとしさえするが、哲学外のものではない。〔メルロ＝ポンティは、ハイデガーについてのボーフレの序文に言及している。〕

（2）　[A. Gide, *Dostoïevsky*, Paris, Plon, 1923.〔アンドレ・ジイド『ドストエフスキー』、『ジイド全集14　ドストエフスキー（作家論）』所収、寺田透監訳、新潮社、一九五一年〕]

（3）　〔メルロ＝ポンティの編纂によって出版された『著名な哲学者たち』（M. Merleau-Ponty, *Les philosophes célèbres*, Paris, édition d'Art, Lucien Mazenod, 1956）のとりわけ「実存と弁証法」（p. 288）の章（M. Merleau-Ponty, *Signes*, Paris, Gallimard, 1960, p. 194.〔『メルロ＝ポンティ哲学者事典』加賀野井秀一・伊藤泰男・本郷均・加國尚志監訳、第三巻、白水社、二〇一七年、一五七頁以下。『シーニュ1』、滝浦静雄訳、みすず書房、一九六九年、二五七頁以下に再録〕）。およびベルクソンについての論文としてはp. 292〔『事典』三巻、一七六頁〕、ブランシュヴィックについてはp. 418〔三巻、一七三頁〕、アランについてはp. 308〔三巻、三八二頁〕、ブロンデルについてはp. 300〔三巻、一九八頁〕、クローチェについてはp. 304〔三巻、二一四頁〕、ショーペンハウアーについてはp. 394〔二巻、三〇四頁〕を参照。〕

「（……）苦悩を負わせる者と、それを忍ぶ者との区別はただ一個の現象にすぎず、物自体にまで、この両者のうちに生きている意志にまで及ぶものではない。この意志は、その命令に従う知性に惑わされて、おのれ自身を誤認する。そして自らの現象の一方のうちに安楽の増大を求めつつ、他の現象のうちに苦痛の過剰を生み出す。それ自身の激烈さに引きずられて、この意志は自らの歯で自らの肉を破る。だがその際に、このようにしてつねにこの意志はこの意志自身を傷つけるのだということを自ら知らず、かくして個体化という仲介を経て、この意志のただなかに隠されているおのれ自身との闘いを自ら顕現していく。迫害する者と迫害されるものとが同一なのである。一方はおのれにもおのれの苦悩の分け前があると信じないことによって過ちを犯し、他はおのれも有罪性の幾分かを分け持っていると信じないことによって過ちを犯す。もし彼らの蒙が啓かれるに至るならば、悪人はおのれ自身この広大な世界のうちに、苦悩するすべての創造物の奥底で生きていることを認めるであろう。しかもこの苦悩するすべての創造物は、これに理性が付与されるとき、自分が生きるべき運命を負わされ、またわが身にふさわしい報いとは認めかねるような苦悩を忍ぶべき運命を負わされているのは、いかなる目的によるのかと自ら問うのである。また不幸な者のほうも、地上で犯されつつあるかまたはかつて犯されたことのあるすべての罪悪は、彼自身の本質を形づくりもし、また彼をもおのれの一現象とするような意志から派生することを、さらにこの現象と、この現象の肯定によって、彼はそこから流れ出るすべての苦悩をすでに引き受けていること、またさらに、彼は、この意志でありつづけるあいだは、このような苦悩を十分公正に担い通さなければならないということを理解するであろう」（ジッド『ドストエフスキー』、p. 218-219よりの引用）[1]。迫害者と被迫害者は同一［である］（ボードレール〔訳注3〕）——一方は、「他方の奥底」で生きている。一つの根本的な意志があって、それが——表象や知性や外的な見かけに惑わされて——分裂する。個体化とはこのような引きつり、すなわち普遍的かつ個別的な意志の内的な裂け目である。

（1）［A. Gide, *op. cit.*〔A・ジイド『ドストエフスキー』、一四一－一四二頁。文体や表記を改めた〕。『白痴』（Dostoevsky, *L'idiot*, II, p. 185）への言及。ジッドの本についてのメルロ＝ポンティの読書ノートによる。〔引用そのものはショーペンハウアーの『意志と表象としての世界』第一巻の仏訳からのものである〕］

ショーペンハウアーは周縁的な哲学者である。しかし究極的には「地下室の人間」の探求と響き合う。またショーペンハウアーは、フロイトの言う投影と取り込み、サド・マゾヒズム、死の欲動を先取りしている。またショーペンハウアーは、サルトルの間主観性をも先取りしている。つまり表象としての世界は、対他的で［ある］ということである。意志としての世界は、それ自体に対して首尾一貫しており、共同責任をもち、すべてを引き受け、外的なものが存在するように自らを犠牲にするもの［である］……。たしかに［それは］意志の神話ではあるが、表象の手前における探求であり、他人との内的な結合なのだ。

ドイツのアカデミックな哲学者たちはショーペンハウアーを無視しているが、天才的なことにフッサールは彼

2

を再発見する。すなわち性の問題、〔同じ〔dasselbe〕〕充実〔Erfüllung〕をもつような二つの志向性という考え方のことである。また、可視性〔Sichtigkeit〕の解明、見える世界の唯一性の解明というプログラムもある。ハイデガーは『ニーチェ』（近刊）[1]を掘り下げるが、当初は「地下室の人間」にはとうてい及ばない。

（1）〔M. Heidegger, *Nietzsche*, Pfullingen, G. Neske, 1961（trad. fr. 1971）.〔M・ハイデガー『ニーチェ』全二巻、細谷貞雄監訳、平凡社ライブラリー、一九九七年〕〕

いずれにせよ今日のフランス哲学において、私たちは自分が何を思考しているか知らない。悲劇の哲学のある部分は、そっくりカミュやサルトルに入り込んでいる。だがそれは「文学的な」新奇さとして現れている。精神分析、人類学、さらには物理学の探求をめぐる哲学もある。しかしながら、純粋な哲学は危機に陥っていると言われる（ルヴェル）[1]。純粋な哲学は、哲学史として、もっぱら過去に生きているのだ。

（1）〔J. F. Revel, *Pourquoi des philosophes?*, Paris, Julliard, 1957. 一九五九年の講義「今日の哲学」、**p. 1**〔本書三三－三四頁〕を参照。〕

〔マルシャル・〕ゲルーは、諸理由の順序そのものを辿らずに、つまりデカルト自身の問題や、彼自身の問題に直面したときのデカルトの議論を探求しないでデカルトを読む者を、厳しく批判している〔訳注4〕。たしかにゲルーは、この客観性がデカルトに対してのみ要求されていることを認めている。デカルト以外の人にとっては、「構造」は「諸理由」とは別物である。「この諸構造の共通の特徴は、選ばれた道程が合理的なものであろうと、非合理的なものであろうと、いずれにせよ論証的なものであるということである。それはつねに妥当性の付与である。この論証が、論理的な方法を建築術的な方法へと結びつける。哲学作品における［建築術的なもの］は、学説の教えの真理に関する、承認の判断へと主体の判断を導いたり、強制したりするのである（『デカルト』第一巻、p. 11）[1]。

（1）［M. Gueroult, *Descartes selon l'ordre des raisons*, I : «L'âme et Dieu», Paris, Aubier, 1953.］

たとえばマルブランシュではどうか。「（……）マルブランシュは要素への分解、分離、再構成という手続きを取らない。彼は自分の魂を支える広大な存在を見て取る。この広大な存在の表面の各所に、魂は思考の能力を集約するのだ。（……）この体系は一つの道程によって発見されるのではなく、複数の道程、さらには無数の道程によって発見される。その道程の一つ一つに、無限存在の表面へ私たちの注意が集約されうる点があるのだ（『マルブランシュ』第一巻、[1] p. 23）。

（1）［M. Gueroult, *Malebranche*, I : «La vision en Dieu», Paris, Aubier-Montaigne, 1955.］

「（……）分析によって、明晰判明な観念のファサードが打ち崩され、まるごと与えられたりまるごと拒否されたりする広大な直観が発見される。この直観は、およそ論証されうるものではなく、あらゆる証明に先立ち、それ自体では無力な推論を許容する。それは証明のためというよりは、見ること《ヴィジョン》を与えるような推論なのである（『マルブランシュ』、第一巻、[1] p. 25–26）。

（1）［*Ibid.*］

とはいえ、デカルトその人もまた、諸理由の順序で理解されるだろうか。ゲルーが示しているのは、諸理由の順序にも欠落があるということである（たとえば個人的な魂の哲学がないとゲルーは言う）。諸理由の順序は、この欠落を許容することでもある。それは暗黙の許容であり、仮面であり、こうした欠落から逃れるような存在の光景であり、直観であるというわけだ……。このような欠落があってよかったと言えよう。かくして哲学史に哲学的なものが残るのだから。

ただしゲルーにとってこのようなことが哲学の失墜であることは変わりがない。あいかわらずデカルトがモデルなのだ。つまり独断的でない合理主義のモデルであり、それは感覚《サンティマン》の次元を認めはするが、それを秤量しもする合理主義のモデルであり、――つまり他の真理を認めはするが、悟性的なものが虚偽であることは認めないような合理主義のモデルなのである。

哲学は依然として根本的な探求からは離れている。根本的な探求は多くの哲学を担っているが、それは混乱した状態においてである。

したがって本講義の目的は、芸術において〔訳注5〕暗黙のうちにとどまっている私たちの存在論を哲学的に表明しようとすること、しかもそれをデカルト的な存在論（デカルトとその後継者）との対比において追求すること［である］。

以下の順序〈で講義を行う。まず〉根本的思考の見本（芸術、文学）に対する私たちの問いとの接触〈から始める。次に〉この問いをデカルト的思考（デカルトとその後継者たち）と対比する。そこで根本的な思考は現れるのか、隠蔽されているのか、まったく存在しないのか、そしてそれは何故なのかを検討するためである。〈最後に〉デカルト的思考から現在に回帰し、私たちの存在論、今日の哲学の定式化を試みる。

一　芸術における根本的思考

〔A　視覚と現代絵画〕

「あなたに伝えようとしていることはもっと神秘的で、存在の根源や、触れ得ない感覚の源にからまっているものなのです」（J・ガスケ『セザンヌ』〔訳注6〕）。感覚を通してしか与えられないが、その彼方にあるような何ものか、根源に、源にあって、隠され＝開示されているような何ものか。

〈空間〉について。「私としては、セザンヌは一生涯奥行を追求したのだと思う」（ジャコメッティ。シャルボニエ『画家の独白I』[1]、p. 176）。ロベール・ドローネー『キュビスムから抽象芸術へ』（P・フランカステル〔編〕、一九五七年）「奥行は新たな霊感である[2]」。

（1）［G. Charbonnier, *Le monologue du peintre*, Julliard, Paris, 1959, entretien avec Giacometti.　次を参照。M. Merleau-Ponty, *L'Œil et l'esprit*, p. 24.〔M・メルロ＝ポンティ『眼と精神』、二六二頁〕］

（2）［R. Delaunay, *Du cubisme à l'art abstrait*, Cahiers inédits de R. Delaunay, Paris, SEVPEN, 1957. *Documents inédits*, publiés par P. Francastel (Bibliothèque générale de l'Ecole pratique des hautes études).］

（「一生に一度」ではなく）「一生涯」続くような、この奥行の「探求」とは何なのであろうか〔訳注7〕。それは俯瞰され、解明され、現前へと変化させられた奥行ではないし、遠近法的な素描によって前提とされる奥行、つまりある部分のたんなる不在としての奥行でもない。

それはオーヴァーラップ〔overlapping〕[1]である。潜在性《ラタンス》ではあるが、実際に確認されるようなもう一つの顕在性《アクチュアリテ》という意味での可能性《ポシビリテ》ではなく、私たちにとって顕在的なものと調和しているような、もう一つの顕在的なものでもなく、プレグナンツとしての可能性であるような潜在性のことである。つまり、接近可能な顕在性の中に、接近不可能な顕在的なものが包み込まれていることだ。接近不可能な顕在性は、接近可能な顕在性の中にすでに存在している。光景《スペクタクル》はあらゆる視覚の外でそこにあり、光景こそが見られること〔光〕を準備するのだ。隠された事物が顕在的であるのは、〔視覚世界を〕汲み尽くすことができないからである。見えている事物が隠された事物を隠すのは、隠された事物が見えている事物と同じくらい顕在的であるからであり、背後にありながらそこにあるからである。奥行は投影と俯瞰の「あいだ」にあり、両者を調整したものではない。

（1）〔「重なり合い」(empiétement)。R. Arunheim, *Art and visual Perception, a Psychology of the Creative Eye*, London, Faber and Faber, 1956.〔R・アルンハイム『美術と視覚——美と創造の心理学』波多野完治・関計夫訳、美術出版社、一九六三年〕とくにp. 16, 25, 82-83〔五一、一三六－一三八頁〕を参照。〕

ハイデガーの『同一性と差異性（I）[1]』への注釈として、これ以上にふさわしいものはない。

（1）〔M. Heidegger, *Identität und Differenz*, Pfullingen, G. Neske, 1957, *Identité et différence*, dans *Question I*, Paris, Gallimard (trad. A. Préau), Tel, p. 258.〔M・ハイデッガー『同一性と差異性』大江精志郎訳、『ハイデッガー選集10』、理想社、一九六一年、六頁〕メルロ＝ポンティは『同一性と差異性』について多くの読書ノートを付けている。〕

ハイデガーは〔プラトンの〕『ソピステス』における同一性についての表現を思い起こさせている。それは、静止と変化は互いに別のもの、おのおののものそれ自らはそれ自らに同一である〔αὐτὸ δ᾽ ἑαυτῷ ταὐτόν〕という表現である。これは媒介された同一性、ふたたび閉じられる裂け目である。それ自体との統一〈Einheit mit ihm selbst〉(p. 16)[1]。同一性とは、即自的な〈存在〉の二次的で惰性的な属性ではなく、私たちを問いただすものである。事物はこの同一性を私たちに語る。こうして事物はおのれの存在において現れること〈in seinem Sein zu erscheinen〉[2]ができるのだ。おのおの「同一な」場は、奥行においては肯定的な「どこ〈という場所〉」ではなく、他性の裏側あるいはその反対物であり、他の他である。そしてだからこそ〈存在〉(「どこ」としての此処)と〈思考すること〉(この「どこ」の視点からは存在しないような此処)が同じものに帰属する。だからこそ、光景をそれ自体で思考しようとする私たちの努力は、それを見えるものとしてしか呼び起こすことができない(バークリー)。ただしこのことは、事物が観念であるということではなく、観念が事物であるということである。というよりはむしろ、こうした二つの概念を振り払い、事物を優越した〈見えるもの〉と見なさなければならない(ベルクソン)。経験的な視覚は、この優越した〈見えるもの〉の欠如態にすぎない)。

(1)［Trad. *cit.*, p. 260.〔M・ハイデッガー『同一性と差異性』、九頁〕］
(2)［M. Heidegger, *Identität und Differenz*, S. 17, trad. cit., p. 260.〔M・ハイデッガー『同一性と差異性』、一〇頁〕］

以上が奥行[1]についてであるが、実のところそのほかの「次元」でも同様である。形式、面、体系、高さや幅などが結晶化するのは、そのほかのものを隠しながらである。それらは奥行の変異体《ヴァリアント》であり、反対に奥行のほうもそれらの変異体である。

(1)［以下の節は『眼と精神』と非常によく似ている。*O.E.*, p. 65-69.〔M・メルロ＝ポンティ『眼と精神』二八六－二八八頁〕］

次元というものを、関係として、あるいは計測をするための出発点となる視点として考えるのをやめること。「視点」は投影を思わせる。正確に言えば投影などなく、空間との自由な交流があるだけだ。諸次元は「次元性」

から、全体的な場所性から、ヴォリューム的なものから派生する。そこにおいて、さまざまな次元は相互に可逆的であり、相互に表出することができる。

　奥行の探求、そしてまた形式の探求もまた、超越による統一性の探求であって、即自態における探求ではない。たとえば「フルーツ・コンポートを打ち壊すこと」〔とセザンヌは言う〕。コンポートは、諸断片を通過して作り直される。コンポートを打ち壊すのは、「立方体」「球」「円錐」などのためではない。それでは、一方に空間を置き、他方にその内容を置くことになる（セザンヌの第二期）。色は不安定さにおいて抑揚《モデュレ》をつけるが、それは諸内容がそこに貢献するような空間化に至るためなのだ。

　こうして問題は空間から色へと一般化される。色とは「私たちの脳と世界が合一する場所だ」(1)（セザンヌ）。したがって、「光景としての形式」の二次的な属性や「自然の色の摸像《シミュラークル》」としての色（R・ドローネー）(2)ではなく、次元そのもの、同一性・差異・肌理《テクスチュール》の発生、何ものかの発生としての色〔が問題なのだ〕(3)。

（1）［*Ibid.*, p. 67.〔『眼と精神』、二八七頁〕Cf. W. Grohmann, *Paul Klee*, Paris, Flinker, 1954, p. 141.〔J・ガスケ『セザンヌ』、二二一頁による〕］

（2）［R. Delaunay, *Du cubisme à l'art abstrait*, p. 118. Cf. *O.E.*, p. 67.〔M・メルロ＝ポンティ『眼と精神』、二八五頁〕］

（3）［欄外に］さまざまな手段の階層関係はなく、中心を等しくするさまざまな手段がある。

　だが色は見えるものの秘訣なのだろうか。そうではない。余白のある〈ヴァリエの肖像〉。この作品では色は、色づけられた存在よりも豊かな存在を切り取ったり、区切ったりするためにある。晩年の水彩画の空白を見よ。それは「さまざまな場所」から成るのではなく、即自的には位置づけることのできない諸平面のまわりに放射している。「重なり合ったり、前に出たり、退いたりする色面の浮遊運動」（G・シュミット『セザンヌの水彩画』(1)）。絵画とは、私たちが第一に存在している場である〈存在〉の分凝であり、その幻影や類比を与えるような「存在の諸特徴」を構築することではない。

（1）［G. Schmidt, *Les aquarelles de Cézanne*, trad. G. Meister, Bâle, éd. Holbein, 1952, p. 21.］

絵画は、画布の次元に第三の次元を虚構的に加えること、対象のある知覚にできるかぎり似ているような、対象なき知覚を組織すること［ではない(1)］。二次元なのは支持体としての画布であり、眺められた画布は無限の次元をもっている。世界の知覚もそうだ。事物に対するまなざしの問いかけがある。まなざしは事物がいかに事物となり、世界が世界となるのかを問うのだ。私たちは通常、手段というものを見ることなく通り過ぎる。これを見なくてはならず、可視性を拡張しなければならない（〔レンブラントの〕『夜警(2)』の大尉の手、そして横向きの体に投げかけられた手の影。だがそのほかにも、はるかに繊細な可視性の手段がある。たとえばまなざしの色や表現）。「事物の皮膜(3)」の可視性に対して、それを卓越した仕方で含んでいる画家固有の等価体系を置き換えなければならない(4)。「画家は自らの身体を携える(5)」、たとえば目や手を携える。画家は事物が自らの身体の中で生きるにまかせ、内的な分身をそこに呼び起こすのだが、この分身は「何ものでもない光景」「自己形象的」（ブリュ(6)）であることによってのみ何ものかの光景となることができる。それは、可視的な世界において、より広がりの大きな二次的な可視性を生み出し、あらゆるものが可視的であるようにするのだ（ベレンソン(7)のいう触覚的価値に抗して）。視覚の狂気。それは全体的であろうとする部分的世界のことだ。〈視覚〉はもはや「外部」へのまなざし、表象ではない。画家は、あたかも見えるものが集中し、自らに到来することによって、物の中から生まれるかのようだ(8)。とりわけ空間は、どこからかやってきて支持体の上に据えられ、そこで芽生える。アンリ・ミショーは言う。クレーの色彩はある深い自然的現象によって発せられるかのようであり、緑青やかびのように「頃合いの場所で発散されている(9)」。「光の声のような（……）分節されない叫び」（ヘルメス・トリスメギストス）。誰が見ているのか、誰が見られているのか、もはやわからない。「画家の役割は、自分の中で見えるものを区切り、投影することだ」（M・エルンスト(10)）。アンドレ・マルシャンは言う。「森の中で私は、森を見ているのは自分ではないと幾たびか感じた。ある日などは、木のほうが私を見、私に語りかけているように感じたものだ。私はそこにいて、聞いている。画家は世界に貫かれるべきであり、それを貫こうなどと考えてはならないと思う。私は内的に沈み込み、埋もれてしまうのを待つ。私が描くのは、おそらく立ち現れるためなのだ[11]」。

（1）[*O.E.* p. 68-69.〔M・メルロ＝ポンティ『眼と精神』、二八八頁〕「（……）問題はもはや、画布の二つの次元にもう一次元を付け加えるといったことでもなければ、その完成ができるだけ経験的な視像に似ることであるような錯覚ないしは対象のない知覚を組織することでもない。絵の奥行は、（そしてまた描かれた高さや幅も）どこからかやってきて支持体の上に据えられ、そこで芽生えるのである。（……）世界はもはや表象によって画家の前にあるのではない。いわば〈見えるもの〉が集中し、自らに到来することによって、むしろ画家のほうが物の中から生まれるのだ」。]

（2）[*Ibid.*, p. 29.〔M・メルロ＝ポンティ『眼と精神』、二六五頁〕]

（3）[H. Michaux, *Passages*, « Aventures de lignes », Paris, Gallimard, 1963, p. 176.〔H・ミショー「線の冒険」、『アンリ・ミショー全集Ⅲ』小海永二訳、青土社、一九八七年、七二六頁〕このテクストはグローマン（W. Grohmann）の『パウル・クレー』（一九五四）の序文であった。]

（4）[欄外に]「類似という自然的言語は特別な事例である。沈黙の言葉によって、事物は事物化し〈dingt〉、世界は世界化する〈weltet〉」。

（5）[P. Valéry. *O.E.*, p. 16〔M・メルロ＝ポンティ『眼と精神』、二五七頁〕に引用されている。]

（6）[Ch. Bru, *Esthétique de l'abstraction*, Paris, PUF, 1955, p. 86 et p. 99.〔rééd. Paris, Harmattan, 2000.〕*O.E.*, p. 69.〔M・メルロ＝ポンティ『眼と精神』、二八八頁〕]

（7）[*O.E.*, p. 27.〔M・メルロ＝ポンティ『眼と精神』、二六三頁〕ベレンソンに抗して、メルロ＝ポンティは以下のように記す。「絵画は何ものも、とりわけ触覚的なものを呼び起こすことはない。（……）それは世俗的な視覚が見えないと思うものに〈見える存在〉を与える」。]

（8）[この一節については *O.E.*, p. 69-70〔M・メルロ＝ポンティ『眼と精神』、二八八頁〕を参照。]

（9）[H. Michaux, *op. cit.*, p. 174.〔『アンリ・ミショー全集Ⅲ』、七二四頁〕]

（10）[G. Charbonnier, *Le monologue du peintre*, Paris, Julliard, 1959, «Entretien avec M. Ernst», p. 34. Cf. *O.E.*, p. 30.〔M・メルロ＝ポンティ『眼と精神』、二六五－二六六頁〕]

（11）[*Ibid.*,〔アンドレ・マルシャンとの対話〕、p. 143-145.]

絵画における線。したがってそれは、表現すなわち創造された等価体系を呼び起こすような、多形的な〈存在〉との接触である。このことは、新たな素材や新たな表現法を伴うこともあるが、古い素材や表現法の再備給によってなされることもある。

創造や斬新さというものは、色彩に対して線を、記号に対して形象化をというように、素材や表現法のいずれかを特別視することではなく、それらを示差的なシステムの諸契機として、内的な差異化の諸契機として使用することである。

たとえば線が色によって排除されることはまったく［ない］（クレーの線、マティスの線）。排除されるのは[1]散文的な線、事物の線である（リンゴの輪郭）。すでにダヴィンチの「蛇行」についてベルクソンは、線とは「形象の眼に見える線のどれにもあたらない[2]」〔と述べていた〕。線は見えるものを模倣するのではなく、「見えるようにする」（クレー）のだ。

（1）［この一節に関しては *O.E.*, p. 69〔M・メルロ＝ポンティ『眼と精神』、二八八頁〕参照。］

（2）［*O.E.*, p. 73.〔M・メルロ＝ポンティ『眼と精神』、二九〇頁〕H. Bergson, *La pensée et le mouvant*, Paris, PUF, 1934, p. 264-265.〔H・ベルクソン「ラヴェッソンの生涯と業績」、『思想と動くもの』、『ベルグソン全集7』矢内原伊作訳、白水社、一九六五年、二九五頁〕「今日の哲学」**p. 11ter**〔本書五一頁〕参照。］

ミショーは〔クレーについて〕言う。「かつてこのように「線を夢見させる」ことはなかった[1]」し、これほどまでに線が自らを線となすこと、「線として歩ませるように[2]」自らの手法を使用したことはなかった。線はこうして再備給され、自立した力となることができる。形象化と非形象化の差異はこのうえなく小さくなる。形象化において、線は散文的な合図を与えると同時に、能動性と受動性の肉的な表現をも与えるのだ（マティス[3]）。クレーにおいて、線は「見えない」暗号だけを与え、タイトルが散文的な関連づけを供給する。だがマティスの女性は、はじめて訪問した人々にとっては女性ではなかったし、クレーの柊《ひいらぎ》の葉はあまりに「正確」すぎて、そうとは信じられないほどであった。

（1）〔H. Michaux, *op. cit.*, p. 177.〈H・ミショー『アンリ・ミショー全集Ⅲ』、七二七頁〉*O.E.*, p. 74.〈M・メルロ＝ポンティ『眼と精神』、二九一頁〉〕

（2）〔*Ibid.*〈H・ミショー『アンリ・ミショー全集Ⅲ』、七二七頁〉〕

（3）〔*O.E.*, p. 75〈M・メルロ＝ポンティ『眼と精神』、二九二頁〉においてメルロ＝ポンティは次のように記す。「〔マティス〕は一本の線に存在の散文的な合図と、そこにおいて柔らかさや惰性をかたちづくるようなひそかな作用を入れ込もうとした（……）」。また p. 76〈二九二頁〉には「能動性と受動性の肉的なシステムの軸」とある。〕

運動。絵は運動の痕跡を網膜上の彗星のように見せるのだろうか。だが不安定な態度やぼやけたスナップショットは運動を凝固させてしまう。

ロダン。身体の各部分が、運動の異なった位相でなくてはならない。だからそれは運動する身体がけっして取ったことのない姿勢である。移行を分泌するのは、こうした共不可能な諸瞬間である。なぜだろうか。こうした諸瞬間のおのおのは身体の論理に従って、空間との別の関係を与えるが、それはそれらが共不可能でありながら、一つの身体の諸瞬間であるからである。身体は時間性へと破裂する。地面に二つの足をつけた人や、馬場を足で摑もうとする〔ジェリコの〕〈エプサムの競馬〉の馬は、各瞬間に一つの足をもっている[1]。空間と時間の相互内属〔Ineinander〕。写真は、時間が絡み合いや変容《メタモルフォーズ》によって乗り越えてしまう瞬間を、開いたままにする。身体に含み込まれた絵画、「ここを去り、そこへ行くこと[2]」。運動とは第一には場所の変化ではなく、行為の内的な表現であり、身体が去る場所と近づく場所へと破裂することである。

（1）〔*O.E.*, p. 80-81.〈M・メルロ＝ポンティ『眼と精神』、二九四頁〉〕

（2）〔H. Michaux, *op.cit.*, p. 175.〈H・ミショー『アンリ・ミショー全集Ⅲ』、七二五頁〉〕

見ることとは何か。何かをどこかで見ること……。

奥行。奥行における潜在的な同一性であり、肯定的な現前というよりは、他者性や非‐隠蔽であり、自己との厚みをもった統一である。色とは質〔quale〕ではなく、肌理《テクスチュール》、次元、世界（単彩画）である。線とは痕跡である。運動は（明白なものであれ、記念碑的なものであれ）内部を、差異化としての潜在性を、時空間の示差的なシステムをもつのである。

ひとは、質〔quale〕や事物や世界や〈存在〉の定義、つまりそれらは何なのかを追求する。だがそれらを理解するには定義してはならず、見なければならない。

赤、事物、世界、〈存在〉などは、こうした諸射影〔Abschattungen〕を卓越した仕方で置き換え可能にするものである。諸射映〔Abschattungen〕から出発するのではなく、互いが互いに移行すること、統一性の内部における分凝から出発しなければならない。この分凝は〈存在〉の一特徴ではなく、〈存在〉がそれに所属するのだ。

見ること、それはまさに定義したり思考したり表象し〔前に立てvor-stellen〕たりする必要なしに、……に対して存在できる（私の身体、私の家）ということにほかならない。不在の現前といってもよい（隠れた神）。

見えないものによる、狭義の見えるものへの備給［は］、あらゆる視覚とともに与えられている。だがそれは伸長性をもつ。見えるものになることができないものはない（絵画という二次的可視性）。見えるものに見えないものが孕まれていること、このような想像的なものの肉（切迫する可視性）を理解するためには、私たちの肉を解明しなければならない。すなわち、私たちの視覚がどのように私たちの身体から出現するかを解明しなければならない。私たちの肉は運動に結びついているが、この運動はそれが自らに先立つ場においても、盲目的であることはない。見ることと自ら動くこととは、一つの現象の二側面［である］。つまり、私の身体は可視的な世界において考慮され、可視的な世界のほうは私の身体の「射程内」に含まれている。二つの地図の上の同一性であり、差異ではなく、非差異による二つの地図の同一性である。形式とは諸力の「傷跡」［であり］、形式において諸力は振動する。ここで問題になっているのは総合ではなく、絡み合い〔Verflechtung〕[訳注8]ですらない。こうした視覚と運動の蚕食〔empiétement〕［が意味するのは］、動く身体が見えるものであり、触れうるものであること、そして触れられたり見られたりする身体が内的に生気づけられているということである。身体の反省性、見るものと見えるものの可逆性は、同一性となることはない。それは相補性である。

　ところで見えるもののこのようなキルティング、つまり内部の外部は、身体が見る外的な事物にすぐさま広がっていく。光景全体は、その部分の一つに結びつけられながら、奇妙にもそこに住み込むのだ。諸事物と、それを私の身体の中でひそかに裏打ちするものとの関係は、距離をおいた関係である。私が肉、すなわち見る者－見えるものであるならば、世界の肉もあるのだ（セザンヌ。自然は内部にある）。

　だからこそ、即自的なものではないにもかかわらず、無でもないような諸存在がありうる。絵画――イコン。それは事物に下りていくような、事物の内的な分身であり、反転した視覚、つまり見えるものに下りていくことによって事物を内的に織りなすものである。本来の意味における（つまり見られた類同物《アナロゴン》という次元を越え、自由なものとしての）想像的なものとは、〔サルトルが『想像力の問題』で言うように〕不在の即自態（すべての即自態を忘却することによって現前するものという価値をもつもの、存在としての価値をもつ無）を志向することではない。それは現実的なものの肉的な裏打ちであり、その内的な等価物、秘密の暗号なのだ。マクロコスモスとミクロコスモスと「母胎」（シャステル〔編〕の『ダヴィンチ』[1]）。

（1）［Léonard de Vinci, *Traité sur la peinture*, établie par A. Chastel, Paris, Club des libraires de France, 1960, p. 148.］

　ここから見ることの話に戻ろう（レオナルド〔・ダヴィンチ〕）。見ることとは、質〔quale〕をもつことではなく、〈存在〉の形象に到達することである。〈存在〉の形象こそが中心にある。「絶対的なイマージュ」（シャステル[1]）、諸瞬間の比例〔proporzionalità in istanti〕、同時性、それは、私たちがそれではないようなものへの開けであり、私たちが存在するための起点となるような、存在の分裂である。この存在の分裂は見ることの属性などではない。「魂の窓[2]」。ひとが見るものであり、ひとがそれによって見るようなものであり、ある意味では「見る」ものであるような光。視覚は投影とまったく異なったもの〔である〕。それはアナモルフォーズ〔後出二二〇頁参照〕、固定された視点ではない。視覚は至る所からなされるものでもある。それは脱－自であり、「自然な視覚」（レオナルドの球状の視覚）である。

（1）近くにある事物への開けのみならず、星へも。ペテルブルクとパリの同時性（R・ドローネー）〔R. Delaunay, *Du cubisme à l'art abstrait*, p. 115〕。「世界とは、推論によって再創造される私たちの表象ではない（キュビスム）。世界は私たちの仕事なのだ。鉄道は、平行線に近づいていく継起的なイマージュである（R・ドローネー）〔*Ibid.*, p. 110.「同時的なもの。私たちの目は星まで見る」〕。同時性とは、共不可能なものの共存であり、非遠近法である。

（2）〔R. Delaunay, p. 171.「〔レオナルド・ダヴィンチが〕追求したのは、同時性が、魂の窓である私たちの目が、聴覚という音響的で継起的な機能に対して与える知的優越性を証明することである」〕

だが視覚は想像的な能力でもあり、暗い眼〔occhio tenebroso〕〔であり〕、絵画による、見えるものの絵画的な「科学」でもある。それは、「開封されていない」（リルケ[1]）自然的なフォルムに適用される等価体系なのだ。一つ一つの見えるものには見えるもの全体が、染みにはすべての色が、鐘にはすべての音と言葉が〔ある〕。蚕食、全体的な部分。自然と人間のあいだには切断はない。

（1）〔R.-M. Rilke, *Auguste Rodin*, trad. Maurice Betz, Paris, éd. Emile-Paul, 1928, p. 150.〔R－M・リルケ『オーギュスト・ロダン』塚越敏訳・解説、未知谷、二〇〇四年、八一頁〕Cf. *O.E.*, p. 82.〔M・メルロ＝ポンティ『眼と精神』、二九五頁〕〕

ヴァレリーのレオナルド像を修正すること。科学と魔術。

ヴァレリーは言う。「その天分を自在に駆使したあの人物、意匠工夫・心像・計算のあの持ち主こそ、知の企てるところも技のなすところも、そこから発すれば等しく見通せ、分析と実施との見事な切り替えが不思議にも確かな、そんな身構えの中心をみつけておったのだという感じがするのであった」(『ヴァリエテ』、p. 171)[1]。

(1) [P. Valéry, *Variété*, Paris, Gallimard, 1926: « Introduction à la méthode de Léonard de Vinci », dans *Note et digression* (1919).〔P・ヴァレリー『レオナルド・ダ・ヴィンチの方法』、「追記と余談」山田九朗訳、岩波文庫、一九七七年、八四頁〕]

これは若きヴァレリーの神話である。(「精神的な行い〔cosa mentale〕」としての絵画。レオナルドにおいては、見えるものの賛美、洗練されていない作品〔componimento inculto〕もある(夢幻的なもの、見えるものの不可分な全体性への参与、染み)。

ぼかし画法〔Sfumato〕[1]や未完のもの〔non finito〕(輪郭のない形態の出現)が、「レリーフのある絵画」や「滑らかで輝くような形態」[2](シャステル)よりも次第に支配的になっていく。科学は中心的なものではなく、存在とのより一般的な接触へと統合されていく。

(1) [A. Chastel, *Léonard de Vinci*, p. 76.]
(2) [*Ibid.*, p. 149.]

現代の探求(これはデカルトを越えてルネサンスを再発見する)は以上のようなものである。同じ主題についてデカルトは何を語るのか。次に(レオナルドは詩に対抗して絵画を賞賛する。詩は「同時性」を受け入れないからだ)、文学の探求を考察し、その目的がそれほどに違ったものかどうか、〔言語的に〕語る意味が沈黙の意味とそれほどに違ったものかどうか検討する[1]。

(1) [絵画についての論述と、デカルトを論じた部分とのあいだに挟み込まれた、メルロ＝ポンティの長い草稿を掲載する。補遺p. 390〔本書四七四頁〕参照。]

〔B　視覚——〕デカルト[1]

（1）〔メルロ＝ポンティはこの研究ではアダン・タヌリ版のデカルト著作集を引用している。〕

（一）さまざまなモデルによって光を取り扱うこと

『屈折光学』の目的は「人工的な器官」を作り上げることである（A.T. VI, p. 165）[1]。したがってそれは技術であり、光を操作することである。それもまず思考によって操作することだ。

（1）〔R. Descartes, *Dioptrique, Discours VII*.〔R・デカルト『屈折光学』、『デカルト著作集1』青木靖三・水野和久訳、白水社、二〇〇一年、一七〇頁〕〕

光や視覚の経験〔Erfahrung〕も、それらへの問いかけもない。光に住み込むことはないのだ。光がどのように照らすのかという現象には関わらない。まず目に入る光から出発する。これは私たちが働きかけることのできる光であり、働きかけを行う光である。「さてここで私が光について語る機会にめぐまれているのは、光線がどのように眼に入るか、またそれが出会うさまざまな物体によってどのように方向を変えるかを説明するためだけなのであるから、光の本性が何であるかについて本当のところを言おうとする必要はないし、二つ三つのたとえを使えば足りると思う。これらのたとえは、光のもつ特性のうち経験から知られているものすべてを説明し、またそれほど容易には気づかれえない他のすべての特性を詳しく述べるのに最も便利だと思われるやり方で光を理解する助けとなるであろう。その点では天文学者のまねをする。というのは、彼らの前提はほとんどすべて偽りであるか不確かなのに、それが彼らのやってきたさまざまな観測と関連しているため、彼らはその前提からきわめて真実できわめて確実なたくさんの結論を引き出さざるをえなかったのである」(A.T. VI, p. 83)[1]。

(1) [R. Descartes, *Dioptrique, Discours I*, p. 11-27.〔R・デカルト『屈折光学』、『デカルト著作集1』、一一四頁〕]

モデルによる思考。それは私たちの思考が事物に何の必然性も課さないからではなく、他の必然性がないからである。精神の洞察〔直観、Intuitus mentis〕。これは、帰結を導き出すべきであるような、構築や操作である[1]。光が自然の光に置き換えられる（デカルト的「光」については後に分析することになるだろう）。

(1) しかしながら、デカルトの操作主義は、精神の洞察〔intuitus mentis〕の諸条件によって限定されている。

さてこの精神の洞察〔intuitus mentis〕は光の現象を縮小してしまう。光の帰結がすでに獲得されてしまっていることを想定しているのだ。〔その帰結とは〕同時性、瞬間性、光を個体と同一視すること、ルックス〔光源としての光 lux〕とルーメン〔感覚される光 lumen〕の同一性などである。ルーメンは、連続的なものとしてのルックス［であり］、こうして棒の視覚は、棒による触覚と同一視される。盲人は「手で見る」というわけだ。視覚のモデルは接触である。距離を奪われた光、その超越を奪われた光だ。視覚は俯瞰〔と見なされ〕、……への開けではない。

(二)〈存在〉の構成要素としての類似からの分離

反映や鏡像（「幻影《ファントム》」）は事物である。ボールの跳ね返り〔の例〕を参照。これは明晰な投影関係である。そこから帰結する類似は外的な共通項にすぎない。

反映や鏡像は事物として身体に働きかけ、対象なき知覚、錯覚を与える。とりわけ鏡における自己像（あるいは見られた他人）はマネキンにすぎない。私は私を見ることはなく、他人を見ることもない。私は私を思考し、他人を思考する。可視性はもはや〈存在〉の構造化（シルダー[1]）ではない。鏡における私の身体の幻影は、私のすべての触覚的経験を外に引き出し、外において備給する。他の人間たちは彼らの身体によって私にとっての鏡［である］。私の身体と彼らの身体は蚕食する。〔デカルトには〕間身体性はない。

（1）［P. Schilder, *The Image and Appearance of human Body*, Londres, 1955.〔P・シルダー『身体の心理学――身体のイメージとその現象』稲永和豊監修、秋本辰雄・秋山俊夫編訳、星和書店、一九八七年〕*V.I.*, p. 274〔M・メルロ＝ポンティ『見えるものと見えないもの』、三二九頁〕参照。］

（三）〔デカルトにおいて〕視覚は――そこ、および私たちのうちにおいて――自らを見させるような事物ではない。絵画は見えるものとともに作動するコミュニケーションではなく、与えられた記号や判別のコードの使用になってしまっている。哲学者たちは、私たちのうちにおいて事物の微少な形像を見出せると考え、視覚とは共通の世界〔κοινός κόσμος〕が各々の世界〔ἴδιος κόσμος〕に挿入されることだと考える。〔訳注9〕だがこのようなエイドーラ〔形像 εἴδωλα〕について言えば、「彼らがそれらの形像を想定する理由というのは、われわれの思考は絵を見ればそこに画かれている対象を表象するように容易に刺激されうるのであるから、同じように、われわれの思考は頭の中につくられる若干の小さな絵によって、感覚に触れるものを知るように刺激されるのにちがいないと、彼らに思えたということしかない。それに反して、われわれの思考を刺激しうるものは、たとえば記号や言葉のように、形像以外にもたくさんあるのであって、これらはその意味するものとなんら似ていないのだということを考えるべきである。またもし、このすでに認められている意見から最小限度にしか離れないためには、むしろ、感覚される対象は本当にわれわれの脳の中まで、その形像を送り込むのだという方がよかろう。ただしその場合は少なくとも、それが表す対象とそっくりな形像というものは一つとしてないのだという注意が必要である。というのは、さもなければ対象と形像との区別がなくなるからである。そして形像はその対象とわずかな点において似ていれば十分なのであって、形像の完全性ができるだけ対象に似ていないということによっていることさえしばしばあるからである。銅版画法は、紙の上にわずかなインクをあちこちにおくことによって行われるにすぎないが、われわれに森、町、人物、さらには戦争や嵐さえも表現してみせる。もっともその場合、形像がこれらの対象についてわれわれに知らしめる無数の異なった性質の中には、その形像がぴったり似ているような図像は一つとしてないのである。しかもそれはきわめて不完全な類似である。というのは、形像がまったく平らな面の上に、さまざまな起伏をもった物体を表現し、透視画法の規則に従って、形像が円をよりよく表現するには他の円によらないで卵形を使う方がよいとか、正方形については他の正方形によらないで菱形を使用する方がよいということはしばしばあるのであって、他の図形についても同じことだからである。さて、われわれは脳の中で形づくられる形像についてもまったく同じだと考えるべきだし、形像が関係をもつ対象のすべてのさまざまな性質を感覚させる手段をどのようにして与えるのかということだけが問題であって、その形像がそれ自体として対象とどのように似ているかということはまったく問題ではないことに注意しなければならない。たとえば、さきにも述べた盲人がその杖で何かの物体に触れるとき、その物体が彼に伝えるものといえば、その物体にあるさまざまな性質に応じてその杖をさまざまに動かせ、同じ手段で手の神経を動かせ、さらにその神経の出てくる脳の部分を動かすことだけであることは確かである。このことがきっかけとなって、彼の脳の中にこの物体によって引き起こされる運動の多様さとまったく同じだけ多様な物体の性質を、彼の魂は感覚することになるのである」(A.T. VI, p. 112-114)(1)。

(1) [R. Descartes, *Dioptrique*, dans l'édition de la Pléiade, p. 203-204.〔R・デカルト『屈折光学』、一三六－一三七頁〕]

デカルトは（一）即自的なエイドーラという説に反対することにおいては正しい。このような説を取り上げることは問題外である。問題はそこにはなく、〈存在〉というものを、私たちと因果関係にあるような〈即自態〉と考えるべきかということにほかならない。（二）網膜像の、事物に対する類似を二次的なものと考える点でも正しい。（a）類似を見るためには、脳内にもう一つの目が必要になってしまう。事物に対する開けではないような、客観的な分身〔裏打ち〕を想定したところで、視覚問題は一歩も進みはしない。（b）また類似というものはそもそも絵画において実現されるものでもない。形象化とは、存在の呈示〔Darstellung〕のごく特殊な例である。

類似が存在する場にあっても、絵画の〈存在〉への開けをなすのは、類似ではない。絵画と事物とのあいだに外的な類似はなく、また丸形と卵形、正方形と菱形といった違いもない。つまり絵画は事物とは別のものではなく、置き換えられた事物や事物を指示するものでもない。差異はもっとずっと深いものである。

ここにデカルトの弱点がある。（一）彼にとって記号とは、意味されるものを思考するための十全な機会のこと［である］。絵画の知覚と視覚は「思考」である。記号が十分な区別の標識となって、私たちは事物を「私たちに対して表象する」ことができる。たとえば円に対しては卵形、正方形に対しては菱形〔が記号となる〕。まず（円という）即自的な真があり、次に（卵形という）私たちに対する記号があって、思考は私たちに対する記号から出発して即自を再構成するのだ。だが――デカルトが別のところで説明しているように――記号[1]は私たちに与えられるものではない。私たちは身体の次元からその延長にある事物へと、また、手の知覚からそこに閉じこめられている事物の知覚へと注意を移すわけではない。身体の知覚は世界の知覚である。身体空間はすべての空間の母胎である。そしてこの身体空間は思考されるものではないし、魂も船を思考する船頭ではなく、身体の住人であり、したがって世界の住人なのである。

（1）［手稿のこの箇所に挿入されている草稿を再録する。］

記号＝思考するための機会。

実際には、体験において、記号は与えられない（**p. 14**〔本書二一七－二一八頁〕）。↓事物の尺度としての身体へ。

デカルト。これが感覚《サンティマン》であり、独創的な考え方ではあるが、〔デカルトにおいては〕思考する者としての私たちの本性をなんら変えることはない。なぜなら私たちの思考の有効性を保証しているのは、神の思考の効果であるからだ。――二重性は神に移される。すなわち私たちにおける悟性と意志の二重性が移されるのだ。分析は、あたかも神が私たちにおいて思考しているかのようであることを示すものとなるだろう。素描と空間――錯覚としての素描（三次元）。素描は事物として見られるのだが、それは神的な記号によってである（文化、詩、等価性の創造といった考え方はない）。即自的な空間が、重なり合い《オーヴァーラッピング》が部分外の部分〔partes extra partes〕へと投影されることにおいて解読され、読み取られるのだ。

遠近法主義と機械論。事物との関係と同じように、自動人形においても真の他人への開けはない。ひとがみるのは世界ではない。大いなる虚偽。神の恵みである自然的魔術だ。

デカルト的存在論とは、神が有効とすることによってのみ〈存在〉に開けているような、内在的真理である。

絵画の存在論とは、視覚による〈存在〉との交流である。完成すべき、作り出すべき開け。透視力。自然の光であり、光の叫びである。

思考という用語による分析は、一部分では二重の分析［である］。つまり、あたかも私たちの身体はこのような〈思考〉によって設定されてしまっているかのようなのだ。ある〔*il y a*〕のは、因果性である。この因果性が、外部に適応した魔術的な外観を生み出す。というのも、身体は〈全体〉の〈思考〉によって設えられてしまっているからである。〈視覚〉は、〈思考〉と〈因果性〉へと分離されてしまっている。

だが見えるものの次元、結合の次元においては、身体は事物の尺度であり、対象ではない――円は卵形を思考する原因ではない。卵形も即自的な円もなく、私の身体に対する等価性、こうした二つの「投影」の多形的な存在における等価性がある。思考の次元では、神的な思考の再構成が、こうした身体を与えてしまっている。

デカルトが絵画について語ること、それは神やミクロメガス〔本書「今日の哲学」、訳注4参照〕の思考の前にある絵画である。二次元によって形象化された「真の」三次元。

解読された投影。これは空間の一つの層から再構成された即自空間であり、重なり合い《オーヴァーラッピング》から出発して再構成された「部分外の部分」、並置空間である。

そうあるもの（円や正方形）であるような、〈存在〉の「思考」——すなわち、遍在する思考者の思考——これが、〔区別のために〕十分な標識によって再発見される。

絵画とは〔デカルトにとって〕こうしたコードへの狡猾な依拠であり、騙し絵、対象なき知覚である。これが可能なのは、いかなる知覚もその対象に直接開かれてはいないからである。知覚が対象に対応するのは、神の調整による。それは真なるものとしての私の思考の神によって保証されているのだ。絵画と散文的な事物は等質なもの「である」。知覚されたものは〈存在〉に似ておらず、描かれたものも〈存在〉に似ていないが、知覚された事物と絵画は似かよっている。解読された記号は、自然的で神的な同一のコードに依拠しており、等価性は創造すべきものではない。「文化」も「詩」もなく、潜在性も、見えるものによる教えもない。絵画とは素描であり、自然の設定によるコード化として理解された素描である。パスカルの言葉、すなわちその原形はどうでもよいようなものについて、感心させるような絵画の空しさ、という言葉はデカルト的な言葉である。[訳注10] 絵画はあらかじめ存在する〈即自態〉を、知覚より劣ったかたちではあるが、別のかたちではないようなかたちで、私たちに表すものである。

要するに、自動人形の意識が否定されるように、見えるものへの開け（そして見えるものによる〈存在〉への開け）は否定される。見えるものへの開けは、技師の思考によって置き換えられるのだ。『人間論』のテクスト、p. 14–15[1]。

14bis

（1）［メルロ＝ポンティは自分のテクストへの参照を求めている。〔以下の『人間論』の引用を指す。〕］

『人間論』。「立ち現れるだけで感覚器官に働きかけ、脳の諸部分の配置に応じて、この機械に種々さまざまな 14
運動をさせる外部の物体は、噴水の洞窟にはいりこんで、知らずに、眼前で行われる運動を引き起こす見物人にあたる。なぜなら、見物人は、巧みに配置された敷石の上を歩かずには洞窟にはいれないので、そのため、た 15
とえば、湯浴みをするディアーナに近づけば女神は葦の中に隠れるだろうし、もしそれをなお追えばネプチューンが現れて、三叉の鉾で見物人を脅かすだろうし、他の方向へ行けば海の怪物が現れ、顔に水を吐きかけるだろうからである。またそのほかにも、この装置を作った技師のおもいのままに、類似のことをするだろう(1)」（バルトルシャイティスによる引用、『アナモルフォーズ(2)』、p. 36)。

（1）［R. Descartes, *Traité de l'Homme*, « Bib. de la Pléiade », p. 814-815.〔R・デカルト『人間論』、『デカルト著作集4』伊東俊太郎・塩川徹也共訳、白水社、二〇〇一年、二三二－二三三頁〕］

（2）［J. Baltrusaitis, *Anamorphoses ou perspectives curieuses*, Paris, O. Perrin, 1955.〔J・バルトルシャイティス『アナモルフォーズ――光学魔術』、『バルトルシャイティス著作集2』高山宏訳、国書刊行会、一九九二年、八九頁〕］

自動人形の問題。状況と意味的な関係にあるような回答。だがこの関係は作動しつつある自動人形によっては思考されていない。技師によって思考されている。同様に、私の感覚に働きかける事物は、事物との意味の関係において視覚を引き起こす。だがこの関係は作動するものではない。それは神によって思考されており、その結果としての身体が設定されている。このことから、自然的傾向性に結びついた錯覚の可能性が生じる。したがって、ひとが見るのは世界ではない。真の知覚と錯覚は等質である。〈遠近法〉の「自然的魔術」は〈大いなる虚偽〉であり、孤独である。［それは］、私は私の本性に閉じこめられており、神によってのみ世界と調和させられているということだ。知覚の魔術は、悟性と意志、身体と「合目的化された」魂との、神における同一性である。

デカルトの存在論。内在的確信（思考）によって規定された真理であり、それが〈存在〉に対して開かれるのは、神の〈存在〉が結びつけてくれるからである。デカルト、人間学‐神学‐複眼視。私の思考は、神によって有効とされるものであり、一生涯のうち一度以上思考しなくてもそこにあるようなものだ。それは私を確証するためにそこにある。私を形而上学から追放するような形而上学（『省察』を深めることはない）。この形而上学は、私の光を（一）限定し（二）基礎づける。絵画の存在論は、視覚による〈存在〉との交流であり、つねに未完結で、やり直されなければならないような……への開けである。

「自然の光」と「光の叫び」。

＊

〔C　見えるものの哲学と文学〕

〔（一）視覚とその意味〕

さて、現代の芸術における、このような「透視力」の開示——デカルト的思考ではない透視力——については、言語芸術においても類似のものがあるだろう。おそらくは、視覚を思考による記号の読解に貶めてはならず、反対に言語において視覚と同じような超越を見出さなくてはなるまい。ダヴィンチは詩に対抗して透視力を持ち出す。現代の芸術家は詩をも透視力にする。マックス・エルンストは、自らのうちで見られるものを投影するような画家と、詩人とを比較する。これは、「自らのうちで思考されるもの、分節されるものが命ずるままに」執筆するランボー以来（『見者の手紙』）のことだ。文学のうちに、見えるものの哲学を理解するための道具を求めること。デカルト、彼の普遍言語の構想においては、記号は厳密に限定された意味をもつ。これは遠近法の理論の等価物である。

デカルトを問題にしていたので、言語についての文献を読んでみよう（『メルセンヌ宛の手紙』）。これは一六二九年一一月二〇日にデカルトがメルセンヌに宛てたものである。そこでデカルトは、自分に委ねられた普遍言語の構想について語っている。「なおまた私は、この言語の基本語を構成する上にもまた、それらの基本語の文字についても、これに一つの発明を加えうると思うのです。それによって、その言語はごくわずかの時間内に教えられるものとなるのであり、それは秩序によってする、すなわち、数のあいだに自然に設けられている一つの秩序があるのと同様に、人間精神のうちに入ってきうるあらゆる思考のあいだに一秩序を設けるのです。そしてひとはあらゆる数を無限に至るまで挙げ、しかも相異なる無限の語であるところのそれらを未知の言語で書くことを、一日で覚えうる以上は、人々の精神に来るあらゆる他のことがらを表現するに必要な他のあらゆる語についても、同様になしうることでありましょう。（……）しかし仰せの創案者はここに想いをいたしたとは思えません。その提案全体を通じてそれらしいものを示すものは一つもないことから言っても、またこのような言語の発明は真の哲学に依存することから言っても。なぜなら、人間のあらゆる思考を枚挙し、それらを秩序立てることは、哲学によらないでは不可能であり、またたんに、それらを明晰単純であるように区別することのみでも不可能です。私見によれば、このように区別することこそ、立派な知識を獲得するために人としてもちうる最大の秘訣なのです。そしてもし誰かが、人間の想像のうちにある単純な観念、人間の考える一切が成り立っているところの観念がいかなるものかを十分に説明してくれ、そしてそれがすべての人に受け入れられたとしたならば、そのとき私は続いて、覚え、発音し、書くのにきわめて容易で、そしてこれが肝要なことですが、判断に対してほとんど誤ることが不可能なくらいじゅうぶん判明に、一切の事物を提示し、もって判断を助けてくれるような世界共通語を、あえて希望するでありましょう。一方これとはまったく反対に、われわれのもっている語は不分明な意義しかほとんどもたず、人々の精神はそれに久しい以前から慣れてきているのであり、このことが、精神がほとんど何物をも完全に解さぬようにする原因です。ところで私はこのような言語が可能であり、その言語が依存する知識、それによれば農民でも現在の哲学者たちがしているよりもよりよく事物の真理を判断することができるような知識を、ひとは見出しうるものと信じます。しかしながら、このような言語がいつの日か用いられるようになるとは期待なさらないでください。それにはまず事物の秩序のうちに非常な変化が必要であり、全社会が一つの楽園にならねばならないでしょうが、そのようなことは物語の国でなければ言いだしても始まらないことです」。(1)

（1）［R. Descartes, A. T., I, p. 80-82. « Bibl. de la Pléiade », p. 914.〔R・デカルト「メルセンヌ宛、一六二九年一一月二〇日付書簡」、『デカルト選集5』佐藤正彰訳、創元社、一九四〇年、一三一―一五頁。表記を改めた。「24　デカルトからメルセンヌへ（アムステルダム、一六二九年一一月二〇日）」、『デカルト全書簡集1』山田弘明・吉田健太郎・クレール・フォヴェルグ・小沢明也・久保田進一・稲垣惠一・曽我千亜紀・岩佐宣明・長谷川暁人訳、知泉書館、二〇一二年、八八―八九頁〕］

思考方式はあいかわらず同じである。ひとはこのような学を見出すことができる。単純から複雑へと至る順序――思考の名誉にかかわる問題――は、それを混乱と見なす。

純粋な悟性。「可能なもの」。それは、言語や使用において現実化可能なものということではなく、想像力［である］。身体的なものの思考を参照。

すべての可能な思考の順序。〈象徴〉と文字は、この順序に従って構成され、それを反映する。数、体系的な文字を参照。原理がひとたび獲得されてしまえば、そのつど異なると同時にそのつど同一な思考に対応して、

「異なった語」をかぎりなく作り出すことができる。

〔デカルトにとって〕真の哲学〔とは〕、「人間のすべての思考を枚挙すること」〔である〕。明晰で単純なものから始めて、「順序に従って」並べること。この分析に従って作り出される普遍言語は、「すべての事物を判明に表し」、「判断の役に立ち」、誤謬というものをほとんど不可能にする。それは透明なものであり、もはや「混乱した意味」、何も完全には理解させてくれないような、思考間のたんなる習慣的な結合を含まない。真理の言語、真の言語であり、すべての人間を現在の哲学者よりも哲学的にしてくれる。


語るべきもの、それは「思考」である。そしてこの思考は枚挙可能であり、単純なものから複雑なものへと〔線的な〕順序で並べられる。

算式《アルゴリズム》としての言語(1)はこのような思考に似ており、このような思考によって包括され、思考によって合成されることができる。語ること、それはこのような合成と適合するような類同物を供給することだ。これはつねに同じ要素によって合成される新たな思考であり、つねに同じ要素によって合成される新たな言語である。視覚のみならず言葉をも含むような〈精神の洞察〔intuitus mentis〕〉なのだ。

（1）［M. Merleau-Ponty, *La prose du monde*, Paris, Gallimard, p. 161, « L'algorithme et le mystère du langage ».〔M・メルロ＝ポンティ『世界の散文』、「算式と言語の秘儀」滝浦静雄・木田元訳、みすず書房、一九七九年、一五五頁〕］

ここにデカルトの思考の全体があるわけではない。というよりはむしろこれは、地上の楽園における、彼の権利上の思考（秩序＝順序）である。じじつ小説の分野では、このような純粋悟性も可能であり、何ものもそれを完全に打ち負かすことはできないが、実際の行使の場面ではどうだろう。さらには人間だけではどうだろう。精神的で形而上学的なことがらについて語るためには、想像的なもの（そしてそれ以上のもの）〔光〕が必要だろ

17bis

う。

『オリュンピカ』[1]。アンリ・グイエによると、それは前デカルト的なものであり、徒弟（二四歳）のノートである。

（1）〔R. Descartes, *Olympia ou Cogitationes Privatae*, novembre, 1620, A.T., X, p. 217.〔R・デカルト「思索私記」、『デカルト著作集4』森有正訳、四三七頁〕〕

「超越的《オリュンピカ》なものを構像するに適した感覚的なもの。風は精神を、時間を伴った運動は生命を、光は認識を、熱は愛を、瞬間的活動は創造を意味する」[1]。

（1）〔*Ibid.*, p. 218, *Les Olympiques*, trad. fr. F. Alquié, Paris, Garnier, 1967, p. 62.〔R・デカルト「思索私記」、『デカルト著作集4』、四四一頁。ラテン語による引用〕〕

「想像力が物体を構像するために図形を用いるように、悟性は精神的なものを形象化するために、風や光などのようなある種の感覚的物体を用いる。（……）哲学者達の書よりも詩人達の書に一層深い意味をもつ章句が見出されるのか、驚くべきことに思われるかも知れない。その理由は、詩人達が霊感と想像の力とによって書いたからである。我々の中には、燧石の中における火のように、学問の種子が宿っている。その種子は哲学者達によっては理性を用いて引き出されるが、詩人達によっては想像力によって打ち出され、一層強く輝くのである」[1]。

（1）〔*Ibid.*, p. 217, trad. cit., p. 61.〔R・デカルト「思索私記」、『デカルト著作集4』、四四〇頁。ラテン語による引用〕〕

問題が一つある。悟性を悟性によって把握することの困難については後に確認する（コギト[1]）。それにしても、精神の洞察〔intuitus mentis〕の光は、原理上唯一の光である。想像力はそれに参与する。現代人との対比を指摘しておこう。現代人において言語とは道具ではない。そのとき思考が船における船頭のようなものになってしまう。〔現代人の〕言語は、ある種、思考と言語の実質的な結合である。それは統御されない言語、固有の効果を備えた言語である。 17ter

（1）思考の視覚的なイマージュ、身体的な事物の想像力。

マックス・エルンスト。詩人において「思考され」、分節されるもの。

ランボーの『見者の手紙』（**p. 16**〔本書二二二－二二四頁〕で引用すべし）。しばしば引用されるのは「感覚の惑乱」とか「我は一個の他者だ」という言葉だが、別の言葉を引用しなければならない。（一）「ひとが私を思考する」。（二）「ヴァイオリンであると気づいた木」。

（一）もはや思考しないことが重要なのではない。感覚の惑乱とは、諸感覚の仕切りを打ち壊し、それらの不可分性を再発見することである。そしてそれによって、私のものではないような思考、諸感覚の思考を再発見することである。全体的な見えるものとの接触。（二）木は、自分がヴァイオリンだと気づく。私の身体が見えるものとして見る（前述参照）のと同じように、私の言葉は反響し、歌い、表現となるような（見えるもの、感じうるものの）一部となる。

視覚とその意味、言葉とその意味という二つの問題は、並行した問題であるばかりではない。それらは唯一の問題である。見えるものと詩的に意味されるものは絡み合っている。詩は、事物の言葉である（ヴァレリー）。

p. 18〔本書六七－六八頁〕にテクスト。哲学でさえもそうだ（フッサール）。 18
ヴァレリー[1]。

（1）［P. Valéry, « Pythie », Paris, Gallimard, *NRF*, 1932, p. 158-159.〔P・ヴァレリー「アポロンの巫女」、『ヴァレリー詩集』鈴木信太

郎訳、岩波文庫、一九六八年、一九九頁〕」

「人間の名誉、神聖な「言語」、
予言を宣べる　装飾された言葉、
肉体の中に迷い込んだ神が、
その身を縛られる　美しい鎖、
光が貫く神の黙示、神の寛仁よ、
ここに　或る叡智が　語り、〔訳注11〕
その荘厳な声が　鳴り響く、
鳴り響くとき　われと身を　その声は識る、
水の声、森の声ではないように、
如何なる人の声でもない、と。」
文学と、見えるものの開示、事物の言葉——。

「自らのうちで思考されるもの、分節されるものが命ずるままに」書き、見えるものの本質そのものを留めるような作家の存在を証すようなものを、文学において探すべきだ。だがこれは現代文学全体——あるいはランボー以降の現代詩のみ——についての診断と見なされてはならない。別の診断も多くある（J・リヴィエール。**p. 18bis** を見よ）(1)。ランボーは、彼以前に始まり、彼以後にも続く文学の生成における、壮麗な一段階［である］。おそらくロマン派以来の作家において、存在との関係に変化があったのだろう。それは「神が死んだ」（レッシング）世界、主観性の優越だと、よく言われる。ジャック・リヴィエールでさえ次のように言う（『新たな試論——ダダへの感謝』、一九二〇年）。「非常に明らかなことは、古典時代のどの大作家の目にも、脳髄がそれによって織りなされていると感じられ、そこに自らの作品の実質を認められるような、萌芽なり知的なプラズマなどは、たんに追放したり、自分の前から排除してしまったりすべきものだとは映らなかった。むしろそれは、探索したり、侵入したり、征服したりすべき対象と見えたのだ。（……）古典派の人々は暗黙のうちに実証主義者であった。彼らは外的な世界のみならず、内的な世界の事実をも受け入れ、そしてそれらを学ぶ義務をも受け入れていたのだ」（p. 300）。

（1）*La crise du concept de littérature* (J. Rivière).［この紙片には、リヴィエールのこの書のタイトルだけが記されている〔J. Rivière, « La crise du concept de littérature », *NRF*, nº 125, février 1924, p. 159-170〕。］

したがって現代文学は「おのれ自身の純粋で単純な外化」であることになる。マルロー『芸術の心理学』参照。[1]

（1）［M. Merleau-Ponty, « L'homme et l'adversité », dans *Singes*, とくに p. 294-298.〔M・メルロ＝ポンティ「人間と逆行性」、『シーニュ2』、一三八－一四三頁〕］

こうした見取図は疑わしい。客体でないとしたら、主体だというわけだ。実際にはむしろそれは、〈主体〉のための〈存在〉からの分離ではなく、〈存在〉との新たな関係である。

リヴィエール自身が、フローベールについて、同じ論文で以下のように述べる。「彼の視線ほど媚びに満ちたものはない。彼は何も見ず、自分が必要なもの以上には何も見ようとしない。彼が自然に対して、あたかも炭坑夫が取り組むべき鉱脈を前にしたときのように、息切れしながら哀れっぽい姿で身をかがめるとしても、それは自分の財産を引き出さなければならないから、自分の建築に必要な材料を奪い取りたいからである。観察によって彼が手に入れることができるのは、石や板やスレートや屋根瓦などですべてであり、これこそが彼が知る唯一の有用性なのである。

根本において彼は、一種の定義不可能で明確な像《イマージュ》を見出すこと以外の何も望まない。それは彼の脳髄が生み出すものであるが、それについて、ひとは詩的な次元のものだとか、さらには造形的な次元のものだとか言うだろう。アルベール・ティボーデ[1]がフローベールのことを、「主題によって思考する小説家の中では、現代では最も印象的な人物」として描き出したのはまったく正しい。そしてまた彼の次のような警句の重要性を強調したのも正しい。「『サランボー』で私は、黄色の印象を与えたかった。『ボヴァリー夫人』では、わらじむしのいる片隅に生えるカビの色のような何かを作りたかった。筋立てとか、人物など、ほかのものはどうでもよい」。そうなのだ、詳細に検討してみれば、フローベールは結局のところ、彼に取り憑いている気まぐれに形を与えるためにだけ書いているのだ。彼が引き起こし、彼の前で増殖する驚くべき具体的な細部の群は、彼をさいなむ悪霊たちが、そこに突き進むことによって、彼を解放してくれるだろうという希望においてのみ書かれているのだ」(p. 302)。（注）[2]「フローベール自身が書いていることであるが、世界における偶有的なものは（……）、それが知覚されたとたん、幻影を描くために使われる。そのときあらゆるものは、私たちの実存を含めて、幻影以外のものに役立つとは思えないほどだ」。

（1）［A. Thibaudet, *Gustave Flaubert*, Paris, Plon-Nourrit, 1922.〔A・チボーデ『ギュスターヴ・フロベール』戸田吉信訳、法政大学出版局、二〇〇一年〕］

（2）［この後の文章は、J・リヴィエールの『新たな試論』の次の注に対応している。J. Rivière, *Nouvelles études*, Gallimard, 1947, p. 302 n.］

このことはJ・リヴィエールが証明したいことを完全には証明しない。彼は言う。「これほどの重量感、力、そして素朴さをもって、与えられたものに対するこれほどまでに完全な軽蔑、現実という、現実についてのこれほどまでに泰然とした非宗教、小説についてこれほどまでに純粋に詩的な考え方、「虚構」へのこれほどまでに完全な意志を説明したことは、かつてなかったであろう」(p. 303)。そうではない、フローベールにおいて、あらゆる事物、すなわち出来事、逸話、対話などは、象徴として、あるいは像の等価物として認められており、あらゆるものはこうした象徴や像を表現のために使用するのだが、象徴や像のほうは、こうした「事物」なしには存在しえないのであり、そうした事物を必要とし、それに向かうのである。〈存在〉とは、「内的」でも「外的」でもない両者の出会いであり、「私たち自身の実存」はそうした出会いのためにあり、それに仕えているのだ。参照。黄色、カビの灰色、わらじむしの灰色などは、一つの宗教あるいは〈存在〉の肌理《きめ》［である］(たとえば地理学的、気候的、文化的、歴史的、間人間的な存在)。画家と作家は、同じ一つの関係を正反対の方向で使用する。画家は黄色や灰色を提示し、そうした細部の群と、間接的な形象を提示する。反対に小説家は細部を提示し、直接には色を提示することはない。どちらも、知覚されたものとともに与えられていると思われる等価物を利用する。こうした等価物は、見える世界と彼ら自身が混じり合うこと、そして見えるものの諸領域が相互に混じり合うことによってもたらされるのだ。

これは世界に無関心になることではなく、混合によって、すなわち世界を受け入れ、世界においてあるような、私たちのうちにおける想像的なものによって、世界に到達する道を見出すことなのである。

同様の混合ゆえに、語る人間ももはや「意味」を指し示すことはない。とはいえ、このことはダダや初期のシュルレアリスムのような「言語的な無」(リヴィエール、p. 309)を必ずしも意味しない。それが意味するのは「ダダたちにとって言語はもはや手段ではなく、一つの存在である」(p. 298)ということである。「マラルメ以来、またはランボーにおいて(もっと遡ることもできる。この点についてはフローベールも責任がないわけではない)、語は堕落しはじめた。そして私が非常に優れ、非常に重要な発見だと思うのは、語の密かな力の発見である。この力は、意味する力とは区別されるものであり、語はそれのおかげで、作家の感性のいくぶんかを吸収し、それをたんなる種子の状態で、ふたたび花開くような別の世界へと連れてゆくからである。私がマラルメの作品において誰よりも評価しているのは、そこにおいて語はその個体的な意味や論理的連帯からそっと身を引き離し、別の場所に合流して、まさに花開き、ともに生まれかわるということである。だがこのように理解されたとき、語は記号であることをやめる。それが受け取る価値は、知的な秩序以後の秩序に属している。語の出現を決定するのは、主体のある側面との内的な親縁性だけになってしまうのだ。もはや語は、主体の命令のもとにおいて、衝動に突き動かされて到来し、主体の奇妙で新たな形象を作り出すのである」。(注)「語はたんなる効果になる。語が、たとえばランボーという人格をどれほどの速さで追跡するのかを確認しなければならない。ランボーの思想を追跡するとは言ってはならない。詩人が語に要求するのは、従うことだけだ。空間に線が描かれ、捉えがたい道が現れて、そこに語はひたすら突き進むのだ。語は瞬間的に無数の方角を収斂させる。それは稲妻のように、明確で無益なものなのである」(p. 308)。

(一) なぜ無益なものなのだろう、語が「開封される」ことなく理解されるとするならば、それが明確であるとするならば、一定の喚起力をもっているとするならば。(二) そしていずれにせよ、自己が問題なのだろうか。世界が、自己を伴った世界が問題なのではないか。「客観的な」思考はすべて、新たなものであり、何らかの教えをもたらすものであるならば、こうした超越への通路を伴っているのではないか。こうした通路に対して、「客観的な」思考は、内在的な動機を付け加えるのではないか。内在的な動機は超越の代わりになることはないのだが。内在とは、冷えきった超越である。といっても、どのような非連続性や非合理性でも同じ力をもつというわけではないのだが。

だから主観的な文学ではなく、作家と見えるものと語るべきものとのあいだの新しい絆について語らなければならない。

「文学的行為が絶対に対する試みのようなものとして考えられ、その結果が一つの啓示として考えられるようになったのは、ロマン主義以来にすぎない。そのとき〈文学〉は宗教の遺産を受け取ったのだ。（……）こうした態度が目指していたのはもっぱら、作品という聖体のパンにおいて、〔神の〕「現存」をもたらすことにほかならない」(p. 313)。そうだろう。だが第一次世界大戦後の一九一八年にJ・リヴィエールや『新フランス評論』(NRF)誌が考えたようには、この文学の精算は古典主義への回帰をもたらしはしなかった。ただし、主観主義的な曖昧さは、任意の言葉の曖昧さと同じように、しりぞけられなければならなかったし、絶対への挑戦はもっと決然としたかたちで、見える世界の発見、そして超意味や非無意味にならなくてはならなかった。意味するものの要素は排除されはしなかった。このようなことの証明をこそ、私たちはプルースト、クローデルさらには最近の〈文学〉を例に、追求しようとする。

　このことを二つの方法で行うことができるだろう。（一）第一の、より優れた方法は、作家の言語実践の例を示し、それがどのように超意味や「非論理的な」本質――とりわけ感覚的なものの本質を開示するのかを示すことだろう。だが、この方法は、一般に（不当にも）作家の「技法」と呼ばれるものや、全体としての作品の研究を必要とする。（二）不完全だが、より手っ取り早い第二の方法は、こうした言語の見本を、文の水準で取り上げることである。すなわち、作家が自分自身と世界との関係、そして自分自身の芸術的意図について語っている（直接的で、意義深く、反省的なスタイルによる）発言を収集することである。またときには物語（しばしば語り手によってなされる物語。〔たとえば〕プルースト、あるいはクロード・シモンは、自分が語っているまさにそのことについて反省し、世界を見せるだけではなく、世界を思考している）。

（前出の[1] **p. 19**〔本書二三三－二三四頁〕のプルーストのテクスト参照。）

（1）［メルロ＝ポンティが「前出の」と記しているのは、以上の頁が**p. 19**より後に書かれていたからだが、彼の注記に従って順序を復元するため、「以下に」採録する。］

18[6e]

〔（二）作家と見えるもの〕

I　見えるものと見えないもの——プルースト

「しかしこの一年あまり音楽への愛情が、スワン自身の魂の多くの富を明かしながら、たとえしばらくのあいだなりとも彼の心に生まれて以来、スワンは音楽のモチーフを、別の世界、別の秩序に属するものではあるが正真正銘の観念と見なしていた[1]。闇のヴェールに包まれた観念、まだ知られておらず、知性も浸透できないものだが、にもかかわらず一つひとつが完全に区別され、価値も意味もそれぞれのあいだで均等でない観念である。（……）彼はピアノの思い出そのものが、音楽にかんする物の見方をゆがめていることも、また、音楽家に対して開かれている領域は、あのけちくさい七つの音の鍵盤ではなく、まだほとんど何も知られていない無際限の鍵盤であることもわかっていた。その鍵盤ではわずかにあちこちに、鍵盤を構成する愛情、情熱、勇気、平静といった幾百万のキーのうちのいくつかが、未踏の厚い闇によって互いに隔てられており、その各々は、一つの宇宙が他の宇宙と異なるように他のキーと異なっている。それらのキーを発見したのは何人かの偉大な作曲家たちで、彼らは自分たちの見出したテーマに対応するものを私たちのうちに目ざめさせながら、こちらの知らぬうちに、私たちが空虚であり虚無であると見なしている自分の魂の、かつて足を踏み入れたことのない絶望的なおおいなる夜が、どんな富、どんな変化を隠しているかを示してくれる。ヴァントゥイユはそのような作曲家の一人だった。彼の小楽節は理性にはあいまいな面を見せているとはいえ、非常に充実した明白な内容がそこに感じられ、その内容に対して小楽節はたいそう新しく独創的な力を与えているので、これを聞いた人びとは心のなかに、知性の観念と同列に並べてこの小楽節をとっておくのだった。スワンはまるで愛と幸福の概念のようにこれを思い返したが、『クレーヴの奥方』や『ルネ』といった題名が記憶に浮かんだときと同様に、その概念がどういう点で特別なのか、彼にはすぐ分かった。たとえ小楽節のことを考えていないときでも、小楽節は潜在的にスワンの精神のなかに存在し続けていたのである――あたかも等価物を持たない外のある種の概念、私たちの内的領域を多様に飾る豊かな富である光、音、起伏〔レリーフ〕、肉体的官能などの概念と同様に、おそらくそんな概念も、私たちが虚無に帰してしまえば失われ、消えてしまうだろう。けれども私たちが生きているかぎり、ちょうど実在するなにかの物体を知らないことにするわけにはいかないように、またたとえばランプの光に照らし出されて部屋の中の物が変貌し、暗闇の思い出までもが部屋から追い出されてしまったのに、その光を疑うなどということはできないように、私たちはそれらの概念を知らなかったことにするわけにはいかないのだ。こうしてヴァントゥイユの学説は、たとえば『トリスタン』のあるテーマが同時に一種の感情の獲得したものを表現しているように、人間の死すべき条件を取り入れ、心を動かすなにか人間的なものを帯びていたのだった。その運命は私たちの魂の将来と、その現実とに結びつき、小楽節はその魂のきわめて特殊で最も他と異なった装飾の一つとなった。ことによると虚無こそ真実であり、私たちの夢のすべては存在しないのかもしれない。だがその場合は、これら音楽の楽節や、夢にかんするこういった概念なども、やはり何ものでもなくなるはずだと思われる。私たちはいずれ滅びるだろう。だが私たちは、これら神聖な囚われ人を人質にしており、その囚われ人たちもまた私たちと運命を共にするだろう。このような囚われ人を道連れにすると思うと、死も何かそれほど苦しいものでない、それほど不名誉でない、そしておそらくは、あまり起こりそうにもないものに見えるのだ」(『スワンの恋』, p. 189-191)[2]。

（1）〔強調はメルロ＝ポンティによる。〕

（2）［M. Proust, *Du coté de chez Swann*, Paris, Gallimard, *NRF*, 1924, Pléiade, T.I, p. 349-350.〔M・プルースト『失われた時を求めて2』（第一篇　スワン家のほうへII）鈴木道彦訳、集英社文庫、二〇〇六年、三五〇－三五三頁〕］

音楽的観念は、まずは知性の観念に対立させられ、闇のヴェールに包まれており、知性（光）が浸透できないものである。それは「闇のヴェールに包まれている」が、それなりの仕方で強靭なものである。すなわち明瞭に区別され、価値も意味もそれぞれに等しくない。それ自身で同一でないというよりは、異なっていない〔non différent〕のであり、同じもの〔das Selbe〕であって、相等しいもの〔das Gleiche〕ではない。堅実で、「差異化され」、明白である（別の箇所では、この観念はピアノやヴァイオリンに下り立ち、急いでそれらに合流する）。それらの知的等価物を基礎づけるような「実体」（p. 189）（「小楽節を構成する五つの音のあいだのわずかな隔たり」）。愛情、情熱、勇気、平静の「キー」。「テーマ」は私たちのうちに潜在している（テーマがそれらを呼び起こす）。私たちがそれについて考えないときに私たち自身のうちに潜在している。

これは観念についての一般的な考え方ではないか。というのは『クレーヴの奥方』や『ルネ』が比較対象になっているからだ。こうした本質のみならず、語にも閉じこめられているような「愛と幸福についての考え方」がある。作家もまたこうした本質を求めているのではないか。

いずれにせよ、観念についてのこうした考え方は、感性的なもの〔*le sensible*〕の概念に適用できる。音楽と同じように、感性的なものは「等価物をもたない概念[1]」を与える。光、音、レリーフ、官能性など。問題は、こうした本質は何かということである。

（1）　あるいはその知的等価物が「標識」でしかないような観念。

光は質〔quale〕ではなく、闇の不可能性であり、ある世界への入口、すなわちもはや譲渡不可能な次元であり、不可逆な参入である。光り輝く性質は、存在の構造である。光が存在しているうちにもつ、永遠性。

したがって（一）精神の洞察〔intuitus mentis〕、知性の観念、そして（二）「闇に覆われた面」をもった観念、感覚的なもの、とりわけ光に似た観念がある。見えるものの観念と音楽的観念とのあいだにはどのような関係があるのか。

「内的領域」は自らを飾り――「装飾」――、多様化するために、見えるもの（光、音、レリーフ、肉体的官能）からの借用を行う（私たちが魂について言うすべてのことは、夜であり、見えるものを利用する）。そしてこの見かけ上の夜とその空虚において、芸術によって目覚めさせられる豊かさ、芸術が「開示する」豊かさがある。この豊かさは芸術を通してほとんど見えるものになり、さらにはその彼方を意味する。この豊かさが見えるものの豊かさに似ているのは以下の点においてである。（一）ひとたび知られてしまうと「そうしたものを知らなかったことにはできない」。諸事実と次元性。それは感性的なものと同じように特異かつ一般的であり、一生涯破壊されないものである。（まさに身体によって保持されている）過去と同じように（クローデル）。（二）どちらの場合においても、問題になっているのは（知的な）「等価物をもたない概念」である。この概念は、これは何であるというかたちでは所有されないものでありながら、「われわれ人間の死すべき条件」に結びついたものである。すなわち、感性的なものの夢幻性（夢）としてしか捉えられないようなものであり、私たちの実存の暗号ないしは裏打ちなのだ。

ひとは〔プルーストについて〕プラトン主義だと言うが、この観念《イデア》は叡智的な太陽なき観念であり、可視的な光線に似たものである。それは見えるものの骨組なのだ。密かで、暴かれるとともに被われ、「非論理的な」（シェーラー）本質であり、そのあるものは感覚的身体に働きかけ、またあるものはリビドー的な身体に働くのである。

こうした観念に対して作家の言語は、聞こえる音楽が小章節に対してもつ関係と同じような関係をもつだろう。象徴的母胎。

プルースト。作家の風景をもとに構築された文学であり、この風景においてプルーストは、自分が書くことをすべて読み取る。芸術はこうした「実体」の「獲得」の作業である。

根本的に重要なことは、およそ知性の観念の下には、精神の洞察〔intuitus mentis〕には入り込むことも捉えることもできないものとして、このような実体の一つがあるということだ。このような実体は肯定的《ポジティフ》なものではなく、差異であり、「差異化された」ものであり、魂の闇や空虚に隠された群れである。すなわち、そのような実体の安定性や、それを同定する可能性は、もっぱらそれが自らとのあいだに非差異の関係にあること、それが肉的な生の極であること、見えるものの見えない構造ないしは骨組であることに基づいている。そもそも視覚はこのような盲目の思惟作用〔cogitatio caeca〕に参与し、経験的な可視性を越えた密かな可視性を備えているのだから。

したがって、魂の闇の実在、非物体的なものは——無ではなく——見えるものによって身を「被う」ことを必要とするものであり、可視性の裏側のごときものである。見えるものは、そのレリーフないしは構造である見えないものに対して開かれ、そこでは同一性はむしろ非差異である。

ここでプルーストにおける時間と空間を研究することもできるだろう。その凝集の様態、諸段階の凝集を（蝶と船。同一でないにもかかわらず[1]（遠近法）、絶対的な差異において相互に関係する二つの行程[訳注12]）。

（1）遠近法主義に抗して。

時間。過去は失われている。現実は記憶において（言語によって）しか作られない。距離をおいた世界、しかしながら（身体によって）それ自体であるような現実。

I　プルースト（1）

音楽的な諸観念。（一）音楽的な諸観念は知性の観念［ではなく］、闇に被われ、知性には不透明なものである。「闇に覆われた面」。（二）しかしながら、この観念は抵抗力を備え、相互に区別され、価値や意味を異にする。それらはピアノやヴァイオリンに「下り立ち」、ピアノやヴァイオリンは観念にいそいで合一しようとする。「差異化され」、明白であり、おのれに対して同一であるというよりは、異なっていないものである。同じもの〔das Selbe〕であって、相等しいもの〔das Gleiche〕ではない。（三）観念が触れる「鍵盤」や「タッチ」は、ピタゴラスの定理の意味と同じように、それについて正確に考えていないときにさえ私たちに潜在しているようなものである。（四）「実体」はそれらの「知的等価物」を、「小楽節」、「［それを］構成する五つの音のあいだのわずかな隔たり」、「テーマ」などのために基礎づける。

見えるものの概念。「等価物をもたない諸概念」（知的等価物はその標識である）、光、音、レリーフ、官能性。光はたんなる質〔quale〕ではなく、闇の不可能性であり、一つの世界、小さな永遠性、もはや譲渡できない次元への参入である。特異性による普遍性（過去を参照）（それはまさに身体によって保持されている）。

両者の関係。見えるものの概念は、音楽的観念に以下の点で類似している。それらは肯定的であるというよりは、非‐不在である。「知らないことにするわけにはいかない」。放射による現前。それらは経験によって書き込

（1）〔メルロ＝ポンティはこの用紙の上部に次のように記している。「存在論——三月九日の講義」。そしてプルーストについての講義を継続している。〕〔この見出しは目次には記載されていない。〕

まれ、「人間の死すべき条件を取り入れて」しまっており、かりそめのものの永遠的な性格であり、特異なものの暗号なのだ。

光においても音楽的観念においても、そこかしこで問題になっている観念は私たちが見るものではなく、その背後にあるものである。魂の夜ないし闇は、見えるものから借用したものによって「飾られ」「多様化し」「被われる」。それらは見えるものの「もう一つの面」である。それは、芸術によって豊かさが知られるものではあるが、芸術なしでは豊かなものとなりえない。世界、複数の世界、無数の主題が闇から抜け出すのは、芸術が見えるものや言葉から行う借用によってである。

だからこれはプラトン主義ではない。これらの観念は〔プラトンのような〕叡智的な太陽のない観念〔イデア〕であり、見えるものの骨組に類似したものである。

芸術の観念。それは音楽ばかりではなく、『クレーヴの奥方』や『ルネ』などでもある。作家の言語が作品の意味に対してもつ関係は、五つの音がヴァントゥイユの小楽節に対して、光が明るさに対して、見えるものが可視性に対してもつ関係にひとしい。

その証拠が『見出された時』である。光がそれ自身と事物を見えるものにするように、これらのすべて〔の言語〕は表現する。見えるもの、感覚されるものの主題と世界の言葉の主題、これは類比ではない。『見出された時』(II, p. 21–24)[訳注13]。感覚的な世界は象形文字[1]であり、作家の言葉は、言葉としての事物の獲得、事物が語ろうとすることの獲得である。

（1） 教会を見たことによって私たちの中に刻まれた「小さな溝」(*ibid.*, p. 39)[訳注14] を見出すこと。これは「レリーフ」としての記号である。

見えるもの（そして見えるものが備えている見えないものの全体）は、私たちが共有する〈存在〉であり、芸術家の言語は（間接的で無意識の言語として）、この〈存在〉への共通の参与を完成させる手段なのである。

「それは私たちの生だ。そしてまた他人の生でもある。なぜなら作家にとっての文体《スティル》は画家にとっての色彩と同じで、技術ではなく、視像《ヴィジョン》の問題だからだ。文体は、この世界が私たちの前にあらわれる仕方の質的な違いを明らかにするもので、直接の意識的な方法ではそれは不可能であり、もしも芸術がなかったとしたら、その違いは各人にとって永遠の秘密になることだろう。芸術によってのみ、私たちは自分自身からぬけ出して、ひとりの他人がこの宇宙をどんなふうに見ているかを知ることができる。それは私たちの宇宙と同じではなく、その風景は月世界のように私たちには知られずに終わるところだった」（*T.R.*, II, p. 43-44）(1)。

（1）［M. Proust, *Le Temps retrouvé*, XV, Paris, Gallimard, *NRF*, 1927.〔M・プルースト『失われた時を求めて12』鈴木道彦訳、集英社文庫、二〇〇六年、四二三－四二四頁〕］

私に与えられて見える世界が、すべての人の世界として破裂すること（反省が、それはおそらく私的世界にすぎないと教えるにもかかわらず）。言語や言葉が破裂して、最も隠されたところにあると私が思っていたものに触れ、参与可能なものであり、そのかぎりで「観念」であることが明らかになるという奇跡を呼び起こし、再開させる。

プルーストの最も有名な成果の一つに、私たちがまさに生きているような時間と空間の凝集がある。〈時間〉はつねに失われている。

〈時間〉。私たちには、真のサンザシは過去のサンザシであるようにつねに思える。あるいは創造する信念は初めにしかないのだから、現実は記憶においてしか、つまり距離を置いて、想起によって、とりわけ言語による再創造によってしか作られないとしてもそうなのである。過去は失われている。だが言葉という手段によって奇妙な復活がなされる。現前に合一する（そしておそらく現前を創造する唯一のものでもある）不在。その際に感覚的なものは言葉への呼び求めでしかない（プルーストの晩年）。身体によるにせよ、記憶や言葉によるにせよ、〈時間〉は継起とは異なったものになる。「同時性」のピラミッド。

空間。プルーストの空間についてはそれほど語られない。だが似たようなものがある。蝶と船、二つの行程は遠近法的には同一だが、私の生においてはまったく同一ではない。［それらは］まったく異なった存在論的な広がりをもっている。バラの枝から枝へと静かに移動する船、どのようなざわめき、どのような空間の跳躍をそれは含んでいるのか……。時間と空間の奥行への直接の入口――「混淆」――であるものを、一つの平面に投影してしまう遠近法主義に抗して。同一性と差異は相等しいもの〔das Gleiche〕としてではなく、同じもの〔das Selbe〕として理解されなければならない。

以上のことは、見える世界の奇跡、そしてその同時性、「等価物をもたない諸概念」の提示をもくろんだものである。この点に関して、クローデルや、より最近の作家たちは、もっと暴力的な方法で同じ企てを再開している。[1]

（1）［用紙の下部で、メルロ＝ポンティは「Ⅱ　クローデル」と次の節の題名を記しているが、その下には何も書かれていない。クローデルは続きとして提示されているが、メルロ＝ポンティはもっと後でしか取り上げ直していない。］

26

Ⅱ　「同時性」――クローデル[1]（〔ジャン・〕ヴァール[2]『ポール・クローデル手帖』〔所収の論文〕参照）。

このことを別の作家において追求したほうが説得的であろう。

（1）［挿入されたノート］。

27

クローデル［P. Claudel, *L'Œil écoute*, Paris, Gallimard, 1946.〔P・クローデル『眼は聴く』山崎庸一郎訳、みすず書房、一九九五年。以下〔　〕は邦訳の頁数を示す〕］。

〈脱自《エクスターズ》＝恍惚〉としての〈時間〉の記述、すなわち「もはや存在しないもの」になるよう事物に対して呼びかけるものの記述。もはや存在しないこと、それはもはや何ものでもないということではなく、「存在してきた」ということ、「永遠に朽ちることのない〔＝破壊できない〕文書」へと書き込まれているということである。見えるものへと到来することによって、事物は消し去りがたいおのれ自身の影を書き込む。過去は非物質性、「純粋記憶」ではない。それどころかそれは、見られたもの、見えるものであったものであり、見えるものの影ないしは分身として破壊不可能である。

同様に、「内部」と「外部」の関係の逆転が行われる（オランダ絵画）。オランダ絵画の「内部（＝内装）」は「苦行論などよりも（……）私たちの私生活の意識化へと誘い、また私たちの存在論的な秘密に触れることへと誘ってくれる」［P. Claudel, *L'Œil écoute*, p. 136.〔一八七頁〕］。これは比較ではない。「私たちは」この絵画の「中にいて、そこに住まう（……）。それによって取り込まれる。衣服のように体のうえにその形態を感じ取る。（……）すべての毛穴と、すべての感性と、いわば魂の聴覚によるようにして、そのなかに浸る」（*L'Œil écoute*, p. 20-21〔二〇頁〕）。（絵画が所属している）「外部世界」はどこにあるのか。そして内部世界は。外部世界と内部世界は交換し合う。見えるものを見せることによって内部について語ることもできるし、また見える世界の繊維を表現できれば、形象や輪郭などについて語らなくても、それについて語ることはできる。
（2）［*Cahiers Paul Claudel*, n° 1, Paris, Gallimard, 1959. ジャン・ヴァールの論文「同時性、絵画、自然」（J. Wahl, « Simultanéité, Peinture et Nature », p. 221-249）は、一九五九年にソルボンヌ大学で行われた「哲学の擁護と拡大」という講義の抜粋である。］

クローデルにおいては、結合や合成（総合）の記述ではなく、（思考や線状的な連鎖に抗して）存在の凝集が記述されている。それは私たちの上（高次の〈存在〉において）(1)ではなく、むしろ下においてなされる(2)凝集である。空間の凝集、時間の凝集、空間と時間の凝集、人間とその時空間との凝集、あらゆる事物に置き換わってしまうような人間と人間の凝集。だがこうした凝集は、区別がなくなってしまうことではなく、共不可能なもの〔incompossible〕であり、蚕食であり、不在や〈脱自〉である。

（1）数ある対象の中で最高の対象――限界なき知的〈自然〉。
（2）すなわち、知的〈自然〉と物体の分離以前に。

二つの線すなわち継起するものの線ではなく、同時性の線を、そしてその交差点に自己がいるように思い描くこと。過去はもはやなく、他処《よそ》は此処《ここ》ではないため、ひとは過去や他処を表象〔前に立てること、Vor-stellung〕として復元し、それらの距離を犠牲にして、〈存在〉において維持することにしてしまう。

継起するものは線ではない。どこにそれらを並べればいいというのだ。このことはたんに、時間の空間的象徴化は時間を変容させたり歪めたりしてしまい、そのとき内部は外部に置き換わり、不可分性は区別へと置き換わってしまうから、「融合」や「相互侵入」によって接触を取り戻さなければならない（ベルクソン）ということだけではない。ベルクソンの考えはまだ系列的であり、たんに非物質的な系列になっただけだ。批判は空間的な系列ばかりではなく、精神的な系列を含めたすべての系列に向けられる。時間の凝集は、〈物質〉から〈記憶〉[1]へと向かう連鎖の凝集ではない。過去が私に対して存在するのは、私が見たから、すなわち過去の肉と私の肉によって見たからであり、私の現在に溶け込まず、まさに共不可能なものとして、あるがままの過去として見たからである。「時間は〈脱自＝恍惚〉となった」（『現前と予言』[2]、p. 305）。そしてこのような時間への回帰は空間に対する批判ではない。それは私が見たものの空間性、同じ〈空間〉で私が見ているものと私が見たものとの競合にほかならない。その〈空間〉ではなお（それ自身の過去をもっている）その亡霊《ファントム》がとどまりつづけ、それによってこそ過去は存在し、それは「潜在的なもの」ではない。

（1）〔H. Bergson, *Matière et Mémoire : essai sur la relation du corps à l'esprit*, Paris, Alcan, 1896.〔H・ベルクソン『物質と記憶』田島節夫訳、白水社、一九九九年〕〕

（2）〔P. Claudel, *Présence et Prophétie*, Fribourg, éd de la librairie de l'Université, 1942.〕

同時性も同様である。私は地球の対極にいる人について、その人がこの部屋にいるという意味で存在していると考えることはできない。その人たちは部屋よりはるかに「遠くに」いる。見える有限な諸領野の重なり合い、肉的な共存、共－持続による同時性。

時間と空間は地平であって、事物の系列ではない。そして地平は相互に蚕食する。私は空間に時間を読み取り、時間に空間を読み取る〈〈空間〉に、それも同じ空間に到来しないような時間とはどんなものになってしまうだろう〉。唯一の〈存在〉の唯一の大いなる差異化。

そして私も、これらの線の交差点にいるわけではない。線などはないのだから。そうではなく、私は諸空間と諸時間を投影したり配分したりするような個体発生の渦の凹みにいるのだ。

クローデルの「同時性」とは、空間の諸部分相互、時間の諸部分相互、そして空間から時間へ、時間から空間への地平的な共－現前のことである。「私はワーテルローを見る。そしてかなたインド洋に、私はひとりの真珠取りを見る、その頭が突然、彼の筏船のそばの水を割って現れたのだ」（『詩法』[(1)]、p. 53）。わたしはそこ（過去）とここ、〈空間的な〉そことここにいる。[訳注15] あらゆる時刻においてすべての時刻があり、あらゆる季節にすべての季節がある。これは本質や観念への関係によるものではなく、〈存在〉の肉における差異化によるものである。椅子の各面が椅子全体であるのと同じように。

（1）〔P. Claudel, *Art poétique* (1903), Paris, Mercure de France, 1935.〔P・クローデル『詩法』齋藤磯雄訳、『世界文学大系51　クローデル・ヴァレリー』筑摩書房、一九六〇年、一七三頁〕〕

人間とその時空間。

それではたとえば国とは何だろう。それは時空間の沈澱物であり、空間化と時間化の一つの方法であって、それによって人間は〈存在〉を学ぶ。つまり地理や歴史ばかりでなく（*L'Œil écoute*, p. 9-10, p. 11-12、水の上昇[訳注16]）、内部と外部の諸関係の一つの表現を学ぶのである。

オランダ絵画[1]は、こうした時空間の外的な模倣ではなく、オランダの符号を「二つの世界の境界」(*L'Œil écoute*, p. 33〔三二頁〕)、内部と外部の関係(*L'Œil écoute*, p. 20-21〔二〇頁参照〕)として担っている。「内部(＝内装)」は「苦行論などよりも(……)私たちの私生活の意識化へと誘い、また私たちの存在論的な秘密に触れることへと誘ってくれる」(ジャン・ヴァールの引用、p. 239)。〔内部は外部において見られ、内部それ自身より外部においてよく捉えられる。内部と外部の「同時性」――〔外部との関係は、表象の関係ではなく、脱自＝恍惚の関係である。「われわれがさし出すその内壁のうえを上下する陽の刻々の作用」(*L'Œil écoute*, p. 20-21〔二〇頁〕)。そして反対に見えるもののほうは化学、音楽、その諸関係、「利潤の逆転」、アニマ(魂)[2]の密かな取り引きである」。

(1)〔Cf. *O.E.* p. 32.〔M・メルロ＝ポンティ『眼と精神』、二六七頁〕〕
(2)〔P. Claudel, *L'Œil écoute*, p. 23.〔P・クローデル『眼は聴く』、二五頁〕〕

人間と人間。受難。

受難とは、二つの時間性のあいだにおける、一つの時間性と過去との凝集のようなものである。それは私たちが存在全体と不可分であることが、一つの存在へと引き写されたものである。


「私たちはこの恐ろしい砂漠に二人だけだ。

無における二つの人間の魂は、身を委ね合うことができる。

そして一瞬のうちに、滅びゆく時間全体の轟きのように、すべての事物を置き換え合うことができるのだ。」

(『堅いパン』[1]、ジャン・ヴァールによる引用、p. 226)[2]

(1)〔P. Claudel, *Le pain dur*, Paris, Gallimard, «Bibl. de la Pléiade», p. 158.〕
(2)〔*Cahiers Paul Claudel*, no 1, *op. cit.*〕

だがこのような全体と他者への癒着は、距離をおいてしか維持されない。というのも、砂漠が奪うものは、一つの存在でしかなく、もはや〈存在〉ではないからだ。すべてを備えた「可哀想な女」である。

これらの主題は〈二重の影〉（『繻子の靴』I、二日目末尾[1]、p. 195）にある。受難は一瞬のうちに「新しい存在」を作り出すが、それが起きるのは月の光の下、「影たちの国」においてである。見えるものにおいては、ロドリッグとプルエーズは引き裂かれる。

（1）〔P. Claudel, *Le soulier de satin*, Paris, Gallimard, 1929.〔P・クローデル『繻子の靴』二日目第一三場、渡辺守章訳、岩波文庫、二〇〇五年、上巻二四〇頁以下を参照〕〕

影たちの国や、夜の太陽などは、正確なところどのようなものであろうか。死における和解だろうか（p. 198）。棕櫚に変えられた〈二重の影〉だろうか（p. 197〔『繻子の靴』上、二四〇頁〕）。

そうではない。むしろこのうえなく現実的なものだ。すなわち「永遠に朽ちることのない文書」「永遠の書物のページ[訳注17]」。もはや存在しないということは「それが存在していた」ということに基礎づけられている。反プラトン主義。たしかに、見えるものがすべてではない。しかし見えるものより真なるものは、その分身ないし影であり、「それだけが存在する」（p. 196）。互いが互いに対して不可能なものであり、相互の癒着は「一瞬だけ」なのだが、現在の背後にありながらそこにとどまることができない存在は、現在において創始され、創造されたのである。プルースト参照。「現実は記憶においてしか作られない」。これは現実の幻覚ではない。想起されるものは、かつてあったもの〔ce qui fut〕にほかならない。距離によって、現在はその意味のすべてを「繰り広げる」。過去は（非物質的な）純粋記憶ではなく、（現在において保存されたり再創造されたりする）イマージュとしての記憶でもなく、影としての過去、永遠に書き込まれた可視性、本質となった肉である。過去は見えるもののもう一つの不可視性である（現在の潜在性の不可視性もある。つまり私の背後にあるもの。見えるもののあいだにあるもの）。過去は、いまだなおひとが関わっている存在と同じ存在の変異体《ヴァリアント》として見られたもののことである。あるいは、ひとが関わっている存在のほうが、かつて関わっていた存在と同じ存在の変異体《ヴァリアント》である。見た目は、いまなお見ている目と同じ目である。いやむしろ、事実的な見えるものの彼方において、普遍的な見えるものを「聞いている」目と同じ目なのだ。これは唯心論ではなく、同じ一つの〈存在〉の表と裏としての、肉と非物体的なものの哲学である。

　見える世界の開示。そして「叡智的な一口（bouchée intelligible）[1]」としての言葉とは、身体によって不純なものとして投げ捨てられ、身体によって食べられる意味のこと［である］。「時間の外で、過去の感覚と現在の感覚に共通な本質」を備えた言葉（プルースト『見出された時』Ⅱ、p. 47）。より一般的に言えば、空間と時間に共通な本質であり、支え合い、混じり合う人物たちに「共通な本質」であり、現実と想像に共通な本質でもある。要するに「知性の観念」ではなく、隠喩であるような意味、すなわち私たちの習慣や操作によって分離されたものを関係づけるような意味を備えているのだ。知性のほうは、「現実から直接に」その真理を「引き出してしまう」。言葉は文脈によって、切れ端として意味する。

（1）［P. Claudel, cf. M. Merleau-Ponty, *Signes*, p. 297.］（M・メルロ＝ポンティ「クローデルについて」、『シーニュ2』所収、一四二頁。またP・クローデル『詩法』、一七四頁参照。「もろもろの事物を理解するために、われらの口の中でそれらの事物の溶解しうる影像であるところの、もろもろの言葉を学ぼう。叡智的な一口を反芻してみよう」。）

　このことから文学的創造に光があてられる。作家の語ることが理解されなければならないとしたら、どのように創造がありうるのだろうか。他方、どうしたら作家の語ることはすでに存在していると主張できるのだろうか。

解決。作家の語る世界は見える〈世界〉、感覚的な〈世界〉、沈黙の〈世界〉であり、私たちはみなこの世界に開かれている。したがって作家がそれについて語ることは、私たちの生の「鍵盤」や「キー」に触れ、ある意味では生において潜在している。だが潜在しているのは、語られたことがらとしてではない。光は万人にとって、すでに引用したプルーストの小節が語っているものである。だがこの小節は創造である。なぜなら、意味は見えるものの沈黙の骨組、象形文字としてしか存在せず、語こそが意味をそれとして存在せしめるからである。

デカルトによれば、万人は見出すことにおいては平等ではないが、理解することにおいては平等だという。[1]不平等は、同一のものであるはずの光の、方法的かつ意図的な使用によるのだというわけだ。デカルトが過小評価しているのは、方法の使用とは別物である言葉、そして言葉の行使である。自然の光についてはともかくとして、それはまずは見えるものの光なのだ。

（1）［ラポルトに関する読書ノートの中に、次のような一節を読むことができる（R. Laporte, *Rationalisme de Descartes ; Connaissance et sens.*）。「Bona mens〔善き精神〕あるいは視覚は万人において同一であるが、しかしingenium〔知能〕（応用、方法）はそうではない。あらゆる人間が真理を理解する素質がある。これは、ひとたび真理が発見されればの話である——しかし真理を発見する素質はそうではない。（……）（推論の）洞察力と鋭敏さは、より緩慢でなくなった精神が能力を拡大したときに、混ざり合うのである」。メルロ＝ポンティは「規則七」（A.T., X, p. 338）（『精神指導の規則』、三九頁）を引用して次のようにコメントしている。「能力、知的な把握力はけっして論理的には定義されず、ただ見ることとの変異体《ヴァリアント》としてのみ定義されている。そして沈澱は「保存」でしかないのである」。メルロ＝ポンティはコメントを続ける。「直観〔intuitus〕と視線〔visio〕のアナロジー。視覚は思考なのだから、この類比は正当なのではないか。答え。たしかにそうだが、少なくとも視覚が十分に理解されなければならないだろう。視覚は十分に理解されているか。されていない。デカルトは、領野、交差配列《キアスム》、超越の周縁〔Umfang 広がり〕について、およそ考えていない。だから彼の視覚についての観念と思考についての観念を同時に修正しなければならない。単純性質と「細部」の直観主義は（……）完全に視覚論を取り逃してしまう。そうではない。デカルトは、領野、交差配列《キアスム》、超越の周縁〔Umfang〕についてのいかなる観念も持ちあわせていない。そして、視覚についての彼の観念と思考についての彼の観念を、同時に修正しなくてはならない。単純本性とその「細部」の直観主義は（……）完全に視覚の理論を欠いている」。］

作家が創造したり発明したりしている印象を抱かないのは、自分の風景の象形文字を解読しているところだからである。だが彼らは創造している。なぜなら（一）彼らが風景から取り出す沈黙の真理を、ほかの誰も代わりに語らせることはできないであろうから。（二）ひとたび語られた言葉に変換されてしまうと、沈黙の真理は、見えるものの絵画としてと言ったら言い過ぎならば、少なくとも、見えるものと同じように言葉への呼びかけであるような〈世界〉において場を占めるからである。他人はそれを読むことによって、別のことを語ることを学ぶ。

これは無からの創造ではなく、ひとは何を創造したのか（変容《メタモルフォーズ》）もわからないのだが、確実なことは、それが語られなかったことにすることはできないということである。ことがらは異なり、世界も変わる。文学や哲学の歴史は、たんに思考の歴史ではなく、〈存在〉の歴史である。ただし作家は、自分がどのような道を辿り、どの点において世界を変化させているのか、自分でも知らない。同時代人も同様である。

クロード・シモン。私は何も発明しなかった。むろんのこと彼は、彼と事物との接触についてしか語っていない。だが文学は、観念の下にある領域に由来し、そこに呼びかけるのであるから、かけがえのない機能をもっている。というのもそれこそが堅固なもの、持続するものであり、〈存在〉であるからだ。哲学そのものにとってもかけがえがない。

なぜだろう。〔コンラッドの〕『ナーシサス号の黒人』の序文[1]は、クロード・シモンにとって大きな価値をもっている。というのも、「観念」とは、「信じやすさ」「説得力」であり、変化しうる知恵であるからであり、また見えるものとは、持続可能なもの、時間を横断するもの、時間の外にあるものだからだ。コンラッド『ナーシサス号の黒人』の序文、pp. V-VI, VIII, IX.〔訳注18〕

（1）〔J. Conrad, *Le nègre du Narcisse*, trad. R. d'Humières, Paris, Mercure de France, 1910.〔Révisé par Maurice-Paul Gautier, Paris, Gallimard, coll. « L'imaginaire », 1982〕〕

〔(三)　クロード・シモン〕

クロード・シモン。「マグマ」としての時間、そして空間におけるその堆積——記念碑的空間と「世界の肉」——世界における人間たちの混淆——出来事と歴史。

サルトルのラプジャード論。(1)〔訳注19〕

(1)　[J.-P. Sartre, *Méditations*, nº 2, 1961, « Le peintre sans privilège », p. 29-44.〔J－P・サルトル「特権を持たぬ画家」矢内原伊作訳、『シチュアシオンⅣ』所収、人文書院、一九八二年、三〇九－三二七頁〕メルロ＝ポンティは「三月一六日」と記している。]

苦痛や死を表現しようとすると、必ずや剝き出しで美を欠いた恐怖、明確な様式、すなわち因習化した古き様式に陥ってしまうか、あるいは美によって苦痛や死を裏切ってしまうか（ティツィアーノ）してしまうものである。

これは形象を描こうとするたびに必ず存在するジレンマである。

〔だが〕絵画が外から形象を提示するのをやめ、「作品の中心にあると同時にすべての作品の彼方にもある現前」を私たちに「授ける」ならば、このジレンマはもはや存在しない。「「形象」はこうした現前を表すのには適していなかった。とくに人間の形象は人々の苦痛を覆い隠していた」(1)。あるのは炎として現れる拷問であり、それを透かして苦痛の中心が見える。あるいは、裸体やカップルにおいては愛が現れるが、それらは模倣された輪郭や量感やマッスや遠近法によってではなく、肉の「現前化」とその放射によって現れるのだ。さらに群衆や集団も外からは描かれず、能動性と受動性の結びつきに従って描かれる。この結びつきによって人々は群衆となるのだ。「群衆自身によって見られた群衆、ここで、またいたるところで自らに耐え、かたちをなしつつある群衆を描くにはどうしたらいいか。中心がいたるところにあり、あらゆる点において円周と混じり合っている無限の円を描き込むには、どういう曲線を空間に与えればいいのか[2]」。

（1）［*Ibid.*, p. 29.〔J－P・サルトル「特権を持たぬ画家」、三〇九－三一〇頁〕］
（2）［*Ibid.*, p. 40.〔J－P・サルトル「特権を持たぬ画家」、三二二頁〕］

形象的なものが解体することによって、絵画の内的な要請が求めるような〈美〉が見出される。苦痛や死は、深いところにある繊維として、もはや隠されることもない。同じ一つの時間への呼びかけが、苦痛や死の意識を作り出すとともに、絵画を深めもする。そしてまた、画家は描くものの前や外に位置することなく、描きながら自らを描くようになるのだ。

このことは一般に妥当する。クロード・シモン。その深い新しさは、存在するものを外から描くこと、空間や時間や人間を、その形に従って、「形象」として外的な輪郭や遠近法によって描くことではもはやなく、透けて見える輪郭なき現前として、「全体的に存在するもの」（マドレーヌ〔・シャプサル〕のインタヴュー[1]）として描くことにある。私たちの経験はすべてそこから引き出される。全体性は、つねに包括するものあるいはマグマのようなものとして透けて見えるのだ。

（1）［一九六〇年一一月の、マドレーヌ・シャプサルのクロード・シモンとの対談。M. Chapsal, *Quinze écrivains. Entretiens*, Paris, Julliard, 1963. 初出は『レクスプレス』誌。M. Chapsal, « Claude Simon », dans *Les Écrivains en personne*, U.G.E. (« 10/18 »), 1973, p. 285-291.］

クロード・シモンは『フランドルへの道[1]』について次のように語る。「すべてが私の精神に飛びかかってきました、すべて一緒に、一迅の風のように暴力的に」（マドレーヌのインタヴュー）。「あとは……知覚したものを書くだけでした。思考したものとは言いません。思考しているとは思えないので」（マドレーヌのインタヴュー）。セザンヌが「絵画において思考していた[2]」ようにシモンは思考し、自らの声で語りながら世界を見せ、ある種の仕草で世界を見せる。だが、切り離された思考をもたないような、世界のこのような開示こそが、現代の存在論である。

（1）〔C. Simon, *La route des Flandres*, Paris, Minuit, 1960.〔C・シモン『フランドルへの道』平岡篤頼訳　白水社、一九七九年〕〕

（2）*O.E.*, p. 60.〔M・メルロ＝ポンティ『眼と精神』、二八三頁〕を参照。B. Dorival, *Paul Cézanne : Cézanne par ses lettres et ses témoins*, Paris, éd. P. Tisné, 1948, p. 103 et suiv., et M. Merleau-Ponty, « Le doute de Cézanne », dans *Sens et non-sens*, Genève, Nagel, 1966, rééd, Paris, Gallimard, 1996.〔M・メルロ＝ポンティ「セザンヌの疑惑」粟津則雄訳、『意味と無意味』所収、みすず書房、一九八三年〕〕

このことを示すために、彼の芸術の全体的な研究、彼の言語、世界を現前させる彼の方法（最後に示す）などによってではなく、彼の世界をおのずから表現し、要約してくれているようないくつかの節を提示することにしよう。

（一）時　間[1]

（1）〔以下の一九五六－一九五七年講義における時間と空間に関する議論を参照。M. Merleau-Ponty, *La Nature*, Paris, Seuil, 1995, p. 139-152.〕

ある別の時間経験がある。（一）時間の構造そのものの経験（二）それと他のものとの関係の経験。「形象」ではなく、「現前」であり、語る者が捉えられてしまうような時間。

『フランドルへの道』、**p. 29-32**〔二五－二八頁〕〔について〕。

夜[1]の蹄の音の二段階目の沈黙。この「無数の」蹄の音、そのざわめきは、もはや時間の中にある何かではなく、図ではなく地であり、時間の勾配である。何かしら「壮大」で「記念碑的な」もの、絶対的に大きな超−事物〔ultra-chose〕である。「時間の歩みそのもの」「目にも見えず非物質的で始めも終わりも目印もないもの」[訳注20]。それは内容ではなく、時間そのもの、現前としての時間そのものである。それは空間の中の何かでもなく（蹄の音は、その類似性ゆえに、全体性をなす）、何かしら集合的なものや大きな運動体でもない。連隊は空間の中を移動するが、騎士たちは「振動し」「前進しながらすこしも前へ進まない」。

（1）［欄外に］（b）時間の中にある何かではなく、空間の中に含まれているものでもない。それは雨としての、夜としての、時間そのもの、空間そのものである。「包括する」時間、エレメント。「図＝形象」の時間ではない。

この蹄の音は、雨や夜とともに、「包括的なもの」である。時間とはエレメント〔元素、元基〕である。「何千という昆虫が世界をかじっているような音」。時間とは、世界を穿ち、わずかに動かすようなものである。過去と自然への拡張、氷塊の中（下）の虫や甲殻類。これは現在なのか、過去なのか。エレメントとしての時間。

これ[1]は時間の構造であり、夢幻的時間の構造［である］。他の時間もあるが、いずれにせよ「糸状の」時間（『風』[2]、p. 163）[訳注21]に抗うような、「厚みのある」（空間に繋がれた）時間である。すなわち、現在の空間が時間の一部をなしているのだ。したがって時間は多において増殖する。その帰結。過去と現在の関係は、ある時空間と別の時空間との関係であり、かつて存在したがもはやない対象といま存在する対象との関係ではない。現在と過去の関係は、ある時空間と、それを引き裂く別の時空間の関係である（『風』、p. 175）[訳注22]。このことは連続的で理念的な時間の堕落と見なすべきではなく、時間そのものと見なすべきである。時間にはイタリア絵画のような遠近法はない[3]。ということはつまり、私たちの記憶は、しだいに明晰さを欠いていくようなものとして、時間の進行に従って並んでいくものではないとクロード・シモンは言う。だがこのことは私たちの時間「意識」にしか影響しない。時間それ自体は権利上、より暴力的な記憶の偶然性がないかぎりは、遠近法的な表象に従いつづけるだろう。このことはさらに次のことを意味する。通過した道に、到着点の遠近法〔的視点〕には隠された木々が含まれているように、時間に繋ぎ止められた諸現在は、唯一の視点において両立するものではない。したがって、一つの現在を開くことによって、その背後には別の現在が見出され、新たな現在を破裂させる。入れ子式の現在。だがさらに、そこに含まれる過去は、この現在の中心をずらすような、別の世界である。時間の同時性とはこのようなものだ。共不可能な諸現在が同時性において共存する。

（1）［欄外に］（a）「内部」。いずれにせよ糸状の時間には逆らうもの（『風』、p. 163〔注（2）の邦訳三三七頁〕）。

（2）［C. Simon, *Le vent. Tentative de restitution d'un retable baroque*, Paris, Minuit, 1957.〔C・シモン『風』平岡篤頼訳、『集英社版世界の文学23　シモン』所収、一九七七年〕］

（3）［欄外に］マグマとしての時間、すなわちあらゆる場所で同時に作られる諸次元を混ぜ合わせるような時間。

時間[1]は空間と別のものとして考えられてはならない。空間がなければ、現在もないだろう。時間は、この空間の属性であり、たんに「意識の」属性ではない。時計の記念碑的な時間、鉄道の夜の時間、車輌の時間、その広大な時計である世界の時間。時計はたんに時間の目印ではなく、究極的には時間そのものである（『草』[2]、p. 91）[訳注23]。空間が時間の象徴たりうるのは、まずはそれが時間の発生に参与するからなのだ。

（1）［欄外に］（c）その結果として、とりわけ時間の沈澱が生じる。時空間。時空間は、象徴化されたものではなく、空間に汚染されたものである。なぜなら、時間と空間は、二つそろって世界なのだから。

（2）［C. Simon, *L'herbe*, Paris, Minuit, 1958.〔C・シモン『草』白井浩司訳、『現代フランス文学13人集（4）』所収、新潮社、一九六六年〕］

したがって、壁はたんに時間の象徴ではない。私たちがたんなる糸状の継起関係を思考するために利用する文えではない。糸状の継起関係は空間を必要としないだろう。おのおのの年は互いに重なり合い、時間は過ぎ去った年を持ち上げて構築される壁そのものである（『草』、p. 119-120）〔訳注24〕。あるいは顔である（『風』、p. 56）。[1]というのも時間とは、沈澱と亀裂であるからだ。沈澱が意味するのは、新たな状況のおのおのがすべてを消し去ってしまい、〈存在〉はつねに完全であるということである。しかしながら、別のものがあったということも私たちはたしかに知っている（『草』、p. 104〔一八九頁〕）。

（1）［欄外に］（d）。

別のものがある。感覚によって切り裂かれた現在（『草』、p. 175〔二二五頁〕）。

　要するに系列《セリー》としての〈時間〉などはない。空間化された時間のみならず、系列的な時間もないのだ。系列的時間においては、ある項が存在すると、それまでの項の存在は廃棄され、それに置き換えられてしまうが、その結果、同時にはたった一つの項だけが存在することになってしまう。

　系列をなすのではなく、入れ子構造がある。（つねに感覚的で空間的な）現在は、その奥行において別の現在（一人の同じ見る者の眼前で、一つの同じ見えるものにおいて起きたこと）を把持している。普段はこの奥行は開かれず、現在は自己充足し、完全であるように思われ、他の現在も一般的な実在性（記憶という物置）しかもたない。ときどきは感覚的なものそのものによって亀裂や深淵や真の記憶が生じるが、それはいまだ感覚的なものの次元である。個人的な過去が脈打つのは、この匂い、この風景においてにすぎない。過去と現在は系列として配置されてはいない。そもそも現在そのものも、注意深く見るならば、時間の点でも一片でもない。時間の統一性は、自然について言われるような意味で（窒素の循環《サイクル》）、つねに円環《サイクル》である（一日、あるいはその四分の一の六時間の流れなど）。たとえば、午後とは、「過ぎ去る」（サルトル）一日である。一日というのは、芽の伸び広がりのようなものである。そして円環構造は束になった芽や花のように一般的なものである。時間の一般性、時間の概念（それはたんに不可逆性ではなく、永劫回帰でもある。それは同一であるからこそ別のものになる）は、現在に至るまで生きられ、「流れつつある」現在の内部における入れ子構造に基づいている。諸現在を系列的に配置することはできない。諸現在もまたそれ自身が別の段階の系列であり、そもそもその一つ一つが、それに先立つすべての現在を担い、変容させ、維持しているのである。

したがって、時間の線や系列などはなく、時間横断的な〔transtemporel〕核がある。〈見えるもの〉と〈世界〉、見えるものの一種の永遠性、それは容器がひそかに「洩れて」しまうのと同じように、現在に対してつねに先走っているか遅れているかしており、けっしてちょうどの時刻にはならないような永遠性なのである。

(二) 空　間

入れ子構造の時間と同様、入れ子構造の空間、芽が力をもつ空間と同じような、植物的な空間がある。私たちの肉と結びつけられた、増殖の空間がある。

二者択一。空間が私たちを含む。私が空間を含む〔＝理解する〕。こうして二者択一は変容する。これはもはや考える葦としての自然ではなく、肉としての私たちの存在の二つの様態である。私たちは銅像であるか、あるいは「世界の肉」（『風』、p. 98）[訳注25] における肉であるか、どちらかである。

空間とは、私たちの肉と世界の肉の関係である。その結果、身体空間のおどろくべき記述が生まれる（『草』、p. 181-184〔二三〇－二三二頁〕）。これは身体がお互いに二重写しになっているような遍在性の空間であり（鏡はここでは限界例にすぎない）、場もお互いに入れ子になり、おのおのの感覚的所与（香水瓶に蓋が当たる音）が入れ子状の潜在体を切り開く（ルイーズにとっては隣の化粧室の潜在、サビーヌにとっては、この化粧室の向こうの部屋の潜在）。サビーヌがルイーズについて話しているあいだにルイーズは鏡で自分の姿を見る。つまり彼女はサビーヌの中にいながら、サビーヌの外にいる。見ているのも彼女でさえなく、鏡の中の像が彼女を見て彼女をののしる。なぜならそれは本当でみじめだからだ。そう言ってもいいし、そう言えるのがばかばかしい、というのも、彼女が見せている彼女自身についての馬鹿げた考えはどのようなものなのか……。

レシャクの死を参照。『フランドルへの道』、p. 313-314〔二九六頁〕。レシャクは「うつけたようにもの思いに沈み」、誘導剤について考えている。「暗殺者」はレシャクの前にいて、語り手は後ろにいる。「つまりおれたちふたりでおれが彼の後ろ姿を目で追いそいつが彼のすすんでくるのを眺めていてふたりあわせてなぞの総体を所有していたので（暗殺者がこれから彼の身の上に起こることとおれが彼の身の上にこれまで起こったことを、つまりふたりで以後と以前とを、つまり二つに割ったオレンジの完全にぴったりつきあわせることのできる片方ずつを知っていたので）その総体の中心で彼はそれまでにどんなことが起こったのかこれからどんなことが起こるのかも知らずにあの認識の虚無とでもいうべき（ちょうど台風の中心部にはまったく無風の個所があるということだがそれと同じで）、ゼロ地点とでもいうべきもののなかにいた」。空間、包括的な世界は、肉体的にも精神的にも、私を通して閉じる。というのは、空間や世界は、私について私が考えもしないような多くのことを知っているような隠れた他者に満ちているからだ。そしてそうした他者は私だと言われ、互いにぴったり嵌まる。そして私は真ん中にいて、何も考えず、いずれにせよこうしたすべてのことについて考え、ゼロ地点であり、空間の触れえない場所、見えない亀裂である。「私たちがいかによい目をもっていたとしても、オレンジの両側を同時に見ることはできない」（スタンダール――ブラン『小説の諸問題』、p. 127）[1]。しかしながら、オレンジの両側は同時に存在し、私たちは「一つのオレンジ」を見る。そして私たちは、私たちが知りもしないような見えるものの中心に置かれているのである。

（1）［G. Blin, *Stendhal et les problèmes du roman*, Paris, Librairie J. Corti, 1954.］

（三）人間たちのマグマ

「世界の肉」、これは世界に属する私の身体の隠喩ではない。反対に次のようにも言えるだろう。私たちの身体こそが、世界と同じ感覚的な生地で織られているのだ、と。自然主義でもなく、人間学でもない。人間と時間、空間は同じ一つのマグマからできている。

たとえば、時間が嵌め込みの時間であるとの同じように、身体どうしはいわば絡み合っており、一つの身体に起きること、その生と死は、別の身体の持続や年齢を変容させるのだ。

『風』、p. 186〔訳注26〕。ローズの肉。女の肉すなわち母、すなわち証人としての人間を含む肉、すなわち人間を時間から守り、そしていまや死によって、「虚空」へと生み出すような肉、その人間以前に共通の目的に達し、その人間はいま生まれたばかりなのだから、その人間より年老いた肉。

モンテスは、ローズの死が与えた年齢である。生誕と愛と死の混淆。

このような混合や絡み合いは、すでに私たちが見るということによって、すでに存在している。すなわち、他者たちが見ているのを私たちが見るということである。私たちは、目というものをもった瞬間に、驚くべき繊細さをもって、他者の目で見る。『草』参照。「(……) いわば挙げた手（それは動かなかったが）や彼女をじっと見つめる目（これもまた動きはしなかった）から来る何か、であった。(……) しかし視線と手の肉体的なたえざる圧力をいつも感じとることができた」(p. 114-115〔『草』、一九四頁〕)。私たちは見える事物や性質しか見ないと思っているので、これは第六感のように思われてしまう。だが私は、自分が見ている世界と同じ世界にある身体を見るのだし、そのわずかな動きにも合一し、それらを内部から見ているものなのだ。

人間もまた入れ子状の人間である。ひとりを開いてみることができたとしたら、ロシアの人形のように、あるいはより秩序が少なければ、不可分の状態で、他のすべての人間が見つかることだろう。

人間の集合体、それはざわめきであり、言い争いである（『フランドルへの道』、p. 59-61〔五三－五五頁〕）。『風』参照。モーリスは脅迫するためにモンテスから盗んだ手紙を使えなくなり、モンテスに埋め合わせをしてもらおうとする（『風』、p. 172〔三三四頁〕）。

人間は、自分が言うべきことを吐き出すために話すが、言うべきことは意味として思考されたり理解されたりすることはなく、弾丸を撃ち出すようなものである。「何か拳骨よりつよいもの、物質より堅いもの、すなわちことば」（『風』、p. 165〔三二九頁〕）。それはあまりにも強くて堅いので、場から切り離すと（映画の音の故障のときのように）「麻薬か腐食剤の作用みたいに」変容してしまう。言語とは見えるものに嵌め込まれ、そこで場を占めているようなもの［である］。

このマグマはたんなる混乱や偶然や非理性ではない。それは感覚の過剰でもある。意味の剰余のようなものが人間の言葉と行為に、どうしようもなく到来するようなものだ。人間とは、「おれたちが自分はこうだと思っているそこのところ、おれたちをしゃべらせ行動させ憎んだり愛したりさせるもの」よりもはるかに多くの意味をもった観念（情念、質、知性、馬鹿げたこと）の担い手である（『フランドルへの道』、p. 118〔一〇七頁〕）。それは私たちに住みつき、絵《タブロ》を形成する。顔もまたすでに意味に満ちた広大な表徴である。眠っているイグレシアはアステカかインカの死者の仮面であり、「微動だにせず、いかにも不可解で、空虚で、もともと彼らみんながそんなけじめのない灰色の空間のなかで眠り、目をさまし、からだを引きずり、眠りにつき目をさましたりするのだったが、一日また一日とどんなかたちにしろ何かの変化が起こっていまはもう明日で昨日ではないのだとか、あるいはまたまだ同じ一日なのだとか考えさせることもない」(『フランドルへの道』、p. 137〔一二六－一二七頁〕)。人間は時間のマグマの上に据えられた仮面やマリオネットであり、形のないものを蔽って、それについて何にせよ語ること、語るべき物語があるのだと思わせるような明確な形である……。『草』(p. 129〔二〇二頁〕)の老婆。彼女の顔や肌の色は「原始的であると同時に野蛮ななんらかの崇拝思想」を思わせる。およそ顔というもの、情念や行為というものはすべて、それらが上に乗っている形のない時間と関係するとき、こうした記念碑的な様相を示すのだろう。たとえば『風』(p. 162-163〔二二八頁〕)のエレーヌは、部屋のガラス扉越しに父親とモーリスを観察し、「ある時間というものの厚みのなかに居坐っており」、「というわけで彼女〔エレーヌ〕が玄関の暗がりのなかで片足を踏み出したまま動作を中断するのが目に浮かび(……)」さらに以下参照。

人間的あるいは間人間的なマグマは、私たちの「思考」とは共通の尺度をもたないような記念碑的な形象を描き出す。したがって世界の表現は不条理ではない。「私が思うに、非意味《ノンセンス》は詩人や哲学者の発明品である。いわば置き換えによる価値である。不条理なものは自己崩壊する。この世界は不条理だと言うことは、まだ理性を信じつづけていると告白するに等しい。私は長い時間をかけて、事態はこのようなものだと発見し、自ら納得した。修正するものは何もなく、たんに取り上げるもの――すべては取り上げるべきものだ――があるだけだということと、そして、それまで存在していたもの、あるとき存在していたもの、存在するであろうものはすべて、自己充足し、充分であり、それどころかこのうえなく要求の強い欲望をも満足させるということ、ひとはそのことを意識できなければ、こうした世界の華麗な壮大さにけっして満足しないということ、こうしたことを私は発見するに至ったのだ」(『綱渡り』[1]、p. 64)。

(1) [C. Simon, *La corde raide*, Paris, Minuit, 1947.]

（四）全体的現実存在としての世界

混合体はカオスであるが、意味の増殖でもある。過去と現在と未来の混合、想像的なものと現実的なものの混合において、それらは相互に交流する（額に血の染みのついた先祖の肖像についての夢想、それについての語りは、レシャックとその死に結晶化する。そして、それらすべては、騎士イグレシアがそれについて語ることを通して、語り手が戦争後に愛したコリンヌに結晶化する）。（三つの主題は互いに先回りし、互いに結びつくことで、カオスではなく、円環状の増殖のようなものを構成し、そこで各主題は相互に規定し合う）。とくに想像的なものについては、新たな想像的なものの発見がある。他人の語り、他人が語る人々、それらは観察できないが、（過去や未来において）連合する現実的なものを形づくる。サルトルは、観察可能なものを逸脱するものとして、自己のことしか考えなかった。他人と自己の混合体。

こうしたすべてのことにおいて「決断」とは何なのか。崩れ落ちそうな木のような失神、破綻である（『風』、p. 78）〔訳注27〕。決断は無からなされるものではなく、いま行われるものでもなく、つねに予想されるものである。なぜなら私たちはすべてであり、すべてが私たちにおいて共犯関係にあるからだ。ひとはすることを決心するのではなく、させられるがままにするのだ。

それでは出来事とは何か。諸存在と諸事物の合成だろうか。外部から襲いかかったとしても（ローズの死）、出来事は外部から来るものではなく、モンテスにおいて全体として予想され、成熟する（『風』、p. 173-174〔三三四頁〕）。それはなされつつあるというよりは、起こらなかったということがありえないような何かである。「いまは予定日に達した緩慢で仮借のない出産の最後の局面〔訳注28〕」。叫びを参照。『綱渡り』、p. 59-60。「あたかも呻いていた女は、叫びが通る道でしかないかのようだった」。「（……）女は、彼女の体を利用している神秘的なものを前に、恐怖で叫んでいる。果たされるべきことを果たすためにそれを乱暴に扱い、引き裂きながら」。生や死のように、準備され、予想され、望まれ、そして予告したものと共通の尺度をもたないものとして恐れられ、なされ、堪えられる。「私はそんなことは考えていなかった」「私はつねにそれを知っていた」（夢幻的意識）。

たとえば戦争は、人間における前人間的なもの、「すべてが許される」という嫌悪、恐怖そして喜びである。「嫌悪感や無責任観が与えてくれる気楽さ、自由の幻想、愚弄され、門もなく裸形と犠牲だけを残してすべてを奪われた世界を見るときの喜びとおそれに満ちた感情、そのとき規範、自分や人の人格について学び知ったことにもかかわらず、何かが起きつつある、それは人間的な尺度をすべて越えた血、火、炸裂であり、人間の意志をすべて逃れ去るようなもの、何か壮麗で、神秘的なものである、音楽や生誕が人を驚かせ、啞然とさせ、混乱させるように」（『綱渡り』、p. 58）[1]。

（1） Cf. p. 44-46.『綱渡り』は絶対的反抗である。

歴史は、何ごとをもなさないと称するときでさえ、到来するものに散逸する力と手段の結び目を備え、名をもち、それ以後は起きなかったことにはならないし、またそうすることもできないのである。

したがって歴史とは、「出来事の一様で平穏な展開」ではない（計画や企てではない）。それはあらかじめ定められた方向や、見かけ上の秩序をもたずに、休むことなく「なされる」何かである（『草』の注釈）。すべてのもの、見えるものすべて、人物たちすべては、互いに「透明で」、互いに住み込み合い、含み合い、入れ子状に嵌り合う。それは「植物の呼吸のように、知覚できず全体的な呼吸」によって呼吸しはじめるような全体である。「誰も歴史を作りはしないし、見ることもない、草の生長するのを見ることがないように」（パステルナーク）[訳注29]。

（五）芸　術

見せるべきものによって、「技法」が理解される（そしてもし技法が理解されないとしたら、それは好奇心の欠如による。なぜならそのときひとは見せるべきものを予感しないし、技法はたちまちほのめかしになるからだ）。句読点が削除されていること（かならずではない。語り手の感情を際立たせるときは削除されない）。句読点が「切断し」、世界の「暴力的な息吹」を壊してしまうようなときは削除される。対話者の相対的または全体的な置き換えは——よく聞き取れなかったことや、他者たちがはっきりしないことを示すためだけではなく——、一つ一つ譲渡不可能で置き換え不可能な「私」であるような意識ではなく、言語的な身体をもち、言語的な身体を交換するような人間として生きていることを示すためなのだ。おのおのが、時と場合によって、〈私〉だったり〈君〉だったり〈彼〉だったりすることができるし、（またこれは別のことだが）〈私たち〉や〈あなたたち〉や〈彼ら〉などの一要素であることもできる。それも、当人の目に対してなのだ。私たちは、言語の中に生きているかぎり、たんに〈私〉なのではなく、すべての文法的人称に関わり、それらの交錯、交差点、束に身を置いているのだ。小説における代名詞や文法的人称の使用法は（M・ビュトール[1][訳注30]）ある種の関係を示す。とりわけ著者と人物や読者との関係である。クロード・シモンにおいては、代名詞の使用法ではなく、マグマの中にある不可分な文章の使用法〔が問題になる〕。

（1）［M. Butor, *La modification*, Paris, Minuit, 1957.〔M・ビュトール『心変わり』清水徹訳、岩波文庫、二〇〇五年〕］

語り手による語り（は、プルーストとは異なった意味をもつ。プルーストにおいては、生きた作家がそこから作品に移行し、この移行の語りが作品そのものを構成する）。シモンにおいてはむしろ、すべてを見たわけでない誰か、ひとが彼に語ったことを報告する誰かによる語りであり、入れ子状の語りへと開かれている。世界が、それと結びついたさまざまな側面に満ちているように。原初的な構造をもった語りの入れ子状の語りである。

40

人物は、内面生活や個人的な投企によって規定された「性格」ではなく、祭壇画の人物と同じように、彼らに知らず知らずのうちに下り立つ〈観念〉の担い手である。

「時間的なものを時間的なものによって翻訳することではなく、同時性が問題なのです」。「全体的に存在するものが」（マドレーヌ〔・シャプサル〕のインタビュー）。

クロード・シモンは『ナーシサス号の黒人』の「序文」に言及する。

コンラッドの言う「見えない世界」。それは彼にとって「根本的で」「本質的なもの」、彼の実存の「真理そのもの」(1)〔訳注31〕である。

（1）〔欄外に〕信じやすさ〔訳注32〕や説得に抗して、最も目立たず、最も孤独な事物や人々における視覚への訴えかけのようなものを持ち出すこと。このことを教えてくれるのは、思考ではなく芸術である。なぜなら語によって、芸術は見させるのであって、思考するのではなく、「根本的なもの」「持続的なもの」「本質的なもの」に訴えるのであって、私たちの臆見や確信や言表に訴えるのではないからだ。

思想家は「見える世界の背後」を見、「信じやすさ」、知性や不安や平穏さの欲求に訴え、私たちの深い関心に奉仕している。

「芸術家」は「努力や内的な闘争」の領域に入り、「メッセージ」を発見する。この「メッセージ」は私たちの闘争的な本性に訴えるようなものではなく、もっと控えめで、「より曖昧で」「より深い」メッセージである〔訳注33〕。そして芸術家自身は「知恵」や「獲得された」資質に対して語るのではなく、万人において、最も「持続的な」ものに語りかける。私たちの「喜び」「賛嘆」「神秘」の能力、創造物やすべての孤独（たとえば「質素で、素朴で、声なき」人々の暗い生活）との連帯に応答し、またそうしたものに語りかけるのだ。それによって、「壮麗な場所」であれ、「暗がり」であれ、地上のすべての場所に価値が与えられる。それは「気質」が「気質」に語りかけること、すなわち「諸感覚」の印象によって語りかけることである。「というのも、気質というものは、個人的であれ集団的であれ、説得には従わないからだ」(VIII)〔訳注34〕。芸術を参照。スタイル〔＝文体・様式〕の働きによって得られた感覚性。「たんに書かれた語の力だけで」「見させること」(IX)。これは「知恵」を満足させないし、説得も構築もしないし、楽しませたり改善したりもしない。しかし視覚においては、これらすべてがさらなるおまけとして与えられる。「真理を見て取ること」(IX)。

「生の断片」を示し、それを時間に抗うようにして維持し、その「震え」や「色」や「形」を示し、そのことによって「その真理の(……)実質」「説得的な瞬間のただなかにある(……)霊感に満ちた秘密、力、情熱」を示すこと(X)。

「神秘的な起源」における連帯、人々を互いに、そして見える世界に結びつけるような、不確かな運命の連帯(1)。

(1)［欄外に］哲学＝「謎めいた」視覚、連帯と死。

芸術は、人生の労働にたずさわる人々をしばし停止させ、その瞬間に人生のすべての真理が見出される。「視覚の瞬間、嘆息、微笑み、そして永遠の休息への回帰」(XII)。

クロード・シモン(結論)

文学とは何か。文学はいかに可能か。より正確に言えば、文学作品は(一)いかにして創造されるのか、すなわち、まったく新しく、文化の世界を決定的に変容させるということはいかに可能なのか。(二)にもかかわらず、いかにして理解されるのか。このことは読者において「タッチ」が潜在していることを前提とする。いずれにせよ、このような言語を学ぶ能力——したがって、新しいものの内在——があるということ、それは(a)文学的な真理とは何なのか。(b)「文学的な観念」の本性は何かを問うことになる。

文学作品が創造され、にもかかわらず理解されるのは、（a）それが語られたことがらとして創造されるから、無からの創造ではないからである。作家は、自分は何も発明していない、自分が見たことを言うのだと言う。クロード・シモン、そして二つの化粧室の鏡。ビュトールは言う。「小説家とは、彼にとって何ものも失われていない者のことだ」。クロード・シモンは言う。見えるものは無限であり、文学は無限である。ひとは、最大限に拡大すれば、つねに言うべきことを見出すことができる。ひとはつねに、執筆するために十分に生きている。シモンが言おうとしているのは、存在するものをコピーするということだろうか。存在するものの二重化なのか。作家にとって、自分が語ることは自分が見たものである。だが見られたものは多形的または無形的である。見ること、それは思考しないということだ。見たものを書くこと、それは実は見たものを加工することである。素描することが、視覚の点描を辿り直すこととは違うように。絵画はコピーとは違うものであるのと同じように。誰もが鏡を見て、たとえば別の部屋で言われていることを隣の部屋から聞くという経験をもっている。だが、この私たちに無視されてはいないことが、それを孤立させたり、さらには想像的なものに移行することによって、（しつこく、そしてほかのものを捨てて）語られ、読まれるとき（読者が、見える世界そしてそこで構成されてしまった言語を見たり使用したりするのは、それがなければ文学がなくなってしまうような手段としてであり、それによって文学をあらしめるような手段としてではまったくない。ひとが読むときは「イメージ」も、さらには語の意味の喚起も〔行われてはいない〕）、そのとき語られたことがらは、見られたことがらではなく、次元に、「首尾一貫した変形」（マルロー）になる。誰かほかの人が、これらすべてを自分の領野において「もっていた」としても、それを語ろうとは「考えなかった」だろう。他の人が自分の領野でそれをもっていたと言いうるのはどのような意味でなのか。それは、ひとがその人にそのことについて語ったときに、その人がそこにそれを見出すことができるという意味にほかならない。それはあたかも、絵の愛好家が絵を見て、「それを見る」手段を見出すことはできるが、それを描くことはできないのと同じである。首尾一貫した変形。重要なことは首尾一貫していることなのだ。というのも、変形ならば、誰でもできるし、誰でも作ることができる。だが変形が首尾一貫していいるということは、ある風景が別の風景あるいは人間やその言説に合致するということ、さらにはある人の言説が別の人の言説に合致するということである。この合致は何なのであろうか。それは、さまざまな見えるもの（あるいは現在と過去。プルースト）あるいは見えるものと人間的なものが、同じ次元の差異化やレリーフを備えていたり、同じ軸に嵌め込まれていたり、同じ諸本質に参与していたり、お互いに「隠喩」であったり、同じ「隔たり」を示したりしているということである。〔訳注35〕世界は見られるものや語られるものによって規定されるのではなく、見られないもの、語られないものによって規定される。正確に言えば、相互の差異によって規定されるのだ。この差異について、作者はまさに作り手なのであり、それは作者が自分の身体の振る舞いによって見えるものを取り扱う方法の作り手であるのと同様である。誰かというのはそういうもの、つまり普遍の象徴的母胎であるということである。視覚はスタイルである。ただしその場合、視覚という言葉は隔たりとして、全体とはならない一つのやり方として理解されている。したがって、何ものも完全には作られないが、創造はあるのである。

（b）そして作家がもたらすものは、あらかじめ存在するものではおよそないにもかかわらず、理解される。作家でない人はつねに、何も言うことがないという印象を抱いている。だが何かが言われたとき、それを「理解する」。デカルトを参照。人間は見出すことにおいては不平等だが、理解することにおいてはそうではない。デカルトはこのことを、技芸〔art〕の差異によって説明している。だが技芸とは何だろう。方法だろうか。だがそれはまずは自発的な方法である。それは自発的でありつづけるだろうか。方法の規則は、問題になる何ごとかを前提にする（ライプニッツの文章。見るべきものを見よ、など）。知的な「視覚」は万人に平等ではない。それは研鑽〔travail〕によって平等になるのだろうか。だが誰もが研鑽できるわけではない。クロード・シモンも同じことを言う。研鑽とは、言葉と視覚、すなわち脱中心化、レリーフ、次元性であり、あるこれこれの存在者

〔Seiende〕によって存在〔Sein〕に関係する方法のことである。したがって、見出す能力は平等ではない。理解する能力は共通である。なぜなら与えられたものは多形的で無形的で、固定していないからである（これが非芸術的ではあるが共通な視覚という事実である）。デカルトは視覚をうまく定義していない。視覚とは、単純な要素の把握ではない。これは、半ば与えられる、ということがありえないものになってしまう。そうではなく視覚とはまず領野の、地の構成であり、この地の上におけるある種のレリーフの構成である。そのようなものとして、視覚は知的なものではない。スタイルとは視覚である。そもそも理解の能力も万人において同一ではない。語られたことがらが自分の経験に合一したり、それを変形したりすれば理解する人もいる。またそれによって彼自身が別のことを書きたいと思うという意味で理解したり、理解し直したりする人もいる。芸術の多産性。一つの言葉は別の言葉を引き起こす。なぜか。連続的な隠喩の力ゆえである。およそ文学というものはすべて、接ぎ木であり、ひこばえである。「観念」は（「知性の」観念でさえ）斜めに、側面的に発芽する（哲学でもそうだ）。観念とは定義上（弁証法的に言って）それがそうあるものではない。

以上のことは（一）視覚を、性質の体系の所有としてではなく、枠の、類型的なレリーフの、勾配（諸次元）の所有として考えること［である］。（二）言葉というものを、発明としてではなく、この視覚の構造、白黒のものだけではなく、色の付いた生地によって書き取られたものとして考えることである。言葉とは構造化［である］。間接的な言葉であり、意味を引き写した言葉ではない。

したがって文学作品とは、存在するものに、肯定的《ポジティフ》な剰余を付け加えること（進歩）ではない。そうではなくむしろ、もはや何も以前のようではありえないということを実現するものである。未来への道は引かれておらず、いくつかの道はふさがれたり、放棄されたりしているのである。

二　デカルト

なぜ以上のように〔今年度の講義を〕始めたのか。デカルトが語ったことを、彼が語った順序で、彼の問題への返答として語るのだったとしたら、無駄なことだっただろう。私たちの問題を彼に提起したということなのか。そのようなものが存在しないとしたら、これは不当な問いであり、不条理でさえあるだろう。私たちの「問題」ではないが、彼の「問題」、つまり既知の諸項との関係で「未知」のものを決定すること——デカルトは『精神指導の規則』において、自分が提起する問いをこう定義する——でもない。このような問いは、彼の哲学をカバーするものではない。問いは、それらの依存関係によって——順序に従って認識すべきものとして——系列として配置されて「いる」。だがその諸理由の順序〔l'ordre de ses raisons〕は以下のことを説明できるだろうか。（一）それ以前にあったもの（感覚的人間）。彼の哲学は、たんに非‐哲学の中に、暗黙のうちに胚胎されていたということなのか。一年に何時間か〔訳注36〕——デカルトは、自分のように『省察』にのめり込むべきだとは誰にも勧めていない。そうしたら世界から離れてしまう。だから哲学は、非常に遠回りで逆向きの道のりで、世界〔の存在を〕結論し、世界の有効性を確証する。(1) バイエは一六一九年の断絶を記述する。精神を裸にすること。〔訳注37〕 自発的な人間にその名残がある学問は、すっかり隠されてしまっている。方法は自然的なものである。だがこのことが意味しているのは、方法が彼自身の論説に含まれていて、それ自身を前提とし、自らを構築するものとして回帰するということである。その結果最終的に、方法の価値の問題が生じる。この問いが根こそぎにし、変容させる。

これがデカルト的理性の領野を開く。だがこの領野がすべてではなく、〔それは〕逆転によって創設されたものである。(二) この理性は、たんにそれが一部をなす自然の光を確証するばかりではなく、自然的傾向性つまり感覚や〈心身の〉合一をも確証する。そしてこのことが必要なのは、自然の光の真理があるようにするためである。「すべてが真だとしたら、何ものも偽ではない」。そして「何ものも偽でないとしたら、何ものも真ではない」(ゲルー、II, p. 175,[2] II, p. 144)[3]。

(1)〔欄外に〕前反省的なもの、メタ反省的なもの。

(2) [M. Gueroult, *Descartes selon l'ordre des raison*, II : « L'âme et le corps ».]

(3)〔真理については以下を参照。M. Merleau-Ponty, « Lecture de Montaigne », dans *Signes*, p. 250.〔M・メルロ＝ポンティ「モンテーニュを読む」二宮敬訳、『シーニュ2』所収、七四頁〕〕

悟性の真理と感覚の真理〔の関係〕。後者は悟性によって撹乱され、また反対に悟性は後者によって撹乱される。感覚の真理との関係によって、悟性は否定的なものとなる（ゲルー、I, p. 323)。

したがって哲学と非－哲学の関係は以下のようなものだ。一方が他方へと導くが、それは逆転によってである。第一の逆転は〈コギト〉への移行であり、第二の逆転は存在する事物や合一への回帰である[1]。

(1) **p. 2-3**〔本書一九八－二〇〇頁〕を参照。

デカルトが自分の哲学をこのように考えるとしたら、それは線状的な順序に従うような、一連の肯定的《ポジティフ》な真理ではなく、また与えられた種子のたんなる展開でもない。それは運動や道程であり、総体としてはここにだけあるような真理である。順序を守るべきだという教えが意味するのは、まさにおよそ命題というものはすべて全体的に取り上げ直さなければならないということなのである。懐疑の「夜」、無がある〔nihil esse〕という仮定は、直接に自然の光を、存在するものを発見する。以上が彼の哲学の第一の契機である。そして第二の契機。自然の光は神の光へと導くが、神の光は理解不可能なもの、無からの〔ex nihilo〕力能という深淵であることが明らかになる。この力能はとくに、本質を相互に否定し合うような二つの実体を一つに結合することができる。〔こうして〕魂は身体的なものとなる。

デカルト哲学がこのようなもの、つまり感覚的な人間や見える世界に対抗して叡智的な光を確立すること、そして、この光によって感覚を相対的に正当化することであるとするならば、彼の哲学は（第二の契機において、たんなる第一の契機の否認となってしまうのでなければ）、光と感覚、見えないものと見えるもの、肯定的なものと否定的なものの両義的な関係を含んでいなければならない。このような関係や混合こそを探求しなければならないだろう。

デカルトの順序（認識における真理、彼の思考の順序）を辿ることによっては、そのような関係や混合を見出すことはできないだろう。むろんのこと、諸理由の順序に対して諸題材の順序（自然、人間、神）を優先させるべきではない。それは理由の連鎖を断ち切り、分離された諸理由があるのでないかぎり受け入れがたいものであろう。反対に私たちはそれらを分離しないこと、あらゆる場所（あらゆる題材）において働いているような中心的な関係、凝集の原理となるような同一化と差異化の方法、デカルト的存在の繊維を探求しようとする。これは諸理由の順序とは異なるもの［である］。諸理由の順序は言表と証明の連鎖であるからだ。たとえば「第六省察」において諸理由の順序は、感覚が存在する世界を指し示す、という道徳的確信以上の確信を含んでいる。感覚が世界と交流するというのではなく、感覚もまた誠実さによって確証されるからである。したがって、含まれているすべての傾向性とともに感覚することは、理性的なことである。デカルト主義において探求すべき骨組は、このような認識の言表の枠組ではなく、経験であり、言表が表現する存在との関係である（たとえば「第六省察」における感覚的なものの客観的実在性の記述は「〈存在〉と〈無〉を微分するもの」（ゲルー）である）。たしかに〈存在〉の繊維、理由や思考のそれではないような紐帯〔nexus〕を見出すことが重要であるが、それは経験において、〈存在〉との接触において求められなければならない。たとえば〔ジャン・〕ヴァール(1)は瞬間の概念、光の概念（自然学、思考の働きかけ、神の自己創造）などを見出した。瞬間や光の概念は、内的な運動を備えている（デカルトは瞬間について、非常に小さな時間、時間の否定、そして虚構の時間というように代わる代わる語っている）。こうしたさまざまな意味は、諸理由の順序のある契機において相互に関係づけられるのではなく、デカルト的な〈存在〉の肌理《テクスチュール》においてまとめあげられているのである。

（1）〔J. Wahl, *Du rôle de l'idée de l'instant dans la philosophie de Descartes*, Paris, Alcan, 1920, rééd, Paris, Descartes & Cie, 1994.〕

それゆえ私たちは「デカルト的存在論」と言ったのである。まさに「認識から存在へ」向かうようなデカルトを取り上げるのであって、私たちの〈存在〉についての私たちの経験の概念が適用されないような何者かを取り上げるのではない。まさに認識の優位として公式に表明されているものの中に、〈存在〉のある種の経験をもったような何者かとして、デカルトを取り上げるのである。

したがって私たちはデカルトを文字通りに受け取ることはしない。彼の結論に従うべきであり、彼を模倣すべきではないというデカルトの忠告を聞くことは、とりわけしない。彼を理解するには、模倣しなければならないのだ。そして私たちは、彼が知らなかったような問題を彼に提起することもしない（歴史の問題などを考えてみよ）。実のところ、私たちは彼にいかなる問題も提起しない。私たちはむしろ神秘（彼のものであるような神秘）を、すなわち彼の〈存在〉との関係を解明しようとするのだが、この〈存在〉との関係は、彼の作品を通して見られるある種の回帰、たとえば語や例や概念（光、存在と無、見ること〔videre〕、〈……するや否や〔simul ac...〕〉）の回帰によって間接的に示されるのである。だからといって諸理由の順序を再現しなくてもよいということではなく、諸理由の順序が与えてくれないようなことを再現するのだ（デカルトが完全に成功し、彼の結論だけを知ればよいというのでなければの話だが）。それこそがデカルトの〈存在〉の試練なのだから。

デカルトの存在論を私たちの存在論に対置するとしても、私たちはデカルトが提起してもいない問いを彼に押しつけるつもりはない。認識の哲学は、デカルトのそれはその一つにすぎないとしても、存在論の特例の一つであろう。というのも、認識者の存在を思考しなければならないのは確かなのだから。

というわけで、[1]諸理由の順序の下で、そしてその以前と以後において（デカルトは自分の思考を厳密な系列に配置した）、とりわけ両義性としてあるような、固有の真理を伴った人間の自然的な機能があり、その「哲学」の偽りの問いがある。さらにデカルトの「真理の探求」は「〈宗教〉の助けも哲学の助けも借りることなく、ただそれだけで、分別のある人が、自分の思考を占める事柄すべてについてもつべきところの意見を決定すべき自然の光によるものである」（A.T., X, p. 495）[訳注38]。だがこの自然の光は、それ自身によって知られる〔per se nota〕ことをもたらし、多くの問題（運動）（場〔ubi〕）を置き換え、自らを前提とする。分割の規則が方法そのものの提示に適用され、全体が認識の展開によって正当化される。私たちの本性に基づいた認識が汲み尽くしえないような残余があるのではないか。この〈本性〉が疑問視されるようなことが。そうである。それこそが哲学であり、それをやり過ごすことはできない。事実上の明証性よりも深いものがある。探求とは、もはや「有用な」（『精神指導の規則』）方法、人間の認識力の賢い使用ではなく、事物のただなかにおける誠実さ、〈存在〉の誠実さなのである。

（1）〔メルロ＝ポンティが **p. 1**〔本書二七〇頁〕において **p. 2-3** を指示していたときに参照を求めているのはこの節である。〕

そしてこの誠実さは、ひとたび発見されると、中断されていた自然の光を保証するが、それは部分的なものとしてであって、存在するものの尺度としてではない。それは私たちの世界を閉じてしまわないのだ。とくにこの誠実さの前では、身体は生命をもつ〔corpus esse animatum〕が偶発的な命題だとしても（『精神指導の規則』〔訳注39〕）、私の身体の経験は、本質的な結合、つまり私の身体が一つの魂の身体であることに基づくような、一種の不可分性を備えた身体＝物体（人間の身体）について語ることを余儀なくさせる。悟性によって攪乱されるような感覚の「純粋さ」を認めるに至るまで自然の光を拡大すること。偽なるものの真理と、真なるものの虚偽がある。ということはすなわち、「第六省察」が正当化している「感覚的人間」は初めの二つの省察をしりぞけ、場合によっては道を辿り直すことを必要とさせるということである。盲目性は相対的に根拠づけられる。それは光そのものに根拠づけられるのだ。このように、一連の諸理由の後に何かがあるのだ。

このような――線状的なものに対立する――循環と弁証法は、デカルトの表面上の態度にも対立する。哲学と非－哲学とのあいだには絡み合いも相剋もない。哲学はもはや哲学をしないための根拠を与えてくれるのだから。だが弁証法と言うときに私が言いたいのは次のようなことだ。すなわち、自らの痕跡を消し去ることなく、自らの道程を忘れないような思考。そこにおいては道程が真理を共－規定し、「結論」は歩み以上に真ではなく、終極は端緒でもあり、またその逆でもあるということ。したがって不調和と運動が確認され、両者がデカルトにおいて存在するのである（能産的自然の視点と所産的自然の視点。これらに、たとえば瞬間、瞬間的な作用、時間についての異なった観点が対応する。これらの視点は、たとえ瞬間の内部においてであろうと、連続的創造という全体的観点――そして神による自己の連続的創造という観点――において融和させられる）。これらの不調和と運動によって、諸理由の順序は多元論的な原理となるが、デカルトはこれを、結論へと導くような線状的な順序へと偽装してしまう。したがって私は、対立や差異をあちこちに動き回らせるという意味で弁証法的だと言いたいのではない。だから私は弁証法ではなくむしろ存在論と言ったのだ。すなわち、デカルトにおいて差異化と統合〔＝積分〕を保証しながら、継起的な諸段階を横切ってとどまるような恒常的な原理を求めるのである。

一　一九六一年四月一三日

「なぜなら、すべての持続の前と後は、私が自分の思考において見出す連続した持続の前と後によって知られるのであり、他の事物はこの連続した持続と共存しているのだから」（「アルノー宛書簡、一六四八年七月二九日」、A.T., V, p. 223）(1)。

（1）〔R. Descartes, *Lettre à Arnaud*, Pléiade, p. 1309.〔「デカルトからアルノーへ（パリ、一六四八年七月二九日）」、『デカルト全書簡集8』安藤正人・山田弘明・吉田健太郎・クレール・フォヴェルグ訳、知泉書館、二〇一六年、七九頁。ラテン語による引用〕

第一部　光による存在と区別
第二部　感覚と「共存」による存在
結　論　知的直観と存在

第一部　光による存在と「区別〔distinction〕」

現代的な意味での存在論とは、〈存在〉の第一の区切り〔circonscription〕の内部にあるような、これらすべての問題（まずは「認識」の問題）〔のことである〕。「認識から存在へ」向かうこと、それはある種の存在論、存在のある種の切り取り《デクパージュ》をすることを含んでいる。

さて、デカルトはたしかに存在について語るが、反対に認識の内部で語っている。だから〔ここでは〕彼が提起しておらず、彼が答えることもないような問いを立てている。しかし問いが立てられ、支配的なものであると

1

すれば、デカルトは暗黙のうちにそれに答えるはずである。諸理由の順序の紆余曲折は、端緒における切り取りの反動を示すはずなのだ。〈存在〉の「回帰」（フロイトが抑圧されたものの「回帰」を語るような意味で）。

したがって、この諸理由の順序をたどり、それを無視することはしないが、文字通りに信頼することもしない。すべてを経験へ突き合わせるのだ。そもそも、現代的な意味でのデカルト的存在論への指示は、デカルトそのもののうちにあるのではないか。証明や論証の内部にではなく、問題を孕んだ概念化の過程において。

デカルトについてもマルブランシュについてと同じように、次のように言うべきではないだろうか。「分析によって、明晰判明な観念の正面《ファサード》が打ち崩され、まるごと与えられたりまるごと拒否されたりする、広大な直観が発見される。この直観は、およそ論証されうるものではなく、あらゆる証明に先立つ」（ゲルー『マルブランシュ』第一巻、pp. 25-26）。このようにひそかに前提にされた直観は、とくに〔デカルトが〕愛用する例や、繰り返される比喩（光、目、精神の洞察〔intuitus mentis〕）[1]、愛用する言葉遣い（「純粋な」「裸の」「正確な」）、さらには前置詞（〔……するや否や〔simul ac...〕）、よく持ち出される「明証的な」原理（「無は属性をもたない」）などによって示されるだろう。

（1）　見ることを欲することについての精神分析的解釈。

これはデカルトを心理学的に説明することでも[1]、ましてや思考機械がするようにデカルトを読むことでもない。こう説明してしまうと、諸理由の順序はたんなる見せかけになってしまう。だがデカルトとは、全体としての生の残骸ではなく、そうした所与から思考の言語と思考の世界を作り上げた者なのだ。

（1）　さらに彼の生涯の諸事実を付け加えることもできよう。デカルトの夢、スウェーデンに向けて出発することによる洗礼行為、など。

重要なのは諸理由の順序を支える基礎杭を見出すことである。ゲルー自身も光の概念をたいへん重視する（ラポルト参照[1]。見ること——認識することとは見ることである。たとえ神においても、視覚が、見ること〔videre〕が、欲すること〔velle〕がある）。そしてまずJ・ヴァールが、瞬間と同時性の概念を重視した。「視覚的な」哲学について語ったり、一種の哲学的な過失について語ったりしようというわけではない。可視的な事物によって精神的事物が象徴化されることがあり（風→精神－光→瞬間的行為）、想像力のほうが、理性における真理のきらめきを引き出しやすいかもしれないと、デカルト自身が教えてくれている。とりわけ彼が教えてくれていることは、精神の空間的な「外被〔integumentum〕」があること、感覚的なものによる現前化は「人間にほかならない人間」に対して有用であること、形而上学の例外的な性格を形づくり、それを「一生に一度だけ」そして「一年に何時間か」に限定させるようなものがあり、形而上学は想像力なしで満足するはずであり、そして結局のところ、魂と身体から成り、魂全体が身体に結びついていなければならない人間にとって、完全に純粋な知解はないということである。したがって、デカルトにおいて「光」や「同時性」が構成的な役割を演じていることを強調することによって示されるのは、心理学的な説明ではなく、デカルトの存在論の暗号なのである。

（1）「ラポルトについての読書ノートでメルロ＝ポンティは、ラポルト（p. 21）によれば「デカルトにとって、知ることは「見ること」に帰着する」と記している。そしてさらに後で、デカルトにとって「経験をもつこと」とは、（Laporte, p. 27 によれば）「自然の光」「自然的理性」「理性の純粋な光」を意味するという。「理性の純粋な光は、「見る」あるいは「見ない」という不可分なものへと凝縮されるのであるから、万人に平等である」。さらにあとでメルロ＝ポンティは、「ラポルトがデカルトに要求しているもの、それは彼自身の結合術である。すなわち思考を免除してくれるような導きの糸である」。」

したがって、諸理由の順序を考慮しながら、デカルトが表明しつつ隠蔽している存在論を引き出してみよう。

そしてまず、すでに話した世界への開け（内部からなされる〈存在〉との——肉的な——関係、見る者と見えるもの、私たちによる世界への問いかけであると同時に、世界による私たちへの問いかけであるような関係）に直面することによって、デカルト的な「端緒」を位置づけてみよう。すなわち、デカルトの見えるものについての視覚、そしてこの視覚を、精神の視覚に変容させてしまう彼の分析についてである。

（一）〔a〕デカルト的「端緒」——目の視覚と精神の視覚

目による視覚のモデル。デカルトは、精神の視覚について語ることが新奇であることを自覚している。直観という語の新しい用法に驚くことのないように[1]〔Ne qui forte moveantur vocis intuitus novo usu (...)〕（『精神指導の規則』、A.T., p. 369）。

（1）〔R. Descartes, *Règles pour la direction...*, A.T., X, *Règle* III, Pléiade, p. 44.〔R・デカルト『精神指導の規則』、『デカルト著作集4』大出晃・有働勤吉訳、二〇頁〕〕

熟考をこらしたうえで、そして明示的に、デカルトは目の視覚をもとに精神の洞察〔intuitus mentis〕を構築する（A.T., X, p. 400-401を読み上げること[1]）。職人と同じように、一つ一つの点〔singula puncta〕に視線を向けなくてはならない。同じように『哲学原理』第一部四五でも、明晰で判明な覚知〔perceptio clara et distincta〕を定義する際に、次のような比較を持ち出す。「明晰な覚知と私が呼ぶものは、注意している精神に現前して、かつ明白であるような覚知である。ちょうど、直観している眼に現前して、この眼を十分強く、また明白に動かすもののことを、われわれによって明晰に見られていると言うようなものである」（A.T., VIII, p. 22[2]）。

（1）〔*Ibid., Règle* IX, Pléiade, p. 68.〔R・デカルト『精神指導の規則』、『デカルト著作集4』、五一－五二頁。「細かい仕事に訓練を積み、その鋭い視線を点の一つ一つにまで注意深く配ることに慣れている〈職人たち〔Artifices〕〉は、習慣上、どんなに小さくまた繊細なものでもそれを完全に識別する力を身につけている」〕〕

（2）［R. Descartes, *Principes de la philosophie*, I, §45, A.T., VIII, Pléiade, p. 591.〔R・デカルト『哲学原理』、『デカルト著作集3』本多英太郎訳、白水社、二〇〇一年、五六－五七頁。ラテン語による引用〕］

見えるものとの初めの関係は、見えるもののモデルとして与えられる。形《フィギュール》＝図、細部、消し去りがたい諸要素などである。神についてデカルトは「第一答弁」で次のように言うだろう。(1) 海を遠くから全体的に見ること、それはいずれにせよ「海」を見ることではある、と。だが〔『哲学原理』で〕デカルトは、領野や地から浮き上がる図をモデルとしており、領野や地をモデルにしてはいない。すなわち、視線の対象であるものが視線を求め、その次に「現前」するということだ。この形＝図の現前だけが、視覚において留めおかれるものである。領野の残りの部分は、現前しない形＝図から構成される。可視的な世界は私にとって即自的な世界であり、その上に視線の光が投影されて現前する事物を切り取る。こうして地との関係が排除されるが、これは種類を異にするものである（視覚的な地による包含関係。これは無ではないような視覚の零度を含んでいる。したがって闇は私を取り囲み、形としての私の身体を取り囲む）。領域〔Umfang〕への開けであり、図は地の「上」にあるのだから、一つ一つの点〔singula puncta〕は、可視性の領野に組み込まれている。この領野は一つ一つの点や見えるものの総和ではなく、可視性〔Sichtigkeit〕の配置であり、あらゆる定立以前〔vor aller Thesis〕の見えるものへの開けである。デカルトは可視的な存在を見えるものの認識へと還元する。「認識から存在への帰結は正しい」〔訳注40〕。

（1）［R. Descartes, *Réponses aux premières objections*, Pléiade, p. 353.〔R・デカルト「第一答弁」、『デカルト著作集2』所雄章訳、白水社、二〇〇一年、一四〇－一四一頁〕］

さて、精神の視覚の定義を支配しているのは、このような可視的存在の還元なのである。明晰な知覚と眼の凝視を比較したあとで、〔デカルトは〕「判明な覚知と私が呼ぶものは、明晰であるとともに、他のすべてのものからはっきり分かたれ切り離されていて、明晰であるもの以外の何ものもそのうちに含まないような覚知である」(A.T., VIII, p. 22)[1]〔という〕。判明なものとは、一つ一つの点〔singula puncta〕のように現前するだけではなく、明晰なものしか含まないものである。隠された欠如などはない。だがそもそもどうやってこのことを知りえよう、というのもデカルトは私たちが十全な観念、「無限のものについてばかりでなく、またおそらく他の、それがどれだけ小さなものであっても、いかなる事物についてさえも誰ももつ者のないような、事物の十全的な観念」をもつことを否定しているのではないか（「第五答弁」A.T., VII, p. 365）[2]。

（1） [Pléiade, p. 591.〔R・デカルト『哲学原理』四五、『デカルト著作集3』、五七頁〕]
（2） [Pléiade, p. 489.〔R・デカルト「第五反論に対する著者の答弁」、『デカルト著作集2』、四四〇頁。ラテン語による引用〕]

明晰なものは、他のすべてのものから区別されるから明晰であることを私たちは知っている。ヒュペラスピステス宛書簡参照（A.T., III, p. 434）。肯定的な能力、真に生産的な能力とは、二つの事物を相互にまったく別なものとして把握することである。だから二つの事物を一つとして見てしまうことは、視覚の欠損である。見ること、それは事物がそれ自身であることを見ることであるよりは、他のものではないことを見ることなのである。「それゆえ、視覚においてはすべてを同時に、あたかもただ一つのもののように知覚するときよりも、対象の各小部分を綿密に区分するときの方に、より大きな完全性があるのと同じです」（p. 434-435）[1]。

（1） [R. Descartes, A.T., III, *lettre*, août 1641, Pléiade, p. 1138.〔「デカルトから某へ（パリ、一六四一年八月）」、『デカルト全書簡集5』、四二頁。ラテン語による引用〕]

したがって、精神の洞察〔intuitus mentis〕を他のものから区別する特徴は、それが他のものの排除を含んでいる点にある。眼の視覚はそのようなものを相対的にしか含みえない。

なぜだろう。諸事物に向かう精神の切っ先〔視線 mentis acies〕がある（『精神指導の規則』〔A.T.,〕X, p. 379）[訳注41]。それは精神の視線であり、視線として、切り取ったり孤立させたりする光となり、十全に認識されるような諸要素には到達しないだろうが、［諸要素の］「事物」には到達するようなものである。それらは少しばかり認識されさえすれば、完全に認識されるのであり、したがって複雑なものではないことを私たちは確信している。こうしてそれらは「おのずと認識される」と言われるのであろう。私たちはそれらを見ることを学ぶことはなく、見るか見ないかのどちらかであり、それらを「分離し」[1]、「精神の視線を集中させることによって個々のものを別々に直観する」ことにのみ労苦があるのだ（X, p. 425）。

（1）［*Règle* XII, ligne 23, Pléiade, p. 86.〔R・デカルト『精神指導の規則』、『デカルト著作集4』、七五頁。ラテン語による引用〕］

そうした諸事物に関して、見るという働きはつねに同一である。また認識が認識であるかぎり［よりいっそう］複雑な真理についても同一である。そこで働く光は、あらゆる自然物について同一である。太陽の光があらゆる事物に対して同一であるように。

したがって、形の視覚としての眼の視覚の分析によって、精神の視覚そして知的作用の全か無かというあり方が定義される。そしてその名において、哲学者たちの問題の大部分が疑問視されるのである。

ほかのすべての努力によっては鈍ってしまうような明晰さの名において、デカルトは運動の問題を拒絶する。『精神指導の規則』、A.T., X, p. 425[訳注42]（読みあげること）。また場所〔ubi〕の問題も拒絶する。A.T., X, p. 433[1]。またいくつかの『規則』においては、延長〔extensio〕を純粋知性〔intellectus purus〕によって取り扱うことさえ放棄する。想像力によってひとが延長についてもつ概念で十分である。純粋知性〔intellectus purus〕こそが哲学だというわけだろう（A.T., X, p. 442）[2][3]。

（1）［*Règle* XIII, Pléiade, p. 92.〔R・デカルト『精神指導の規則』、『デカルト著作集4』、八三頁〕］
（2）［*Règle* XIII, Pléiade, p. 98.〔R・デカルト『精神指導の規則』、『デカルト著作集4』、九〇－九一頁〕］
（3）［欄外に］ソクラテスの例。問いが誕生するのは、彼が自らの懐疑を疑うときである。『精神指導の規則』の時期には、懐疑の懐疑は「見ること」の肯定性によって乗り越えられている。自らを存在すること〔se esse〕、自らを思考すること〔se cogitare〕。

この自然の光の名において、デカルトは正当な問いとは何かを定義する。正当な問いにおいては、未知なるものは、私たちが「他のものではなくて、ある一つのものを研究すべく(1)」完全に決められるような条件によって指定されなければならない（A.T., X, p. 435）[訳注43]〔ラテン語による引用〕。すなわち所与の量と求められる量は、所与に対して求められるものが相等性の関係にあるような関係へと巻き込まれるということである（A.T., X, p. 440）(2)。したがって、あらたな現象に接するときには、新しい存在を考えてはならず、明白なものとしてもっているもの（磁石[訳注44]）から出発してそれを考えなくてはならないということである。ある意味でこれは哲学の反対物ではないだろうか。そしてデカルト自身もそう言っているのではないか。というのも彼は、［最も］困難なことは、ひとが真に見ているものを知ることだと言っているからだ……『自然の光による自然の探求。自然の光というものは、宗教の哲学も哲学の助けも借りることなく、ただそれだけで、分別ある人が、自分の思考を占めるすべての事柄についてもつべきところの、意見を決定するものである(3)』という表題。

（1）求められているものをよく知ること。それは哲学だろうか。
（2）［*Règle* XIV, Pléiade, p. 96.「ただ単純な比較のみによるのであって、われわれはこの単純な比較によって求めるものが所与のものにあれこれの点で似ているとか等しいとか断言するのである」〔R・デカルト『精神指導の規則』、『デカルト著作集4』、八八頁〕］
（3）［メルロ＝ポンティによる訳。別の表題〔の訳〕としては次を参照。Pléiade, p. 879.］

したがって、感覚的なものと叡智的なもののあいだに断絶はない（感覚的事物のあいだには区別はありう

5

る）。『真理の探求』で、叡智的なものの光は、見ることなしには考えることができないような白いものにたとえられている〔後出、本書二八八頁参照〕。ただし、必然的に明証的であるような判明なものにのみ専念するように定められてはいる。

だがこのことは証明されているのではないかという人もいるだろう。『精神指導の規則』（A.T., X, p. 417）〔訳注45〕。〈天文学者たち〉のように手続きを踏むことだけが重要である。つまり精神の機能のモデルを構築することだけが重要なのである。他のことは私たちにとってどうでもよい。――これは一種の人間主義的な肯定主義《ポジティヴィスム》だ。知的な視覚の視覚は、自らを前提としてしまっている。つまり、方法は自然的な種子〔semina〕から生まれ、方法の規則は方法を構築することだというわけだ。これは現象学と絶対知の弁証法ではなく、構築的かつ人間主義的な手続き、もはや存在に住み込もうとはしない思考にすぎない。叡智的なものが私たちの視覚となる。

だがこれですべてではなく、デカルトは懐疑の風に乗って哲学に入り込まなければならなかった。(1)

（1）［頁の下部でメルロ＝ポンティは、第二部が開始されることを指示しているが、この題のパラグラフの下には何も書かれていない。］

一九六一年四月一三日(1)

（1）［以下の頁はおそらく、同じ日付をもつ講義の議論についての、自分のための書き直しであろう。］

第一部　世界への私たちの開け。見るものは見えるものなのであるから、〔これは〕内部からの、存在への肉的な関係〔である〕。問いかけの関係。

（二）〔b〕デカルト的「端緒」――精神の視覚という肯定主義《ポジティヴィスム》

デカルトは対極にいる。（一）視覚と事物の関係の解釈。この関係は、私たちの外、事物における〔extra nos, in re〕、即自的に存在するものとの関係として考えられている（『精神指導の規則』における職人が見る細部）。これは図〔形〕との関係であり、地との関係ではない(1)。このことは、即自的な事物が哲学者に与えられていることを前提にしている。問題はたんに、この即自的な事物において、いかに視線が図を切り取るかということなのだから。［領域〔Umfang〕?·］の意識や分析、つまり、さまざまな見えるもの以前、世界の定立以前に見えるものがあるということを可能にするような初源的な開けの意識や分析はない。それは認識であり、感覚的存在の還元である(2)。（二）それゆえに、たんなる解明によって、見えることが精神の作用、精神の洞見〔inspection〕であることが発見される。視覚の外被が取り去られると、裸で純粋な視覚が現れるのであるから、視覚は肉を欠いたもの、何ものかへの純粋な参照(3)、私にとってあるかないかという、全か無かの存在の肯定性以外のものではありえないし、存在のざらつきという環境を欠いた、単純な〈自然〉でしかありえない。区別こそが真理である。つまり明晰さだけでは十分ではなく、十全さは不可能であるということだ(4)。

（1）［*Regulae* X, p. 400–401.〔R・デカルト『精神指導の規則』、『デカルト著作集4』、五八－五九頁〕］

（2）［*Principes* I, p. 68–70.〔R・デカルト『哲学の原理』、『デカルト著作集3』、八六－八九頁〕空間的な外被〔integumentum〕の下にあるものへの移行（M. Gueroult,〔*Descartes selon l'ordre des raisons*〕, II, p. 290）。*Regulae*, p. 375.〔R・デカルト『精神指導の規則』、『デカルト著作集4』、一一－一二頁〕］

（3）［知の光と太陽の光。*Regulae*, p. 360.〔R・デカルト『精神指導の規則』、『デカルト著作集4』、一一頁〕］

（4）［方法および自然本性〔による〕結実については、*Regulae*, p. 397.〔R・デカルト『精神指導の規則』、『デカルト著作集4』、四八頁〕」

このことから、場、空間、運動といった哲学的問題系が排除されることになり、それらはそれ自身によって知られる〔per se nota〕ものとなる。[1] その明証性を向上させようとすれば、それは鈍ってしまうであろう。困難なことは、提起される問いがどのようなものかということである。『精神指導の規則』における正当な問いや「問題」の定義、哲学に抗するものとしての自然の光。

（1）物理的作用の視覚モデルについては *Regulae*, p. 402.〔R・デカルト『精神指導の規則』、『デカルト著作集4』、五二－五三頁〕物体の視覚的モデル（ペン）については *Regulae*, p. 414.〔六五頁〕方法におけるさまざまなモデル *Regulae*, p. 413〔六四頁〕については p. 417.〔六七－六八頁〕見られた三角形が数学的な関係から作られることについては *Regulae*, p. 422.〔七二頁〕明証的な延長については p. 443.〔九一頁〕正当な「問い」については *Regulae*, p. 431, p. 440.〔八一頁、八八－八九頁〕最も困難なこと、すなわちそれ自身によって知られるもの〔per se notum〕を見分けることを学ぶということについては次を参照。R. Descartes, *Recherche de la vérité*, A.T., X, p. 524.〔R・デカルト「真理の探求」、『デカルト著作集4』井上庄七訳、三二七頁〕

さらにその結果として、このように「還元された」感覚的存在をモデルとして、精神の洞察〔intuitus mentis〕が構築される。それが注意と視線である。感覚的存在と同じように、精神の洞察は区切り、抽象であり、拡散することなく集中する光などである。観念の総体は潜在的に与えられたものとして想定され、それを現勢化することだけが必要だというわけである。これは学ばれることがないものである。こうした前提は正当化される必要がない。私の本性の自発的な結実であるからだ。方法の構築に含まれた方法（分割の規則に含まれた分割）。だが、私はここで私の知的本性を行使すると同時に、それに触れてもいる。それを取り上げるか放置するか、それか無か、ということである。残りのものは人間にとって無のようなものである。存在は崩れやすいものなのだ。

(二)〔a〕懐疑の夜。肯定主義《ポジティヴィスム》と人間主義

しかしながら、このように還元されてしまった存在は存在であろうか。事実として、私はそのことを疑うことはできない。だが私の本性、私の無意志的で定立されない存在が前提にされている。これらは精神の洞察〔intuitus mentis〕を再度問いに付す。語っているのは精神の視覚なのか、それともいまだ私の本性なのか。

この問いにおいてこそ、デカルト的な思考や存在論が保証される。デカルトは問いを、否定的な言表に変えてしまう。懐疑にさらされうるようなものはすべて偽と見なすのだ。懐疑は意志的で自由である。それは、絶対的に存在しないものはすべて、無であるかのようにする思考である。デカルトにとってこれこそが哲学である（ガッサンディへの回答。哲学者ならそのようなことは言わなかったであろうというわけだ。〔訳注46〕デカルトにとって、哲学者とは、〈存在〉と〈無〉の二者択一を定立するものである。懐疑とは、あらゆる事物が無である〔nihil esse〕かのように考えることだ。同様にデカルトは、夢の幻影は知覚を斥けることの証明にはならないとするガッサンディの反論を考慮することを拒否する。デカルトによれば、両義性や、誤謬の可能性が存在するやいなや、知覚されたものが糾弾される。デカルトはこの意志的で主題的な懐疑が、真への知覚的な関係をそれ自身前提にしていないかを問うことはない。

このように問いが立てられたので、還元または抑圧された〈存在〉の回帰は、無の仮定というかたちで行われる。このような問いかけの方法（この否定主義）が、動揺させられていた肯定主義へと連れ戻す。あらたな純粋化、あらたな〈存在〉の還元はあるが、そこに残るものは絶対的に純粋で肯定的なものとなるだろう。それが思考の存在である。純粋化、蜜蠟と精神の洞見〔inspectio mentis〕の暴露である。

(1) 反省としての〈コギト〉は観想である。それは知的な本性を私において把握することである。獲得された認識

につねに先立つ内的な認識である。無際限な反省的遡行の拒否。私は私において精神の観念を把握する。私は照明し－照明される光として自らを把握する。スピノザ的反省性。思考する能力〔facultas cogitandi〕はおのれのうちにすべての観念を含み、私の精神の宝庫であり、精神から切り離されることはない。それは本有的な徳〔virtus nativa〕である。そしてこの意味では、悟性は受動的であり、表象による存在や「客観的〔表象的〕」な実在への開けであるのに対して、この思考する能力〔facultas cogitandi〕は自発的である。認識すること、それは見ることであるが、ここで見られるものと見る者は一つになっている。それは諸対象と同時に自らを開示する光なのだ。ここにはマルブランシュとの並行関係がある。マルブランシュは存在を疑ったことはけっしてなく、彼にとって私たちは私たち自身にとって闇であり、光は私のものではない。だがデカルトにとって光は本当に私のものなのだろうか。[2]

（1）理性としての人間、ルーメン〔発光体〕とルックス〔光源〕（A.T., II, p. 209）〔「デカルトからモランへ一六三八年七月一三日」[訳注47] 武田裕紀訳、『デカルト全書簡集2』、知泉書館、二〇一四年、三〇四頁〕。内的な認識（A.T., IX, p. 225, M. Gueroult, I, p. 82）〔『デカルト著作集2』、四八三頁〕。反省は視覚であり、情念である。ラポルト p. 27.
魂はつねに、光が輝くように思考する（M. Gueroult, I, p. 19）。

前反省的知。『真理の探求』（A.T., X, p. 524）〔『デカルト著作集4』、三二七―三二八頁〕。知的視覚は、実際的な視覚の拒否である（A.T., X, p. 525）〔三二九頁〕。

（2）［頁の下部にメルロ＝ポンティが次のように注記］〔後述参照。事実としての〈コギト〉と瞬間としての〈コギト〉〕〔前反省的なものについての議論を開始すること〕（そもそも〈コギト〉という自由な懐疑は命題であるのだから）（マルブランシュ主義者デカルト、「ニューキャッスル侯宛書簡」）。
（三）〈コギト〉
（四）光としての神
（五）光による存在と無
［欄外に］デカルト的循環と光（M. Gueroult, I, p. 245-246）。

公理（純粋なもの、無、存在など）は神の光の先取りである（M. Gueroult, I, p. 272）。

一九六一年四月二〇日

問いかけを越える明晰さへの、デカルトの最初の参照〔について〕(1)。問いかけたとすれば、この明晰さは鈍ってしまうだろう〔とデカルトは考える〕。『真理の探求』。〔こうした考えは〕「明晰なものを曖昧なものから区別することもできず、認識されるためには定義される必要があり、定義されるのが当然であるものを、それ自身によってきわめてよく認識されるものから識別することもできない」(A.T., X, p. 524)(2)〔前掲邦訳三二八頁〕〔ラテン語による引用〕。人々に対する批判である。「したがって、まったく目の見えない人に、白とは何かをわからせようとして、白の定義を与えても無駄であり、それをわれわれが知るためには、目を開いて、白いものを見るだけで十分であるように、懐疑とは何か、思考とは何かを知るためには、疑ったり考えたりするだけで十分なのです。こうすることが、われわれに、その点についてわれわれの知りうることをすべて教えてくれるのであり、どんなに正確な定義よりも、はるかに多くのことを示してさえくれるのです」(p. 524)〔三二八頁〕〔ラテン語による引用〕。

（1）〔先の四月一三日の講義で展開された第一点の再考。〕

（2）〔R. Descartes, *Recherche de la vérité*, Pléiade, p. 899.〔R・デカルト「真理の探求」、『デカルト著作集4』、三二八頁〕〕

区別の明晰さは、感覚への依拠にのみ解明されており、この感覚そのものも図形〔*figures*〕に、すなわち単純であるというよりはむしろ、複雑でない形式との関係として理解されている（地《フォン》、内的および外的地平は考慮されない）。

この依拠の正当化。単純な本性と複合的な本性の区別はおそらく真なるものではなく、有益なものなのである。

「おそらくすべての人に承認されはしないであろういくつかのことが仮定されなければならない、しかし、たとえ天文学者たちがその現象を記述するのに使用するあの想像上の円以上にはそれらの仮定が真ではないと考えられたとしても、ただそれらのおかげで任意の事物についていかなる認識が真でありえまた偽でありうるのかをあなたがたが区別しさえすれば、ほとんど問題にはならないのである」（『精神指導の規則』、A.T., X, p. 417）[1]。感覚を、さらには光を、外部による身体への作用、そこに「図形」を刻み込む作用に対応するものとして考えることは「有益」である。それが有益なのは、図形は「触れられ、見られる」からである。「この仮定から任意の仮定より以上に虚偽が帰結しはしない」[2]だけで十分である。したがって、色においては、形をもつものだけ、形によって表現される質だけが抽出される。

（1）〔*Regle* XII. 前出、四月一三日の講義、**p. 5**〔本書二八五頁〕を参照。Pléiade, p. 80.〔R・デカルト『精神指導の規則』、『デカルト著作集4』、六八頁〕〕
（2）〔A.T., X, p. 413, Pléiade, p. 77.〔R・デカルト『精神指導の規則』、『デカルト著作集4』、六四頁〕〕

認識において真と偽が区別されるのは、必ずしも真ではない概念によってである。『屈折光学』を参照。現象への柔軟な対応ではなく、構築されたモデルによる思考。たとえば光は接触によって定義［される］。私たちにとっての真と偽が重要である。瞬間的な物理的作用の問題を立てるとすれば、磁力を、そして光をさえ見ず、運動の伝達のみを見ることになる。なぜなら「何ものもそれ以上に感覚可能ではない〔Nihil magis sensibile〕」[訳注48]からだ。棒の石は時間の中で運動するが、それが「剝き出し〔それだけ nuda〕」であれば、瞬間的に運動力を伝達する。両端の連動、あるいは、同一原因から反対の結果が生じることが天秤をモデルとして主張されること、さらには、物質の伝達なしに神経の作用が瞬間的に伝達されることが、ペンの上部と下部の運動との類比で考えられていることなどを参照せよ[訳注49]。ペンの上部と下部の運動においてと同じように、伝達されるものは必ずしも感覚によって刻まれる映像には似ていない。区別そのもの（p. 417）[1]が、このような感覚モデルによってのみ獲得される。以上すべてのことの原理。新たな存在の認識は新たなタイプの存在への接近ではない。その場合には、磁力を認識するために第六感や神の啓示が必要になってしまうだろう。存在のうちで人間によって認識可能なものはすべて、未知の単純本性によって構成されうるのでなくてはならない。残りのものは私たちにとっては無に等しく、なんらかの命題を認識することは私たちの力の外にあることを示すだけで十分なのだ。知られていないものは無である。あるいは少なくとも知りえないものなのだ。

（1）［A.T., X, *Règle* XII.〔R・デカルト『精神指導の規則』、『デカルト著作集4』、六八頁〕］

同様に、延長についての肯定主義《ポジティヴィスム》〔がある〕。真の物体〔verum corpus〕であるか空間〔spatium〕であるかを問わず、長さ、幅、奥行きをもつもの〔が延長である〕[1]。デカルトは基体なき延長〔extensio〕にも、「想像の域を逸脱しているような哲学的諸存在」[2]にも関心をもたない。たしかに純粋知性〔intellectus purus〕にとっては、この抽象物はある種の一貫性をもっているが、このようにあまりにも細かい区別は「自然の光」を散らしてしまう（p. 442s.）〔訳注50〕。物体の表面によって場所を定義しないのと同じように、ましてやそれを「内的場所〔ubi intrinsecum〕」[3]、すなわち基体なき空間性として区別することはない。というのもそれは「それによってあるものがここかそことかに存在すると言われる、単純でそれ自身で知られるあの本性（……）」だからである（p. 433）[4]。

（1）［*Ibid. Règle* XIV.〔R・デカルト『精神指導の規則』、『デカルト著作集4』、九〇頁〕］
（2）［*Règle* XIV, Pléiade, p. 98.〔R・デカルト『精神指導の規則』、『デカルト著作集4』、九〇頁〕］
（3）［*Règle* XIII, Pléiade, p. 92.〔R・デカルト『精神指導の規則』、『デカルト著作集4』、八三頁〕］
（4）［*Règle* XIII, Pléiade, p. 92.〔R・デカルト『精神指導の規則』、『デカルト著作集4』、八三頁〕］

［そうであろう、だがこの外在性はいかなる問いかけにも余地を残さないものだろうか。ヘーゲルが絶対的外

在性としての〈自然〉の意味について問い、まさにそこに問いかけるべきものを見出し、回答として思弁を、すなわち絶対的主体という裂け目を見出したのを耳にしたとしたら、デカルトは何を言うだろう……。だがデカルト自身、空間についてではないが、少なくとも運動について、そのような問いに遭遇するのではないか。すなわち運動が非時間的な瞬間ないしは最小限〔minima〕の時間によって構成されているという問題である。これは結局のところ、連続的創造としての神の作用によって解決されるものである。」〔「　」はメルロ＝ポンティによる。〕

しかしながら、単純な命題、単純な視点による命題は、探し求められるものではなく、また真偽を備えてはいないが、問いへと場を開くことができる。ソクラテスが自らの懐疑に目を向け、すべてを疑っているかを問い、それを肯定するとき、ソクラテス的な懐疑〔dubitatione Socratis〕の問いがある（p. 432）[1]。懐疑についての懐疑の中には、自分自身によって示されるものではないような何かがあるのだ。

（1）［*Règle* XIII, Pléiade, p. 91.〔R・デカルト『精神指導の規則』、『デカルト著作集4』、八二頁〕］

デカルトは『精神指導の規則』へとこれを適用し、同様の問いが含まれていないかを問うこともできただろう。ラポルトによれば、分割の規則は、分割の規則を立てることができるように適用される。方法は自らに先立っているのだ。自発的な果実〔spontaneae fruges〕[1]、有益な思考の最初の種子〔prima cogitationem utilium semina〕[2]、精神の光（によって）〔mentis lumine〕[3]（p. 373-376）[4]。古代の哲学者たちの方法への眩暈。この循環をデカルトは受け入れる。なぜならそれは、あらゆる人間的な知の条件であるからだ。だがこれはひとが哲学をしないこと、確信が実用主義的なものにとどまることを要求する。確信を確信として基礎づけようと思うなら、この〈自然によって私たちに植えつけられた〔a natura in nobis insita〕〉本性が偶然ではないことを示し、それに問いを発し、循環が悪循環ではないこと、つまり方法が〈自発的〉方法を前提とするのではないことを示し、それらが互いに正当化し合い、存在とはこの循環そのものであって、その外にとどまってはいないことを示す必要があるだろう。人間的経験（ヘーゲル）は絶対的なものの提示であり、私たちの経験において、私たちのもとにおける〔bei uns〕絶対的なものであることが示されなければならないのだ。

（1）[M. Merleau-Ponty, *Le Visible et l'invisible*, p. 325.〔M・メルロ＝ポンティ『見えるものと見えないもの』、四〇五頁〕]
（2）[utilium と読めるが、ラテン語のテクストは veritatum である。〔編者注は以上のようになっているが、実はメルロ＝ポンティの utilium が正しい〕]
（3）[メルロ＝ポンティは lumen と記している。]
（4）[A.T., X, *Règle* IV, Pléiade, p. 47-48.〔R・デカルト『精神指導の規則』、『デカルト著作集4』、二五－二七頁〕]

『省察』が生み出し、そこで法外な場を占めるのは、このような種類の問いである。デカルトはつねにこの問いを抑圧したり、自然の光によって解決しようとしたりする。だが最初の二つの「省察」によって導入されるような種類の問いかけは、デカルトの肯定主義《ポジティヴィスム》、すなわち〈存在〉をあらかじめ図形《フィギュール》の〈存在〉へと制限してしまうことを問題視しているものなのである。

〔二〕〔b〕懐疑の夜と、自然の光への批判

『精神指導の規則』において自然の光が有効であるのは、それが自己であるから、〔つまり〕人間の光であるからである。まさにその理由によって、それは疑わしいものとなる。実のところ精神の視覚はしりぞけがたいものであり、明晰判明な数学的な観念に関してはしりぞけがたいものにとどまる。しかし（「第五省察」）「私がそれを判明に把握しているかぎりは、それらが真であることを避けられない」というのが「私の精神の〈本性〉ではないのか」（A.T., IX, p. 52）〔訳注51〕。不透明なものとしての事実性の概念。おそらくは「図形」の背後には何かがある。このようなジグザグの道の上に置かれたとき、誇張的な問いかけ（疑わしいものを偽と見なすこと）や形而上学

的な懐疑（〈悪しき霊〉を仮定すること）は何を意味するのだろうか。「あたかも突如として渦巻く深みにはまってしまったかのように、狼狽のあまり私は、水底に足をつけて立つこともできなければ、泳いで水面に浮かび出ることもできない」（「第二省察」、A.T., IX, p. 18）〔訳注52〕。新たな深さや新たな次元。ここからどうやって抜け出せばよいのか。歩くことができる底や土台〔Grund〕を見つけるのだろうか。それは肯定的なものへの回帰である。肯定的なものは、かつてあったようなものなのだろうか。

デカルトは（事後的に）『精神指導の規則』の路線を維持しようとする。〈悪しき霊〉は天文学者の構築物のような構築物である。〔曲がった〕棒をまっすぐに直すために、逆方向に曲げること（「反論に対する〔第五〕答弁」）〔訳注53〕。証明における補助線のようなものとして、否定性を排除すること。デカルトが疑わしいものを偽とし、それを疑っているかのように「装う」のは、自由によってである。この懐疑は反転し、それが孕む否定的なものは忘れられてしまう。新たな肯定性を開く、思考のための思考の肯定性を。

そうではない。懐疑は自由かつ装われたものであり、誇張的かつ（偶然的な概念に基づいた）形而上学的なものである。それ以外ではありえない。自然的な本性に従えば、ひとは明証性を信じる。だが、懐疑はこのような過剰な否定にはとどまらない。それがあるのは、信じるという習慣と釣り合いをとるためである。これが反対方向に曲げられる棒である。だがデカルトの態度はこのような「手続き」のみによって完全には定義されない。「このような思考について、私は自分の判断を以後は停止し、中断することが必要である」（A.T., IX, p. 17）（「第一省察」）〔訳注54〕。私は身体や外的事物を引き離す。それが真なるものを与えてくれるわけではないが、少なくとも「私の判断を中止することは私の能力のうちにある」（「第一省察」）〔訳注55〕のだ。「中断」。

『哲学原理』の主意主義的な〈コギト〉を参照せよ。私は欺かれていたとしても、私の判断を中断できる。形而上学的な懐疑は、肯定的な思考ではなく、中断された思考を開示するのだ。これによって、〈コギト〉についての、より中心的な説明を解明すること。デカルトが疑いえないものとする思考は中断された思考であり、懐疑そのものも肯定の代わりになるような否定的な言表ではない。それは中断された思考であり、そのようなものとして、すなわち私が見ているように私に思われ、それも明証的に見ていると私に思われるようなものとして、それ自体疑いないものであり、唯一正しいものであるということである。

〈悪しき霊〉や形而上学的な懐疑（すなわち明証性さえも対象とする懐疑）は、痕跡を残さず、自然の光を前と同じように素朴なものに保ちながら消えてしまうような、慎重さや最後の反論ではない。〈悪しき霊〉は帰結から排除され、より深く考えてみれば、〈善き霊〉となる。だがデカルトの反省とは、自分が辿った道を忘れ、光に道を譲るためにたんに影を排除することではない。〈悪しき霊〉の超克はあるが、それは保存する止揚〔Aufhebung〕である。

〈悪しき霊〉の概念を仮説や臆見と見なしてしまうと、一貫性を欠いたものに見える（だがデカルトが指摘しているように、この概念はより弱い存在への依存がどのようなものであれ、またそれが弱ければ弱いほど、私を迷わせかねない）。

力能をもっているのは〈存在〉であり、この力能が誤謬を生み出したとしたら、それは私のうちに無を生み出すことになってしまうだろう。これは永遠真理を創造する神の〈力能〉とはまったく共通したところがない。神の〈力能〉のほうは、存在は存在にしか由来しないということを原理とするのだから。よく考えてみれば、実のところ〈霊〉は悪しき〈霊〉ではなく、神であることがわかるだろう。だが悪しき霊は、少なくとも図形《フィギュール》的存在を逸脱していることにおいて、神と類似している。それは地による異議申し立てであるが、神もまた地であり、深淵である。よく考えてみればそれは〈存在の下にあるもの〉であるが、その代わりにやってくる〈存在の上にあるもの〉を前もってかたどってもいる。欠如と過剰のいずれにおいても、精神に対する見えるものの単純な存在が疑われているのだ。

だとするならば、そのうえに歩くことができるような地＝土台を見出すことはできるのだろうか。〔訳注56〕それとも深淵〔＝土台の不在 Abgrund〕の中で生きることに慣れるのだろうか。

（三）〔a〕〈コギト〉

二つの要素がある。（一）事実上のもの。私が疑うとき私は考える——私は確信をもっていないときに確信をもっている、確信をもっていないことに確信をもっている。否定は定立であり、無ではない。（二）知的なもの。「思考するためには存在しなければならない」——この必然性（私の思考は無ではない）を見ることによって、なおさらのことに〔a fortiori〕確信の確信がある。というのも、不確信の確信があるのだから。一人称による表現（神は、私が無であるようにはできない）は文体上のものだ。把握されるのは創造されていない必然性である。思考と存在との関係は、〈ルーメン〔発光体〕〉とルックス〔光源〕の関係である。純粋悟性に対する純粋悟性。〈コギト〉は「絶対的な単純本性」であり、「思考する自我一般」であり、思考の一般概念でこそないが、他のすべてを切り離すことによって得られる譲渡不可能な核である。「純粋な自我」。複数の思考が同時にあるような思考についてデカルトが語るテクストの二次性、見ることとの思考や感じることとの思考についてデカルトが語るテクストの二次性。

二者択一。一方に心理学的な意識がある。他方に表記法、観察あるいは合理的な数学的知性がある。私の本質に内在する合理的必然性を捉えること。私の本質とは、事実に読み取られる、私の魂の明晰判明な観念である。だが、〈コギト〉が存在しているのはこの観念においてである。

〈コギト〉は、一時的なタイプの真理［である］。〈我〉という「即自的な」真理ではいまだないものである。

「即自的な真理」は純粋な〈……に対して〔reines Für〕〉である。

実のところ、思考する〔cogitat〕〈エゴ〉は個体であるが、知的本性一般としてのみおのれを把握する。

問題。こうした区別はできるのか。〈コギト〉はこうした区別を否定するのではないか。即自や対自は疑問視されるのではないか。

その結果、自然の光はおのれの限界をより深く意識する。それは「私の精神の本性」というためらいなき働きではもはやない。炎におけるように、そこには暗さが発見される。それは、自らが知ることのない源（本有的な徳〔vertus nativa〕）から発する。[1] 私が観念を形成する能力（表象によって私を存在へと開く能力）は、私がそうであるような所産的な思考との、前意味的な接触に基づいている。そしてまた私の身体との前意味的な接触にも基づく。そして、私と私の身体との結合はそれ自身によって知られる〔per se notum〕ものである。たしかに、見せる〔ostendit〕ものであるような自然の光を「精神の眼」と見なす必要はないし、また、見せる働き〔*monstration*〕すなわち現出の純粋領域をなんらかの逆らいがたい衝動（自然的傾向性）と見なす必要もない。自然の光は顕現《マニフェスタシオン》＝現出であり、その外には、それを修正できるようなものは何もない。しかしながら、思惟作用〔cogitatio〕の世界を普遍〔universum〕としてまさに開いたそのゆえに、それが排除してしまっているものを思惟しなければならないことが自覚される。思惟作用それ自身が、暗い〈存在〉の内部にあるものとして自らを定立し、「分離された」本質（ゲルー）、おのれの判明さや差異[訳注57]には満足しない。正確にはいったいどこに、コギトと、数学的な逆らいがたい明証性との差異があるのだろうか。ゲルーにとっては、〈コギト〉は絶対的な単純本性であり、他方数学的明証性は相対的に複合的で分解可能なものである。もしそれが本当だとしたら、〈コギト〉は一挙に時間の外に飛び出し、思考の本質へ、そして魂がつねに思考している確信へと達しなければならないだろう。だが実際はまったくそうではない。[2]〈コギト〉の後でさえ、私がそこから注意を背けるやいなや、それは曖昧なものになり、神の力能はそれを疑わせしめる。そこで獲得されているのは何なのか。瞬間的な自我は、〈二足す二は四〉以上に判明であるわけではなく、私の本性に対する私の本性の、相対的に不透明な現前にとどまる。そして神がなければ、けっして他のことを知ることはできない。しかしながら、他のことを知ることはできる。一つの差異（この差異なしには、〈コギト〉を経由したとしても、『精神指導の規則』の哲学は変わらなかっただろう）がある。それはつまり、〈コギト〉は自らを含みもとうとするということだ。私が現在存在するとすれば、私が存在しなかったことにするものは何もない。ここで主張されていること（私の思惟作用〔cogitatio〕）に関して、不動の本性の存在の要請ばかりではなく（実のところこの不動の本性は、記憶や、私の精神の運動に支えられている）、存在したもの、そして存在したことをやめることができないものの存在の要請もあるのだ。そしてこれは本質としてではなく、過去として存在したものである。過去の現前。不動のものや保存が、『精神指導の規則』におけるようなたんなる心理学ではなく、存在論的な問題となる。ゲルーは『精神指導の規則』の哲学と『省察』の哲学に関して、後者はさまざまな自然本性と同種の明晰さであるという。『省察』は確信に、確信の確信を付け加え、ルーメンからルックスに移行するが、それは可能性の条件を暴くものにほかならない。コギトは叡智的な必然性の一つ、最も完璧な必然性であり、絶対的な単純本性である〔とゲルーは言う〕。

（1）［欄外に］信と懐疑。信である懐疑と懐疑である信。「第二答弁」、A.T., VII, p. 145.（『デカルト著作集2』、一七八頁）
（2）『ビュルマンとの対話』（『デカルト著作集4』所収）の問題系そのものがそれを証明する。〈コギト〉が単純本性であるとしたら、思考するものとしての私が、私が考えると考えるのはどのようにしてなのかという問題がなくなってしまう。

私の考えでは、『省察』が示しているのは、単純本性の自然の光は、〈コギト〉の炎を借用しているということ、〈コギト〉の炎は思考されたもの〔cogitata〕として単純本性に回帰するということである。たしかに私たちは思考するために他のものを一切もたない。だが現出〔l'apparaître〕への移行がある。思考の普遍的秩序としての思惟作用〔cogitatio〕（そして、見ることと感じることの思考）がある。ゲルーはこのテクストを二次的なものと見なさざるをえない。また、コギトが複数の事物を同時に見ることに基礎づけられているテクストをも二次的なものと見なさざるをえない。そして、デカルトが瞬間的で時間内的な経験から、非時間的な本性へ移行したと想定せざるをえない。実存的な命題に対する単純本性の優位性（『精神指導の規則』の哲学）を維持せざるをえないのである。

私の考えでは反対に、思惟作用〔cogitatio〕の秩序の開始の完全な意味は、以下のものである。すなわち延長が、私は知であり、私がもつ知は私がもたない知に依存することはない、と語るのである。〔ゲルーとは〕反対に私のテーゼは以下のようなものだ。私がそこに存在しているような〔訳注58〕作動するコギト〔*cogito opérant*〕と、反省的で言い表されたコギトがある。水平的なコギトを基礎づけ、純粋な本性の単純さとは異なる垂直的コギトがある（そのほかのすべてのものも同じように私と「不可分」である）。

一九六一年四月二七日(1)

（1）〔メルロ＝ポンティが行った講義。これらの草稿は一九六一年五月三日に彼の仕事机の上で発見された用紙の束に含まれていた。〕

（三）〔b〕我あり、我存在す〔Ego sum, ego existo〕(1)

（1）〔一九六一年四月二〇日、前回の講義に開始された第三点の展開。〕

普遍的場としての思惟作用〔cogitatio〕――自然の光の意味の変化。

現前する数学的観念の明証性――自然的な「然り《ウイ》」――私の精神の本性に由来するものは私にとって明証的で

ある。

だがそれは同時に、私が見るのをやめるやいなや、私にとって不確実になる。それは私にとってしか明証的ではない。私は距離を取ることができ、私の前で私の精神の本性は不透明な事実になる。自由ではないものになるのだ。

習慣や、私の本性への固着と否認とのあいだで宙づり状態にとどまることが重要である。すなわち、形而上学的な懐疑という「作為《フィクション》」によって習慣を中和し、「自分を誤らせる」よう努め、反対方向に棒を曲げる否認。

まっすぐな棒、「宙づりの」思考。これは精神の眼にとって見えるものと、無が存在すること〔nihil esse〕とのあいだの第三の領域であり、［すなわち］対象存在と無の［あいだの］第三の領域である。これは、無ではないものの領域、何ものかの領域、何ものかがあること〔alquid esse〕の領域である。これは第三の領域ですらない。他の二つの領域が入ってくるような世界である。

これは「私の存在」の領域である。我あり、我存在す〔Ego sum, ego existo〕。これを経験的で漠然とした意味での我〔Ego〕と見なしてはならないし、〈あり〔sum〕〉についても同様である。これらの語は問いであり、指標である。私があり、自分自身であること〔se esse〕がある。これらの概念をもう一度基礎づけなくてはならない。確認されているのは以下のことだ。すなわち、見ることが問題になろうと、無化することが問題になろうと、両者は一つの根源的な機能の一部をなしているのであり、否認において、そして事実上の明証性つまり〈私にはそう見える＝現れている〔il *m'*apparaît que…〕〉においては同等であるということだ。私に対する何かの現れがある（このことが含意するのは、私が私に対して現れるということ、私は私に対して私を隠していたということ、そして、自分自身であるとは、このような非－隠蔽であるということである）。非－隠蔽という以上に言うことはできない。なぜなら、我存在す、我あり〔Ego existo, ego sum〕に関して、私はどのような〈我存在す〉であるのかを知らないからだ。私が知っているのは、この〈純粋な……に対して〔reines Für〕〉（フィヒテ）が無ではなく、対象存在でもなく、たんなる見えるものでもないということだ。

我存在す、我あり〔ego existo, ego sum〕は、懐疑と確信のめくるめく交錯である。それはたんなる肯定的な確認ではなく、対象存在の回復でもない。「この私は、私が思惟するその際には、存在する、ということとか、一度なされたことは、なされなかったことたりえない、ということとか、この類のもの」[1]〔ラテン語による引用〕について、それが真であると信ずることなく思考することはできない。より正確に言えば、過程《プロセス》は次のようなものである。「われわれはそれらのものについては、それらについてわれわれが思惟するということのないかぎりは、疑うということができないのでありますが、われわれはそれらのものについては（……）同時にわれわれがそれらは真であると信ずることなしには、思惟することができない、ゆえに、われわれはそれらについて、同時にわれわれがそれらは真であると信ずることなしには、疑うことができない、言いかえるならば、われわれはけっして疑うことができない」（「第二答弁」、A.T., VII, p. 145-146）[2]〔ラテン語による引用〕。懐疑と信は同時的である。限界においては、疑うことはここでは信ずることの一様態であり、信ずることは、疑いのすぐれた様態である。ひとは一瞬、懐疑と真の彼方にいる。『真理の探求』、A.T., X, p. 525 参照。「感覚の助けによってのみわれわれに知られる事物についてわれわれのもっている確実性はまことに乏しいということを、君が私に示してくれるとすぐに、私は、それらの事物を疑いはじめたのですが、同時にこのことは私に、私の疑いと、この疑いの確実性とを、知らしめるに十分だったのです。したがって私は、疑うことにとりかかるやいなや、自分を確実に知りはじめたのだ、と断言することができます。しかしながら、私の疑いと私の確実性とは同一の対象に関係していたわけではありません。というのは、私の疑いは、私の外に存在する事物にのみ向けられていましたが、確実性のほうは、私の疑いと私自身とにかかわるものであったからです。したがって、ユードックスが言ったこと、すなわち、われわれが自分でそれを見るのでなければ知ることのできないものがある。ということは真実なのです」[3]〔ラテン語による引用〕。視覚の意味はすっかり変わってしまった。いまやそれは見えないもの（私の懐疑）の視覚であり、不確実さの確信である。したがって、私が存在していること、私の存在は普遍的な破壊を経ても保持されるような共通の存在や対象存在の断片ではなく、たんに私のものであるようなすべての視覚の「自己」への現前であり、いまだなお存在様態または現出様態であるようなものとしての否定、無ではなく、否定の否定ではあるが、代数におけるように肯定的なものではないような否定の否定であるようなすべての否定の「自己」への現前なのである。

（1）[A.T., VII, p. 145, Pléiade, p. 380.〔R・デカルト「第二答弁」、『デカルト著作集2』、一七八頁〕]
（2）[Pléiade, p. 380.〔R・デカルト「第二答弁」、『デカルト著作集2』、一七八頁〕]
（3）[Pléiade, p. 899-900.〔R・デカルト『真理の探求』、『デカルト著作集4』、三二九頁〕]

この新たなタイプの存在を明らかにしよう。自己自身という観念以前の〈我〔Ego〕〉。私がそうであるような〈我〔Ego〕〉、〈我存在す、我あり〔Ego existo, ego sum〕〉（1）において私が見出すような〈我〔Ego〕〉を。

（1）[欄外に]「まだしかし十分に私は、今や必然的にある私、その私がいったい何ものであるかを知解してはいないのである」(A.T., VII, p. 25, Pléiade, p. 275)〔『デカルト著作集2』、三八頁〕。私について何でもかんでも肯定してしまわないように注意しなければならない。排除は、いかなる〈我あり〔je suis〕〉なのか。]

「私は存在とは何であるかということをまず教わったうえでなければ、自分があるということを推論することも主張することもできないほどに愚かな人間がいたなどということを、信ずるわけにはいかないのです。懐疑や思考に関しても事情は同じことです。さらにつけ加えると、これらのものは、それ自身によってでなければ知られえず、それらについては、われわれ自身の経験（……）によってでなければ、納得することができないのです。（……）私は君たちに次のことを保証することができます。すなわち、懐疑とは何であるかについて、私は一度も疑いをいだいたことがない、ということです。もっとも私が、懐疑というものを知りはじめ、あるいはむしろ、それに注意を向けはじめたのは、エピステモンがそれを疑おうとしてからのことでありますが」（『真理の探求』、X, p. 524）[1]〔ラテン語による引用〕。

（1）［Pléiade, p. 899.〔R・デカルト『真理の探求』、『デカルト著作集4』、三二八－三二九頁〕］

懐疑についての懐疑は〔言語的に〕表現された懐疑を思考対象として生み出すが、内的な証言や前反省的意識による、それに先立つ懐疑の認識は創造しない。なぜなら懐疑の認識とは、経験をもつこと、自己であることだからであり、私たちが存在しているという事実のみによって私たちが知っているようなものであるからだ。懐疑の非－懐疑、懐疑のそれ自身に対する非－隠蔽、思考や実存の非－隠蔽があり、〈エゴ〉と呼ばれるものはこの非－隠蔽のことなのだ。懐疑と思惟作用〔cogitatio〕の認識は別のものである。これは懐疑の観念の表現である。この観念は一次的な懐疑の層に基づき、この一次的な懐疑の層が語の意義以前の意味を与える。この根源的な〈エゴ〉を、反省的な問いへの答えをあらかじめ含んでいるようなものと見なしてはならない。クローデルは無知こそ問題を解決する最善の方法だと述べたが、そのような意味で、根源的な〈エゴ〉とはこれらの問いの無知なのである。

「なるほど、思惟とは何であるか、また、存在とは何であるか〔quid sit〕[1]ということを知って[2]いるのでなければ、何人も、自分が存在していることも確知しえないということは真実です。が、だからといって、このためには反省された、あるいは論証によって獲得された知識が要求されるというわけではありませんし、ましてや自分が知るということを知るための[3]、さらには、自分が知るということを自分が知るということを知るための、かくして無限に至るところの、反省された知識についての知識が要求されることはなく、そもそも、そのような知識は、いかなる事物についてもけっしてもつことはできません。そうではなくて、そのことを、反省された知識につねに先行するところの〔quae reflexam semper antecedit〕、あの内的な思惟によって知れば、それで事足りるのであって[4]、この内的な思惟たるや、思惟についても存在についても、すべての人間に本有的〔innata〕[5]であり、もしかして先入見によって被われてしまっていて、言葉の意味に〔ad verborum significationes〕よりは言葉[6]〔の音〕にいっそう多く注意を払うときには、自分たちはそれをもっていないと仮想するということが、われわれにはありうるとしても、しかし実際にもっていないということはありえない、というほどのものなのです。それですから、誰かが、自分が思惟していることに気づき、かくしてそこから、自分が存在するということが帰結されることに気づくという場合には、もしかすると以前にその人が、思惟とは何であるか、また、存在とは何であるかを、かつてまったく探求したことがなかったにしても、その人はしかし、この両者を、その点においては自ら満足するに足るほど十分に識らない、ということはありえないのです」（「第六答弁」、VII, p. 422）[7]〔ラテン語による引用〕。

（1）　同所〔A.T., IX, p. 225〕。「本性」。
（2）　フランス語版〔A.T., IX, p. 225〕では「あらかじめ〔premièrement〕」とつけ加えられている。
（3）　〔同所〕「この知識の知識が〔必要である〕」。
（4）　「獲得された認識につねに先行するところの、内的な認識という力によってそのことを知るだけで十分である」。
（5）　〔同所〕「自然的〔本性的、naturelle〕」。
（6）　「その真の意義よりは」。
（7）　〔Pléiade, p. 526 ; PUF, p. 270. 〔『デカルト著作集2』、四八三頁〕〕

「本有的な」前反省的知識とは、私たちは私たちが存在するという事実だけでもつような知識である。したがって、私たちを規定しているのは、明白で反省された思惟作用〔cogitatio〕ではなく、ましてやこの思考の思考ではない。そのようなものは、「獲得された」ものであり、思考それ自身によるそれ自身に対する思考の構成過程において対応物をもたない。これは理念化である。観念は「私の精神の作品」（『省察』）である。観念は「客観的存在」または「表象による」思考の存在を私に与える。これは「客観的存在」または思考の「表象による」自己の存在である。そして我あり、我存在す〔*Je suis, j'existe*〕が、形式的で顕在的で実際的な存在、存在する思考を私に与える。私自身の観念は、ほかのすべてのものと同じように、私のうちではまず性向でしかなく、私が私から出発してそれを形成するための本有的な徳〔vis nativa〕をもっているかぎりでのみ、「私の精神の宝庫」にある。だが思惟作用〔cogitatio〕の「真の意義」、私がそれについてもつ「本有的な」認識は観念によるものではない。それは「私は私であるような唯一の存在である」ことに基づくのである。我思う、ゆえに我あり〔Cogito ergo sum〕と語るべきでないように、我あり〔sum〕とも語るべきではないし、だから我思う〔cogito〕と語るべきでもない。〈思惟作用〉とは、私が私のうちで理解することであり、偽ではないことであるが、〈私が私にとって譲渡不可能である〉という確認ないしは経験から派生したものである。『精神指導の規則』でデカルトは、ひとが認識することのすべては、単純本性とその複合体である、と語っていた。私は、三角形が角や線や三という数字や形象や延長についての知識を含んでいることを考える〔cogitare〕ことなしに、そしてこうした単純な本性より容易に、それについて概念把握することができる。しかしながら単純本性もまた三角形の構成要素であり、「三角形において理解されている本性そのものであるがゆえに」（A.T., X, p. 422）[1]〔ラテン語による引用〕、三角形よりもよく知られている〔notiones〕。また『ビュルマンとの対話』（V, 162）では次のように言う。「私のうちに完全な三角形の観念があるのでなければ、不完全な三角形を私は把握できない。後者は前者の否定なのですから。したがって、三角形を見て私は完全な三角形を把握し、それとの比較からつぎに私が見ている三角形が不完全であることに気づくのです[2]」〔ラテン語による引用〕。またさらに、見られた蜜蠟はつねにむき出しの蜜蠟、思考され反省された蜜蠟であった。感覚的なものは観念の否定でしかない。参照。神であれば、正確な感覚的な三角形を創造できたであろう。いかなる感覚的存在の観念も、原理上不正確なものとして考えられない。しかし私が問題であるとき、実存はたんなる本質の否定ではありえず、私は自分について明白に知る以前に存在する。私は暗黙のうちに自分を知っているということだろうか。そうである。ただしそれが意味するのは、私のうちには私の観念の種子〔semina〕が、作動する思惟作用〔*cogitatio* opérante〕があるということである。この作動する〈思惟作用〉こそが、自らを把握し、観想として（すなわち形相的還元を用い、私と不可分で、想像的変様によっては私から排除できないようなものを検討することによって）実現するという本有的な力〔vis nativa〕をもっているのである。意義以前の意味があり、（「知性、精神、理性、これらは以前にはその意味が私には知られていなかった言葉である〔intellectus, mens, ratio, voces adhunc mihi significationis ignotae〕」――『省察』[訳注59]）。私は自分がどのような存在であるかを知る以前に存在する。それでは私とは何であるのか。思考する本性〔natura cogitans〕である。「思考する本性とは、そこにおいて人間精神の本質があると私が信じているものでありますが、思考の一つ一つの行為とはおよそ異なったものです。精神は思考上のある行為を一つ選ぶことができるという意味でおのれを保っていますが、思考するものであるということに関してはそうではありません。それはあたかも炎が、動力因としてはあちらこちらに広がっておのれを保つことはできますが、延長する事物であることについてはそうではないのと同じです」（アルノー宛書簡、V, p. 221）[3]。〈思惟作用〔Cogitatio〕〉や思惟する本性〔natura cogitans〕は私の本質であるが、それは能動的な本質[4]であり、特定の何かではないが、いずれにせよ思考することを、思考をもつことを運命づけ、準備させるものであり、私が存在するかぎりにおいて、何が起きようとつねに思考こそが私に到来するようにするものであり、懐疑や判断の停止ですら思考であるようにするようなものなのである。現在の私の存在における経験[5]すなわち〈我あり、我存在す〔Ego sum, ego existo〕〉は、内部から、一致によって、私の存在と私の思考の同一性を確証する。この同一性を私は、観念の秩序において、外部から反省的に翻訳する。自己自身の観念や知的本性は、私が存在するやいなや潜在的なものとして、性向や思考能力として私に本有的なものであると語ることによって、反省的に翻訳するのである。〈我あり〔Ego sum〕〉は、こうした「命題」の基礎づけを行うものである。「〈（……）我あり、我存在す〉というこの言明は、私によって言表されるたびごとに、あるいは、精神によって概念されるたびごとに、必然的に真である、と論定されなければならない」（「第二省察」、IX, p. 19〔『デカルト著作集2』、三八頁〕）。この言表の真理は、前反省的な実存がすべての言表、すべての概念把握を支え、担っているということに由来するのである。

（1）［Pléiade, p. 84.〔R・デカルト『精神指導の規則』、『デカルト著作集4』、七二頁〕］
（2）［R. Descartes, *Entretien avec Burman, Méditation V*, Pléiade, p. 1377.〔『ビュルマンとの対話』、『デカルト著作集4』、三六五頁〕］
（3）［R. Descartes, *Lettre à Arnauld*, 29 juillet 1648: DXXV (traduction française de Clerselier), Pléiade, p. 1307-1308.〔R・デカルト「デカルトからアルノーへ（パリ、一六四八年七月二九日）」、『デカルト全書簡集8』、七七頁。ラテン語による引用〕］
（4）（動詞的な）本質＝現成〔Wesen〕（ハイデガー）。
（5）［欄外に］私の存在から出発した〔現在の私の存在における経験〕。

私は存在する。私は何であるのか。思惟作用《コギタチオ》である。つまり〈……へ開かれていること〉〈……に対して準備ができていること〉である。開け（思惟する能力〔facultas cogitandi〕）である。この開けはたんなる穴や無としての無〔nichtiges Nichts〕ではない。自由にあれこれのことを思考することはできるが、自由に穴を開けているわけではないのだ。この開けに対しては、無ですら何ものかに変容する。思考に変容するのだ。思考するもの〔res cogitans〕は実体主義的な構築物ではなく、この〈何か……に開かれてあること〉が存在のゼロではないこと、誰かが私に、したがって私が私に現れて現前することだけで、存在を、それもまったく新たなタイプの存在を構成するのに十分であることを語るための一つの方法なのである。これは不透明な即自態ではなく、「真である事物」、すなわち真に事物であるとともに、真理の事物である。思惟作用〔cogitatio〕や〈コギト〉は、こうした作動するきらめきの意味を遅れて展開させた意味である。私はある、私は存在する、ということが最終的に意味するのは、思考や悟性や理性がある〔il y a〕ということである。だがデカルトは思惟される〔cogitatur〕とは言わず、私は思考する〔cogito〕と言う〈ラポルト〉(1)。反省的に取り出された知的本性や思惟する本性は、私の根源的存在の、表象による存在または客観的存在である。私の根源的存在とは、それが自己であり、私がそれを存在し、それが私のものであるがゆえにのみ思考であるような実存存在《エグジスト》する思考なのである。

（1）［J. Laporte, *Le rationalisme de Descartes*, Paris, PUF, coll. « Bibliothèque de philosophie contemporaine », 1945, rééd. Coll. « Epiméthée », 2000. メルロ＝ポンティはこの書の読書ノートを多く取っている。〔原文の参照文献名を訂正〕］

ゲルー〔による。〕〈コギト〉と悟性。それは〔生きられた〕体験ではない。それは知的必然性の読解によって解読された経験や事実である。知的必然性がその可能性の条件、確信の確信となっている。無ではないような思考経験。本質の読解。「思考するためには存在しなければならない」。存在する具体的な自己との経験的な接触とは、ある種の「合理的必然性」が私の「本質」に含まれていることの裏返しである。この「合理的必然性」が私の「本質」に「内在」している。私の本質とは思惟作用《コギタチオ》の「絶対的な単純本性」であり、「思考する私一般」のことであるが、それは存在することなしには立ちゆかない。「思考するためには存在しなければならない」。実存と理性とは、ルックスとルーメンと同じような関係にあり、この完全に知的な光〈ルックス〉が、経験的な〈我あり、我存在す〔ego sum, ego existo〕〉に反映しているのだ。二人称による表現は文体上のものである。私が何かであると思考するかぎりは、神は私が無であるかのように振る舞うことはできない。何ものかであることは、神自身にも課せられるような、創造されない真理の言表［である］。知的直観とは、悟性的に理解する悟性と、悟性的に理解される悟性との絶対的な不可分性のこと［である］。

確信の確信の上に確信を基礎づけることはデカルト的なのだろうか。可能性の条件への依拠としての反省はデカルト的なのか。

コギトから体験の性格を奪うことは、『省察』の秩序に適合するものであろうか。またThatに対してWhatを優先することは。(1)

（1）［V.I., p. 256 の研究ノートを参照〔M・メルロ＝ポンティ『見えるものと見えないもの』、二九〇頁〕。］

体験としての私の思考が私の思考の眼に対してどのようなものなのかということと、即自的なものとしての私の思考、すなわち即自的な自己ないしは私に対する私がどのようなものなのかということを、まさしく〈コギト〉に関して、区別できるのだろうか。〈自己〉の存在とは対自的にあること、純粋な〈……に対して〉〔reines Für〕であることをこそ、〈コギト〉はまさに語りつつあるのではないか。たしかにデカルト自身もそのようなことをする。魂が思惟作用〔cogitatio〕であることが確立されるのは、「第二省察」において、「事物の真理の順序によって」ではなく、「私の思考の順序に」従ったときにすぎない（『省察』「序文」、VII, p. 7）。［訳注60］だが問題は、デカルトが〈コギト〉とともに、このような区別がもはや意味をもたないような秩序〔＝順序〕を暴き出したのではないかということなのである。省察する精神が「第二省察」に至ったときには、「事物の真理」の順序を否定したり肯定したりするいかなる権利もない。彼はその点は論じない。私はこの点についてしか論じない〔というわけである〕。もちろん彼はそこから脱出するかもしれないが、この一節を真摯に受け止めなければならない。このような理性の狂気によって、理性はすべてのことを思考できると思い、真理の限界なき領域を手に入れたと考える。理性はいまや諸思考にのみ関わることができること、私たちは潜在的にすべてを知っていることに気づいたからだ。(1)「おそらくはしかし、事物の真理においてはしかし、私に知られていないからというので、無であると私が想定するこれらのものそのものが、私が知っている私、その私と異なってはいない、という事態が起こるのではないだろうか。私は知らない、が、その点については今は討究しない、私に知られているものについてのみ、判断を私は下すことができるだけである。私は、私が存在するということを知っており、私が知っている私、その私が何者であるか、と問うているのである。このような厳密な意味に解された私、についての知が、存在することをまだ私が知らないものに依存してはいないということ（……）は確実この上もないのである」（「第二省察」、VII, p. 27–28）[2]〔ラテン語による引用〕。現在のところ、私の諸思考の秩序がすべてを包含している。私は普遍的な現れ〔apparaître〕の秩序にいるのだ。

（1）〔欄外に〕事物の真理〔veritas rei〕の次元を認めない。

（2）〔R. Descartes, *Méditation II*, A.T., IX, p. 21.〔R・デカルト「省察II」、『デカルト著作集2』、四一頁〕〕

「絶対的な単純本性」としてのコギトは、知的本性一般を与えるような振るい落としてである。だがこの単純さは同一性を意味するのだろうか。参照。まったく単純な神の働きかけというとき、それはすなわち悟性と意志が不可分だということである。振るい落としであり、区別である。だが、区別がむしろ凝集性を暴き出すため、反省が非反省的なものを暴き出すためになされているとしたら、こうした振るい落としや区別こそがここで疑問視されるのではないかと問うべきではないだろうか。たとえば、〈我あり〉についての反省によって、その真の中心として〈我思う〉が与えられる。完全に剝き出しの〈我あり〉が、完全に剝き出しで純粋な生として与えられるのだ。だがこれは、〈我思う〉であるがゆえに、私はすべてであり、私が見たり想像したりするものすべてであることを認める一つのやり方なのではないか。想像してはならない。これはよく見るために目を閉じることだろう。だが自分が想像し、感じると考える者であることは理解しなければならない（後述〔三一一頁以下〕参照）。

ゲルーの二者択一。一方では事実確認や観察などの心理学的なもの、内観がある。他方、数学的で「スピノザ主義的」な反省作用がある。〔後者の場合〕、光はすでにそこにあった、というわけだ。これは出来事と観念の二者択一、時間的なものと非時間的なものの二者択一であり、そして観念論と経験主義の二者択一である。第三の立場がある。すなわち開けとしての思惟作用〔cogitatio〕、時間の超克ではないような、時間の裂け目である。連続的な思惟作用として。実のところ、私が存在していることを確信しているのは、その存在について思考しているかぎりにおいてであり、思考するのをやめてしまったら、おそらく存在することもやめてしまうのであろう。これは観念論の始まりではなく、経験の哲学の始まりである。

ゲルー。思考する〈我〉〔l'*Ego qui cogitat*〕は、事実上一つの個体であるが、「思考する自己（各人において同一の自己）」（「他者がいれば」が前提されている）として、「知的本性一般」として、「表象一般の条件」としてのみ目指されるものである。だが、私に与えられているのは、まさに事実上の私の実存であり、〈コギト〉[1]はそこで何も無駄にはさせない。

（1）〔メルロ＝ポンティは、後述の一九六一年五月四日の講義の欄外〔本書三二五頁〕で、「前回の講義、**p. 7**」への参照を求めている。〕

真の問題は、〈コギト〉が純粋知性〔intellectus purus〕であるか否かではなく、〔むしろ〕懐疑やエポケーによって据え付けられた秩序において、純粋と不純の区別そのものが意味をもつかということである。水平的〈コギト〉と垂直的〈コギト〉。私から遠くにおいて、そして近くにおいて。垂直的な〈コギト〉すなわち存在する自己にとって、私が二次的にその観念を形成するに至るような知性は、私が存在している作動する知性の表象的ないしは客観的存在である。そしてこの作動する知性は、「諸感覚に」はまったく依拠しないが、曇りなき光、落下点や支点をもたないような光として考えることもできない。

デカルト「第二省察」、A.T., VII, p. 27[1]。思考する事物〔res cogitans〕は、まずは「精神または魂または知性または理性」と定義される。次に（A.T., VII, p. 28）、「疑い、知解し、肯定し、否定し、欲し、欲せず、また想像もし、感覚もするもの」と定義される[2]。ゲルーは言う。第二の定義は枚挙的であり、名目的なものである。私に所属し、私と不可分なものは、思惟作用〔cogitatio〕[3]である。——回答。〈思惟作用〉とともに、これらすべてのものは同様に不可分になる。「それらの全部が私に属しているとするならば、まさに少なくはないのである。しかしながら、なぜ属していてはならないのか。今やほとんどすべてのことについて疑い（……）、意に反してではあっても多くのものを想像し、（……）多くのことを感覚するところのもの、それは私自身ではないだろうか。それらのもののうちに、私がつねに眠っているとするにしても、また私を創造した者がその力の及ぶかぎり私をだましているとするにしても、私があるということと同じように真であるような何があるだろうか。私の思惟から区別されるような何があるか。私自身からは分離されていると言われることのできるような何があるか（……）。そして私は想像する力をもっているが、この想像する力は実際に存在していて、私の思惟の部分をなしているからである。最後に、この私は、感覚するところの、言うならばあたかも感覚を介してであるかのようにして物体的な事物に気がつくところの私と同じ私である（……）。それらは偽である〈と私に言う者もあろう〉、私は眠っているから、と。だがたしかに私には、見えると思われ、聞こえると思われ、あたたかいと思われる。このことは偽ではありえず、このことが本来は、私において感覚すると証されていることなのであり、実際、このような厳密な意味に解するならば、感覚するということは思惟するということにほかならないのである」（「第二省察」VII, p. 27–28）[4]〔ラテン語による引用〕。「私が見ているから、あるいは（この二つを私は今や区別しない）見ていると私が思惟しているからには（……）」（VII, p. 33）[5]〔ラテン語による引用〕。

（1）［PUF, p. 41.〔R・デカルト「省察Ⅱ」、『デカルト著作集2』、四一頁〕］
（2）［*Ibid.*, p. 43.〔R・デカルト「省察Ⅱ」、『デカルト著作集2』、四二頁〕］
（3）「私から分かつことのできない唯一の事物」。
（4）［R. Descartes, *Méditation II*, A.T., IX, p. 21.〔R・デカルト「省察Ⅱ」、『デカルト著作集2』、四二－四三頁〕］
（5）［R. Descartes, *Seconde Méditation*, PUF, p. 50.〔R・デカルト「省察Ⅱ」、『デカルト著作集2』、四七－四八頁〕］

デカルトの両義性。私が自分の目で見ていると思っていたものを、精神の眼で見ることを示すため、蜜蠟はある。だがデカルトを読むと、蜜蠟はつねに、私が反省的に気がつくようなものであった。すなわち、精神の眼は「あたかも眼を〔tanquam oculis〕」通過するかのようだ。すべては〈思惟作用〉であるが、〈思惟作用〉はすべてである。デカルトにおける潜在内容は、それが鋭いものであるがゆえに、最大限のものとなる。知的純粋さと同時に結合や混合をも意識しているからだ。これは別の純粋さ、感覚の純粋さだとゲルーは言う。だがそれは目的としての区別に基づくものではなく、たんなる手段としての区別に基づくのであり、観念の哲学ではなく、経験の哲学に基づくのだ。『ビュルマンとの対話』でも同様である。反省とは、二つの事物を同時に思考することでなくてはならない。そうでなければ、思考したということは思考するだろうが、思考していることを思考はしないだろう。そしてデカルトはそのことを認めている。ひとは思考に執着し、思考は内部から時間を横断し、それを俯瞰することはない……

ゲルー〔は言う。そのようなことは〕不可能である、コギトは、明証的であるために、単純でなくてはならない〔と〕。だが〔これに反する〕テクストが存在する。『精神指導の規則』のような一面的な思考だけではなく、単純と複雑、一と多、純粋と不純を越えた第三の次元の探求があることを思考しなければいけないのではないか。『精神指導の規則』のような、精神の運動（列挙、枚挙、ほとんど排除された記憶。たんなる保存としての記憶）による思考の動性に対して闘う心理学的な手段だけがあるのではなく、時間の下部構造による、連続的な思惟作用による同時性の観念がある。連続的な思惟作用〔cogitatio〕は、［短い？］時間〔[breviorum?] tempus〕[訳注61]と時間外ないしは永遠の時間との二者択一を越えるものである。同様に、別なものとして考えられた悟性と、悟性以外のものが、〈それに対して……が現れるもの〉と〈現れるもの〉との関係にあるとしたら、純粋か不純かということももはや意味はない。見ているという思考と感じているという思考は、「存在と無の区別をする」感覚の客観的実在とは何であるかという問題の布石である。思惟作用の側にもこの問題と等価の問題がなくてはならない。

思惟作用によって、感覚は延長による以上に説明可能ではないということだ。デカルトはただたんに純粋悟性の水準で肯定性を回復したのではない。たんなる逆転ではなく、自然の光の深い変容である[1][2]。

（1）［欄外に］要再考。
（2）［一九六一年五月四日の講義〔本書三二三頁以下〕の草稿は、おそらくこの用紙の欄外において言及されている再考に対応するものだろう。］

同様に、（客観的実在による、および表象による存在による）神の観念的な立場だけではなく、実際の立場を見抜かなければならないだろう（神は私と同じ能力によって——私の自由から出発して——概念把握されている）。第一の立場は神を明証的なものとして与え、第二の立場は理解不可能なものとして与える[1]。

（1）［欄外に］要再考。

参照。身体より魂を知るほうが容易である。しかしながら、「疑わしくて、知られていなくて、私とは疎遠なもの、と私が気づいている事物のほうが、死んであるもの、認識されているものよりも、つまりは私自身よりも、いっそう判明に私によって把握されるということは、まさしく奇異なことであるけれども」、「想像力の支配の及ばない、何か知らぬが私に属するところのもの」（IX, p. 23）[1]。私たち自身に対する闇。中心的な〈我〉は……無である。

（1）［R. Descartes, *Méditations II*, PUF, p. 45.〔R・デカルト「省察II」、『デカルト著作集2』、四三頁、後半の引用は、「物体的な事物のほうが、何か知らぬが私に属する、それでいて想像力の支配の及ばぬところのあのもの、よりもはるかに判明に私によって把握されるということは、まさしく奇異なことではあるけれども」という文の一部〕］

自然の光の意味の変化。

［前回の一九六一年四月二七日の講義の再考］

（三）〔c〕我あり――自然の光の意味の変化

現前する数学的観念の抗しがたい明証性。それを見るのをやめ、私の精神の本性を不透明にしてしまうような自由へと委ねられると、形而上学の臆見的な懐疑［が始まる］。明証性と不確実性はどちらも、事実としての私の本性の属性なのである。

以下のものによって得られる「中断」。（一）習慣、私の本性への執着。（二）「作為《フィクション》」によるこの習慣の放棄、否定的な判断、与えられていないものをすべて偽と見なし、習慣を補うこと。ひとは自然的な然《ウィ》りと自由な否《ノン》のあいだに位置している。

このような状況において、第三の領域が開かれることに気づかれる。直接的な存在と否定のあいだで、無ではないという領域、何ものかの領域［が開かれるのだ］。「見られるもの」と「否定されるもの」のあいだで、あるいはこの両者を含むかたちで。すなわち、〈我あり、我存在す〉は肯定的で即自的な全体ではなく、純粋な拒否や排除や否定でもなく、無とは異なる何ものか〔aliquid〕であり、これらすべてのものがその前で現れるような誰かであり、現れの存在、現出〔Erscheinung〕の存在であり、この何ものかに対しては、この存在は〈……ということは明らかだ〔＝顕れている　il est manifeste que...〕〉というあり方、あるいは少なくとも、それ自身に対して明らかで、おのれ自身に隠されてはいないというあり方をしている。というのもそれが誰であるのか、何であるのかをまだ知らないからである（『省察』における表現は、〈我思う、ゆえに我あり〔cogito ergo sum〕〉ではなく、

〈我あり、我存在す〔je suis, j'existe〕〉である。私とは何か）。第一の真理は懐疑の裏側にすぎず（『真理の探求』のテクスト）、否定で織りなされた細かい生地でできている。私とは、否定性そのものの自己現前であり、打ち消しがたい否定の否定であるが、それは肯定的なもののたんなる回復としてではない。肯定的なものは懐疑に包み込まれており、それも永遠に包み込まれている。だがそれを排除していた否定が、新たな存在の様式(1)として現れる。これがすべての否定判断を裏打ちし、さらにはそれを通して、たんに見られたものとしてのすべての諸真理を裏打ちしているのだ。この存在様態とは何か。私はある、だが私の存在とは何か。それは現出の存在であり、つまり（一）自らに現れること〔le s'apparaître〕の存在、そして（二）現れること〔l'apparaître〕の存在である。

（1）唯一確実なことは、確実なことは何もないということである。――よろしい、だがこのこと自体が反転し、確実なこととなる、確実さの新たな意味において。自然の光は純化されることになる。第一の真理が、非‐存在という方向性をもつことになる。

（一）私は疑う（究極的には否定する）、だがまさにそのことにおいて、私は疑いを疑うことはできない。たとえ懐疑についての懐疑を試みたとしても、第一の懐疑を暴き出すことにしかならないだろう。『精神指導の規則』における、自らの懐疑を疑うソクラテスを参照。『真理の探求』のテクストも参照。そこでは懐疑の懐疑が、言表された懐疑(1)、すなわち思考対象としての懐疑を創造すること、そして、にもかかわらず一次的な懐疑の構成的な下部構造を暴き出すようなものではないことが語られている。およそ客観化というものはすべて問題化を前提とするが、この客観化以前にあるものは問いに対する回答ではまったくない。それは問いの無知である。懐疑に対して向けられる懐疑以前に、懐疑の「内的な意識」があり、それは「つねに獲得された認識に先立つ」ものである。私は自分が疑っていること、そしてそれが何であるかを知っている。私は、私に対する実存が何であるか、それを私に問う以前に知っている。私は、〈それに対して……があるような者〔celui pour qui il y a...〕〉が何であるかを知っている。私はそのことを、観念的ではない知によって知っている。「私の精神の作品」という観念を、

2

私は後で形成する。それは「表象による存在」であり、この観念は自らの外に形式的な実在をもっている。自己自身という観念は派生的なものであり、それが私のうちにあるのは、まず第一には性向〔構え disposition〕としてにすぎない（「掲貼文書への覚え書き」〔訳注62〕）。それは初めは私から区別されない（私の精神の宝庫についてのテクスト）。存在し、顕在的で、形式的な自己は、〈それに対して……があるような者〉、〈その前で……があるような者〉［である］。「証人」（内的な証言）について。（一）それは非－存在の存在であるから、肯定的に明示されえない。[2] そして最後の証人、その背後にはもはや別の証人がいないような証人となるためには、それは非－存在ないしは前－存在でなくてはならない。それがデカルトが思惟作用〔cogitatio〕と呼ぶもの、すなわち〈……への開け〉である。（二）それを否定性によって、無としての無〔nichtiges Nichts〕によって定義することはできない。というのも、この開け、この裂け目が自由であるのは、あるこれこれの思考に対してだけであり、自らに対しては自由ではなく、否定の意識や懐疑によってであれ、必然的に満たされるものであって、無ではないからだ。思惟作用〔cogitatio〕には、思惟作用であったりなかったりする自由はなく、それが自由であるのは、これこれの様態をもつことにおいてのみだ、と述べている『哲学原理』のテクスト参照。私は、思考する事物《もの》〔res cogitans〕、思考する何ものかであるというのは、実体主義的な構築ではなく、それがたしかに無ではないということを語るための唯一のやり方である。すなわち、個別の思考はすべて、誤謬の外への打ち消しがたい脱出、中立的な現前化（私が真なる事物であるというのは、疑いのない即自態であるということではなく、その真の現前によって完全に規定された何ものか［である］ということである）であるためには、無ではないような中心を備えていなければならない。その前でこそ、何ものかがありえ、〈ある私……〉や〈……の欠如〉、思考がありうるのである。この中心、思惟作用〔cogitatio〕は、私たちがこの瞬間に観念を形成しつつあるような〈……に対する自由〉であるが、「精神〔mens〕」「知性〔intellectus〕」「理性〔ratio〕」といった言葉を発展させた、明白な（だがあらかじめ知られている）意味なのである（したがってこうした言葉は、それまでは意味が「未知で」（『省察』）あるような言葉であり、今与えられた発展的な意味は、作動する意味に基づいていた）。したがって〈我存在す〉が最終的に意味するのは、「思考が、悟性が、理性がある《イリヤ》」ということである。だが（ラポルト）それは思考される〔cogitatur〕のではなく、〈思考する〔cogito〕〉のである。私が覚知し、反省的に抽出する「思考する本性」が能動的に思考するものとなるのは、それが私のものであるから、生まれつつある状態において捉えられているから、私がそれを存在しているから、あるいはそれは私であるからなのである。それは体験ではないとゲルーは言う。それは、その可能性の条件として、知的必然性の覚知のきっかけを与えるような経験であり、確信の確信、思考の経験である。本質の読解にきっかけを与えるような存在である。「思考するためには存在しなければならない」。したがって私が存在している思考との、あるいは私の思考の存在との経験的で盲目的な接触は、まったく明晰な作用の背面であり、ある種の「合理的必然性」が私の「本質」に含意されていることを示す。その「合理的必然性」は私の「本質」に「内在的」[3]である。私の本質、思考という「絶対的な単純本性」「思考する私一般」（実際のところ、思考とはあらゆる諸思考に適用可能な「普遍的な」[4]概念ではなく、ある種の本性であり、諸思考はその諸様態であって、種ではない）によってこそ、これらすべてのことが存在せずにはいないこと、「思考するためには存在しなければならない」ということが含意されているのであって、〈我あり、我存在す〉という試練はこの含意の経験的なこだまにすぎない。一人称による表現は文体《スタイル》上のものにすぎない（すると文体は何も意味しないのか）。私が何ものかであると思考しているかぎりは、神は私が無であるようにすることはできないとデカルトが言うとき、ここで私という言葉で発せられている明証性は、神その人に課せられるような創造されていない必然性から派生している。すなわち、思考と存在との関係は、発出した光と発出する光の関係、ルーメンとルックスすなわち叡智的直観の関係に等しいということである。私の存在という試練は確実性であり、この叡智的な必然性の把握は確実性の確実性、悟性的に理解する悟性〔entendement entendant〕と、悟性的に理解される悟性〔entendement entendu〕の絶対的な不可分性である。〔以上のゲルーの立場に対するメルロ＝ポンティの〕反論。

（一）確実性を、確実性の確実性に基づかせるのはデカルト的ではない。〈私〉に関してThatをWhatから派生させるのは『省察』の順序〔＝秩序〕に適うものではない。私の思考が、その眼に対してどのようなものであるかということと、それ自体でどのようなものであるのかということを区別すること、すなわち即自的な〈私〉を、私に対する私から区別することは、始源的真理としての「我思う」の原理そのものに適うものではない。というのも、〈私〔Moi〕〉という打ち消しがたい存在は〈自己〔Soi〕〉に対する存在であることを、〈コギト〔Cogito〕〉は語りつつあるのだから。（二）ゲルーの二者択一。一方では事実確認や心理学的観察があり、他方では、数学的、スピノザ的な反省作用がある。これは出来事と観念の二者択一である。だが第三の概念がある。それは、つねに作り直されなくてはならない開け〔流入Einströmung〕としての思惟作用〔cogitatio〕であり、連続的な思惟作用〔cogitatio〕として私の存在を把握することである。

（1）『真理の探求』を参照。
（2）それを「構成する」。
（3）ゲルー。
（4）『哲学原理』のテクスト。

同様に、神の理念的な立場（客観的実在や表象による存在を考慮することに基づく立場）を、その実在的な立場（私たちが神を概念把握するのは、私たち自身とは別の能力による以外ではありえない。すなわち、神の形式的な実在とは理解不可能であることであるが、客観的実在とは、最も理解しやすいものであることである。参照。魂は物体より認識しやすい。だが［それは］何かわからないもの〔nescio quid〕〔訳注63〕である）から移動させる必要がある。

デカルト的なエポケーによる思惟作用〔cogitatio〕の世界の発見は、観念論ではなく、経験の一つの次元の到来である。デカルトはこの秩序を部分的なものだと考える。理性の真理〔veritas rationum〕と、神の後でしか始まらないような事物の真理〔veritas rerum〕がある〔ゲルーに引用されているテクスト〕というわけだ。しかし、デカルトは彼が求めていた以上のことを発見した。二つの秩序〔＝順序〕は並置させられることも重ね合わされることもない。両者は〈エポケー〉の中に当然のように侵蝕する。［そこから］弁証法が生じる。「垂直的」〈コギト〉と「水平的」〈コギト〉。

（二）〈私〉とその存在がこのように理解されるとすると、すなわち思考の客観的実在としてではなく、その形相的実在として理解され、そこから思惟作用〔cogitatio〕の観念、すなわち「理性」「知性」「魂」「精神」などの「意味」が引き出されるような、〈我あり、我存在す〔Ego sum, ego existo〕〉としてまずは理解されるとすると、――私から引き離せることができるものと、できないもののこのような区別（形相的還元）が、私が存在しているような、作動する悟性としての私に対する視野を開いてくれるとすると――、コギト[1]の〈私〉は「純粋悟性」であることになるのだろうか。もし私が――あらゆる事物の無であれ、信としての懐疑の対象としてのすべてのものであれ――、それに対してすべてが現れるような者であるとすると、思惟作用〔cogitatio〕は排除的なものであろうか。

（1）「第二答弁」、A.T., VII, p. 145.〔R・デカルト『デカルト著作集2』、一七八頁〕

思惟作用として、私は事物を「あたかもそれが身体から来たように」感じたり想像したりする――〈見ているように思われる〔videor videre〕〉〈見ている〔videre〕〉はまさに見ることの思考として理解されている――と、デカルトが語っている二つのテクストについて。ゲルーは言う。これは枚挙的・名目的定義である。自己の真の定義は理性〔ratio〕や知性〔intellectus〕である。同様に、『ビュルマンとの対話』の考え方（先行する思考の、後続する思考における恒常性について。連続的な思考について。それにより、私はたんに、思考したことを思考するのではなく、思考することを思考する）。この考え方は、〈コギト〉を複雑な思考と見なし、数学的な思考より明証の低いものと見なすものであろう。これは対人論法〔ad hominem〕にすぎない。私の思考の特異な本性や本質を把握することが必要だ。この議論は〈コギト〉からその意味を奪ってしまう。問題は、私が存在している思惟作用〔cogitatio〕が、ジレンマに縛られているかということだ。つまり属性なのか様態なのか、単純なのか複合的なのか、というジレンマであり、これは『精神指導の規則』における一面的な思考である。反対に思惟作用〔cogitatio〕の発見とは、判明さという基準がもはや十分でないような次元の発見である[1]。デカルトにとって、感じることと想像することは、思考と同じように、私から切り離せないものである[2]。これが課題を切り開く。思惟作用〔cogitatio〕への還元において、すべてが保持されるとしたら、思考の時間における実際的な視覚がどのようなものかを理解しなければならないだろう。そしてこれは、質の問題、その客観的実在の問題であり、事物そのものを見ることとの思考である。このように〈存在〉と〈無〉を差異化する次元に対して、見ることと感じることとの思考という、思惟作用〔cogitatio〕の布石がすでに対応している。〈思惟作用〉の次元は一か多か、純粋自我か不純な自我か、という亀裂を含んでいないし、またそれに伴って、〈純粋な……に対して〔reines Für〕〉から事物の真理（思考する事物の真理、それは思考する事物であるということである）への関係なども含んではいない。垂直的なものにおいては、悟性が純粋かそうでないかを問うことはまったく意味をもたない。悟性とは、そのまわりにすべての「内容」が配置され、それに対してそれらの内容が存在し、それに内容が所属するようなもの以外の何かであろうか。といっても悟性が純粋ではないということではなく、悟性でないような何ものかがどのようにしてあるのかがわからないということである。私は知であり、知以外のものではなく、そしてこの次元においては、そこに現れないものは無であるかのようである（私がもつ知は、私がもたない知に依存することはできない）。これは一時的なもの（私はこの点について論じない〔とデカルトは言う[3]〕）だが、普遍的な場を構成するのだ。

（1）したがって、切り離すこと、それは〈存在〉の生地、より高い次元性の〈存在〉においては切り離せないと見ることでもある。

（2）属性や様態、過去や現在が二者択一となるのは、反省以後の次元においてである。存在する現勢的な思考や、その形相的実在の次元においてはそうではない。三角形を思考するほうが、それを構成している単純本性を思考するより容易だとデカルトはしばしば言う。様態を纏った属性〔のほうが容易なのだ〕。

（3）おそらく事物の真理の次元があるのだろう〔Cf. A.T., VII, 27〔R・デカルト『省察II』、『デカルト著作集2』、四一頁〕〕。

自然の光の変様。それはもはや、身体の組織のような組織の力によって、切り離しがたいものとして判明に見ることではない。それは見ることの思考であり、この思考のおのれ自身に対する非‐隠蔽、その自己と我への所属である〔懐疑の超克〕。自然の光は、自己に対して接近可能で、自らを反復し、反省し、観照できるという性質、要するに思考であるという性質をもつ。精神の眼の機能というこの光は、私にとって暗いものとなり、いま真に光を与えてくれる観照は、反省的な観照であって、これがほかのすべてのもの、そしてそれに先立つ内的な認識をも含み込む。これはたんに抗しがたい衝動ではない。思考は「見せ」、自然の光は見せる。すなわち、それは表象による〈存在〉へと開かれている。これは自然的傾向性ではない[(1)]。自己に対する明証性であり、自己へと示すことであり、その名においてのみ、ひとは自然的傾向性を修正できる。それは炎のように現成し〔west〕、本有的な徳〔virtus nativa〕であり、思考する能力〔facultas cogitandi〕であり、労働し、加工する精神であって、見えるものの肌理《きめ》〔grain〕ではない。だがましてやそれは自発性すなわち自己生産ではない。それは状態によって思考し、それは思考されたものであるから、思考するよりはむしろ存在することをやめてしまうのである。

（1）〔欄外に〕客観的〔表象的〕実在。

コギトと数学的明証性の関係は、絶対的な単純本性と、相対的に合成可能な本性の関係ではない。私の実存の明るさ、その被照性〔明け開かれ Gelichtetheit〕は不可分ではない。〈コギト〉の後でさえ、私がそれについて思考するのをやめたとたん、悪しき霊が回帰する。瞬間において覚知された自己は、〈二足す二は四〉以上に透明ではないのだ。

　数学的明証性とコギトを、単純さの程度を異にした一つの系列に収めてしまってはならない。そうではなく、両者を不透明なものの側に置かなくてはならない。神なしでは、私はけっして何も知ることができないだろう。〈コギト〉が私たちに得させてくれたものは何なのか。それは以下のことである。私たちは単純本性（思考もその一つであるが、私との私の接触、私の私に対する非隠蔽に比べれば二次的なものである）の側に、安定したものや不動のものを求めるが(1)、そうした単純本性ではなく、ある全体存在、永遠の存在をこそコギトは認識させてくれた。そうした全体存在は存在することを要求し、存在したことによってあたかも自動的に存在するような存在なのである。私がいま現在存在しているなら、私が存在したことは永遠に真であろう。したがって、本質としてではなく、時間性として、過去の現前として〔存在する〕。保存や連続的思考は自然の光の本質的性格となり、それはそっくり与えられた本性ではなく、生産され再生産される本性(2)、本有的な力〔vis nativa〕であり、私が私の現在において、私の自己現前において触れるものであり、まさにこの本性、この光、現存的な〔in esse〕因果性なのである。裸形のものは纏《まと》ってのみ存在し、思惟作用〔cogitatio〕は作動においてのみ存在する。

（1）思考の連続的運動によって、記憶をほとんど消し去ってしまう心理学的な手続きがなければ〔の話である〕。

（2）［欄外に］質の本有性。問題は純粋な悟性か不純な悟性かということではなく、意味としての悟性か作動する悟性かということである。

　なぜデカルトは最も難しい著者なのか。それは彼が最も根源的に両義的であるから、〈存在〉に対する嫌悪ゆえに最も間接的に語る者であるからであり、それゆえつねに誤解され、推定的に修正されるような者であるからである。そうでなければ、その潜在内容ゆえに説得的なものとなることもないだろう。デカルトは最も多く潜在内容をもっている者なのである。

一九六一年五月四日［行われなかった講義[1]］

（1）［この用紙に付けられた日付は一九六一年五月四日であるが、それが示すのはメルロ＝ポンティが準備した講義の日付を自分の草稿に付けているということである。もちろんこれは口にされなかった。］

我あり、我存在す〔Ego sum, ego existo〕から私の本質へ、思惟作用〔cogitatio〕へ[1]。「知的本性一般」へ。私が存在している悟性と、私が悟性的に理解している悟性。私が今存在していることを確証してくれる実際的なコギトと、「つねに思考している」と私が知っている魂。魂が思考していることを私が知っているのは、炎はあるかたちを取ることはできるが、いずれにせよつねに延長していることを私が知っているのと同様である。作動し、垂直的な〈私〔Ego〕〉や思惟作用〔cogitatio〕と、「客観的実在」という水平的な面に広がった思惟作用〔cogitatio〕。自分が存在していると思うのは、もちろんたんに抗しがたい傾向性によってではない。それは「見せる」〔ostendit〕[2]ような自然の光による。悟性は自らを照らし、また悟性が照らすのは自分自身である。私は私自身にとって闇ではない。だがこの反省作用は観念の反省作用ではなく、「スピノザ的」（ゲルー）なものでもなく、観念以前のものであり、事物においてすでになされている定立的で「獲得された」反省作用のようなものではない（「光はすでにそこにあったのだから」）。それは〈自己〔Soi〕〉との接触である。

（1）［前回の講義（一九六一年四月二七日）の第三点の取り上げ直し。］
（2）「第三省察」A.T., VII, p. 38-39.（R・デカルト「省察Ⅲ」、『デカルト著作集2』、五六頁）私という、真の〈見せること

〔ostention〕〉に対して、そして「表象による」あるいは「客観的な」〈存在〉に対して、何ものをも対抗させることはできない。

したがって、このような実存する悟性にとって、純粋と不純の二者択一(1)、「私から切り離され」うるものとそうでないものの二者択一はない。何ものも「悟性から切り離し」えない。いまや区別という方法は、別個に存在しうるものを見分けること（形相的変様）ではなく、私こそが感じ、私こそが見ているということを可能にする自然的で前反省的な結びつきを暴き出すこと――つまり混合物(2)を見分けることに役立つのである。そしてだからこそ、コギトは、私がそれについて思考するのをやめるやいなや、〈悪しき霊(3)〉から免れえない。コギトが、なお分解可能な数学的な真理とは異なった、絶対的な単純本性であるとしたら、コギトは時間を「閉ざし？」、〈悪しき霊〉を打ち砕くであろうし、私たちは何についてにせよ確信をもつためには、神が必要だということになるだろう。コギトは厚みをもち、単純ではないのだから、間歇的であり、時間的でありつづける。それは存在する魂との、その潜在性や光との接触であるが、この光は前反省的であり、構成的ではなく、現勢的《アクテュエル》な思惟作用〔cogitatio〕にまるごと集中させられている。内側から触れられたとき、コギトは宝庫としての精神であり、それに対してはすべての観念が本有的であり、表象による存在へと自らを投影する生得的な力をもっているが、現勢的な試練においては、幼年期や眠りと同じように、傾向的にしかそのようなものとなることはできない。たしかに私はコギトについて、全体的な経験（純粋な知性から私が「それによって」見ると「思うかのような」身体に至るまで）をもつ。だが、思考することの思考へと私を到達させてくれるのは実際的な作用であり、逆ではない。この純粋知性の現勢的《アクテュアリテ》性格は、非時間的な存在(4)であると自称する。私が存在したとしたら、私が存在したことはいつまでも真であるとデカルトは言う。だが、どのようにして、私の時間との観念以前で厚みをもった内的な結びつきが可能になるのかという問題は、解決されたのではなく、むしろ提起されている。この問いは、質の本有性および感覚的なものの客観的実在性という（宙づりにされたままの）問いの主観的相関物なのである(5)。

（1）この区別は、平面的で水平的な思考においてしか場をもたず、現在の多次元的な思考においては場をもたない。
（2）両義的なデカルト。区別と混合。分離による明証性と、分離不可能性や凝集による明証性。それらのどちらもそれ自身によって知られる〔per se notum〕。
（3）「第三省察」A.T., VII, p. 36.〔「省察III」、『デカルト著作集2』、五三頁〕
（4）「第三省察」A.T., VII, p. 36.〔「省察III」、『デカルト著作集2』、五三頁〕
（5）垂直的な〈コギト〉から出発して、「魂はつねに思考する」といった本質の真理へと合流しなければなるまい。

何も廃棄しないような〈コギト〉に関する「第二省察」のテクスト。「今やほとんどすべてのことについて疑い（……）、意に反してではあっても多くのものを想像し、（……）多くのことを感覚するところのもの、それは私自身ではないだろうか。それらのもののうちに、私がつねに眠っているとするにしても、また私を創造した者がその力の及ぶかぎり私をだましているとするにしても、私があるということと同じように真であるような何があるだろうか。私の思惟から区別されるような何があるか。私自身からは分離されていると言われることのできるような何があるか[1]」（「第二省察」A.T., VII, p. 28[2]）〔ラテン語による引用〕。

（1）［PUF, p. 43-44.〔R・デカルト「省察II」、『デカルト著作集2』、四二頁〕
（2）［欄外に］前回の講義の **p. 7**〔本書三一〇頁〕を参照。

デカルトの両義性。区別と「混合」が同じ資格で自分自身で示されている〔per se nota〕。コギトは感覚することを私から分離せず、思考はそっくり感覚することのうちにある。蜜蠟は、眼で見られていたときから、つねに精神によって見られていた。このことが意味するのは、不純な自我〔ego〕が、その可能性の条件として（カント的意味における）純粋な自我〔ego〕に基づいているということではない。デカルトが注意していたように、作動する思考を、思考の思考の上に基礎づけてはならず、また、認識ではないような知、自己であること〔*être* soi〕であるような知がどのようなものなのかを知るために、そして諸思考の開かれた領野をもつためには、思考したり存在したりすることだけが必要なのである。したがって、蜜蠟がつねに精神の洞見の前にあったということは、次のようなことも意味する。すなわち、私が眼をもっていること、私は眼で見ると語ることには意味があるということである。〈コギト〉がそれ自体で知的本性であるとしたら、それはまったく意味をもたなくなってしまうだろう。〈コギト〉の単純性について言えることは神の働きの単純性でも同様である。この単純性は同一性ではなく、悟性と意志の不可分性によるものである。同様に、思考することと感じることの不可分性。コギトはたんに「事実上」（ゲルー）個体的であるのではない。おのれの志向によって前個体的でありながら、その事実性はコギトの定義の一部をなしているのである。

〈コギト〉によって何を得たのか。自然の光の意味の変化である。瞬間の確信は乗り越えられていない――時間から脱してはいない――、そしてその意味で、私の本性からも脱していない。しかしながら、それは数学的な真理とは異なった確実性である。〈コギト〉は判明なもの、すなわち分離できるもの、形相的なもの、事実上の不変の残余などとして見られたものの確実性ではない。それは現前化の確実性、〈……への現出〉、内的証言、非定立的な「内的な認識」、私の私に対する、そしてあらゆるものの私に対する非－隠蔽の確実性であり、このような見せる作用は、直接に真理であること（判明さ）を放棄しているがゆえに、判明さの名の下に何ものも抑圧しないですべて（眠り、夢、感じること、想像すること）を受け入れるがゆえに、もはや偶然的事実としての私の本性ではなく、究極の証人としての私の本性なのであり（「第三省察」A.T., VII, p. 38-39〔『省察Ⅲ』、『デカルト著作集2』、五四－五六頁〕）、その後にはもはや何もないのだ。〔〈コギト〉によって〕何かが得られたというのは、自然の光が純化され、もはやたんなる私の心理学的構成そのものや心理学的明証性ではないという意味においてである。しかしこのことが得られたのは、真と偽の直接の区別を放棄し、思考されたもの〔cogitationes〕という資格ですべてを受け入れるようなエポケーという手段によってにほかならない。したがって、自然の光は、もはや信じないことのたんなる不可能性ではないがゆえに、また真なるものや「真の事物」がおのずから〈見せること〉であるがゆえに、純化されている。だがさらに自然の光は、おのれ自身と暗さの混合をも同時に照らすがゆえにいっそう純化されている。それは知的純粋さの意識であるばかりでなく、混合の意識でもあるのだ。それは別の純粋さ、感覚の純粋さだとゲルーは言う。だがそうすると「純粋」〈という用語〉には、そして「純粋で」注意深い精神には二重の意味があり、純粋な存在は混合なき存在ではないということなのである。

（四）光としての神と深淵としての神

ふたたび〈悪しき霊〉について。これは事実性であるが、いまや時間の事実性以外のものではない。この事実性について、それが悪魔的なもの――真理であると偽装された虚偽――であると考える根拠はない。〈全能者〉がいると考える根拠を検討していないので、なおさらである。しかし、私の確信を吹き飛ばすこの〈力能〉を吟味するためには、〈神〉がいるのか、欺く者がいるのかを検討しなければならないが、[1]こうした伝統的な問いは、私の「省察の順序」において、すなわち私がいま到達した〈私が思考する〈Ego cogito〉〉という地点から、その限界を考慮しながら理解されなければならない。

（1）これら二つのことは同時に検討されなければならない。というのも、神の存在証明の本性からして、神が欺く者であることは排除されるからである。だから問いは一つしかない。あらゆるところで広大な事実性を照らすこの光はどのようなものなのか、という問いである。

神の〈存在〉証明。私の諸思考の一つである客観的実在性や表象による存在は、私から（そして無からも）抜け出ることができないので、それは事物そのものと等価であるような〈存在〉に対して開かれなければならない。

神の観念的定立。だがこれがコギトに触れるのは、私の思考内容〔cogitata〕の一つを通してにすぎない。第二の証明はコギトそれ自体を〈存在〉に包含し、それを完全に裏打ちするような現勢的な〔in esse〕因果性に包含しなければならない。神の実在的な定立。(1)

（1）「ニューキャッスル候宛書簡」では、コギトは直接的認識とされる。神の光において読み取られるからである。この書簡はこの証明に固執しているだろうか。そうである。だが両者は混じり合わない。この書簡は、デカルトにとって哲学の限界の外にあるような、神の私たちへの働きかけに関係している。第二の証明のほうは、いまだなお神の観念の私のうちにおける現前から議論を引き出しているが、それは無限の客観的実在としてではなく、私の諸思考の一つとしてである。

第三の証明は、本質としての神と実存としての神が一つの神であることを示すことで、初めの二つの証明を結びつける。追跡されていくプラン（「第五省察」の紆余曲折）は、潜在的なものがあることを示している。だがこれは結局のところ、客観的〔対象的 ob-jectif〕な無限性（「広大な光」(1)）が悪魔的なほどに理解不可能なものであることを意味する。見ること、それは見ないことである。

（1）「第五省察」末尾［と］「第三省察」。

デカルト的循環、神における肯定と否定の弁証法、肯定〈神学〉と否定〈神学〉の弁証法などは、〈コギト〉と同様に、デカルトの初めの肯定主義《ポジティヴィスム》に対する〈存在〉の反動である。

「第四省察」(1)と「第六省察」は神と〈コギト〉のあいだにあるものを探索しようとする（〈コギト〉の精神の〈本性〉については、他にも多くのことを語る必要がある。「第五省察」の最初〔を参照〕）。この中間者は、存在し働きかける神による第二の存在証明で暴き出されていたものである。

（1）誤謬と真理の弁証法として。

時間横断的〈transtemporel〉な〈思惟作用〉の理論。感覚的なものと合一の理論〈諸事物の時間と、それらの私との「共存」〉。運動の理論。光の〈世界〉。

結論。光と感覚――二つの「純粋性」。デカルトにおける弁証法。デカルトにおける両義性。「〈存在の呼びかけ〉」の表現として、「確実性」と「意識」の哲学によって感じられる両義性。

一九六〇−一九六一年講義

ヘーゲル以後の哲学と非−哲学(1)

クロード・ルフォールによる紹介、校訂、注釈

(1)［国立図書館分類番号、メルロ＝ポンティ、箱番号五、第三巻。］

紹介

モーリス・メルロ＝ポンティは一九五二年から一九六一年までコレージュ・ド・フランスの教授であった。この期間、講義は、彼自身の手による要録《レジュメ》の対象となり、『コレージュ年報』に掲載された。これは、後に小さな本に再録されることになった（*Résumés de cours*, Gallimard, 1986）〔訳注1〕。ただ「デカルト的存在論と今日の存在論」と「ヘーゲル以後の哲学と非－哲学」という二系列の講義に分けられた一九六一年の授業だけは、五月初めの哲学者の急死によって中断され、痕跡をとどめていない。しかしながら、講義準備に使われた草稿が保管されていた。後者の講義に関する草稿はとくに綿密な推敲が加えられており、解読にも大きな問題がなく、私はこれを繰り返し読んで、これは少なくとも部分的に『講義要録』の足りない部分を埋めてくれるメリットがあると確信するようになった。

ここで公表するテクストは、後から出版することを予定したものではない。途切れた文章、省略の多い文体、議論全体の一文や一語への圧縮、ヘーゲルとハイデガーの用語から借りたドイツ語の多用のせいで、一般読者には理解しづらいものになっているのがその第一の理由である。しかし、おそらくこの理由は決定的なものではない。私たちが見るところ、より重要なのはテクストの位置づけであり、読者が既刊のテクストと自然に取り結ぶはずの関係を歪めかねないほど不明確なのである。

実際この講義草稿は、『見えるものと見えないもの』に付された研究草稿とは異なる。研究草稿の場合、丸い小さな筆跡、しばしばぶっきらぼうで暗示的な文体が、思考の役に立ったことは明らかであり、この思考が、数分か数時間か――

それはさほど重要ではない——の間隔を置いて表現に達することになる。おそらくメルロ゠ポンティは、研究草稿がいつか出版されるとは想像もしていなかっただろう。ただ彼は、少なくとも日付をつけ、分類し、（たいていの場合）タイトルをつけていた。研究草稿は一種の哲学日記だったのである。それに対して、講義草稿は表現の支えでしかなく、別の場所、別の時間にコレージュの聴衆を前にして口頭《パロール》で完成された。

ここでは、書かれたもの《エクリ》だけでは不十分である。〔研究草稿の場合のように〕思考が、自らを見えるもの〔＝表現〕に刻印するために、思考自身から離れることによって〔書かれたものに〕自分自身の代わりをさせることの限界を試しているわけではないということである。したがって読者の側も、読むことを可能にしてくれる〔思考と書かれたものの〕距離がとれないということである。ここでは〔表現の〕生成のための最終的リスクは話すこと《パロール》に帰せられる。つまり私たちが立ち会うことのできない、自らを形づくりつつ分節化し、別の回路を通じて自分自身に戻ってくる話すこと《パロール》である。

同様に、間違えないようにしておきたい。ノートに非常に整然と構成されたこの文章は、おそらく一度も読み上げられたことがないのである。メルロ゠ポンティは——彼の講義に出席した人なら誰でも思い出すだろうが——ノートを読み上げなかった。彼がノートを一瞥するのは、もっぱら話すためだった。彼がテクストを朗読することはなかった。彼には、通常講演者に求められる役者のように喋る才能はなかった。彼は、思考によって話すこと《パロール》へと導かれた。方法は異なるが、書くこと《エクリチュール》へと導かれるのと同じように。彼にとって話すこと《パロール》は一つの出来事であり、それが聴くことという出来事をも生み出すのである。

この講義草稿は、正確に言えば、書かれたもの《エクリ》になっていない。話すこと《パロール》の手前にあるそれは、書かれたもの《エクリ》の手前にあるものでもある。しかし、この草稿の未決定性を喜んで受け入れれば、またそれにないものねだりをするのをやめれば、メルロ゠ポンティの〔他の〕著作の記憶の中でこの草稿に取り組めば——さらに、まだ書き言葉《エクリチュール》になっていない書き言葉《エクリチュール》、大急ぎで次の表現へと向かう動き、私たちがそこから言葉《パロール》が湧き出てきてほしいと願うページに残されたあの空白、彼の息吹を探しに戻らなければならないあの小さな亀裂を、経験上知っていれば——、間違いなく、思考の所産が、文や語の穴、撤回、隙間、衝突の中に感じられるようになり、最終年度の教育で検討された問いの数々が、期待以上にその魅力を取り戻すようになるだろう。

こうして私たちは、これらのページが、『テクスチュール』のような雑誌において、あるべきかたちで読まれることを望んでいる。

この講義は、「ヘーゲル以後の哲学と非－哲学」と題されている。やがておわかりいただけるであろうが、この講義の目的が達成されたとはとても言えない。実際、この講義はヘーゲルとマルクスについての授業に縮小されている。メルロ＝ポンティは「ヘーゲル以後」と述べている。しかし、ヘーゲルから出発しようとする者にとって、ヘーゲルを置き去りにすることはできない。したがって講義の第一部はすべて、『精神現象学』の断章の最後の数ページにあてられている。それは私たちが「序文」の名で知っている断章であるが、当初、無題のままだった。

このテクストは、序文であるべき必然性があると同時にないという特徴によって、また現象学に通じる知と現象学そのものとの区分を明らかにすべき必然性があると同時にないという特徴によって、その両義性が際立っている。このテクストの両義性は、現象学がある意味では自足していると同時に、また別の意味では「論理学」として知られる真の学との隔たりによって画定されるという、現象学そのものの両義性を証明している。それは、知の分割を、要求するのとまったく同時に拒絶するのである。

注目すべきことに、ハイデガーはすでに、「精神現象学序文」についての長い注解を、『杣径（*Holzwege*）』（*Chemin qui ne mènent nulle part*, Gallimard, 1962）所収の「ヘーゲルの『経験』概念（Hegels Begriff der Erfahrung）」というタイトルで出版していた。さらに注目すべきことに、メルロ＝ポンティが読んだヘーゲルのテクストは、この〔ハイデガーの〕試論（当時仏訳されていなかった）に転記されたものだった。彼がそうしたのは、『精神現象学』の原書を調べる手間を省くためではない。彼は同じ一つの動きで、ヘーゲルに向かうと同時に、今日ヘーゲルを読む偉大な哲学者〔ハイデガー〕、「ヘーゲル以後」に「哲学と非－哲学」を考える哲学者に向かったのであり、そのことを私たちにわからせようとしているのである。したがって、この講義は、ヘーゲルとマルクスについての講義に縮小されてしまったために、私たちが期待したハイデガーとの対話をもたらしてくれないとしても、ハイデガーも暗黙のうちに対話に加わって、近さと隔たりのしるしを提供してくれており、これは検討する価値がある。

メルロ＝ポンティは「哲学と非－哲学」と言う。彼は、「現代思想」や「ヘーゲル以後の思想」について語るために、策を弄しているのではない。思想史に標識を立てることを望んでいるのでもない。彼にとって哲学の完成と否定という問いは、そこに場を占めることも立てこもることもできないにもかかわらず、哲学的な〈考えること〉がかつてそこで生まれ、その後もたえず生まれているような問いである。この問いは、メルロ＝ポンティが『知覚の現象学』ではまだこだわっていた「意識の視点」から解放されると同時に、彼に自分の仕事への道を開かせ、以前より以上に自分の問いだと認識させつづける問いだったのである。この意味で、ヘーゲル解釈は、自己解釈の作業の中に位置づけられる。

しかし、この進め方がヘーゲルへの回帰をともなうこと、『論理学』のヘーゲルから解放された『現象学』のヘーゲルへの回帰ではなく、ヘーゲル思想の裂け目——この裂け目は〈学〉の徴の下にあり、そして〈経験〉の徴の下で消失する——への回帰をともなうことを、私たちは見逃すことができない。

「ヘーゲル以後の哲学と非－哲学」。ヘーゲルはそこに、哲学と非－哲学の幻想を、非－哲学における哲学の幻想と、哲学における非－哲学の幻想を、読み取らせる。しかし彼が私たちにそうした幻想を読み取らせるのは、彼が一つの問いを創始したからでもある。それは、私たちが彼へと回帰することによってのみ問い直すことができるような問いであり、ヘーゲルの幻想だけでなく、彼の後継者たちの幻想も——彼らも自分の幻想を見るときには盲目になる——読み取ることができるような問いである。

講義草稿は、そのまま示される。私が行ったのは、必要不可欠だと思われる場合に、句読点を変更したり付加したりすることと、テクストを理解しやすくするために、ところどころ丸括弧の中に語を入れることだけである。『杣径』(*Holzwege*, Klostermann, Frankfurt-am-Main, 1950) の原書への参照は残しておいた。というのも、ヘーゲルのテクストはかなり短いので、『精神現象学』の引用箇所は簡単に特定できるからである。

草稿では、ときおり欄外注のかたちで加筆が行われている。この場合、テクストの中に戻すか、イタリック体のアルファベットをつけてページ下に示した〔邦訳での注の扱いについては凡例を参照〕。私がつけた注は、ドイツ語の文や語の翻訳を示す。これらにはアラビア数字をつけた。翻訳は、ヴォルフガング・ブルックマイアーによる『杣径』の仏訳から借りた。

判読不可能な語は、［?·］という記号で示した。疑わしい語は、［知?·］のように示した。私たちは、この出版を快諾してくださったメルロ＝ポンティ夫人に深謝する。また『テクスチュール』誌には、一九七四年八・九号と一九七五年一〇・一一号に掲載された本テクストの再録許可に対して感謝する。

問題は、哲学とその敵（肯定主義《ポジティヴィスム》）との闘いではなく、非《ノン》－哲学〔non-philosophie〕であることによって哲学たらんとする哲学――「否定哲学《ネガティヴ》」（「否定神学」の意味で）――である。この哲学は、絶対者への道を開くが、「向こう側」として、第二の肯定的秩序としてではなく、「こちら側」や分身を要請し、それを通してしかアクセスできないもう一つの秩序としてである。真の哲学は、哲学を軽んずる脱哲学〔aphilosophie〕である。

ヘーゲルによって立てられた原理。絶対者に接近するのは、現象学（精神の出現）（現象の中の精神）を通じてである。現象としての精神が、絶対者へと向かうための手段、階梯だからではなく、絶対者はこのように現れるのでなければ絶対者でないからである。現象学はある観点から見れば真理のすべてである。『精神現象学』の「序文」。

マルクス。哲学の実現は、切り離された哲学としての哲学の破壊である（ヘーゲルへの暗示）。

キルケゴール。彼は、もっと先まで行く。哲学を犠牲にするのである。哲学は実存を、絶対的関係を隠蔽してしまう。なぜなら、哲学は他の実存を「包括」する完全な実存であろうとし、他の実存を内側から乗り越えるからである。つまり、他の実存を一つの［項目］に変形してしまうからである。絶対者に対する関係は、完全ではないが緊密な実存、またしたがって深い実存においてしか実現されない。

しかしこの反《アンチ》哲学はとくに反体系である。一八〇七年の、またそれ以前のヘーゲルにではなく、スコラ化したへーゲルに反して。

ニーチェ。『悦ばしき知識』の再版序文（一八八六年）[1]。

（1）〔F. Nietzsche, *Le Gai Savoir*, Gallimard, Paris, 1950. メルロ＝ポンティは自分自身でテクストを訳している。F. Nietzsche, *Die fröhliche Wissenschaft.*〔F・ニーチェ『悦ばしき知識』信太正三訳、『ニーチェ全集8』、理想社、一九六二年〕〕

すべての哲学は生命であり、身体の生命であって、「それもゆくゆくは宇宙的な大文字で概念の大空に書きつけられるしかない」（p. 8〔九頁〕）のである。とりわけ彼方の哲学は、「精神の自由」にのみ対立させるべき病気に対する治療薬である。「こうした自己尋問や自己誘惑の後では、いっそう犀利な眼差しをもって、およそこれまで哲学されてきたすべてのものを眺めやることができるようになる。悩む思想家がまさに悩むものとして誘いこまれ、迷いこまされてゆく心ならずもの思想の脇路、裏小路、休息所、陽の当たる場所を、以前よりも私たちは知りあてる……。あらゆる哲学的思索においてこれまで問題であったものは「真理」などではさらさらなくて、何か別個のものが、言うならば、健康・未来・成長・権力・生が問題だったのだ（……）」（pp. 9-10〔F・ニーチェ『悦ばしき知識』、一〇頁〕）。

哲学者は、「（……）自分の状態をそのつど最も精神的な形式と遠景のなかに置きかえる以外に手だてを知らないのであり、——この変容の術こそはまさに哲学なのである。民衆の例にならって霊と肉を分離することなど、私たち哲学者には許されない。霊魂と精神を分離することなどは、いよいよもってできない。私たちは考える蛙ではないし、冷たい内臓をもった客観装置や記録装置でもない、——私たちはたえず私たちの思想を私たちの苦痛から生み出さねばならないし、しかも母親らしくそれらの思想に、私たちのうちにある血液・心臓・活気・喜悦・情熱・苦悩・良心・運命・宿業のありとあらゆるものを授けねばならない。私たちにとって生は、私たちがあるところのいっさいを、不断に光と炎にかえることにほかならない、私たちが出会うところのいっさいをもそうすることだ。

（……）大いなる苦痛こそは、大いなる疑惑の教師として精神の最後の解放者なのだ。（……）〔大いなる苦痛こそは〕、私たち哲学者を否応もなくその究極の深所まで下りてゆかせるものであり、たぶん私たちが以前私たちの人間性をそこにはめ込んでいた信頼のいっさい、善良さ・隠蔽物・柔和・中庸のいっさいを、私たちから振り捨てさせるものである。こうした苦痛が「善良にする」ものかどうかは、疑わしい。――だが、それが私たちを深めることを、私は知っている。……結局そうした長期の危険な自己支配の訓練のなかから、私たちはある別個の人間となって現れてくるのだ。いくばくの疑問符を身に増し加えて、とりわけ今後は従来問うたよりもいっそう多く、いっそう深く、いっそう厳しく、いっそう酷烈に、いっそう悪らつに、いっそう静かに問おうとする意志をいだいて、現れてくるのだ。生への信頼は失われた、生そのものが問題と化した」（pp. 11-12〔F・ニーチェ『悦ばしき知識』、一二－一三頁〕）。

「しかし、それによって私たちが必然に陰気者となったなどと信じてもらいたくないものだ！　生への愛とてもなお可能である、――別な愛し方をするだけだ。それは、私たちに疑惑を覚えさせる女に対するような愛だ（……）あらゆる問題的なもののもつ魅力、Xに味わう悦びは、しかしながら、そうしたいっそう精神的な、より精神化した人間にあってはあまりにも大きいので、したがってこの悦びは明るい白熱のように、幾度も繰り返し、問題的なもののあらゆる危急の上に、不安定な状態のあらゆる危険の上に、愛するものの嫉妬の上にすらも、ふりそそがずにはいない。私たちは新しい幸福の存在を悟るのである（……）」（pp. 12-13〔F・ニーチェ『悦ばしき知識』、一三頁〕）。

「（……）そのような深淵から、そのような重い病衰から、また重苦しい疑惑のための衰耗から、私たちは新たに生まれて立ち戻ってくる、――脱皮して、より感じやすくなって、より悪らつになって、悦びに対するいっそう繊細な趣味をもって、あらゆる上質なものに対するいっそうデリケートな舌をもって、いっそう快活な感覚をそなえて、悦びにおける第二のいっそう危険な無垢の境地を獲得して、以前にあったよりもいっそう子どもらしく、しかも百倍もあか抜けして――。（……）いな、この悪趣味、この真理への意志、「どんな犠牲をはらっても真理を」とめざす意志、真理への愛のためのこの若気の錯乱――それが私たちはいやになった。そうするには私たちはあまりにも経験をつみ、あまりにもまじめで、あまりにも快活で、あまりにも火傷を負い、あまりにも深くなっている。（……）真理がそのヴェールをはがれても、なお真理としてとどまるなどということを、私たちはもはや信じない。そんなことを信ずるにしては、私たちはあまりにもたっぷり生きてきた。何もかもを裸にして見ようとしないこと、あらゆるものの間近にいようなどとしないこと、何もかもを理解し「知ろう」などとしないこと、こうしたことは今日私たちには礼節の問題と思われる。（……）自然や謎や種々さまざまな不確実性の背後に身を隠している、その恥じらいを、もっと私たちは尊重すべきだ。おそらく真理とは、それ自身のいわく因縁の数々をわからせないようにする訳のある女なのだろうか。（……）おお、このギリシア人！　彼らは、生きるすべをよくわきまえていた。そのためには、思いきって表面に、皺に、皮膚に、踏みとどまること、仮象を崇めること、形式や音調や言葉を、仮象のオリュンポス全山を信仰することが必要だったのだ！　このギリシア人らは表面的であった――深さからして！」（pp. 14-15（F・ニーチェ『悦ばしき知識』、一三－一五頁））

注　釈

生から切り離された哲学は治療薬であり、「思想の陽の当たる場所」の探求である。哲学は私たちが体験すること、苦痛、疑惑の「変形」である、というのも生は「問題」だからである。この慧眼の行きつくところには、人間嫌いと生への嫌悪ではなく、別の愛、「新たな幸福」――「深淵」と「再生」がある。第二の無邪気さ。真理は覆いをかけられた真理でしかない。すべてを「知る」ためにすべてを「裸で見」ようとしないこと。深さからして表面的であること（アポロンとディオニュソス）。

十分に問わない哲学、「陽の当たる場所」で問いかけを逃してしまう哲学がある。すべての哲学は「変形」であるという考え（マルクス参照）。すなわち、真の哲学は彼方にあり、私たちが体験することへの忠実さによる大いなる疑惑、深淵、脱哲学であり、これは「すべてを知る」（新しい肯定主義）ことによって、また失望によって終わるのではなく、仮象への意志によって終わるという考え。ヘーゲル参照。仮象と深さは対立するものではない。ニーチェは「哲学者」の長所を維持している。仮象の絶対性。

もし私たちに時間があれば――

ハイデガー。彼が、その思惟〔denken〕によって、形而上学の乗り越えへの、脱哲学への動きにもたらそうとしている結論。

サルトル。『弁証法的理性批判』のテクスト。彼が言うように、マルクスは、乗り越えられていない哲学なもの、すなわち脱哲学の歴史の一契機であるのかどうかを見るために。

手前と彼方および両者の関係の問題に結びついた諸問題――

一　キリスト教の問題。切り離された哲学の否定としての哲学、神の死としての宗教――神の死。ヘーゲルの言葉、マルクスにおけるイデオロギー理論、キルケゴールにおける非－パリサイ的〔訳注2〕キリスト教、ニーチェの言葉――これはいかなる神もいない〔es gibt keinen Gott〕(1)という意味ではない（ハイデガー）。それは、絶対者を、死ぬ可能性のあるものとして考えなければならないということを意味している。しかもそれは、外的な原因によって現実存在から根こそぎにされる、たんに生きているだけの存在者の死という意味ではなく、人間が意識、再－想起〔Er-innerung〕、自己自身の試練にかけられる否定性であるがゆえに、人間の中に予示されている人間的死という意味においてである。絶対者は孤独〔einsam〕で生命のない〔leblos〕者でないために、そうしたいっさいを必要とする（ヘーゲル）。

（1）［欄外に］「神は死んだ。これは、神はいないということを除いて、それ以外のすべてを意味する」。

キリスト教の究極的意味についての問い。

二　ヒューマニズムの問題

ヒューマニズムも一種の反ヒューマニズムを含んでいるはずである。ドストエフスキーとニーチェの超人は、人間が神にとって代わること（〈超人〉の神秘性）だと理解されるべきなのか。それとも、〈存在〉と人間は共属しあっていながら、人間からは両者の関係を考えることができないのか。その関係はいっさいの人間学を越えた哲学の固有領域である。

一　ヘーゲル。『〔精神〕現象学』の序文。最後の四ページを説明することにしよう[1]。それ以前の箇所は、引用によって分析する。

（1）［すなわち『杣径』（「ヘーゲルの『経験』概念」）の中でハイデガーが引用しているヘーゲルのテクストの最後の四頁である。M. Heidegger, « Hegels Begriff der Erfahrung », *Holzwege*, Francfort, Klostermann, 1949. *Chemins qui mènent nulle part*, Paris, Gallimard, 1962, trad. fr., W. Brokmeiner, repris dans la coll. Tel. 1986.〔M・ハイデガー「ヘーゲルの『経験』概念」細谷貞雄訳、『ハイデガー選集2』、理想社、一九五四年、七七－一九五頁。以下三九一頁までの本文中の丸括弧内の書名が示されていない頁表記は、同書のドイツ語原書とその邦訳の頁を示す〕］

一　哲学は認識による絶対者への接近ではない。哲学は、諸現象の露呈であるとともに〔切り離しがたく〕絶対者の現前である。

哲学は「事象そのものに〔an die Sache selbst〕」向かう。しかし、もしこの移行が認識《エアケネン》によってなされるとすれば、認識は道具として、あるいは物自体がそれを通して私たちに見えるものになる媒体だと理解される。そこから認識批判の問いが生じる。すなわち意識は即自的にあるもの〔was an sich ist〕をこのような道具によって、このような媒体を通して獲得することができるか。このように問いが立てられれば、答えは必然的に、「認識と絶対者とのあいだには両者を截然と分かつ分断線がある」ということになる（『杣径』、p. 105）[1]。

（1）〔*Op. cit.*, coll. Tel, p. 148.〔M・ハイデガー「ヘーゲルの『経験』概念」、八〇頁。ドイツ語による引用〕

というのも、道具は事物を変形し、媒体は事物の像を変えるからである。手段は目的と対立する。およそ手段などは存在しないはずである。「不条理なのは……そもそも私たちが何であれ手段を用いるということなのである」（p. 106）[1]。

（1）〔Tel, p. 148.〔M・ハイデガー「ヘーゲルの『経験』概念」、八〇頁。ドイツ語による引用〕

道具の働きに依存しているものを結果から削除することになるのか。しかし、そうなると、絶対者をいかにして把握するかという最初の問題にふたたび直面することになる。もし道具が鳥をとらえるための鳥もちのように、私たちが干渉することなく、絶対者を私たちに近づける罠にすぎないならば、道具はとるに足らぬものであり、絶対者は認識《エアケネン》のいっさいの策動を侮るだろう。認識は「直接的な、したがって容易な関係を生み出すこと」（p. 106）[1]にしか役立たないものであり、「もしそれ〔絶対者〕がもともとすでに私たちのもとにあり、またあることを意志しないとすれば認識は無力であろう」（p. 106〔八一頁。ドイツ語による引用〕）。

（1）〔Tel, p. 148.〔M・ハイデガー「ヘーゲルの『経験』概念」、八一頁。ドイツ語による引用〕

媒体を通した認識《エアケネン》を、光線の偏りを考慮に入れて修正するのだと言われるであろうか。しかし、認識《エアケネン》は、ある種の光線の屈折ではない。それは光そのもの、真理がそれを通して私たちに触れる光そのもの〔der Strahl selbst, wodurch die Wahrheit uns berührt〕であり[1]、もしこの光を除けば、認識《エアケネン》はもはや空虚な場あるいはたんなる方向しか示してくれないであろう……（p. 106）[2]。

（1）〔Tel, p. 148.〔M・ハイデガー「ヘーゲルの『経験』概念」、八一頁〕〕
（2）〔Tel, p. 148.〔M・ハイデガー「ヘーゲルの『経験』概念」、八一頁〕〕

認識《エアケネン》（道具ないし媒体）の哲学は、哲学者と絶対者を直面させることによって自ら崩壊する。絶対者への関係は、別な理路から認識《エアケネン》に先立っており、絶対者はすでに私たちのもとに〔schon bei uns〕あるはずであり、認識は絶対者を暴露する光そのものであるはずである。

認識《エアケネン》に対する批判的態度。すなわち、そのような疑惑を抱きもせずに仕事そのものに取りかかり、現実に認識している〔ohne dergleichen Bedenklichkeiten ans Werk selbst geht und wirklich erkennt...〕[1]知に対する不信。しかしこの不信は想定ずみであり、真のラディカリズムではない。この不信は認識《エアケネン》を媒体や道具とする表象〔Vorstellungen〕[2]を前提にしており、また私たち自身がこの認識から区別され〔einen Unterschied unserer selbst von diesem Erkennen〕、認識と絶対者とが分離しており、そしてそれゆえ、認識《エアケネン》は絶対者の外にあると言われる瞬間に一つの真理が認識《エアケネン》に内在していることを、前提にしている。こうしたものはすべて「誤謬に対する怖れ」ではなくて「真理に対する怖れ」（……）、真理に対する抵抗である。[3]真のラディカリズムはこのような不信ではなくて、「不信に対する不信」でもあるだろう。

（1）〔Tel, p. 149.〔M・ハイデガー「ヘーゲルの『経験』概念」、八一頁〕〕
（2）〔Tel, p. 149.〔M・ハイデガー「ヘーゲルの『経験』概念」、八一頁〕〕
（3）〔欄外に〕この間違うのではないかという怖れは、誤謬そのものである。すでに誤謬そのものである〔schon der Irrtum selbst ist〕。

私たち自身と認識《エアケネン》との区別〔Unterschied〕を前提にしないこと、[1]私たち自身（私たちの存在）であるような認識《エアケネン》を探求しなければならないだろう……。

（1）〔欄外に〕「それは私たち自身とこの認識との差異を前提している」〔ドイツ語による引用〕。
〔下に〕この態度は、「絶対者の外にあり、たしかに真理の外にある認識がそれでも真実であることを前提にしている」〔ドイツ語による引用〕。

実際、「絶対者のみが真である」、あるいは「真なるもののみが絶対である」ということから出発しなければならないのである。[1]

（1）〔Tel, p. 149.〔M・ハイデガー「ヘーゲルの『経験』概念」、八二頁。鉤括弧内はドイツ語による引用〕

これは絶対者への独断的な飛躍、証明されていない命題であるように思える。[1] すなわち——

一　それは、不信に対する不信、実際自らを世界定立〔Welthesis〕とする知、私たちの存在と認識との同一性としての私たちの実存の中に含まれている。

二　証明は、後に続くすべてのことによって、言いかえれば私たちの歴史の展開によって、精神－現象の露呈、知を作り上げる生の、またしたがって生を作り上げる知の露呈によって、やがて与えられるであろう。ある意味で。循環——始まりは終わりである——しかし意識的な循環。[2]

（1）〔欄外に〕デカルトの諸概念は、労働という外見をとっており、効果的な労働なしにすませることができる。
（2）〔欄外に〕デカルトがしているように、確信を持ち出すことは、真理の外に真理——「別の」真理を持ち出すことである。この区別は混乱を招く。——私たちは同等なものと見なされなければならない絶対者と認識《エアケネン》の意義〔Bedeutung〕をもっている。
〔下に〕認識《エアケネン》は絶対者の外に置かれるべきではない。なぜなら、絶対者は認識《エアケネン》の外に置かれるべきではないのだから。「絶対者から切り離された認識、認識から切り離された絶対者といったこれらすべての表象……」〔ドイツ語による引用〕。

「絶対者や認識などは、実は第一に獲得しなければならない意義を前提にしている語である」（p. 107）。[1]

（1）［Id.〔M・ハイデガー「ヘーゲルの『経験』概念」、八二頁。ドイツ語による引用〕］

問題は、絶対者と認識《エアケネン》の関係を、私たちの生（したがってまた認識《エアケネン》になる絶対者）の中で与えられるものとしてとらえること、主観的なものと客観的なもの、絶対者と認識といった概念の数々を、私たちの生との接触において真に鋳直すこと、学をわれのうちに生まれつつある状態においてとらえることである。「登場するということそのものから、学はそれ自体一つの出現《エアシャイヌング》である」(p. 108)[1]。

（1）［Tel, p. 150.〔M・ハイデガー「ヘーゲルの『経験』概念」、八三頁。ドイツ語による引用〕］

たんなる思考としては確実な偽の知とどのようなものであれ同等に置かれるといういわば単純な事実（デカルト）ではなく、即自かつ対自的にあるがままの〔wie sie an sich und für sich ist〕知の現出を含む、知の事実。頼るべきものは、現出知の叙述〔Darstellung des erscheinenden Wissens〕(p. 109)であり、〔魂の〕自分自身の経験〔Erfahrung ihrerselbst〕である（*ibid.*）[1]。

（1）［Tel, p. 151.〔M・ハイデガー「ヘーゲルの『経験』概念」、八四頁〕］

現象学。――この精神の自己現前、絶対者の帰結ではなく絶対者そのものであるような現出。したがって、哲学は経験である。

I　哲学――認識《エアケネン》ではなく、私たちの存在、事象そのもの〔Sache selbst〕に開かれた私たちの存在、私たちの認識的生から、すべてを定義し直すこと。

認識－絶対者の分離（批判的態度）は偽のラディカリズムであり、それには前提がある。［一］認識－道具、絶対者を変質させてしまう（その場合私たちはどのようにして絶対者の概念をもつのか）か、さもなければもし認識が鳥もちのような罠にすぎないとすれば、それは直接的なしたがって容易な関係〔die unmittelbare und somit mühelose Beziehung〕を、そして絶対者がもともとすでに私たちのもとにあり、またあることを意志すること〔an und für sich schon bei uns wäre und sein wollte〕を、前提にしていることになる。［二］認識－媒体。この「媒質」は真理と私たちとの接触であり、真理がそれを通じて私たちに触れる光線そのもの〔Strahl selbst, wodurch die Wahrheit uns berührt〕である。

したがって、この再－提示〔Vor-stellungen〕（認識《エアケネン》の外的表象）（認識の批判的吟味）、この「誤謬に対する怖れ」に反対するのだ。この怖れはそれ自身すでに誤謬である〔schon der Irrtum selbst ist〕（p. 107〔八一頁〕）。言いかえれば私たちは真理の中にある。また言いかえれば、認識《エアケネン》は私たちから区別されず、私たちは認識《エアケネン》から区別されない。私たち自身とこの認識との区別〔Unterschied unserer selbst von diesem Erkennen〕（p. 107〔八一頁〕）は存在しない。

そして、この認識すなわち私たちは、絶対者の認識でもある。というのは、それが否定されたとしても（デカルト）、私たちが、認識は絶対者の、またそれゆえ真理の外にあると言うまさにそのとき、認識が真であることを肯定しなければならないからである（p. 107〔八二頁〕）。そしてこの「別の真理」とは何を意味するのか。絶対者、認識は、「まずもって獲得されなければならない意義を前提にしている語である」（p. 107〔八二頁。ドイツ語による引用〕）。「このような疑惑を抱きもせずに仕事そのものに取りかかり、現実に認識している」（p. 106）[1] 知、学が存在する。

（1）［Tel, p. 149.〔M・ハイデガー「ヘーゲルの『経験』概念」、八一頁。ドイツ語による引用〕］

それゆえ、私たちであり、絶対者との接触でもあるような認識の事実が存在する――。

絶対者のみが真であり〔das Absolute allein wahr〕、真なるもののみが絶対である〔das Wahre allein absolut〕。絶対

者を真理のうちにあるものとして私たちの中に含みこむこと、つまり私たちの真理にほかならずまた認識《エアケネン》から切り離されていない絶対者を含みこむこと。

このような態度は独断的ではなく、むしろ逆に真にラディカルな批判的態度である。というのもそれは、絶対者、認識《エアケネン》、客観的なもの、主観的なものを周知のものとして前提にしたり、あるいは私たちがそれらについてもつ概念を暗に認めたりしないで、それらの概念を「与える」（dieser Begriff zu geben, p. 108〔八三頁〕）労を惜しまないという決意だからである。

絶対的なものとしての真なるものと真なるものとしての絶対者から、また知る存在としての私たちの存在と一体をなしている認識から出発すること。登場する学〔die auftretende Wissenschaft〕（p. 108）[1]や、またこの学における認識と絶対者の結び目、私たちの〈存在〉と〈存在〉との結び目に関係づけないこと。この結びつきを表象〔Vorstellungen〕の空虚においてとらえるのではなく、充実においてとらえること。

（1）［Tel, p. 150.〔M・ハイデガー「ヘーゲルの『経験』概念」、八三頁〕］

II　いかに現象の露呈が、絶対者の現前となるか。

現象。登場する学〔die auftretende Wissenschaft〕、それは現象〔Erscheinung〕である。「いまだその真理性において実現され展開されていない」、登場する〔auftritt〕学。それはまだ「仮象〔Schein〕」（p. 108〔八三頁〕）から解放されていない。登場する学は、たんに断言〔Versichern〕（p. 108〔八三頁〕）、（デカルト的な意味での）思考の確実性、自らの存在〔Sein〕の「単独の」確実性としてでは、仮象から解放されえない。というのも、別の存在《ザイン》、偽の知の存在もまったく同じ価値をもつからである。またそれは、偽の知の中におのれ自身の予感への準拠を示すこともできない。それはまだ、ある存在《ザイン》（予感）に準拠することであり、偽の知における自己のあり方、おのれの存在《ザイン》の「悪い」あり方に自らを関係づけることであろう。その現象《エアシャイヌング》に関係づけることであって、即自かつ対自的にあるがままの学〔wie sie an sich selbst ist〕（p. 109〔八四頁〕）に関係づけることではない。

即自かつ対自的な学への準拠として現出《マニフェステ》する学を示さなければならない。これは、現れつつある学、すなわち学であることが明らかになりつつある学の叙述（Darstellung）によって、すなわち自分自身を学として提示し、露呈しつつある現出する知の叙述《ダールシュテルング》〔Darstellung des erscheinenden Wissens〕によってなされる。

（すなわち、たんなる〈コギト〉ではなく、自分自身や虚偽を含む〈コギト〉）。

この叙述《ダールシュテルング》はまだ「自由な形の」学ではなく、真実の知に向かって努力する自然的意識〔natürliche Bewußtsein〕の道程〔Weg〕、あるいは、その本性によってあらかじめそれに設けられている宿駅を通って明白な精神（Geist）に向かう魂の道程である。[1] この道、すなわち「自らが本来自分自身において何であるか〔desjenigen (...), was sie an sich selbst ist〕」（p. 109）についての知識（Kenntnis）を実現する自分自身の余すところのない完全な経験（Erfahrung）。

（1）〔Tel, p. 151.〔M・ハイデガー「ヘーゲルの『経験』概念」、八四頁〕〕

現出しつつある学。言いかえれば、先行するものを再開し、保存し、乗り越えることによって、またこの生成の中で同一性を保つことによって、学であることを明らかにしつつある学。なぜならこの学が展開するのは自分自身であり、またこの往還運動は純粋状態にあるもの、いわば純粋知《ヴィッセン》への還帰だからである。

自ら知となる生、またそれによって、生となる知であることに自ら気づく生。

両者の接合、一方から他方への逆転、それが知の現出《マニフェスタシオン》である。現象と絶対者の同一性。現象、道は、まさにそのものであるかぎりにおいて、絶対者（即自かつ対自）ないしその現前である。そして逆に、絶対者は、それが即自かつ対自的にある〔an und für sich ist〕（p. 109〔八四頁〕）ものであるがゆえに、現象である。

絶対者は主体、自己意識であり、現象はこの生成する自己意識の形成［である］がゆえに、絶対者の現前と現象の露呈とは同義語である。あらゆる現象が自己への関係を形象化するがゆえに、また絶対者とは自己、すなわち自己への関係であるがゆえに、現象と絶対者は結びついている。

あらゆる現象は、現出する知の叙述〔Darstellung des erscheinenden Wissens〕［である］。叙述とは、すなわちここでは、外化、開示であり、しかもこれは、知に対して二次的なものではない。知の特性は知として現出することである。

そこから、

一　現象は「形態」(Gestalt) であり、「自由な」知ではない。形態化された知である。それゆえ、形態《ゲシュタルト》への関係、あるものについての知である。しかしこのあるものについての知は、自己についての知である。私が諸現象の中に見てとるのは、さまざまなかたちの自己への関係である。あるものについての意識は（ひとたび解読されれば）自己意識なのである。

二　逆に、自己についての知、あるいは自分自身とバランスのとれた知、あるいは絶対的な知が、本当に自己とふたたび出会うのは、自分自身から外に出ることによってだけである。絶対者に近づくことは、現象《エアシャイヌング》を完全に解読すること以外の何ものでもない。絶対知が絶対であることが明らかになるのは、現出することによって、つまり諸現象の中に生まれることによってだけである。

現象学と絶対知（形而上学）との関係は、知覚と事物との関係である。部分的知覚は、たんに事物と調停されるわけではない。それは、全体的であるために部分的でなければならないのである。少なくとも、現前する「垂直的」世界を――そして私たちの存在から区別されない認識《エアケネン》を――考えればそうである。現象学は、事物のもとにあることと自己のもとにあることが同義語であるような秩序――そこでは「諸形態《ゲシュタルテン》」の連鎖が〈自己〉に通じ、〈自己〉と同じものであって事前の形而上学批判ではない、またそこでは逆に形而上学が出現するものの獲得以外の何ものでもない――を露わにする。

現象学、全体的部分。ある視点からすれば体系全体。現出《エアシャイヌング》における限定的なもの（それは現出《マニフェスタシオン》にほかならない）は、実は完全な自己現出すなわち主体性である絶対者にとっては、障害ではなく成就である。

さらに、自己への関係／外部との関係の結び目、「交差配列」をはっきりさせなければならない。

Ⅲ　現象と自己叙述の根本的法則としての意識の構造（『杣径』、p. 109以下〔八四頁以下〕）。現出する知《エアシャイネンデンヴィッセン》から知《ヴィッセン》への移行。

「自然的意識〔natürliche Bewußtsein〕」とは、現実的な、実現された知ではない（たとえば、ある社会、ある宗教の中で生きることは、それらの真理の中での〈知〉ではない）。しかしながら自分を現実的な知だと思いこんでいる。自然的意識とは、知の概念、実現されていない概念であり、この概念は、この欺瞞的肯定性の犠牲、自己喪失性〔Verlust seiner selbst〕（p. 109〔八四頁〕）によってのみ、その非真理の認識によってのみ実現されるであろう。

自然に無意識（マルクス、フロイト参照）であり、自然に騙されている意識がある。それは外部の意識《ベヴストザイン》である。真理はそれによって要求されるのであるが、それの解体と否定によってしか到来しない。直接的なものは欺瞞的である。

そこから真理への移行。デカルトとの差異。道程は懐疑であり絶望でさえあるのだが、デカルト的懐疑が（神による）始源の意味での真理の復元に行きつくのに対して、ここでは懐疑、意識の全歴史がそこ〔真理〕に登録される（対象と意識の働きが正確に反映しあう）。直接的なものの非－真理性と、その後のより高い真理性についての直観があり、知の実現〔Ausführung〕、意識〔形成〔Bildung〕〕の自己への働きかけがある。真理の学校は、いっさいを私の思考に変える懐疑ではない。それは次のような懐疑論である。それは、他人の意見と同じく私の意見も容赦せず、他人の原理よりも私の原理に優位性を与えることはなく、私の思考の中に逃げ込まず、私（悟性的思惟）にも権威にも専念せず、むしろ内容とその「必然性〔Notwendigkeit〕」とその連関〔Zusammenhang〕に専念する。

　自己を形成し淘冶し刻苦するこのような意識は一つの否定である（なぜなら直接的なものは非真理的なものとして認識されるからである）が、この否定は純粋な無〔reine Nichts〕（p. 110〔八六頁〕）には向かわず、この無自身がそこから結果する……もとのものの無〔Nichts dessen... woraus es resultiert〕に向かい、それゆえ結局真の成果〔wahrhafte Resultat〕である。無は限定され、内容をもっており、したがって深淵〔Abgrund〕（p. 111〔八六頁〕）ではなく、新たな形式〔neue Form〕への移行〔Übergang〕であり、それは古い形式の真理、その真の超出である。問い。しかしその場合、いつかこの運動が完成することはありうるのだろうか。否定が絶対的であること、止揚する否定、内容なき否定の否定であることが必要ではないか。そのときにのみ、自分自身を越えていくこと〔über sich selbst hinauszugehen〕の必然性は終わりを告げ、かくて知《ヴィッセン》は自分自身を見出し、概念は対象に、〔対象は〕概念に一致するであろう。サルトルの解決。すなわち、即自が存在するための対自の犠牲。無は何ものでもない。これはここでのヘーゲルにとっては、不可能な解決である。というのは、意識《ベヴストザイン》（直接的なものの一見堅固な実在に、その肉に嵌入された）は、既述の通り、その概念、自己自身の投企、離れた存在〔être à distance〕にすぎず、自分自身の実現ではないからである。また意識は、その概念であると、また力いっぱい志向的であると、自らが意識しているものに、それゆえ自分自身を越えて〔über sich selbst〕自らを投企すると言うべきである。意識はその彼方にある。たとえば空間知覚は彼方にあり〔von Jenseits〕、限られた断片の彼方の空間である。意識《ベヴストザイン》は自己に対する暴力、自己自身による受難、自己破壊である（「こうして意識は自らの限られた満足を打破せよというこの暴力を自ら内発的に受ける」）（p. 111）(1)。ヘーゲルは、自己と他者の虚栄心という結論をそこから下すような虚無主義的な解決を非難する。というのもこの虚栄心による解決は、あらゆる内容から離れて、「あらゆる内容のかわりにただ無味乾燥な自我だけを見出すことを弁えており〔statt alles Inhalts nur das trockne Ich zu finden weiß〕」(p. 112)[2]、「自分の孤立存在〔Fürsichsein〕」(p. 112〔八八頁〕)のうちにとどまるからである。悟性、懐疑論、純粋無は、つねに〈我〔Je〉〉である。

(1)［Tel, p. 153.〔M・ハイデガー「ヘーゲルの『経験』概念」、八七頁。ドイツ語による引用〕］
(2)［*Ibid.*, p. 153.〔M・ハイデガー「ヘーゲルの『経験』概念」、八八頁〕］

しかしその場合もし意識《ベヴストザイン》が定義上自己の外にあり、裂け目である(また無の中で安らぎを感じることさえない)なら、どうしてあらゆる意識が不幸でないのか、どうして絶対者への接近があるのか。

Ⅳ　測るものと測られるものの問題。測るものと測られるものあるいは経験《エアファールング》との交換(p. 112以下〔八八頁以下〕)。

現出しつつある知への学の参入としての、またこの知の検査(Prüfung)としての叙述《ダールシュテルング》は、それに適用される尺度〔Maßstab〕を前提にしており(p. 112〔八八頁〕)、そしてこの尺度は本質《ヴェーゼン》ないし即自《アンジッヒ》だととらえられる。ところで、学は現出するだけである以上、私たちは本質(非本質的なものに対立する本質的なもの)をどこにとらえることになるのか(いかにして意識は学ぶことができるのか。意識は知っているか知らないかのいずれかである)。

意識《ベヴストザイン》。それは、自分が関係する或るものを自分から区別する。この或るもの《エトヴァス》は意識に対する或るもの《エトヴァス》である。そしてこの意識に対する(他のものに対する〔für ein anderes〕)或るものの存在が知《ヴィッセン》と呼ばれるものである。しかし知られるものはまた、この関係の外にあるものとしても定立される。そしてそれが、真理《ヴァールハイト》あるいは即自存在〔Ansichsein〕と呼ばれるものである。これらすべてが現象として、現出しつつある〔erscheinende〕状態においてとらえられる。ここで、私たち哲学者は、知の真理〔Wahrheit des Wissens〕について、したがって知《ヴィッセン》が即自的にそれであるものについて自問するのだが、この探求におけるこの真理《ヴァールハイト》の即自《アンジッヒ》は、私たちが到達する私たちに対して〔für uns〕のものであり、そしてそのいわゆる即自《アンジッヒ》は真理ではなく、この真理についての私たちの知なのである。それゆえここで私たちは、私たちがもたらす測るもの〔＝尺度〕しかもっていないのであり、私たちが測るものを適用する生まれつつある知は、おそらくその測るものを拒むことになるだろう。

しかし、私たちが探求しているのは意識であって、それゆえ測るものは意識であり、言いかえれば私たちである。哲学はすでに生のうちにあるのである。「意識とは自分自身において自らの測るもの〔＝尺度〕を与えるものであり、探求することは意識が自分自身を自分自身と比較することである」〔p. 113〔九〇頁。ドイツ語による引用〕〕。測るものと測られるものの区別は意識のうちにあり、対他存在は意識に固有のものであり、そしてこの他者は意識においてはただたんに意識に対する他者であるだけでなく、他者自体でもある。意識は知《ヴィッセン》であり、真理である。私たちは、意識が自らを即自《アンジッヒ》や真なるもの〔Wahre〕と宣言する点で、意識自身が自分の知を測るためにもたらす測るものを手にしているのである。

私たちは知《ヴィッセン》を概念〔Begriff〕と呼び、対象を真なるもの〔Wahre〕あるいは本質〔訳注3〕と呼ぶことができる。意識の中には、概念と対象の一致検査〔Prüfung〕がある。逆に私たちは、本質ないし対象（意識－対象）の即自を概念と呼び、哲学的に検査する意識を対象と呼ぶこともできる。なぜなら、私たちが検査するのは意識であり、私たちは自然的〔natürliche〕意識《ベヴストザイン》を検査することによってそれを自然的〔natürliche〕意識《ベヴストザイン》に現前させ、自然的意識に対するそれの存在を探求するからである。

この二つの展開は同じもの〔dasselbe〕である。両者は互いの役割を交換する。自然的意識と哲学的意識は、互いに他に対して客体であり主体である。私たち哲学者は、私たちの測るもの、私たちの思想〔Gedanken〕、私たちの創意をもたらすわけでない。私たちは、事象をそれが即自かつ対自的にあるがままに〔(die Sache)wie sie an und für sich selbst ist〕〔p. 116〔九三頁〕〕、すなわち絶対的にとらえるのである。

一　第一三節　知は経験である。絶対者は測られるものと測るものとのあいだの役割の逆転である。

第一四節　経験、両義性、弁証法。

二　第一五節と第一六節　しかしながら、哲学は純粋な観望〔reine Zusehen〕ではない。(1)

（1）〔メルロ＝ポンティは、ハイデガーによって行われた段落ごとの切り分けを追っている。〕

一　第一三節および第一四節。(1)

（1）〔メルロ＝ポンティ自身による翻訳。別訳、Tel, p. 155.〔M・ハイデガー「ヘーゲルの『経験』概念」、九〇－九二頁。メルロ＝ポンティの仏訳にあわせて訳文を変更した〕〕

「しかし、もし私たちの側の手助け（付加〔Zutat〕）が余計なことだとすれば、それはたんに概念と対象、測るものと検査にかけられるべきものがすでに意識に現前しているからだけではない。われわれは、両者を比較して本来の検査（Prüfung）を行う手間もまぬがれているのであり、こうして意識が自分自身を検査するので、この第二の理由からもわれわれには純粋な観望（reine Zusehen）を行うことだけが残されているのである。なぜなら、一方で意識は対象の意識であるとともに、他方では自己自身の意識であるからであり、あるいは意識にとって真理であるものの意識であるとともに、それについて意識がもつ知の意識でもあるからである。その両者〔真理と知〕が同じ証人の前に（意識に対して〔für dasselbe〕）立つ以上、意識自身、比較なのである。同じ証人に対して（für dasselbe）、対象についての知がこの対象に対応するか否かのいずれか〔が明らかになるの〕である。たしかに対象は、一見したところ、同じ第三者の証人〔意識〕に対して、それが意識によって知られているようにしか存在しないかのようである。意識は、一見したところ、対象が〔知と〕同じ第三者の証人〔意識〕に対して（あるところ）ではなく、それ自体において（あるところ）を、いわば裏に回って（dahinter）見ることができないかのようであり、したがってまた自己の知を対象と照らし合せて検査することはできないかのようである。しかし、（überhaupt〔そもそも〕）意識が対象についての知をもつ瞬間から、意識にとって即自的であるもの（ihm etwas das Ansich ...ist）とも別の契機、知あるいは、意識にとっての対象の存在とのあいだに、すでに区別が現れている。この現れている区別こそ、検査（Prüfung）が基盤を置くものである。もしこの比較において両者が見かけ上合致しないとすれば、意識は自己の知を対象に適合するよう変更しなければならない。しかしこの知の変形において、実は意識にとっての対象そのものも変わるのである。なぜなら、以前の知は本質的に対象についての知だったからである。知が変わるとともに対象も別のものになる。なぜならそれは本質的に以前の知に属する対象だったからである。こうして、以前に意識にとって即自的であったものが即自的ではなく、言いかえれば意識にとってのみ即自的であった（für es an sich war）ということが、意識に顕わになる。したがって、対象についての自らの知は対象に合致しないことを意識が見出すとき、対象の方も維持されなくなる。言いかえれば、検査規準は、それが規準になるべきだったものが、検査（Prüfung）の途中で停止するとき、自ら変化するのである。そして検査は知の検査であるばかりでなく、検査規準の検査でもあるのだ」。

「意識が自分自身に、その知に対してもその対象に対しても行使する（ausübt）この弁証法的運動こそ、そこから意識にとって新しい真なる対象が発現するかぎりで、経験と名づけられる当のものなのである。この点にかんして、先ほど言及したばかりのプロセスの中の一つの契機をさらに明らかにすべきである。それによって、以下の叙述《ダールシュテルング》の「知」の側面（die wissenschaftliche Seite）に新たな光を当てられることになるだろう。意識は或るものを知っている。この対象は本質あるいは即自である。けれどもそれはまた意識にとっての即自でもある。ここに、この真なるものの両義性（Zweideutigkeit）が立ち現れる。われわれは、いま意識が二つの対象をもっていることがわかる。一方は第一の〈即自《アンジッヒ》〉であり、他方はこの〈即自〉の「対意識存在」である。まず後者は、意識自身の中での反省にすぎず、対象ではなくたんに意識がこの対象についてもつ知を表象している（vorstellen）ように見える。けれども先に示したように、意識にとってのこの時間のあいだに第一の対象は自ら変わるのである。それは〈即自〉であることをやめて、意識〈項〉にとってたんに意識に対してのみ〈即自〉であるような対象となるのである。ところがそのことによって、いまやこの〈即自〉の〈対意識存在〉（das Für-es-sein dieses Ansich）が真なるものであり、言いかえればこれが本質すなわちその対象なのである。この新しい対象は、第一の対象の無化（Nichtigkeit）を含んでおり、それについてなされた経験なのである」〔九〇－九二頁〕。

第一三節および第一四節の逐語的注釈。

意識《ベヴストザイン》の知への展開は、私たちからの手助け（Zutat von uns）なしに行われる。それはたんに、測るものと測られるものが両者とも意識のうちに現前する（p. 113〔九〇頁〕「意識とは自分自身において自らの測るものを与えるものであるから、探求すると言っても意識が自分を自分自身と比較することになる」〔ドイツ語による引用〕）からだけでなく、さらにまた比較や自己による自己の検査さえなく、純粋な観望（reine Zusehen）、純粋な光景があるだけだという理由からでもある。そして実際、意識が一方で対象に関するものであり、他方で意識が対象についてもつ知に関するものであるかぎりで、またこの両者が意識に対して、同じ意識に対して（für dasselbe）あるかぎりで、したがって直ちに一致するか否かだととらえられているかぎりで、意識はそれ自体行われるべき比較なのである。次のように言われるかもしれない。しかし、意識は、自ら背後に回って（dahinter kommen）、即自に接合し、即自をそれについて自らがもつ知と比較することはできない、と。しかしながら、意識はまさに対象の意識であるがゆえに、意識にとって即自であるものと、意識にとって知であるもの、すなわち意識に対する対象の存在（das Sein Gegenstandes für das Bewußtsein）という二重の参照をもっている。こうした二重の照合があるからこそ、検査〔Prüfung〕が存在するのである。したがって、過程の共有のうちには二元性がある（志向性）。

もし意識にとっての即自とそれについての知との合致がないとすれば、対象に合わせなければならないのは知だと考えてよいであろう（問題。意識はいかにしてあるものを学ぶのか）。しかし、知《ヴィッセン》の（真なるものへの）このような変化は対象の変化をも引き起こす。なぜなら、最初の知は本質的に対象に結びついていたからである。知が変われば対象は変わる。そして即自《アンジッヒ》と見なされていた第一の対象は、意識にとっての即自〔für-es-an-sich〕になる。対象、すなわち測るものであった即自は、測られるものが安定していないという事実によって修正される。それゆえ検査することは、二重の意味を、すなわち測るものによる測られるものの検査とその逆という二重の意味をもっている（レヴィ＝ストロース参照）。

（一）この交換が弁証法（AのBに対する作用はBのAに対する作用でもある）であり、そしてまた自己運動でもある。つまり、自らの対象への関係として意識はおのずから自分自身の変容である。（二）そしてこの弁証法は経験《エアファールング》（言説なき、具体的な、純粋な観望〔Zusehen〕）である。なぜなら、意識はそれ自身、私たちの手助けなしに自らの内容によって新たな真なるものを創造するからである。経験、すなわち実際の存在の受諾のみが弁証法を引き起こすことができる。というのも経験のみがあるもの、すなわち自らを露呈でき、深さ、潜在性をもち、それゆえ新たな真なるものの淵源となるような脱自を引き起こすことができるあるものへの開けだからである。（三）この報告において問題となっていた意識は、経験なのであるから、それは両義的〔zweideutig〕である。すなわち即自《アンジッヒ》への参照であり、この即自の対－意識〔Für-es dieses Ansich〕への参照である。

（自己意識という）この第二の要素の導入は、対象そのものを変容させ、第二の対象、確証された対象になる。そして、第一の対象を廃棄するこの第二の対象は、第一の対象についてなされた経験である（第二の対象は、その真理となった第一の対象以外の何ものでもなく、これは第一の対象でありながらそれとは別のものである）――（したがって即自としての〈即自〉と、私たちに対する〈即自〉との交換、意識すなわち経験《エアファールング》が自己への関係であると同時に超越者への関係でもあり、しかも交互にではなくて同時に両方であるということを前提とする交換）――（すなわちノエマのノエシスに対する一方通行の依存関係ではなく、逆転を含む潜在的志向性）。

それゆえ、弁証法とは（もしそれを完全に定義するとすれば）本質的に（ヘーゲル的意味での）現象学であり、言いかえれば超越者との関係に対する自己との関係、およびその逆であるように思われる。すなわち主観と客観は経験《エアファールング》の抽象的契機であるから、主観－客観の絡み合い〔entrelacs〕である。弁証法的運動は内容の運動であるから、それは意識によって「与えられる」のではなく、内容と、その内容を経験しそれを生きるある者との関係のうちにしか存在しない。事物への関係と〈自己〉への関係の二重性ぬきに弁証法的運動はありえない。弁証法をふたたびその両足で立たせること（弁証法は逆立ちした世界であるときっぱり述べたのはヘーゲルであることが忘れられている）は、弁証法を破壊することになるだろう。哲学、すなわち絶対者への接近は、本質的に経験すなわち諸現象への参入であり、諸現象の成熟に、つまり経験に参加することであると思われる。それというのも、私たちが知の到来に立ち会うことができるのは、ただ経験的〔experiri〕関係において事物を実存させることによってのみだからである。

このことと相関的に――とりわけ保存と理解される超越。真なるもの（測るもの）は発端からすでにそこにある。始まりは終わりないし結果である。新たなものの創造、形成〔Bildung〕はすでにそこにあったものの明白化である。しかしながら、記述された運動はメタ経験的な相を含んでいる。

二　第一五節および第一六節（p. 115–117〔九二－九四頁〕）。

「この経験の流れの叙述には一つの契機があって、これによって見かけ上その叙述は、経験というときに通常理解される事柄と一致しない。すなわち、第一の対象およびそれの知から、それについて経験がなされたと言われる第二の対象への移行は、第一の対象についての知すなわち第一の即自の意識にとっての存在が、第二の対象そのものたるべきだというかたちで述べられた。外見上は、通常逆である。われわれは、われわれが偶然にいわば外面的に見つける別の対象に基づいて第一の概念の非－真理性を経験するように見え、したがって一般にわれわれわれに依存する（われわれの側に属する）のは、即自かつ対自的に存在するものについてのもっぱら純粋な把握にすぎないように見える。ところがわれわれの見解では、新しい対象は意識そのものの逆転（イポリット、逆転）によって存在するようになるものとして姿を見せるのである。このような内容（die Sache）の考察の仕方は、われわれの付加であって、これによって一連の意識の経験が学問的手続きに高められるのであるが、哲学者が考察中の意識《ベヴストザイン》にとってはこの付加はないのである。けれどもこのことは、実は、ここで（与えられた）叙述と懐疑論の関係について以前言及しておいたことと事情が同じなのである。すなわち、そのたびごとに真でない知から生じる結果は空虚な無（leeres Nichts）に至るのではなく、むしろ必然的にそれが結果であるような無だと捉えなければならないのである。したがって、この結果は、先の知がそなえている真なるものを含んだ成果である。このことは、次のようなかたちで現れる。はじめに対象として現れていたものが、意識にとって対象についての知へと下落し、〈即自〉が〈即自〉についての〈対意識存在〉でしかなくなるあいだに、この後者が新しい対象となり、それとともに別のものが本質をなすような新しいかたちの意識が姿を見せる。この事情こそ、さまざまなかたちの意識全体の帰結をその必然性においてもたらすものなのである。この必然性そのものだけが、すなわちその経緯は知られずに意識に現れてくる（darbietet）新しい対象の誕生だけが、哲学者にとっていわば意識の背後で起こっていることなのである。それによって、経験そのものにとらえられている（begriffen）意識に対しては露呈され（darstellt）ない即自存在やわれわれにとっての存在という契機が、意識の運動の中に導入される。哲学者の眼には誕生したと映るものの内容は、意識に対して存在するだけであり、哲学者が理解するのは、それの形式（das Formelle）だけであり、言いかえればその純粋状態での誕生だけである。ここで誕生するのはたんなる対象ではなく、それは哲学者にとっては運動かつ生成である。

この必然性から、この学問への道はそれ自身すでに学問であり、また同時にその内容を考えれば、意識の経験の学である。

意識が自己についてなす経験が、とらえ（begreifen）うるのは、その概念上、まさに意識の全体系、すなわち精神の真理の王国全体以外の何ものでもない。この真理の諸契機が、特異な規定のもとで提示されるという点を除いて。すなわち、抽象的で純粋な契機としてではなく、それらが意識に対してあるがままに、もしくは出現する意識にとっての参照項として提示されるのである。したがって、全体の諸契機が、意識の諸形態なのである。意識は、自らを真の実存へと押し進めていく一方で、意識にとってのみまた他者という資格でのみ存在するような何か異質なものを課せられているという、自己の仮象を捨て去る地点にまで到達することになる。言いかえれば出現が本質と等しくなり、したがってそこでは意識の（外面的）叙述が真性の精神の学とまさに同じ点で一致するであろう。そして最終的に、意識自身が自己のこの本質を把握することによって、それは絶対的な知そのものの本性を示すことになるだろう」。

第一五節と第一六節の逐語的注釈。

私たちが知の露呈および哲学として記述したこの「経験」は、しかしながら通常の意味の経験ではない。通常の意味での経験はその出発点の非－真理性を、それに代わる別の対象の真理性によって発見する。

ここでは逆に、記述された経験は古い対象の否定、古い対象に対してなされる働きかけから、新しい対象を生じさせ、成果として現出させるのであり、古い対象を自らの真理のうちに保存することによってのみ乗り越えるのである。経験の展開のうちに認められるこの必然性は、哲学者の付加である。通常の経験であれば、ある対象がどうして自分に生じてくるのかわからぬまま出現するのを見ている場所に、哲学者は意識の転換〔Umkehrung des Bewußtsein〕を見る。哲学者は意識の背後に回る。哲学者の経験の見方は、たんに生きているだけの人間のそれのように、（不可逆的なものと見なされたノエシス－ノエマの相関にしたがって）継起する諸対象を意識によってとらえることではなく、対象（即自）であったものが意識（意識に対する即自〔an Sich für es〕）となることができ、意識であったものが対象となることができ、意識の逆転があるような見方である。通常の意識は経験の中に「とらわれて」おり、経験そのものの中にとらわれて〔in der Erfahrung selbst begriffen〕、経験によって考えられている——が、哲学者は経験を考える——内容と形式的側面がふたたび区別される。道は、もしそれがどこかに通じ、方向をもつとすれば、すでに学であり、そして意識の経験はこの学の内容にほかならない。

それゆえ、経験はいっさいを、すなわち「意識の諸形態〔Gestalten des Bewußtsein〕」という特異な規定のもとに精神の全王国を含む。まさにこの経験の中で、意識《ベヴストザイン》がそれ自身の真理をとらえ、対象を自らに再統合する契機が到来するのであり、現出するという意識固有の本性はここで本質的なもの全体に等しくなり、またしたがって絶対知を、すなわち絶対である知と知である絶対者を示すのである。

一　絶対者と私たち——。その〈臨在〔Parousie〕〉、私たちのもとでの即自かつ対自〔an und für sich bei uns〕、交差配列——

初めから、絶対者は、即自かつ対自的にすでに私たちのもとにあるはずだ〔an und für sich schon bei uns wäre〕。絶対者から私たちのいっさいの媒体は真理がそれを通して私たちに触れる光そのもの〔der Strahl selbst wodurch die Wahrheit uns berührt〕であり、私たち自身とこの認識との区別〔Unterschied unserer selbst von diesem Erkennen〕は存在しない。次に、絶対者のみが真であり、逆に真なるもののみが絶対である。これは独断論（知《ヴィッセン》－絶対者の外面的な絆）を意味するのではなく、真なる知と絶対者とのあいだの（上下のない）内的で可逆的な関係を意味する。絶対者は知の本性のうちにあり、知は絶対者の本性のうちにある。与えられているのは両者の絆であり、それから出発して主観－客観〔Subjekt-Objekt〕を解明しなければならない。

二　絶対者

絶対者は知の本性のうちにある。絶対者は主体であり、それは客体〔Objekt〕ではない。これは即自《アンジッヒ》すなわち私たちに対して〔für uns〕ということを意味するであろう。絶対者は「対自」である。もしそれが即自《アンジッヒ》であれば、それは即自かつ対自〔an und für sich〕である。言いかえれば即自的な平安は、それが対自であることに起因している。真の即自《アンジッヒ》のみが対自〔für sich〕なのである。しかしそのことは非一致を意味する。それが知るのはそれ以外の何ものでもない。自己自身を知るもの、精神〔Sich selbst wissends, Geist〕、しかしそれは自らを客体化する。

現象

ここでは、この絶対者が何であるかは私たちに語られない。そうすることは出発点に反することになるであろう。現象の観念。人間の歴史および私たちの歴史を考察することによって、私たちはそこに一つの知《ヴィッセン》が現出《エアシャイネンデン》するのを見る。そして絶対者は対自的なこの知《ヴィッセン》であるだろう。産出されるものはすべて、知《ヴィッセン》という唯一のもののために、「形態《ゲシュタルト》」（いまだ自分自身を征服しておらず、自らを完全には知っていない「束縛された」「自由」でない形態）にすぎない（たとえば、ギリシアの都市国家、キリスト教）。

なぜその形態は束縛されているのか。それは埋没し、自分自身にとって透明でなく、あらわにされておらず、現出しつつあるからであり、しかもこのことがその本性そのものだからである。

とはいえ、このような多様性はすべて〈自己〉への関係の変異体《ヴァリアント》にすぎない。しかしそれは実現されていない〈自己〉への関係である。その関係は現出《エアシャイネン》する、すなわち私たちの前に現出する。知る者は彼が知るところのものではなく、またその逆でもない。私たちはそれを叙述《ダールシュテレン》し、それを外の光景として物語ることができる。

しかしながら、それが展開するにつれて、その連鎖によって、後に来るものが先立つものの真理であると言うことができる。それゆえそれは蓄積、明白化であって、盲目的な過程ではない。それゆえそれは「自分自身に立ち返り」自分自身になる。その現出《エアシャイヌング》は仮象《シャイン》を捨て去り、それと同時にそれを熟考している私は、私がそれ以外のものではないことに気づく。それは自らを知る自己となり、そして私がそれになるときにそれは私となる。絶対的に知であるような知の出現（すなわち外的現出）が存在するのであり、その出現のあらゆる段階は相互に

（その始まりは終わりに、その終わりは始まりに）移行し、そしてその現出は、私がそれに移行するのと同様私へと移行する。登場する〔auftretende〕知が即自的かつ対自的にあるがまま〔wie sie an und für sich ist〕に自らを把握する〔begreift〕この決定的瞬間に、私たちは絶対者のもとにいるのである。

ヘーゲル的な現象（精神現象）の概念は次のようなものである。すなわち、外部から見られた対自は出現し、そのかぎりで完全には対自ではない。それにもかかわらず、それはすでに対自であり、さもなければ自己および他者に向かう途上で対自になることはけっしてないであろう。自己から出ること（現出すること《エアシャイネン》）と自己に回帰することの同一性。(1)

（1）〔欄外に〕ゲーテ参照。「まるでどこへ行くかもはや知らないかのようにそれ以上は行かない」〔ドイツ語による引用〕。絶対者が十全に絶対であるのは、十全に現象であることによってである。

現象は客観でも主観でもない。客観ではないというのは、現象は私に関係し、私は現象を提示することによって自分を理解するからである。主観でないというのは、現象はまだこれから対自にならなければならないからである。現象は「主観」と「客観」の隠れた骨組――自己に回帰する客観、自己の外の主観である。この現象の秩序の征服、現象の連鎖の提示こそ、絶対者を唯一正当化するものである。正当化というのは、証明ではなく、現象の絶対者への生成（絶対者の現象への生成）の固有の運動による自己現出である。

三　現象と意識の構造。現象から知への移行。

出発点。自然的〔natürlich〕意識《ベヴストザイン》――外的なものについての知――は、外的なものを把握していると思っており、真にそれを所有していると思っている。しかし、もしそれが外的であるなら、自然的意識はいかにしてそれを所有するというのか。おそらくそれは私の夢にすぎない――全面的懐疑論。私は事物と同様に私の思考もほとんど知らない（モンテーニュ？）。存在するのは、私の規則にではなく内容にしたがった作業であり、その必然性と連関〔Zusammenhang〕にしたがって働きつつある知である。したがって、真の成果〔wahrhafte Resultat〕である否定、純粋な無〔reine Nichts〕や深淵〔Abgrund〕ではなく、……の真理への移行である否定性である（フッサール参照。すべての抹消された知覚が真の知覚にとって代わられる）。

外的なものについての意識によって開始されるこの移行。

意識は自分自身についての概念である。すなわち、自分自身を越えて〔über sich selbst〕、自分自身の彼方にあり、自分自身を稜駕する〔über sich selbst hinausgeht〕。志向性のヘーゲル的等価物。意識は実現すべき自分自身の概念的把握である。その意味で自らを実現するための自己－破壊。「こうして意識はおのれの制限された満足を打破すべしというこの強圧を自ら内発的にこうむる」〔八七頁。ドイツ語による引用〕。

しかしさらに明確にしなければならない。というのは、意識は裂け目であり突出部分であって、原理上不可能なものであり挫折であるという異論が唱えられるかもしれないからである。フッサールに対して向けられることのある異論を唱えることもできるかもしれない。意識は何ものかについての意識であり、つねにノエシス－ノエマの相関である。しかし、もし意識がノエシスとしての自分自身を所有していないとすれば、どうして意識はそのノエマをもつことができるのか。ところで、もし意識がノエシスとしての自分自身を所有しているとすれば、まさにそのとき意識は自分を対象と見なす（反省）ことができるのであり、そしてそのかぎりで存在するのは必ずしもノエシス－ノエマの一方通行的な相関ではなく、可能な可逆性である。これこそまさにヘーゲルが言おうとしていることであり、意識とはこのような可逆性、交換なのである（フッサールにおける志向性もまたこのような意味を獲得する）。

測られるものと測るもの。

知であることが明らかになる知。知は検査〔Prüfung〕にかけられる。すなわち本質的ないし即自《アンジッヒ》であるような測るもの〔＝尺度〕が知に適用される。測るものはどこから取られるのか。答え。それはすでに意識のうちにある。

意識《ベヴストザイン》。意識に対してあるもの《エトヴァス》へのこの関係、意識に対する（他のものに対する〔für ein anderes〕）あるもの《エトヴァス》のこの存在が知《ヴィッセン》［である］。しかしこのあるものは、この意識への関係の外にあるもの、真理《ヴァールハイト》ないし即自存在〔Ansichsein〕だとも考えられる。哲学者が知《ヴィッセン》の真理、知《ヴィッセン》の即自《アンジッヒ》について自問するとき、私たちが手に入れるのは私たちに対する存在〔für uns〕だけであろう。企ては不条理であるように思われる。私たちが私たちの知に適用するのは私たちの尺度〔＝測るもの〕であり、その知はおそらくこの尺度を拒む。しかし、私たちが自らを適用する対象は意識であり、そしてこの対象は私たちの尺度と同じものであるがゆえに、哲学は可能である。ここでは意識を認識するのは意識であるがゆえに、知《ヴィッセン》およびその真理について私たちがもつ意識はその知を変形することはありえない。「意識とは自分自身において自らを測るものを与えるものであるから探求するといっても、意識が自分自身を自分自身と比較することである」（p. 113〔九〇頁。ドイツ語による引用〕）。測るものは、測られるものに対して外的ではない。意識が把握する、知の対他存在は意識そのものである。意識が知について反省することによって知を対他存在たらしめるという事実は、この対他存在こそが意識である以上、知の価値を低めはしない。

ここにおいて、知《ヴィッセン》－即自《アンジッヒ》の二分法は破棄され、哲学者の知《ヴィッセン》は、それが知《ヴィッセン》の即自《アンジッヒ》であるがゆえに、即自《アンジッヒ》に回帰する。反省は非反省的なものへの回帰なのである。

ヘーゲル。もし知《ヴィッセン》を概念《ベグリフ》と呼び、対象を真なるもの〔Wahre〕ないし本質《ヴェーゼン》と呼ぶとすれば、検査とは対象による概念の検査である。意識は、この構造によって自らの対象から切り離されているわけではなく、その対象であれば否認するかもしれないような「意識にとっての」眺めしかもたないように強制されているわけでもない。というのも意識とは、対象への意識の関係だからである。またそれらの一致を検査することは意識の定義の一部をなすからである。言いかえれば、私たちは同様に逆転を行うこともでき、本質ないし考察された〈即自〉（私が評価しようとしている知《ヴィッセン》）を概念《ベグリフ》と呼ぶことができ、私が考察し、したがって対他〔für ein anderes〕になるかぎりでのこの知《ヴィッセン》を対象と呼ぶこともできるのであり、その場合、検査は概念による対象の検査になる。

「これら二つの手続きが同一であることはひとの容易にみるところであるが、しかし大切なのは、次のことを探求の全過程にわたって銘記するということである。すなわち、概念と対象、対他的に存在することと自ら即自的に存在することというこれらの両契機が私たちの探求する知ること自身のうちに属しており、したがっていろんな測るものを私たちがもちこんだり、探求に際して私たちのいろんな思いつきや私たちの思想を適用する必要はないということである。これらを捨て去ることによって、事柄を即自的かつ対自的にあるがままの姿において考察することに私たちは達するのである」[(1)(2)]（p. 114）。

（1）〔欄外に〕主観と客観、野生的意識と反省された意識とが相互を交換しながら、両者が属する場としての知、それゆえ私たちのものである意味付与ではなくて、即自かつ対自的にあるがままの事象〔Sache〕の展開である知。

（2）〔Tel, p. 155.〔M・ハイデガー「ヘーゲルの『経験』概念」、九〇頁。ドイツ語による引用。強調ヘーゲル〕

反省において測るものと測られるものとが交換されることによって、客観を検査するのが主観であるのと同様に主観を検査するのは客観であることになり、それゆえ私たちは絶対者のもとにあることになる。

現象学と哲学の緊密な関係が確証される。意識の構造そのものが次のことを成り立たせる。（一）知が問題となる場合、知自身による知の把握にはいかなる相対性もない以上、絶対知は私たちにとって接近可能であること。（二）さらに測られるものは測るものでもある以上、この絶対知はある意味で自分自身に先立っていること。

それゆえ、客観でも主観でもないものとしての現象の観念——出現する精神としての、すなわち他者に見られ、外部から〔真実であることが〕明らかになり、自らを提示するがままにとらえられなければならない対自としての――、それ自身意識の真の構造と連帯している［観念］――意識の獲得と知の出現を可能にする測られるもの－測るものの可逆性――は、絶対者への関係に直接行きつく。

四　主観－客観の相対化。両者とも同一のものに対して〈für dasselbe〉存在する。意識は脱自である。

第一三節および第一四節。

第一三節。私たちは意識《ベヴストザイン》に付加される判明な作用としての比較が存在すると言うことさえできない。というのは、意識は対象と自分自身についての、そして両者の隔たりについての意識だからである。意識自身と対象は同一のものに対して〈für dasselbe〉存在する。意識は対象の「背後」への、対象が意識を逃れている側面への指示を含んでいる。意識は対象についてのおのれの知《ヴィッセン》を修正するとさえ言う必要はない。正《ただ》しく対象である対象はまさに知《ヴィッセン》の相関者であったし、知《ヴィッセン》が変化すると、対象もまた別のものになるのだ。実を言えば、意識とは測るものによる測られるものの検査であるのとまったく同様に、知（測られるもの）による対象（測るもの）の検査でもある。意識、すなわち知の本当の進展は、二つの項の外的な比較にではなく、互いに他を生じさせる対象－知、ノエシス－ノエマの相互内属〈Ineinander〉（レヴィ＝ストロース、二重の批判、および一般的諸概念と探求の関係を参照）にその本質がある。それゆえ、意味付与〈Sinngebung〉ではなく、現出との合致としての意識の観念――哲学は純粋な観望〈reine Zusehen〉［である］。

第一四節。（意識のうちなる）この運動は、相互作用、相互移行、対相互存在〈Füreinanderessein〉という意味で、それゆえ自分自身を投げ返す運動という意味で、「弁証法的」である。意識の構造に結びついた弁証法――この弁証法は、対象と知とがその過程で修正しあう、たとえば誰かについてなされる経験という意味で、経験《エアファールング》である。弁証法とは、私たちの手助けのない内容の運動であり、その真理、……への開けである。それは弁証法が現象を本拠とする場合にのみ可能である。弁証法が経験《エアファールング》であるがゆえに、すなわち自らを露呈しうるあるものとの接触であるがゆえに、潜在性をもち、それゆえ脱自を生じさせることができる。

真なるものの両義性。〈即自〉は、私たちに対する〈即自〉、すなわち客観－主観になる。知《ヴィッセン》の進行は、新たな対象の出現である。両義性は弁証法および経験にとって本質的なものである。なぜなら両義性によってこそ客観は主観に移行し、主観は客観に移行するからである。内在は存在せず、真に存在するのは学習である——我は知っているか知らないかのいずれかであるというジレンマの解決としての経験《エアファールング》。

弁証法は運動に束縛されているように思える。たしかに内在という意味での意識にではなく、少なくとも、〈即自〉と意識に対する〈即自〉とが同時にそれに対して存在するこの同一のものとしての意識にであり、たしかに意味付与〔Sinngebung〕とではなく、野生の意識－反省された意識の同一性としての意識に束縛されている。運動は内容に由来するのであるが、経験《エアファールング》が存在するかぎりでの内容に由来するのである。弁証法をふたたび「その両足で」立たせることは、弁証法を破壊することになるだろう。哲学は諸現象に参入するように思える。

しかし、第一五節。

一九六一年二月二〇日

第一三節の翻訳を再読すること。注釈。

意識《ベヴストザイン》－知、現出する知《エアシャイネンデヴィッセン》、あるいは登場する〔auftritt〕知《ヴィッセン》の発展は、私たち（哲学者たち）の手助けあるいは付加なしに行われる。それは、意識が自己と自己との比較であるから（p. 113〔九〇頁〕では、意識が自分自身と比較すること〔Vergleichung seiner mit sich selbst〕はないと述べられている）、自分を測るものを外部から受け取るわけではないから（意識とは自分自身において自らの測るものを与えるものである〔gibt seinen Maßstab an ihm selbst〕）だけではない。そうだとすると、平凡な内在性というテーマ、すなわち私たちは答えられる問いしか立てないとか、問いは下されつつある断言の裏面であるとか、闘いは勝利だとか、探求の過小評価、独断論といったことになりかねない。むしろもっと深い理由がある。あるのは比較や、自己によって自己を検査することでさえなく、純粋な観望〔reine Zusehen〕だけである。それは真に知《ヴィッセン》の自己提示であり、私たちによる意味付与〔Sinngebung〕ではない。

なぜなら、意識を、純粋な外部との関係として、あるいは自己との関係として、あるいはその両方の和（真なるものの意識、プラス真なるものについての知の意識）として思い描くべきではないからである。意識は第三者であり唯一者であって、真なるものと真なるものについての知は、これに対して存在し、そこから抽象によって引き出されるのである。このことが意味するのは、真なるものと真なるものについての知があるのではなく、唯一かつ第三の項があるにすぎないということである。……に開かれていること、……を前にした自己検査、したがってそれを前にして知であったものが対象になりえ、真であったものがたんなる知《ヴィッセン》の位置に連れ戻されるところの開け。意識を自己との関係やその代わりに他との関係だと考えるべきでなく、自己性と何ものかについての意識を生み出す唯一の炸裂の場だと考えるべきである。肯定的なものとしてでも否定的なものとしてでもなく、働きつつある否定性として。その際本当に、意識のことを存在者や非存在者として語ることはできない。

そこに到達すれば、内在の凡庸さから抜け出せる。内在主義者からの反論いわく、即自的な真なるものへの指示は錯覚である、意識は意識にとって即自的であるものしか思念できない。意識は現れている対象の背後に回って対象そのものを垣間見ることはできない（意識は着古した上着を、私がいないときのようにとらえることはできない）、意識は現出するもの《エアシャイネンデ》の現出として自分自身の後ろに回ることはできない、［そこから］知、自己と自己との比較があるだけだということになり、［そこから］知におけるすべての対象の相対化、さらには将来の対象におけるすべての知の相対化が生じる。ヘーゲルはこの反論を退ける。もしそうだとすれば、意識は存在しないだろうし、即自《アンジッヒ》や、即自的に存在すること、知《ヴィッセン》、意識に対して存在することといった語は、私たちにとって意味をもたなくなるであろう。意識が存在するやいなや〈およそ意識がある対象について知るというまさにそのことにおいて〔Gerade darin, daß es überhaupt von einem Gegenstand weiß〕〉、即自や真なるもの、および意識に対する存在や知に、意味があることになる。真理は、知しか存在しないとか、即自や対象しか存在しないということではなく、一種の歳差や引力、交換、可逆性の中で、この両方が存在するということなのだ。

ここで私たちは、意識《ベヴストザイン》と自己意識《ゼルプストベヴストザイン》、同一の〔dasselbe〕意識の二つの側面を指示するための二つの抽象の彼方にいるわけではないのかと問うことができる。〈自己〉（そして哲学）は受容性でも、意味付与〔Sinngebung〕（手助け〔Zutat〕）でもなく、純粋な観望〔reine Zusehen〕の自発的な分節化である。

第一三節の終わり。「検査にかけること」、あるいは自己によって自己を問うことはどうなるのか。

意識はどのようにして何かを学ぶのか。対象から受け取ることによってか（しかしそうだとすれば、意識はどのようにして探すのか）、あるいは想起と意識自身の手助けによってか（しかしそうだとすれば、意識はどのようにして知らないでいるのか）のいずれかであるように思われる。この解決は知を否定するか、非－知を否定するかのいずれかであるように思われる。

外部の超越的なものへの関係、あるいは逆に内在性（哲学の独断論）への関係は、実は等しいものである。私は対象に合わせて私の知を変えることによって学ぶのだと言うべきではない。またさらに、私は対象を修正する知を明らかにすることによって学ぶのだと言うべきでもない。実際は、私は対象をもとにして私の知を形成するのであり、知をもとにして対象を形づくるのである。なぜなら存在するのは、純粋に知であるような知や、純粋に対象であるような対象ではなく、また主体でも対象でもなく、一方の他方への働きかけだけだからである。たとえば、私が私の知を対象にしたがって「修正する」とき、そのことによって対象も変化する。私の知は対象の中に幻滅の層を沈澱させる。たとえ幻滅を教えるのが私の知であるとしても、突然対象がつい先ほどのものと同じでなくなるのである。参照すること、人と親しくつき合うことによって私はその人についての真理を学ぶ。私の知の変化は対象の変化でもあり、今日の敵はもはや昨日の友ではない。昨日の友は今日の敵であるとか、私の友情が憎悪に代わったと言えば間違いになるだろう。抹消されたものは消滅してはおらず、対象の中でさえ消滅していない。絶対的な誤謬はない。本質が仮象にとって代わることはない。仮象が本質になり、真なるものはかつて存在したもの〔gewesen〕である。知《ヴィッセン》にとって、現出する〔erscheinende〕知《ヴィッセン》であることが本質的なのである。

こうして、現象学の主題（現出する知《エアシャイネンデヴィッセン》、知の出現）は、哲学の転覆を引き起こすように思われる。絶対的即自《アンジッヒ》はない、絶対的な私たちにとって〔für uns〕もない。そしてそれは同じ理由、すなわちそれらの相互相対化、相互内属〔Ineinander〕のせいである。このことが意味するのは、絶対者という次元そのものが、これまで哲学が考えられてきたのとは別の仕方で考えられねばならないということである。「自由な」知（すなわち束縛のない、外部のない、〈即自〉に密着していない）としてでもなければ、「自由な」対象（すなわち純粋に対象であって、知に密着していない）としてでもなく、両者の相互内属〔Ineinander〕として考えられなければならない。絶対者は主体であるという（後の）定式化は、絶対者が主体にすぎないという意味ではない。「自由なもの」とは、自由なものの自由であり、束縛されたものの自由である。絶対者とは、絶対的なものの同一なもの〔dasselbe〕であり、相対的なものの同一なものである。真の主体は、主体の主体性であり、対象の主体性である。死んだ〔leblos〕孤独の〔einsam〕絶対者があり、これは絶対者ではない。真の哲学は、背後〔dahinter〕、すなわち現象《エアシャイヌング》の背後、世界に存在するものの背後には行かない。真の哲学は、絶対者を現象《エアシャイヌング》すなわち現象の別の側面としてのみ考える。

ここから第一四節へ。

第一四節を翻訳すること。肝要［な点は］——

一　弁証法と呼ばれるもの。弁証法の原動力は、意識が自分自身に行う運動である。また知《ヴィッセン》の対象への反作用、そして対象の知《ヴィッセン》への反作用、一方の他方への変身、したがって自己運動である（脱自の構造と関連した）。弁証法が生みだしたのは、新たな真の対象を「発生」させる運動である。発生することとはすなわち、非連続性、純粋な観望〔reine Zusehen〕であって、私たちの手助け〔unsere Zutat〕、超出によって創り出される新たなものではなく、先行していたものを明らかにする発生であり、したがってそれ自身の一貫性や「必然性」をもつ発生であり、理由であり知であるところの発生である。それは対象となった主体、主体となった対象、あるいは両者の交換である。

二　このように理解された弁証法とは、経験《エアファールング》のことである。すなわち前客観的であるような存在への関係、私たちがその中に捉えられている〔begriffen〕〔p. 116〔九四頁〕〕存在、すなわち把捉された存在、すなわち考えられた存在への関係である。他のものを考えるということは、それによって考えられるということなのである。

なぜ意識は経験《エアファールング》でなければならないのか。なぜなら、意識は、私たちの手助け〔unsere Zutat〕、意味付与〔Sinngebung〕、私たちにとって〔für uns〕だけではないからであり、前客観的かつ前主観的な内容の自動運動だからであり、純粋な観望〔reine Zusehen〕、展望、外部の内部、「繋がれた」内部における現出する知《エアシャイネンデヴィッセン》だからであり、もし意識が内在であればこれらではまったくないということになるからである。内在と外部の超越的なものへの関係とのあいだ、つまり地平と、豊かさすなわちただの対象ではないような内容の豊饒さとのあいだ。

三　このように理解された弁証法とは、両義性〔Zweideutigkeit〕のことである。（現象に）続く叙述《ダールシュテルング》の「学的側面〔Wissenschaftliche Seite〕」に新たな「光」をあてるために、このことを強調しておかなければならない。新しい光の観念。すなわち、真なるものはそれ自体両義的〔zweideutig〕である。なぜならそれは本質《ヴェーゼン》あるいは即自《アンジッヒ》でなければならず、そしてそうでありうるのは、即自の意識に対して〔für das Bewußtsein des Ansich〕あるとき、すなわち本質あるいは即自ではないときに限られるからである（キルケゴール参照。パリサイ主義、私はキリスト教徒だと言うやいなや、もはや私はキリスト教徒ではない）。多義性〔Vieldeutigkeit〕は、真の光の消されるべき影ではない。真なるものは一致によっては定義されえず、真なるものに対するあらゆる隔たりをこえることはできない。ある即自《アンジッヒ》（第一の対象）とのあらゆる関係が、第一の対象を破壊するものである、この即自《アンジッヒ》の私に対する関係を不可避に含んでいる。そしてこの即自の私に対する関係は、第一の対象を第二の対象に変える。それは第二の対象ではないという人もいるだろう。対象についての私の知を対象に付け加えるのは、意識の自分自身についての反省にすぎない。主体的なものと客体的なものとの境界は、やはり明白である、と。いや、そうではない。なぜなら、この「反省」は「真なるもの」に、すなわち対象への第一の開けの真理になり、そのかぎりで仮象に対する本質、すなわち対象となるからだ。私の知、対象（私の素朴な経験の諸動機）を尊重しつつ、私は対象の領域にこれらの動機を統合する。私は第一の対象を抽象的なものとして廃し、新たな対象を出現させる。この新しい対象は第一の対象についてなされた経験である〔die über ihn gemachte Erfahrung〕、とヘーゲルは言う。「経験」とは対象のこの受託［を意味し］、それは対象を引き受けるがゆえに対象に働きかけ（対象について〔über ihn〕私たちの存在と区別されない認識）、真理、自重された対象、対象の対象、真理の真理を生み出す(1)。私が対象をとらえるのと同様に対象が私をとらえるという相互的概念《ベグリフ》から切り離せない真理と知。現象から切り離せない哲学（参照。近代の現象学、そして潜在的あるいは作用志向性の発見。これは自己への関係／他者への関係の転換を含んでおり、ノエシス－ノエマの一方通行の関係だけを含んでいるのではない）。

（1）［欄外に］これは本質的に視覚であり、意味付与〔Sinngebung〕ではない。

弁証法は、たしかに精神的動力という意味での意識の事実ではないが——なぜならそうだとすれば弁証法は私たちの手助け〔unsere Zutat〕ということになるから——、しかしまた対象の運動でもないように思われる（同じ理由による）。弁証法は内容の運動、経験の運動である。言いかえれば、現象《エアシャイヌング》であり、それを経験する誰かとの関係なしにはうまくいかないあの新しい存在論的境位の運動である。［弁証法は］意識の特性ではない。むしろ意識こそ弁証法の特性である。弁証法は意識をもつ（そして、それを通じて新しい対象の産出が行われるところの意識――しかし不透明な意識すなわち経験――なしには考えられないように見える）(1)。「ふたたび足で立たせること」は、学や生産性の叙述《ダールシュテルング》を台無しにすることになるだろう。マルクスがそう言うとき、彼はヘーゲルを無視しているのか。いやヘーゲルもまた、弁証法は逆立ちした世界だと述べているのである。

（1）［欄外に］純粋に見とおすこと〔reine Zusehen〕としての経験。逆にマルクスにおいては、（一）意識の弁証法はなお疎外の原理があるかぎりで見せかけである（ルカーチ。機能－変化〔Funktion-Wandel〕）。その後では、弁証法はもはや物質の反映ではない。資本主義は具体的精神の現象学である。（二）革命以前でも、いかなる所与の力も非対象的な人間的物質である〈理性〉を完成することはない。レーニン〔にとっては〕、斜めの意識、党が必要である（それなくしては労働組合主義になる）。弁証法－経験《エアファールング》はヘーゲルの哲学であるのと同時に、マルクスの哲学である。両者にとって、それは経験の神秘へのたんなる賛同ではありえない。資本主義の経験が理解されるような概念《ベグリフ》が必要である。あるいは、経験がもっている必然的なものに外化が認められるような概念が必要である。さもないと（それ固有の概念である）意識は誤る危険がある。

マルクス主義の中には経験に主要な役割を与えるものもあることだろう。社会の国家への再吸収、あるいは逆に、この実践自身を独裁の営為だとするマルクス主義もあることだろう。ヘーゲルは経験を野放しにしない。まさに真理が経験であるとすれば、この経験は目障りなものであってはならない、ひとは規準を、哲学（論理学）をもたなければならない。

第一五節参照。真理への進行としての経験は意識の転換〔Umkehrung des Bewußtsein〕（事物が意識になること）を必要とするということを示すこと、しかしこのことは学が生ではないということを意味する。二つの秩序。真理としての経験という観念そのものが、外部から経験を規制する（プロレタリアートという観念そのものが、プロレタリアートに対する〈党〉の統制となる）。真理の担い手としての現象という観念そのものが極端な独断論となる。どのような解決手段があるだろうか。

第一五節、第一六節の逐語的注釈。

第一五節

ヘーゲルがいま語った経験は、通常の意味の経験［ではない］。通常の意味の経験は、外的に、偶然的に、新しい対象を見出し、その新しい対象は古い対象の価値を引き下げる。反対にここで言われたことは、古い対象の知が新しい対象になるということである。たとえば、この友情について私が企てたことが、結局は対象として私の前に投じられ、この友情の真理となる。ところで、これは意識の転換〔Umkehrung〕（逆転、転回）を前提とする。対象が主体になったり、またその逆になったりする。かつてはまやかしがあったが、今やまやかしからの目覚めがある。かつて私は逆立ちして歩いていたが、今やまっすぐ立ち直している。どのようにすればこのようなことが可能なのか。経験をその真理へと導く哲学者の寄与（私たちの手助け〔unsere Zutat〕）があったはずである。

懐疑論でない哲学があるとすれば、過去の経験は無に帰してしまわないはずであり、現在は結果であり過去の真理であるはずであり、即自的だったもの、そしてこのこと自体から形づくられる対意識存在になったものは新たな対象であるはずであり、後者の発生つまり必然性があるはずである。そこから経験にとらえられた〔begriffen〕意識と、生成を概念的にとらえる〔begreift〕哲学とのあいだに分離が生ずる。人間の経験は内容にすぎない――哲学は形式的なもの〔Formelle〕にすぎない。しかしそのとき、哲学の観点からみれば、学への道はすでに学であり、意識の経験はこの学の内容でしかない。これは先行するものに対して、賛成から反対への逆転ではないのか。私たちの手助け〔unsere Zutat〕、形式的なもの〔das Formelle〕が内容〔Inhalt〕を越えて張り出すように、経験を越えて張り出す学に到達するためであるとしたら、なぜ現象学を経なければならないのか。［そこから］『論理学』が出てくる。ハイデガー。経験の学〔Wissenschaft der Erfahrung〕というときのこの属格は客語的でもなければ、主語的でもなく、思弁的であり、弁証法的である。すなわち、二つの運動の交差配列である。

答え[(1)]。現象学は精神全体を含むが、それは特有の定義のもとにおいてである。諸契機は「純粋」なものではなく、意識《ベヴストザイン》に対して、あるいは意識の関係項たるかぎりにおいてあるがままのものであり、こうして意識の諸形態〔Gestalten des Bewußtsein〕であることになる。すなわち、諸契機を考察する意識は、自己が他のもの、外部のものに結びつけられているのを感じており、それは完全には現出する知《ヴィッセン》ではない。形態《ゲシュタルト》が完全に理解され、自己を把握するのが形態自身であり、現出するものが自己の中心を見出し、したがって現象が絶対者に移行し、絶対者とは何かを示す地点がくる。

（1）〔欄外に〕三月六日。問題を喚起すること。（一）外部から意識に入りこむことのできるものは何もない。意識は「開かれ」ていて、経験であり、したがって何ものも意識の背後に回ることはできない。（二）しかしながら、不連続的であり、誤っており、盲目的な経験がある。したがって哲学の手助け〔Zutat〕、意識の背後における何かが必要である。（三）最終節においてもたらされた解決。意識《ベヴストザイン》は意識《ベヴストザイン》の超出である。〔そこから〕『論理学』が出てくる。

このことは、意識《ベヴストザイン》あるいは外的なものの意識《ベヴストザイン》とは別なものがあるということを意味する。しかしながら、意識の外には何もなく、この別なものは、意識が自己の外部と等しくなり、自己についての知と一致するとき達せられるのである。自己についての知は、意識の属性、特性ではないし、これらを〔意識〕はもつのではなく、自己についての知が意識をもつのであり、しかも意識からのみ、それは真実であることが確かめられるのである。同じ理由（必然性、連続性、過去の真理の保存）から、経験は概念《ベグリフ》でなければならず、しかも概念《ベグリフ》は経験でなければならない。一八〇七年のバランス。

全体的注釈。哲学と非－哲学。

『現象学』は、自らを理解する経験の問題を提起する。

二つの側面。不連続の懐疑的経験、すなわち形式のためにあるだけで、測るものがけっして検査にかけられない経験。

概念による経験の批判、および経験による概念の批判という二重の批判として、一八〇七年に定義された哲学。——印象主義と独断論を排除して。しかしこれらの危険は二乗して存在する。〔一方で〕経験つまり独断論への依拠がある〔訳注4〕（歴史の審判——事実が……ということを示している。こう述べるのは私ではなく情勢である。——一九三七年の裁判を参照）。

〈他方で〉概念つまり懐疑論への依拠がある（この経験は絶対的である、私はそこで本質に到達した、と私は考える。一九三七年は赤裸々な歴史［である］）。しかしいかなる経験も、それ自体で本質と一致することがありうるだろうか。真に自己についてのものである意識は、空虚である――無〈Nichts〉――。あらゆる充足した意識は、束縛されている。

現象学と論理学はこの二つの危険を代表している。主観－客観、あるいは外部意識－自己意識といったそれの反定立にとどまるかぎり、解決はない。この反定立をヘーゲルは〈第三項〉の分析において一時乗り越えた。しかしヘーゲルは、哲学の私たちの手助け〈unsere Zutat〉を復活させ、このとき彼の現象学への依拠そのものがいっそう暴力的な独断論となる。他の人々は、もはや自分たちが考えていることを知りもしない。哲学者は彼らが自分を理解する以上に彼らを理解するのである。

この点で彼は状況を悪化させる。後継者たちは、彼の独断論に（キルケゴールとマルクス）、彼の懐疑論あるいは調停に（マルクスとキルケゴール）、抗議することになる。彼は外化〈Entäußerung〉を必然性に固定し、ブルジョワ的状態を国家と見なし、既成宗教を真理と見なしている。実践《プラクシス》が絶対者でなければならない〈という抗議である〉。しかし彼らもまた、ヘーゲルに反対しながらも、同じ独断論－懐疑論の動揺を繰り返す。非－哲学である哲学の問題は、意識あるいは対象〈Gegenstand〉を考えるかぎり、そっくり未解決のまま残るのである。

一九六一年三月六日の講義

示されたのは、真なるもののみが絶対であること。

真なるもの。そう〈真〉だと証明されているもの、労働、生成、経験のみが絶対である。すなわち解放され、囚われておらず、自足している。絶対者への外的関係も、絶対者と結びつくための手段もあるわけではない。絶対者への手引きはない。私たちは絶対者のもとにある。

およそ存在するものは、〈自由なもの〉の、自己と同一的なものの、知《ヴィッセン》の、デカルト的な意味での学の、確実性の、現《マニフェスタシオン》れ（現象《エアシャイヌング》、開示〔Offenbarung〕）である。現れとはすなわち、現出する知《エアシャイネンデヴィッセン》と知《ヴィッセン》との外在性である。しかしこの外在性は知《ヴィッセン》にとっては偶然ではない。両義性〔Zweideutigkeit〕は「一義性の欠如としてではなく、意識そのものの本質的統一のしるしとして〔als einen Mangel an Eindeutigkeit, sondern als das Kennzeichen seiner eigenen Wesenseinheit〕」（ハイデガー、p. 155〔一四六頁〕[1]）理解されるべきである。意識が曖昧なのは、懐疑的意味においてではなく、意識が逆転〔Umkehrung〕（意識の転倒性〔Verkehrtheit〕に由来する）だからであり、この運動の中で概念と即自が役割を交換するからであり、真理が現れるからであり、意識がそのあるところのもの、すなわち意識の概念になるからであり、自由で解放された意味が、〈として〔als〕〉が、存在者の存在が出現するからである[2]。意識は意識《ベヴストザイン》であるかぎり、「〈「として」〉に関わらない〔auf das "als" nicht eingeht〕」（ハイデガー、p. 160[3]）。意識は意識が探索しなかった地平、あるいは、背景〔Hintergrund〕を含んでいる。意識が自分自身になるためには、引き裂かれなければならない（分裂状態〔Zerrissenheit〕）。「裂けた靴下よりは、綴いだのがよいが、自己意識はそうではない〔Ein geflickter Strumpf besser als ein zerrissener, nicht so das Selbstbewußtsein〕」（ヘーゲル、ハイデガーによる引用、p. 127[4]）。

（1）〔欄外に〕両義性、表象の概念――この両義的性格が、表象の本質[訳注5]なのである〔Dieses Zweideutigkeit ist das Wesen des Bewußtsein〕」、ハイデガー、p. 153.〔M・ハイデガー「ヘーゲルの『経験』概念」、一四四頁〕――しかし、表象〔Vorstellen〕の哲学は、意識《ベヴストザイン》が自己の転換を成就するのに応じて、自己を超出しようとする。

（2）〔ὄν ἢ ὄν――「他の側面に〔nach der anderer Seite〕」（Tel, p. 144.〔M・ハイデガー「ヘーゲルの『経験』概念」、一三一頁〕）〕

（3）〔Tel, p. 212.〔M・ハイデガー「ヘーゲルの『経験』概念」、一五四頁〕〕

（4）〔Tel, p. 171.〔M・ハイデガー「ヘーゲルの『経験』概念」、一〇八頁〕〕

しかし、この裂け目は意識の実現である。「現出する知の叙述は、自然的意識の道程ではない。しかしまたそれは、自然的意識から一歩一歩遠ざかって、やがてその経路のどこかで絶対知への入口に通ずるような道でもない。それにもかかわらず叙述はある道である。そしてそれは、自然的意識と学問とのあいだを領している「中間」の中を絶え間なく往来するのである」（ハイデガー、p. 132）[訳注6][1]。「そもそもここにいたってなお道ということができるとするならば、それは絶対者がこの道であるかぎりにおいて。それ自身が行く道のことでしかありえない」（ハイデガー、p. 151）[2]。絶対者にとってこの自己‐提示を含んでいることが本質的である。なぜなら、この自己‐現前こそ、生きた真理、経験であり、絶対者‐主体の生命をなすからである。「対象の表象は、対象を対象として――思惟はしないが――表象している」（ハイデガー、p. 163）[3]。自然的意識は前存在論的であり、対象〔Gegenstand〕の彼方を思念している（しかしヘーゲルにとっては、区別〔Unterscheidung〕を区別するもの〔Unterscheidende〕（ハイデガー、p. 166〔一六一頁〕）は、「主体」の側にしか見あたらない）。経験《エアファールング》は存在の言葉〔das Wort des Seins〕［である］（ハイデガー、p. 166〔一六一頁〕）。存在者の存在の名〔Name des Seins des Seienden〕〔同所〕［である］。新しい対象は、「存在者の真なる存在の真理、現出するもの《エアシャイネンデ》の現出《エアシャイネン》」（ハイデガー、p. 170〔一六八頁〕）であり、経験そのものである。ここでヘーゲルは、主観‐客観の超越に近づく〈《第三項》〉、すなわち〈同じものに対して〔für dasselbe〕〉ということである。即自《アンジッヒ》も〈私たちにとって〔für uns〕〉も、この第三項に対してあり、したがってそれを越えている）。したがって、経験は、「絶対者のあり方〔Dasein des Absoluten〕」（ハイデガー、p. 171〔一六九頁〕）である。「経験は存在者の存在である〔Die Erfahrung ist das Sein des Seienden〕」（ハイデガー、p. 175〔一七四頁〕）。精神の王国における現象学〔Phänomenologie〕［?］。現象学と学は同じものである（よく似たもの〔Gleiche〕にとらえられた）（ハイデガー、p. 179〔一七九頁〕）。意識の経験の学〔Wissenschaft der Erfahrung des Bewußtseins〕[4]。属格は目的語であるのと同じように主語でもあり、この逆転が存在者〔Seinende〕と存在〔Sein〕の二重の関係を示すのであり、この二重の関係が存在を「開示する」のだ（ハイデガー、p. 182〔一八三頁〕)。弁証法－思弁的属格。「現象学はそれ自身、絶対者が即自かつ対自的に私たちのもとにあるありさまの存在なのである」(ハイデガー、p. 187〔一八九頁。ドイツ語による引用〕)。「絶対者が即自かつ対自的に私たちのもとにあり」、孤独で死んだもの〔leblos〕にならないために私たちを必要とするような「この存在の仕方」。「存在者の存在へは、人間にとっていかなる手引きもない。なぜなら人間の本質は存在の守護においてこの守護そのものであるから」(ハイデガー、p. 189)[5]。自然的意識は絶対者へと導き入れられたのではなく、そこにあるのだ。自然的意識は、「私たちの存在そのものでもあるところの経験において、私たちが自ら存在する」という構成的な転倒性〔Verkehrtheit〕(ハイデガー、p. 190)[6]を認めさえすればよいのである……。

(1)〔Tel, p. 177.〔M・ハイデガー「ヘーゲルの『経験』概念」、一一四－一一五頁。ドイツ語による引用〕〕
(2)〔Tel, p. 201.〔M・ハイデガー「ヘーゲルの『経験』概念」、一四一頁。ドイツ語による引用〕〕
(3)〔Tel, p. 216.〔M・ハイデガー「ヘーゲルの『経験』概念」、一五七頁。ドイツ語による引用〕〕
(4)〔欄外に〕『精神現象学』の予定された標題、代わって『精神現象学』という標題になり、さらに(一八三二年)『現象学』。
(5)〔Tel, p. 248.〔M・ハイデガー「ヘーゲルの『経験』概念」、一九一頁。ドイツ語による引用〕〕
(6)〔Tel, p. 250.〔M・ハイデガー「ヘーゲルの『経験』概念」、一九三頁。鉤括弧内ドイツ語〕〕

これらすべてがこのテクストの中にある。真の哲学は非－哲学である。経験《エアファールング》の奥行に入り込むこと。しかしまた、絶対者は真だということでもある。絶対者のみが真であり、結びついたものは何も真ではない。いかなる外的なものについての意識も真ではない。いかなる形態《ゲシュタルト》も真ではない。

通常の意味における経験は、新しい対象と先行するものの忘却との外的な出会い〔であり〕、〔そこから〕懐疑論が生まれる。そしてそれは、第一の対象の内面化ではないが、この内面化が第二の対象になる。即自かつ対自的なものの「純粋把握」。たとえば、支配(とその袋小路)は消滅し、〔そこから〕奴隷、ストア主義、キリスト教の真理が生まれる。ここを経由して形而上学的体験に至るには、一つの転回、逆転が必要であり、その結果

「私にとって」あったものは客観性に、「即自」だったものは主観性になり、こうして意識は別の仕方で形態化〔gestaltet〕される(1)。

（1） たとえば、主人における承認の探求は、対象化され、したがって乗り越えられる。

ところで、経験においてとらえられた意識から見るとそうではない。生きられた「内容」と、その「形式的なもの〔Formelle〕」あるいは「純粋な生起〔reines Entstehen〕」あるいは生成とのあいだの分離。奴隷は、未来を作り出し、主人を越えていくことができない。

要するに、経験は必要［である］が、十分ではない。経験は理解されなければならない。それは「転回」あるいは「逆転」を必要とする。——自然的意識の地は、実際には光の前景〔Vordergrund des Lichtes〕（ハイデガー、p. 164〔一五九頁〕）である。この地を図に変えること、現出する〔erscheint〕もの、現出〔Erscheinen〕の自己現出〔Sichscheinen〕、現出するもの〔Erscheinende〕の現出〔Erscheinen〕を知ることは、哲学的視線がもたらすものであり、これが、結びつけられた意識にとっては即自的なものを、「私たち（哲学者たち）にとって」のものに変える。

しかしこのときジレンマが生じるように思われる。経験は、本当に受け入れられて安定せず懐疑的になるか、あるいは理解されて経験の真理へと変形されるが、その場合、乗り越えられることになるか、そのどちらかである。そして経験によって後者へと導くと称することは、最も完全な独断論である。なぜならそれは諸事物の運動に偽装された独断論だからである(1)。

（1） ［欄外に］人間には、自分たちがしているすべてのこと、自分たちの経験を意識することすらも許されていない。人間は歴史の重圧の下で押しつぶされる。

［紙片の下方で、線でそれ以前の部分と仕切られている以下の数行は、今後の展開を要約している。］

ヘーゲルの解決（円環——ヘーゲル的な「曖昧さ〔*l'equivoque*〕」）。

それはますます懐疑的－独断的になる。絶対知の空虚－和解。ヘーゲル的絶対者とは何か。

この解決策の不可能性。ヘーゲルにおける独断論への回帰（論理学－エンチュクロペディー）。特異な「意識」の規定の下での現象学は、〈存在〉の弁証法である形而上学あるいは論理学に席を譲る。後継者たちの場合、マルクスの批判は、以下の点を見ていなかったという点で的外れである。（一）ヘーゲルは逆転した世界の問題を見ていたし、ヘーゲルの経験の秘密は、独断論の反対である。（二）マルクス自身、対象の哲学によって、絶対的主体性の独断論にふたたび陥っている。

この失敗の理由。意識、主観－客観、それは表象の哲学であり、必然的に両義性すなわち懐疑－独断論に帰着し、したがって哲学－非哲学を欠くことになる。

解決は、むき出しの経験でもなければ、決断する他の源泉（創造以前の論理－神）への依拠でもないであろう。表象にとってのみ二者択一がある。私たちの手助け〔unsere Zutat〕、つまり哲学者がもたらすものは、まさにあらゆる手出しを差し控えることでなければならない。「もの言わぬ経験をそれ自身の意味の純粋な表現にもたらすことが問題である」。〈存在者〉の〈存在〉、現出するもの《エアシャイネンデ》の現出《エアシャイネン》、真理の誕生は別の存在者〔Seinende〕への移行ではない。たしかに意識という指標を帯びた現象学は、十分ではない。しかし、彼方にあるものは、だからといって主観性なしにあるわけではない。


第一六節のテクストを読むこと。

ヘーゲルの解決。

しかし哲学者は、外的な、経験を測るものをどこで手に入れるのだろうか。哲学者は別のものをもたらすわけではない。哲学者の手助けは、現出者《エアシャイネンデ》の現出《エアシャイネン》（ハイデガー、p. 174〔一七二頁〕）が自らを示すように、まさにあらゆる手助けを断念することである。哲学者が見ている事物のこの裏面からは、いかなる意識も切り出せないと私たちは述べた。意識「の背後に」あることは、芝居の本当の登場人物たちとは、そのあいだで芝居が演じられる諸形態《ゲシュタルテン》ではなく、唯一の〈自己〉の諸契機だということにすぎない。絶対知に変身するのは経験自身なのである。自己を廃棄する現象学、自己を内面化する叙述《ダールシュテルング》。たんに現象学が到達する点は一致によって決められるということから、絶対知は自らと残るすべてのものを理解させうるものとして、全体の中の局所的出来事ではなくつねに別の〈存在〉の仕方の中にあったものとして、さらには生成を説明するものとしてさえも、姿をあらわす。しかし包摂関係は相互的なままである。逆転〔Umkehrung〕は意識の本性の中にある。〈精神の〉真理の諸契機は、純粋な〔reine〕状態ではなく、いわば鏡の中にあるように、経験の中にある。すなわち、あたかも「それらがちょうど意識に対して（外的叙述《ダールシュテルング》を前にしたこの外部の意識の目に）あるように、あるいはこの意識が、意識とそれら諸契機との関係において登場するというように」〔一七六頁。ドイツ語による引用。ただし丸括弧内はメルロ＝ポンティ〕。現象学の中で現出するのは、現象学において弁証法的な運動が創り出す外部の意識の諸構造であるが、意識はそれがなぜかを正確には知らない。意識は、自分自身の逆転、交差配列、意識を貫いているこの自己発生的運動を把握していないのである。しかしこの運動（つまり意識）は、意識をその真の〈実存〉へと（すなわち、自己自身に明らかにされた自己の実存に向けて）押しやる、言いかえれば、ある〈地点〉まで、意識は自分が〈外部〉の意識ではないこと、自分が意識しているのが意識自身であること、叙述《ダールシュテルング》が自己の自己への現前化であること、現象《エアシャイヌング》が本質《ヴェーゼン》や物そのものと等しく、したがって〈精神〉の自己知の同じ地点と一致することを、知るようになる。その際意識は絶対知を「指し示して」いる。したがって、絶対者は、意識の前あるいは哲学者の前にある観照すべき対象ではない。絶対者がそうした対象であったときには、それはまだ精神‐現象にすぎなかった。そしてこの精神‐現象は、自らが即自かつ対自的な精神であることに気づく。経験の意味と経験の真理は、つまるところ完全な〈自己〉の同一性にほかならず、事物の秘密は〈存在〉が〈自己〉であるという秘密（あらゆる経験がもつ存在論的なものの中に保持している「形式的」すなわち構造的な秘密）にすぎないということから、それは哲学者によって人々に啓示されるわけではなく、人々の中にも潜在しており、哲学者から受け取るのは厳密で、むき出しの、直接的な、（そして通常は回顧的な）定式化にすぎないと言うことができる。したがって、哲学者以外の人々はすべて誤っているとも言えるし、また同様に人々は哲学者と同じ真理の中にいるとも言える。哲学的な意味付与〔Sinngebung〕は、経験の形式そのもの以外から源泉を汲むほかなく、この形式は、意識が自らを自分の探していたものとしてと同時に絶対的なものとして発見するために、自らのいわゆる志向性を捨てるときに出現する。

ヘーゲル的絶対者（経験にとらえられた意識の背後に哲学者が見るもの）は、このような本性の中で〈引き裂かれ、自分の〈概念〉や〈観念〉ではなく、私たちももっているような〈観念〉や〈概念〉をもち、対－象として外から見られるやいなや、私たちが目にするまさにそのもの、精神－現象の諸形態《ゲシュタルテン》である〈自己〉の純粋な核）であるから、それは経験のうちにとらえられた諸意識の背後にあるとは言えない。ヘーゲル的絶対者は、諸意識の中心、それらの諸関係の中にあり、そこにおいて絶対者の自己意識が可能であるような「境域《エレマン》」（イポリット）としての「普遍的神的人間」であって、この自己意識は「普遍的神的人間」についての外的意識ではない。

このヘーゲル的絶対者つまり充実した無は、他のものがなければ、死んだもの〔leblos〕、孤独なもの〔einsam〕となるだろう。したがって絶対者は切り離して考えられるべきではない。「ヘーゲル的思惟様式そのもの……この円環的思惟、あるいは自己目的性」（イポリット、p. 567）[1]。「真なるものとは、自分自身となる生成であり、自らの終わりを自らの目的としてまた端緒として前提にし、そうしてただ目的を実現して終わりに達することによってのみ現実的であるところの円環である」（『〔精神〕現象学』、イポリットの翻訳、I、p. 18）〔訳注7〕。絶対者を考えるということは、絶対者だけでなく他のものをも考えることであり、他のものから絶対者を考え直すこと、等々である。あるのは円環なのだ。

（1）〔Jean Hyppolite, *Genèse et structure de la Phénoménologie de l'Esprit de Hegel*, Aubier Montaigne, 1947.〔J・イポリット『ヘーゲル精神現象学の生成と構造』市倉宏祐訳、下巻、岩波書店、一九七三年、三七九頁〕〕

したがって次のことが同時に真である。（一）現象学はすべてを含むということ。（二）現象学においては意識が征服されつつあるがゆえに、すべてが外在性の指標を帯びているということ。それゆえ、現象学以外に、学《ヴィッセンシャフト》の体系、とりわけヘーゲルの形而上学である〈論理学〉が存在することになるということ。この〈論理学〉においては、不連続なものとしての経験が乗り越えられ、真理は即自かつ対自的に発展する。〈論理学〉は「〈自然〉と有限な精神の創造以前に、その永遠の本質においてあるものとしての神の叙述である」と言えるようになる（『論理学』、VI, p. 31〔訳注8〕、イポリット『ヘーゲル精神現象学の生成と構造』、p. 561, n. 1〔（下）四三二頁、註一二〕）。しかし、ヘーゲルは創造を認めない。したがって、このことは論理学が抽象的であり、方法論的抽象であることを表現する一つの仕方なのである。事実、論理学はまず客観的（〈存在〉〈本質〉）であり、次に主観的（〈概念〉）である。したがって、論理学は〈自己〉と〈存在〉の区別を包摂する。「自己の確実性は真理に内在する」（イポリット、p. 566〔（下）三七七頁〕）。〈自己〉と〈存在〉が同一であることを示した現象学は、論理学によって暗示されていた(1)。ちょうど逆に、現象学は経験の発生を視野に入れるために、絶対者－主体を暗示する。一八〇七年には、ヘーゲルは現象学を学《ヴィッセンシャフト》に通じさせながら、両者の関係を円環的であると見なしている。一八〇二年には、次のように述べていた。「即自かつ対自的な哲学の世界は、逆転された世界である」。「自然的意識は直接に学を信頼する。それこそ意識にとっては逆立ちして歩く新たな試みであり、意識は自己を駆り立てるものが何であるか知らずにそうする」（『〔精神〕現象学』序文、p. 24〔二五頁〕）。また逆に、学にとっては存在的意識は自分自身の裏側である。「現象学」は一方を他方に変えるために作られる。したがって現象学は、逆立ちした歩みであるような論理学の外的調整へのたんなる指示ではない（マルクスと同様に、一八〇七年のヘーゲルは「逆立ちして歩くこと」を望んではいない。彼は頭もまた〈対象〉であるということをマルクスよりよく見ている。この循環性の解決は、一義性の欠如ではないような意識的両義性の多義性（vieldeutig）であると言うことができる）。

（1）〔欄外に〕カテゴリーの運動は、〈自己〉を理解すると見なされているが、暗に概念を前提にしている。

『〔精神〕現象学』。「人間は自己の死を殺し、絶対者によって根こぎにされる。引き離された絶対者は死ぬ――神は死せり。この言葉は神は存在しないということだけは別として、他のすべてを意味している」（ハイデガー、p. 186〔一八八頁。最後の文はドイツ語からの引用〕）。

ヘーゲルの解決は、安定しているか。あるいはそこに良き両義性はあるか。両義性はつねに曖昧さに行きつくのではないか。ヘーゲルにおいてはそうではなかった。初版の中に無題で書かれた断章は、その後〈序文〉と呼ばれる。それはもはやヘーゲル自身が、絶対者の現前である〈精神〉の現象学に〈序文〉がない、とは見ていないということである。一八一七年の『エンチュクロペディー』の時期には、現象学はふたたび学科、学の一部となる。現象学はもはや「ある観点からみた体系全体」（イポリット）とはならないだろう。一八〇七年には相互内属〔Ineinander〕の関係、中心を同じくする状況、相互包摂があるが、それはやがて「肯定的に合理的なもの」――あるいは思弁的なものの包摂的思惟に席を譲る。

それは、「同一性と非同一性の同一性」が、ついに差異を下位におくということである。現象学が経験であることをやめて意味に、述べられたこと（老境）になるやいなや、言いかえれば包括者、垂直的で現前する世界に囲まれて自らを再考し、自らを考えることをやめて、全体化し、すべてを理解し、すべてを乗り越えたと見なすやいなや、このことは避け難い。

危険。懐疑論、独断論への回帰――というよりは両者への回帰。

存在するすべてのもの、存立するもの〔das Bestehende〕（なぜなら存在するものは、存在する可能性があるすべてのものであるから）、ブルジョワ国家、既成宗教、絶対者の表現としての思想、それらが明白にしかし他の未来と［競合して？］いるものの中に、それらと同じ資格で自己を表現していると見なされた絶対者。ヘーゲル的調停。最悪の愚行の数々は、それが存在するがゆえに、歴史の壁として扱われる。絶対者は空虚になり、無差異になり、純粋な保存になる。なぜなら絶対者と経験や垂直的世界との結びつきが緩んだからである。それは、その名で抑圧が行われる、名目上の絶対者の懐疑論－独断論である。一八〇七年には否定的なものが働いていたが、いまや絶対者はほとんど懐疑論者の空虚な無〔Nichts〕であり、世界はほとんど存立する〔besteht〕すべてのものの肯定性である。

それは避け難い、と私は述べた。それは経験から、述べられたことへの移行である。しかしこのことは、哲学が自己を定式化することによって、ある意味で自らを否定する（後にキルケゴールがパリサイ的態度と呼ぶだろう）ということを意味する。少なくとも、観照された意味に変わることによって。存立するもの〔das Bestehende〕——空虚な絶対者の解離、現象の諸秩序の分離は、意識、表象、主体〔Subjekt〕の哲学にとどまってきた哲学においては避け難いことだった。ヘーゲルは、意識と対象の逆説的関係と変身を示すことによって、これらの観念をみごとに深化させ、柔軟なものにした。しかし彼は、〈自己〉への関係と外部への関係を保持することによって、二重包摂が曖昧になることや、諸現象の秩序がこれまで塞いでこなければならなかった裂け目がふたたび現れることを避けられなかった。おそらくそこに、彼が望み通りに、哲学と非－哲学とをうまく結びつけることができなかった理由があるのだろう。

マルクスはこれよりうまく成功するだろうか。このヘーゲルの評価と、この見通しの立て方が認められるとすれば、答えはおそらく否であろう。なぜならマルクスはキルケゴールと同様に、既成国家や既成宗教に対して経験や現在を要求し、未来に向かう垂直的世界を再開するのであるが、ヘーゲルにおいて本当に試みを壊滅させた原因を問い直していないからである。マルクスが問題にするのは、必ずしも崩壊の責任があることではない。そしてこの誤解のせいで、彼は、ヘーゲルのいくつかの欠点を引き継ぎ、ときには悪しきヘーゲルを回復させるのである。

〔一九六一年〕三月一三日

経験か包括的思惟かという二者択一は、原理上存在しない。経験は自らを照らす明りを他所から受け取るわけではない。経験自身が、自らを真にする逆転を要求するのである。逆にまた、絶対知は何を知っているのか。意識の全形態〔Gestalten des Bewußtsein〕が自己意識《ゼルプストベヴストザイン》だということか。しかし、絶対知はそのことを経験と道程によってしか知らない。真理とは生成したものであり、「目的」と「手段」は相互依存している。目的とは、さまざまな経験の積分である。「自己意識《ゼルプストベヴストザイン》がある」という言表は、この運動の全体化として、同様に現出すべき全体化としてでなければ、意味をもたない。――したがって、真理は、たんに自己意識《ゼルプストベヴストザイン》があるということ[1]だけでなく、自己以外の他のものの中に現出し、そこで自己をあらわにすることによってのみ存在するような自己意識《ゼルプストベヴストザイン》があるということである。経験を外的制御に（私たちにとっての自己意識〔Selbstbewußtsein für uns〕、神と同一化するような哲学者にとっての自己意識による意味付与〔Sinngebung〕に、あるいは同じことになるが、経験の背後の即自的過程、すなわち即自態《アンジッヒ》に）従わせるとすれば、逆立ちして歩くことになるだろう。定義上、〈即自かつ対自〉であるヘーゲル的絶対者は、〈即自〉と〈対自〉が意識《ベヴストザイン》のレベルで現れるようには（言いかえれば相関的かつ相互破壊的に）、〈即自〉の側にも〈対自〉の側にもない。もしほんとうに絶対知が〈即自／対自〉であって、〈対自〉による〈即自〉の追求、一方から他方への運動ではないとすれば、絶対知は経験という環境においてのみ〈即自／対自〉である。絶対知は経験の骨組であり、経験は、意識《ベヴストザイン》がけっして到達しえない両者の親密さの形象であり、現れである。私たちは自己理解する経験の運動において、絶対者に触れるのであるが、絶対者は、経験の背後や下にある何かではなく、経験の中に透かし模様になっており、透かし模様としてしか存在しない。後の著作には同じ役割ではもはや二度と現れない『精神現象学』の否定性、機能する否定性、機能するときにのみ否定性であるこの否定性は、哲学の内在－超越という二者択一を廃棄する。哲学とは、機能するときすなわちそれが働きかける〈存在〉との接触においてのみ否定的であるような、否定的なものの承認である。

（1）［欄外に］ヘーゲル的絶対者は、切り離された絶対者の死滅、神の死である。とはいっても、神が存在しないこと〔es gibt keinen Gott〕、あらゆる物神化の終結を意味するものではない。

厳密な解決。しかしそれを解決、言いかえれば肯定的返答による問いかけの終わりと言うべきか。

意識の両義性〔Zweideutigkeit〕は、意識の転倒する性質〔Verkehrheit〕を暴露し、逆転〔Umkehrung〕を実現する経験によっては取り除かれない。なぜなら外部は取り除くことができないからであり、私がなったところの絶対知は、あいかわらず「意識の形態」であり、それ自体は吸収されず、したがって私は意識《ベヴストザイン》であることをけっしてやめないからである。このかぎりで「決定的な立て直し」はない。

両義性は一義性の欠如ではない。それは「良い」。両義性〔Zweideutigkeit〕がそれ自体で現前しているなら、すなわち絶対者が真理の光として現前しているなら、不都合はない。この光は、経験の厚みの中に現れ、相対化された主観－客観を含みこむ。しかし、ひとは意識《ベヴストザイン》の言葉で定式化するとき、曖昧になる。

実際、ひとは知の経験、経験の知をもつ。これは両義性の両面であり、いずれも抽象である。そして絶対者は中間であり、一方から他方への変形である。しかしこれは経験との接触、「垂直的」世界（絶対者はこの世界の「奥行き」である）との接触においてのみ維持されうる。この生きた両義性〔Zweideutigkeit〕を定式化することそのものが、両義性を消滅させることになる。定式化することは、述べられたこと、肯定的なものに変形し、一八〇七年の意味での否定的なものを消滅させる――同一性の真理を復活させる。一八〇七年のヘーゲル哲学は（キルケゴールのキリスト教のように[1]）、言表を排除する。ひとたび言表されると、定式化することは同一性に帰着し、思弁は弁証法と切り離される。言いかえれば、絶対者は、絶対的否定あるいは絶対的肯定として（『エンチュクロペディー』の「肯定的に合理的な」）、いずれにせよ切り離して考えうるものとして、考え［られる］。そこから懐疑論（空虚な無〔Nichts〕）、および独断論（存立するもの〔Bestehende〕は完全に肯定的である）が生じる。無関心と保守主義の混合。ブルジョワ国家と既成宗教は絶対者の唯一の表現だと考えられ、経験は局限される。ヘーゲル的「調停」は次のとおりである。絶対者と歴史のあいだの生きた交流はもはやないのである。

（1）〔欄外に〕マルクスの「私はマルクス主義者ではない」〔という言葉〕を参照。唯一の絶対者であり、唯一の自己意識《ゼルプストベヴストザイン》であるような絶対知の自己批判が必要である。意識《ベヴストザイン》という意味での絶対者についての（外的な）知は、定義上、欺瞞的である。マルクスの実践はキルケゴールの決断に似た何かである。

結論。（一）もし意識がその権利を保持し、抽象的な肯定主義か否定主義、現象の秩序の分離に転落する（『〔精神〕現象学』がふたたび学の一部となり、私たちのテクストが「序文」となる）のであれば、それはもはや「ある観点から見た体系全体」（イポリット）ではない。（二）さもなければ、おそらく定式化されない哲学、いずれにせよ意識の観念なしですませる哲学であるかのいずれかである。

他の人々はヘーゲルよりもうまく哲学と経験の結びつきを維持できただろうか。

マルクスはどうか。たしかに彼はそうしたいという意図をもっていた（一八四三－一八四四年の早い時期のテクスト）。彼は法哲学を動員する。しかし彼は最終的にそうしただろうか。彼がヘーゲルにおいて批判するのは、理論的態度、徹底枚挙法としての哲学、現象学への復帰、観想《テオーリア》に対する実践《プラクシス》、あらゆる思考の肯定性を、あらゆる活動の世俗的性格を、あらゆる活動の外在性をもたず、またしたがって一八〇七年の否定性にあくまで忠実な、思考－活動の探求である。(1) これはよい。しかしまた〈自然〉（袋小路）へも——そこでヘーゲルの弁証法の「逆転」に立ち帰る。対象への回帰。ところで、そこに到達するためには、ヘーゲルの〈概念〉、ヘーゲルの〈論理学〉を使わなければならない。マルクスがヘーゲルを逆転すると信じるとき、彼はヘーゲル的思考様式（これは、あらゆる存立するもの〈Bestehende〉の自己破壊が書かれている『資本論』の分析に適用された）をふたたび取り入れている。観念論に対する論争、これにともなって対抗－観念論とヘーゲル論理学への回帰。

(1)［欄外に］歴史、しかし対象としての。

一九六一年三月二〇日

マルクス

『ヘーゲル法哲学批判序説』（一八四三年八月に書かれ、『独仏年報』に掲載された[訳注9]）のテクスト、プラス『経済学・哲学草稿』[訳注10]のテクスト。

テクストを訳す前に。なぜ私たちはこのテクストを研究するのか。私たちは、このテクストに対してどのような問いを立てるのか。哲学〔Philosophie〕－非哲学〔Unphilosophie〕という私たちのコンテクストで。またどのようにして、どのような言葉で、このヘーゲルの問題がマルクスにも課せられるのか。

ヘーゲル的マルクス、「青年ヘーゲル学派」、ヘーゲル哲学の改革運動に、とりわけフォイエルバッハにつながる（一八三九年のフォイエルバッハの論文「ヘーゲル哲学の批判への貢献」）。改革というのは、どういう意味においてか。いずれわかるだろう。

次に〔マルクスは〕、『聖家族』（一八四四年）の六ヶ月後にフォイエルバッハから離れることになる（「フォイエルバッハに関するテーゼ」（一八四五年））――おそらくすべての哲学から〔離れることになる〕。マルクスは、『経済学批判序説』（一八五九年）の序文の中で、『ドイツ・イデオロギー』とともに「伝統的な哲学的意識を清算」したかったと述べている[訳注11]。

しかし、後に彼が『資本論』第二版（一八七五年）の後書きを書くときには、論敵に対抗して、ふたたびヘーゲルに賛辞を送っている。『資本論』の第一分冊をヘーゲルのスタイルで書き直すような媚びさえ見せている。

マルクスは、どのようにヘーゲルの『論理学』が、欺瞞的なかたちではあるが、真の報告をしているか、いつか説明しなければならないと書いている。

通常の解釈では、〔次の三つの時期が区別される〕。前マルクス期と「哲学」（フォイエルバッハ）期。疎外としての哲学との断絶（哲学にまで拡張された他の疎外への批判）〔の時期〕。『資本論』における科学的分析に基盤を置いた、科学および「科学的」社会主義への移行。

難点。（一）最初期から、フォイエルバッハの見解と非常に異なる見解が、フォイエルバッハの思想と混ざり合っている。たとえば、私たちのテクストでは、破壊は哲学の実現でなければならず、また哲学の実現は（哲学の真理と嘘の）破壊でなければならず、たんなる思弁哲学への回帰であってはならない。

（二）社会主義が「科学的」であるなら、どのように、またなぜヘーゲルの『論理学』の弁証法が有効なのか。またそれは、どのように、なぜ経験的、事実的真理になるのか（エンゲルス）。それによって、概念把握〔Begreifen〕の基盤がまったくなくなってしまうか、あるいは逆に、ヘーゲル論理学の取り上げ直しとして、絶対的客観主義に位置することになる。

マルクスは、自分自身で『論理学』を書かなかった。マルクス主義者は、『資本論』がそれだと言う。しかし『資本論』は、本質から仮象に向かい、本質から出発して経験を再構築しており、ヘーゲル的論理を前提にしている。

要するに、それは徹頭徹尾ヘーゲル的なのである。

しかし、最初はむしろ『精神現象学』の方向においてである。一八四三－一八四四年には、ヒューマニズム的、フォイエルバッハ的なテーマだった。最後はむしろ『論理学』の方向にある（『資本論』は、『精神現象学』とは逆の、本質から仮象へという順序に従っている）。

それは、哲学から科学への移行ではない。それは「直接的」哲学（人間、自然、フォイエルバッハ）から、別の哲学の概念への移行である（資本主義の経験を介して到達した人間、自然。この経験が理解され、概念へと導かれることによって、プロレタリア階級が明らかになる。プロレタリア階級とは、そこにおいて資本の理解が実現される歴史的形成《フォルマシオン》である。したがって、ここでは資本の機能を考える人間と、この歴史的形成とが同一視されている。〈絶対知〉との対応点を明らかにするこの歴史的形成は、現出する知《エアシャイネンデヴィッセン》である。『資本論』は、ヘーゲルの論理学が『〈精神〉現象学』にたどりついたように、プロレタリアの直観にたどりつく）。

マルクスは、これについて語っていない。事実との関係をはっきりさせないまま、ヘーゲルの論理を使うだけにとどめている。マルクスがヘーゲルに問うたように、私たちはマルクスに問いたい。「事象の論理〔Logik der Sache〕」なのか「論理の事象〔Sache der Logik〕」〔『ヘーゲル法哲学批判序説』、二四八頁〕なのか。もしそれが事象の論理〔Logik der Sache〕であれば、なぜ内容の論理があるのか。

さらに彼は、最後までフォイエルバッハ的なヘーゲル批判を取り上げ直している（思弁哲学を転覆すること、観念論の代わりに唯物論を代置すること）。この批判は弁証法的ではない。

ルカーチ。「回帰」は、たんに記号を逆にすることではありえない。

観念論に対置される唯物論というのは、本質と観念に介在する『資本論』を非常に不完全に表している。さらに、弁証法哲学にとって、乗り越えられたのは事物‐観念の対立そのものである。ヘーゲルは、この固有運動〔Eigenbewegung〕を〈歴史〉から取り上げて、〈絶対者〉や〈自己意識〉に与えたわけではまったくない（彼は、哲学は歴史と情熱の後にやって来て瞑想するとはっきり述べている）。

これらすべての結果、〈絶対者〉の問題と哲学の問題に到達する。

もし、（前述のように）哲学が理解された経験であり、概念に導かれた経験であるなら、またもし絶対者が、意識がしかじかの外形のうちにとらえるのは自己自身であるということの自己‐提示であり、統覚であるならば、あるいは、少なくとも、もし絶対者が、この意識の運動を支え、可能にする真理の運動であるならば（ヘーゲル）、マルクスが、フォイエルバッハとともに直接的哲学に回帰しようとしたとき（一八四四年、自然、人間）、彼は自分自身の道を誤って、感性的確実性を抽象的なものと特徴づけたヘーゲルの手前に戻ってしまったのである。また、彼が「哲学」を捨てたと信じたとき（『資本論』とともに）、ヘーゲルを弁護しながら感じていたように、実際には哲学を再発見していたのである。

彼が「神々の争い」として観念論に論争を挑み、神と哲学者の個人的結合に反対するとき、それは一種の実証主義と解されてはならないだろう。実証主義にしたがえば、「観念論の冗談」は意味を失うが、この「欺瞞的形式をした」哲学の真理としてである。すなわち、哲学から非哲学〔Unphilosophie〕への移行としてではなく、非哲学を実現する哲学の否定としてである。たしかに、もはや必要なのは「世界が哲学になる」ことではなく、「哲学が世界になる」ことなのである。

マルクスの実践《プラクシス》は、〔ヘーゲルの〕自己意識《ゼルプストベヴストザイン》の後継者である。そこにはマルクスの「聖域」がある。それは全体性であり、疎外の疎外、あるいは革命するという行為である。この行為は、私だけのものではけっしてなく、そこから超越者の諸問題が回帰してくるのである。

したがって、残された問題は、マルクスの『資本論』の哲学であろう。マルクスが哲学について語りえたことを越えて、また資本主義とマルクス主義に関するマルクス以後の人類の経験によって暴露されたことを考慮に入れて。

私たちのテクスト。

一八四四年のテクストは、非常にフォイエルバッハ的である。この二つのテクストが描いている自然の観念や歴史の観念が、どの程度まで前マルクス的、前ヘーゲル的であるかを問うてみなければならない。

『〔ヘーゲル法哲学批判〕序説』（一八四三年）のテクストは、その早熟さと永続的な価値によって特筆すべきものである。内容は、

――人間への言及。直接的な受容ではなく、「人間界〔Welt des Menschens〕」としての。

――思弁哲学を、両義的なもの、つまりまさに抽象であるかぎりで、真かつ偽、偽かつ真と見る見方。フォイエルバッハが述べたように、たんに抽象であるかぎりで偽なのではない。

――否定された、しかし実現された思弁としての、思弁からの実践《プラクシス》の派生。

――ある種の場合に、生の萌芽としての、〈革命〉の出発点としての、プロレタリアートを中心とする〈革命〉の先導者としての、哲学の肯定的評価。

ここに欠けているのは、具体的・経済的分析の観念である。プロレタリアートが哲学的な神になっている。しかし、このテクストは、おそらくマルクス哲学の最良のドキュメントであろう。『資本論』の哲学を得るためには、この実践やプロレタリアートについての直観を、〈資本〉や〈資本〉の概念的な把握〔Begreifen〕の客観的構造に結びつけるだけで十分だろう。

一九六一年四月一〇日

『ヘーゲル法哲学批判序説』。

したがって、問いは、次のようになる。

ヘーゲルは、(「現象」のレベルでの)哲学と非－哲学の同一視、〈絶対者〉と〈絶対者〉の現象《エアシャイヌング》の同一視を考察した。そして、意識の弁証法を、真理の運動の下位に置いた。

マルクスはこれと似た道を歩んだのではないか。この意味で、一貫してヘーゲル主義者だった。とくに、若きマルクスから『資本論』への移行は、哲学から科学への移行というよりも、『精神現象学』から『論理学』への移行であろう。

当初、フォイエルバッハに称賛が与えられていることが、事態を混乱させる。『経哲草稿』の中のフォイエルバッハ的テーマ。すなわち、自然の観念が大きな役割を果たしているが、これはヘーゲル的ではない。マルクスは、感性的人間および非哲学〔Unphilosophie〕の名で、ヘーゲルに対して論争を挑む。しかし、最初からマルクスは根底的にヘーゲル主義者だった。後に彼が離れたのはヘーゲルではなく、直接的哲学だった。

したがって、ヘーゲルと同じようにマルクスにおいても、概念の哲学が経験《エアファールング》の哲学を支配していたがゆえに、最初望んだ哲学と非－哲学の結合に失敗したことを示すこと（『資本論』）。

まずマルクスにおいて、〔次の二つの点を〕示すこと。ヘーゲルの影響があること（「ここに－ある〔ici - il y a〕」を描く直接的哲学の試みの数々と同時に）。〈絶対知〉を受け継ぐ実践の観念が練り上げられていること。つまり、真の社会、真の人間を示すことは、ある形式の実存（プロレタリアート）と結びつくことである。

『批判序説』[1]。

（1）［以後、MEGA版を参照する。Karl Marx, Friedrich Engels, *Marx Engels Gesamtausgabe*, tome I, vol.1, Frankfurt, 1927.〔K・マルクス「一八四四年の経済学・哲学手稿」、『マルクス＝エンゲルス全集40』出隆訳、大月書店、一九五九年、四一五－四二八頁。以下四二九頁までの本文中の丸括弧内の書名が示されていない頁表記は、同書のドイツ語原書とその邦訳の頁を示す。〕］

問題は、ヘーゲルを「批判する」ことである。すなわち思弁哲学を変革すること（フォイエルバッハ――ヘーゲル主義者たち）。しかし、どのような意味においてか。

I　問　題

（一）ヘーゲル哲学の歴史的状況。ヘーゲル哲学は、両価的であり、真かつ偽である（p. 612, l. 38–p. 613, l. 5（四一九－四二〇頁））。

（二）したがって、哲学を否定しようとすることは正しい。しかし、哲学を否定することができるのは、哲学を超越し、乗り越える（aufheben）ことによってだけである（p. 613, l. 21–p. 613, l. 40〔四二〇－四二一頁〕）。

（三）また、哲学を実現しようとすることは正しい。しかし、哲学を実現することができるのは、哲学を超越し、乗り越える（aufheben）ことによってだけである（*ibid.*〔同所〕）。

（四）法哲学の批判は、法哲学としては両価的である。それは同意すると同時に反対する。近代国家の批判的分析としては同意し、この国家が幻想であるという意味では反対する。ドイツは近代国家を越えると同時にその手前にあった（p. 613, 40–614, 22〔四二一頁〕）。

（五）問題は、実践《プラクシス》を見出すことである（というのも、ドイツが遅れているということを理論化することはできないのだから）。実践は、法哲学の深さを表し、したがって民衆の未来を表す。近代国家を乗り越えると同時に、ドイツが遅れている近代国家のとげを乗り越えること。

この実践は、法哲学の実現であると同時にその乗り越えでもある。この二つは結びついている。

〈発展の不均衡。〈革命〉の観念。この革命的観念の出現に注意するために、付録にあるマルクスのヘーゲル主義者に関するテーゼのテクストと比較すること〉。

（一）ドイツの歴史的状況の哲学

法哲学。ドイツ人の夢物語＝歴史〔Traumgeschichte〕。ドイツにおける哲学は、未開人《プリミティフ》における神話が生きた前史〔Vorgeschichte〕であるのと同じように、生きた自然史〔Naturgeschichte〕である。

法哲学は、近代国家の〈諸原理〉（「公式の」）と同時代のものである。

それは、遅れたドイツの歴史的現実に結びついている。法哲学は、歴史的現実の「抽象的続編」なのである。

このような両義的状況（実際には遅れており、思想的には大胆）のせいで、歴史的現実の直接的否定の中にも、すでに乗り越えられた哲学の直接的実現の中にも、将来はないことになる。

（二）したがって、哲学を否定しようとすることは正しい。しかしこの否定は、哲学を無視することではありえない。哲学はドイツの現実の一部をなしている。哲学は、ドイツにおける唯一の生の萌芽でさえある。哲学は、それを実現しなければ乗り越えられない。実践が哲学を実現するのでなければならないのである。

（三）逆に、哲学を実現しようとすることは正しい（ヘーゲル主義者、観念によってものごとを測る「批判」の信奉者）。しかし、哲学はこのドイツ世界に属しており、その理想的な補完〔Ergänzung〕であることを忘れている。哲学を実現できるのは、それを哲学として〔als Philosophie〕否定することによってであろう。

（四）マルクスの企図はヘーゲル批判であった。この批判は、以下の両者〔beide〕である。つまり破壊であると同時に実現である。近代国家とその下部構造を意識すること、そしてこの意識が自己満足しているから、「理論」つまり自分自身に満足しているがゆえに、この意識を否定すること。

近代国家の一覧表、その「真理」は、ドイツにおいて可能である。なぜなら、ドイツは遅れているからである（ドイツの旧体制《アンシャン・レジーム》は、根拠のないまがいものであるということ、ドイツの実業家の権力は、発展の結果ではなく、その前提条件であること）。

この「真理」は、同時に幻想でもある。彼が描く近代国家は、幻想である。

法哲学は曖昧である。その批判も同じである。

言表され、定式化され、概念化された真理としての真理は、それ自体、虚偽に結びついているという考え方。〔なぜなら〕この考えは必然的に、その同じ場所に実在するものの反映ではなく、幻想〔だから〕である。イギリスとフランスに関しては、幻想そのものである。哲学は、（一）全歴史の一部分であると同時に、（二）内容、仮面、「抽象的な継続」、そして幻想としての真理である。『序説』の冒頭の宗教を参照のこと。

（五）この両義的なものに対してどうすればよいか。これに対する批判もまた両義的なものであり、断絶を意味することになるだろう。変えることが必要であり、実践（眠りとしての哲学に対する）が必要である。しかし、それは諸原理の高さにあるような実践である（それは、哲学よりも真ではないわけでなく、より真である）〔訳注12〕。それは、未来を示しており、したがって近代国家の幻想を越えている。

Ⅱ　解　決

（一）実存の形成〔Gestaltung〕としてのプロレタリアートは、真理の現前化である（p. 619, l. 37–p. 620, l. 10〔四二七頁〕）。これは、一八四四年に始まる経済的・政治的分析期以前のことである。

（二）このことを認識している思想は、法哲学の実現であり、たんに廃棄しているわけではない（p. 620, l. 41–p. 621, l. 10〔四二八頁〕）。これは、経験《エアファールング》という意味においてヘーゲル的である。

次回は次の点を明らかにしよう。以上にもかかわらず、マルクスはどのような点でヘーゲルを非難するのか。マルクスは思弁哲学の代わりにどのような哲学を置くのか。

一九六一年四月一七日

私たちは、次のような問題を見てきた。すなわち、哲学と歴史的現実（非哲学）のあいだの優れて弁証法的な関係である。それは、たんなる並行関係ではなく、反映あるいは欺瞞もない。

ヘーゲルの哲学は、（一）遅れたドイツの反映ではない。それは、このドイツのたんなる虚偽や仮面ではない。それは近代国家の理論である。生命の萌芽はドイツにおいては、頭の中にある。（二）またそれは、たんなる近代国家の反映ではない。近代国家はどこもヘーゲルの述べたようにはなっていない。またそれは虚偽でもない。この哲学は精神なき時代の精神であった。

哲学は、宗教と同様、夢物語＝歴史〔Traumgeschichte〕、想像的歴史である。しかし、未開人における前歴史

〔Vorgeschichte〕の神話と同様、夢は歴史的機能をもっている。夢は、後歴史〔Nachgeschichte〕なのである。夢と現実は弁証法的関係にある。夢は人間の現実の一部をなしている。哲学としての哲学もまたそうである。

この曖昧さから抜け出すためにはどうすればいいか。

もし、たんに近代国家の哲学を実現したいと思うのであれば、遅れたドイツを維持することになってしまう。というのも、この哲学はこの遅れに対する理想的な補完〔Ergänzung〕になってしまうからであり、哲学者のラディカルさは、言葉の上だけのものになってしまうからである。〔哲学を〕直接実現することは、哲学を無効にすることであり、またすべてを元の状態のままにしておくことでもある。では、私たちは哲学に背中を向けることになるのか。純粋な行為（実践的な党〔praktische Partei〕）に飛び込むことになるのか。しかしそうすることはまた、望んでいることと逆のことをすることになる。またそれは、哲学もまたドイツの現実の一部、生きた一部であることを忘れることになる。それは原理なき活動である。

この破壊する実現の代わりに、この維持する破壊の代わりに、実現－乗り越えが必要なのである。自分自身が望むことの逆をしてしまう弁証法の代わりに、両者〔beide〕（プラトン「二者」参照）を手に入れる弁証法が必要なのである。ペギー『クリオ』〔訳注13〕参照。あらゆる公的生活の失敗としての「スキャンダル」は「神秘」、すなわち恩恵をもたらす逆説、「正当化されたスキャンダル」になる。

それはまさにマルクスが自らに課した問題である。これは、彼が（一八三九年から一八四一年のあいだに書かれた）博士論文の補説でヘーゲル主義者について書いていることによって証明できる（*Gesamtausgabe* I, 1, 63 sq.〔二五四頁以下〕）。

当時からすでにマルクスは、ヘーゲルの改良主義者たちの態度に反対していた。つまり（一）ヘーゲル哲学を墨守しようとするヘーゲル主義者。（二）ヘーゲル哲学を実現しようとするヘーゲル主義者に対して。後者によれば、ヘーゲルの唯一の過ちは、順応することだったということになる。そして、それを実現するためには、適用するだけで十分だということになる。それは「非哲学的な〔unphilosophisch〕」仕方のヘーゲル批判である。問題は「道徳的な」誤りではない。誤りは、切り離された哲学、言表あるいは理解〔Begreifen〕としての哲学という、哲学の原理そのものの中にあるはずである。彼らにとってのヘーゲルは、生成する学〔werdende Wissenschaft〕であり、これこそが極限まで、最後の血の一滴まで吸い込む〔bis an deren äußerste Peripherie sein eigenstes geistiges Herzblut hinpulsierte〕（p. 63〔二五五頁〕）のである。哲学的に、ヘーゲルつまり（弁証法）を批判しなければならない。（一）より深く、より忠実に批判しなければならない。（二）ヘーゲルに忠実に、哲学者として批判しなければならない。ヘーゲルを完成することができるのは、ヘーゲルを批判する（親殺し）ことによってである。ヘーゲル主義者たちは、避け難く、失敗した解放という誤り［を犯す］――従属であるような解放。理論的精神は、実践的エネルギー〔praktische Energie〕、意志〔Wille〕になる。しかし、この実践自身は完全に理論がしみついている。哲学の実践はそれ自身理論的である。どのような点でか。哲学を「〈批判〉」に置きかえようとする点においてである。批判は個々の実存を本質によって測り、特殊な現実を理念によって測る(1)。ところで、この直接的に実現しようとする意志は、悪しき理論的精神だというのは本当である。それは、さまざまな概念を参照しているがゆえに理論的精神であるが、そこで直接使われている概念が価値や真理を失っているがゆえに堕落した精神なのである。

（1）〔K. Marx, F. Engels, *Gesamtausgabe* I, 1, p. 64. K. Marx, *Œuvres philosophiques*, Costes, I, p. 75.〔K・マルクス「ヘーゲル法哲学批判序説」、二五六頁〕〕

哲学は、自分自身が批判しようとする世界（遅れたドイツの現実）に立ち向かうとき、世界の一「側面」となり、世界に対する関係は反射関係〔Reflexionsverhältnis〕にあり、他方に対する緊張関係にある（ここでは、ヘーゲルを「適用しようとする」ヘーゲル主義者たちに対してヘーゲルが正しい）。「かつて内面の光だったものが、外に向かって照らし出す炎になる。その結果次のようになる。すなわち、世界の哲学－生成は、同時に哲学の生成－世界になる。[1] また、世界を実現することは同時に世界を失うことになり、哲学が外部で闘うのは、それ自身の内的な不完全さだということになる。そして、哲学が欠点に陥るのは、まさに哲学が哲学の対立者の欠点だとして闘っている、その闘いの最中においてだということになる……。哲学に対立するもの、哲学が闘うもの、それはつねに哲学が哲学自身だということである。要因が入れ替わるだけなのだ」[2]（p. 64-65）（ここには、それらの目的を実現しようという意図と壊そうという考えとがある）。それは直接的な意図である。——その意図は空虚であり、空疎である。この意図が世界内で闘うのは、それ自身の空虚さとである。それが闘うのは自分自身なのである。この直接的意図による活動は、それ自身と一致しない。この活動は、世界の欠如として、深いところで遅れと一致している。それは何ももたらすことができない。それ〔直接的意図による活動〕は、実現という旗印を掲げながら、実は何の得るところもなしに哲学を滅ぼす。そこには、根底では理論であるようなアンガジュマンがある。なぜならそれがまさに世界の直接的否定だからである。したがって、哲学には、事物とのあいだに悪く見られている関係がある。それは、それ自身転倒している〔in sich selbst verkehrtes〕（不幸な意識に関するヘーゲルの分析を参照）。

（1）　したがって、この表現は、マルクスにおいて彼自身の目的にそって表明されたもの以上のものではない。〈哲学の世界への生成〉に還元されるような、言いかえれば端的な哲学の破壊に還元されるような〈世界の哲学への生成〉がある（そして、おそらくまた、実際には〈世界の哲学への生成〉、つまりシステムの保存でしかないような〈哲学の世界への生成〉がある）。マルクスの目的は、この二つのスローガンをそのまま実現することではない。それは、たんに幻想をつけ加えるだけであり、理論を装った実践、実践を装った理論をつけ加えるだけのことである。彼の目的は、この二つの運動のあいだの交差配列であり、この二つを一つにすることだろう。

（2）　[*Ibid.*, p. 76.〔K・マルクス「ヘーゲル法哲学批判序説」、二五六頁。ドイツ語による引用〕]

哲学者の意識の側からは、この「批判」的態度は曖昧である。二つの対立する要求がある。「一つは世界に対して向かい、他方は哲学そのものに対して向かう（……）。彼らが世界を非－哲学から解放することは、同時にそれら自身の哲学からの解放である」[1]（p. 65）。哲学の疲労もまだ哲学である。――哲学－体系を行為〔Akt〕や発展の直接的エネルギー〔unmittelbare Energie der Entwicklung〕に置きかえることは、理論的観点から見れば、彼らがまだその体系から生まれていない〔in thoretischer Hinsicht (sic) noch nicht über jenes System hinausgekommen sind〕[2]（p. 65）ことを証明する。ヘーゲル学派は、体系の具体的同一性との〔mit der plastischen Sichselbstgleichheit des Systems〕対立を生き生きと感じている。――そして、たんに体系を告発するだけで、実際には何も変えていないことに気づいていない。哲学を破壊することができるのは、哲学を実現するときだけである。

（1）［*Ibid.*, p. 77.〔K・マルクス「ヘーゲル法哲学批判序説」、二五七頁。ドイツ語による引用〕］
（2）［*Ibid.*〔K・マルクス「ヘーゲル法哲学批判序説」、二五七頁〕］

青年ヘーゲル学派のこの曖昧さは、最終的に二つの対立する哲学的傾向に行き着く。（一）哲学を適用しようとするリベラル派（「批判派」）。（二）対立派。肯定哲学〔positive Philosophie〕。これは、哲学の否定概念〔Nichtbegriff〕や現実の契機〔das Moment der Realität〕を本質的なものとして示す（p. 65〔二五七頁〕）。「この両派はそれぞれ、まさに相手がしようと思っていること、自分自身でしたいと思っていないことをする」[1]（p. 65）。「批判派」は、哲学を「実現」しようと思っているにもかかわらず、哲学を崩壊させる。「肯定哲学」（シェリング？　フォイエルバッハ？　「実践的な」政治党派？）は、イデオロギー－仮面を残す。なぜなら「肯定哲学」は、イデオロギー－仮面を物理的、直接的に破壊することを望むからである。

（1）［*Ibid.*, p. 78.〔K・マルクス「ヘーゲル法哲学批判序説」、二五七頁。ドイツ語による引用〕］

このテクストと私たちのテクストとのあいだの違い。

この二つの一方的、直接的、非弁証法的な態度は、一八三九年から四一年のあいだに、ふたたび共通原理になる。それは、ヘーゲルを適用しようとするにせよ、概念《ベグリフ》を行為に置きかえようとするにせよ、ヘーゲルに関する誤った解放である。発展の直接的エネルギー〔Energie〕は、弁証法的ではなく、哲学-世界という「反射的」関係である。真のヘーゲルの解放は、ヘーゲル的、弁証法的であり、哲学に背を向けたり、哲学の高さで世界を批判したりすることではない。この二つは結局同じことになる。ヘーゲル主義の歴史に適用されるヘーゲル的態度は、それを弁証法的に理解することにある。（一）まず、哲学-世界のあいだに現出する転倒《エアシャイネン》した〔verkehrt〕関係がある。両者のあいだにある抽象的対立の緊張関係。（二）これは哲学的意識とそれ自身とのあいだの対立関係になる。（三）そして最後に、哲学の区分と二重化。それによって哲学と世界の対立が内在化される。一八三九年の弁証法的分析の結論〔は次のようなものである〕。両者とも誤っているこの二つの傾向性は、同じ穴のむじなである。「リベラル派」は概念の党派〔die Partei des Begriffs〕であり、哲学を直接的に保持しているので、戦略的に「リベラル派」に結集する。それに対して、もう一方は純粋状態の転倒した性質〔Verkehrheit〕、つまり狂気〔Verrücktheit〕である。破壊ではない実現を待つ立場である。

一八四三年には、診断（双方とも、自分が望んでいることの逆をしているという）は同じだった。しかし、それらが両方とも間違っていると言う代わりに（またそれと同じ理由で、どちらがヘーゲルの誤った解放であり、悪しき批判であるかを言う代わりに）、マルクスは次のようにつけ加えている。すなわち、両方とも正しい。破壊しなければならず、実現しなければならないのだ、と。そして、それは彼自身法哲学の批判をすることによって提案していることである。

なぜか。

一八四二年末。暴力的な反動。フレデリック・ギヨーム四世は、雑誌を発禁にした。とくに一八四三年一月からは、アーノルド・ルーゲ〔訳注14〕の編集する『独仏年誌』、一八四三年四月からはマルクスの編集する『ライン新聞〔*Gazette rhénane*〕』が発禁になる。マルクスからルーゲに宛てた一八四三年九月の書簡。「改革者たちの中にはびこっている一般的アナーキズム。各人は、もはや未来がどのようなものでなければならないかについてのはっきりした考えをもっていないことを、自分自身に告白しなければならない」。ヘーゲル的国家の「自由主義」は神話である。国家を正しい道、つまり自由の道に戻そうと望むのは空しい。フォイエルバッハは、ドイツの理論とフランスの実践の結合を勧めている。マルクスは待つ態度をやめなければならないと感じている。ふたたび国家を手引きする革命的弁証法であり、歴史的改革の推進力である、というのも、国家が反動的であることは明らかだからである。

そこから、哲学派も実践派も、両方とも誤っていない（とくに実践派）（非参加的な態度）、そうではなく、両方とも正しいのである。それは結局同じことである。というのもマルクスが言いつづけたように、両方とも自分がしたいと思っていることができず、他方がしたいと思っていることをしているからである。したがって、両者とも正しいのだが、それらの真理を引き出すことができるのは、それらを乗り越えることによってだけである。ただ、肯定的な定式化が示しているのは、立場表明をしなければならないということである。

この立場は、哲学に対する立場であると同時に実践に対する立場でもある。「反射関係〔Reflexionsverhältnis〕」の中で互いに外的であることをやめることによって。哲学の真の実現であるような実践（切り離された理論としての理論自身の真の破壊であるような理論）。そこには、哲学の光がすべてふたたび見出される。したがってこの実践は、哲学を完全に併合し、その意味で、哲学を破壊し、本当に乗り越える。というのも、この実践は哲学を含んでいるからである。

したがって、（一）実践《プラクシス》に対して、（二）哲学の約束を守る実践《プラクシス》に対して。

（一）「思弁的法哲学の批判は、古いドイツの政治意識の公然たる敵だという事実だけで、わき道にそれることはない。しかし、それはさまざまな役割の中で、ただ一つの方法すなわち実践によってのみ解決されうる[1]」（p. 614）。

（1）［*Ibid.*, p. 96.〔K・マルクス「一八四四年の経済学・哲学手稿」四二二頁。ドイツ語による引用〕］

ドイツの政治意識は、「名誉にかかわること」として、遅れた現実のイデオロギー上の正当化だとして、反対されるだろう。問題は、ドイツの現実を変えることであり、活動に移ることであって、（かつてのような）隠された理論でなく、世界を変える実践に移ることである。

（二）しかし、活動の中で哲学を忘れてきた実践的政治党派との違い（またこの点で、「理論家」のままであり、知識人の、反－哲学の、したがって哲学の実践である）。重要なのは、哲学を実現するような活動のはずである。したがってそれは、国家にヘーゲルの諸原理を適用するよう命じることではないか。否、それはドイツのような遅れた国家では不可能である。また、他方で、ヘーゲルの原理はどこにも適用されていない。ヘーゲルを実現することは、その概念にしたがって現実を変形することではなく、この現実自身によって現実の変形を引き起こすことにあり、現実自身の中に〔現実を〕乗り越え否定する作業の原理を探すことにあり、それこそヘーゲルの法哲学が〈精神〉のうちに探し求めたものである。

「そこで次のことが問題になる。ドイツは原理の高さの実践に到達できるか、言いかえれば、ドイツをただ近代諸国民の公式水準に高めるばかりでなく、これらの国民の次の将来である人間的な高さにまでも引き上げるような革命に到達できるであろうか」（p. 614〔四二二頁。ドイツ語による引用〕）。

原理の高さの活動というのは、ヘーゲルの国家の諸原理以下ではなく、それ以上のものを実現するということである。これらの原理は、つねに「公式」のものつまり仮面のままであり、ドイツにおいては公式に存在することさえありえない。これらの原理がドイツで実現されるのは、原理としての自らを乗り越えることによってだけである。言いかえれば、具体的人間たちの中でそれらの原理を実現し、イギリスやフランスの社会よりも遅れていない進んだ社会、イギリスやフランスの社会の未来のモデルになるような社会を作り出す歴史運動を活性化させることによってである。

どうすればこのような哲学的活動が可能だろうか。とりわけドイツにおいて。実践上ドイツは、すでに理論的に乗り越えた段階にさえ到達していない。したがってドイツは、その現実の限界だけでなく、近代国家の限界そのものをも乗り越えなければならないのであり、このようなラディカルな革命を可能にする「ラディカルな」必要を与えてくれるようには見えない（p. 616を読むこと[1]）。

（1）［引き合いに出されている文章は、コスト版の九九頁にある。「しかし、ドイツは段階をよじ登ってこなかった。条件と開花の場所が欠けていたのだ」（Costes版、p. 99〔K・マルクス「一八四四年の経済学・哲学手稿」、四二三頁〕）。］

ドイツ解放の積極的可能性はどこにあるか（p. 619〔四二七頁〕を読むこと）。

答え。その可能性はまさに、絶対的に失われた階級つまりプロレタリアートを形成することのうちにある。プロレタリアートの定義（pp. 619-620を読むこと[1]）。

（1）［「私たちの答えは、次の通りだ……。すなわち、特定の階級としての社会の解体、それがプロレタリアートである」（Costes版、pp. 105-106〔K・マルクス「一八四四年の経済学・哲学手稿」、四二七頁〕）。］

プロレタリアートにおける否定的なものの最大限の働きは、プロレタリアートと哲学の弁証法的結合を作り出す（pp. 620, l. 35-621, l. 10[1]）。プロレタリアートは世界精神〔Weltgeist〕であり、世界精神の歴史的形象である。（上のように定義される）プロレタリアートによる権力奪取は、否定性と普遍性の到来である。なぜなら、プロレタリアートが自らを救うことができるのは、人間を救うことによってであり、階級としての自分自身を乗り越えて、階級なき社会を作り出すことによってだからである。しかしこのことによって、革命的実践《プラクシス》に一つの条件が課せられることになる。すなわち、革命的実践《プラクシス》は、プロレタリアートの否定性によって推進されるということであり、その意味で哲学的実践《プラクシス》だということである。それは、成功という実用主義者《プラグマティスト》の意味での活動ではなく、またある特定の目標、特定の目的にあらゆる手段で達成するという相対的・「現実主義的」な意味での活動でもなく、制作《ポイエーシス》ではないような実践《プラクシス》ではなく、さまざまな手段――手段と目的は弁証法的に相互依存している――の統合であるような実践である。〈存在〉と〈行動〔Faire〕〉のあいだで選択することの拒否。それらは、どちらかが優先されるようなものではない。それらは実践においては不可分である。道徳主義とシニカルな態度のあいだで選択することの拒否。だからこそ実践《プラクシス》は、経験主義的な活動ではないのである。厳密に言ってそれは目標をもっておらず、むしろ「やり方」であり、何のためでもない（経験的、肯定的には）と同時にすべてのためである（普遍的なもの、人間）ような活動である。全かつ無〔Todo y nada〕。――プロレタリアートのあり方の神秘〔Geheimnis seines eigenen Daseins〕(p. 620〔四二七頁〕[訳注15])。プロレタリアートの哲学的役割は、その経済的役割を規定する。

（1）［「哲学がプロレタリアートのなかで発見するのと同様に、……プロレタリアートが哲学の実現なしに廃棄されることはありえない」（Costes版、pp. 107-108〔K・マルクス「一八四四年の経済学・哲学手稿」、四二八頁〕）。］

以上が哲学的－政治的な態度である。

より特殊には、どのような「哲学」が、どのような上部構造の着想が、どのような概念的準備が、こうした実践《プラクシス》を可能にするのか。私たちは、それを『経済学・哲学草稿』の中に見出すであろう。この草稿は、マルクスの現象学を提供してくれる。概念的準備は、普遍的なものをもたらすものとしてのプロレタリアートの実践的承認よりも前にある。重要なのは、意識の哲学ではないような「哲学」であり、肉をそなえた人間〔l'homme charnel〕の哲学である。

ヘーゲルが現象学を〈知〉の一部としたように、マルクスは、ひとたびそこに身を落ち着けるやいなや、これらの試論を予備的なものと見なすようになるだろう。これらの試論によって真理の生成に、言いかえれば『資本論』とその自己の乗り越えに身を落ち着けるやいなや。

次回と次々回の講義
四月二四日、『経・哲草稿』
五月二日、『資本論』序文
五月八日、キルケゴールのあるテクスト、ニーチェのあるテクスト
一九六一年四月二四日。(1)
pp. 620-621〔四二七－四二八頁〕を読むこと。

（1）［この注は、前回の講義草稿の最後のページの欄外に記されている。この次の注には、ふたたび四月二四日という日付がつけられている。］

実践《プラクシス》はそれ自身の理論を含んでいる、人間は人間にとって至高の存在である、これは中世を乗り越えた近代をも乗り越えた理論であり、基本的かつ普遍的な理論である。ちょうどそれが言葉《パロール》においては哲学であり、活動においてはプロレタリアートであるのと同様に。——実践は、「あり方の神秘〔Geheimnis seines eigenen Daseins〕」〔訳注15〕(p. 620〔四二七頁〕)を明らかにする。「秘密」あるいは思弁的神秘（否定性）は、プロレタリアートにおいて乗り越えられる。『資本論』における「物象化〔Verdinglichung〕」の神秘を参照のこと。プロレタリアートと、プロレタリアートそのものであるところの（否定性としての）実践《プラクシス》、プロレタリアートが規定する実践《プラクシス》が、実現さ

れた哲学である。実践《プラクシス》とは、ある種の結果の捏造ではなく、たとえば技術的な〈権力〉装置の捏造でもなく、実践であり、歴史的実存の（普遍的・基本的）様式である。実践は、決定された目的によって規定されるわけではなく、歴史的運動（プロレタリアートを生み出す産業）であり、人間社会の再創造に引き継がれる。もちろん、やがて政治的なテクニックが必要になり、事実上《デ・ファクト》のプロレタリアートを明らかにしなければならなくなるが、最終的な基準はつねに否定性の神秘であり、否定の否定、すなわち理念の上のプロレタリアートであるだろう、言いかえれば全体（普遍的なもの、人間）のための活動であるような一つの活動である。というのもそれは、ある意味で無のための活動であり、何らかの特定の利害関心のための活動ではないからである。

哲学はこの歴史的内属の概念的準備である。

肯定的かつ否定的、普遍的、基本的な〔grund〕ものとしての概念、歴史、人間、自然、精神としての概念は、歴史の経験の学である。だからこそマルクスは、一八四四年にそれを扱ったのである。

おわかりのように、自己止揚《ゼルプストアウフヘーブング》することとしてのプロレタリアートというマルクスの概念は、「先進」諸国の経験よりも早く、ヘーゲル原典の広範な読解作業よりも早い。これは反論のための議論ではない。むしろ、たんにマルクスが哲学者であることを示しているだけである。マルクスはこれ以後も哲学者でありつづける。『資本論』は、階級やプロレタリアートに到達する前に中断されたが、『資本論』の構造分析によって、同様の形而上学的メカニズムが明らかになる。すなわち、自らを「乗り越える」現実としての〈資本〉は、自己矛盾である。ここで私たちは、現実（〈資本〉）から仮象（プロレタリアート）へと向かう。それは、「意識の生成」の代わりに置かれる「真理の生成」である。ちょうどヘーゲルが『論理学』によってそうしたが、つねに哲学であり、つねにヘーゲルであったように、それは、哲学を放棄したと見せかけているが、最も果敢な哲学である。すなわち「事物」の中に隠れ、実証主義＝肯定主義という外見によって隠蔽された哲学である、それは、哲学でありたいと望んでいないかぎりで、まさに哲学なのである。また逆に、一八四四年の公然たる哲学は、具体的なものから遠くない。

では、なぜこの変化、この哲学的意識の放棄に関する宣言がなされたのか。その理由は、次の二つである。

（一）現実の重要性に対する感覚が鋭くなったことである。とくに一八四四年以後理解しておかなければならないのはこのことである――そしてそれらの運動〔に対する感覚が鋭くなったことである〕。（そこから）『資本論』は、実際にプロレタリアートの哲学を基礎づけたのである。（二）政治的実践に対する感覚。これは、事実上のプロレタリアートとその哲学的・歴史的機能とのあいだにずれがあるという意識をもたらす。活動は戦略であり、資本主義転倒の技術であり、（そこから）客観的分析が生まれる。この観点からすると、一八四四年の素描はあまりにも「直接的」――図式的であるようにみえる。半分も「実現」することができない。しかし、まさに『資本論』の分析と行動によって実現されなければならないのは、つねに否定的なものと肯定的なものの働きなのである。

一九六一年四月二四日

一八四四年の経済学・哲学草稿。(1)

（1）〔この講義が参照しているテクストは、以下で、著者によって訳され、注釈を加えられる。〕

（一）ヘーゲルの批判――当面フォイエルバッハの批判（逆転、主体‐客体）、表面的批判（歴史を止揚〔aufhebt〕し、歴史から自発的運動〔Eigenbewegung〕を奪う「観念論」）は別にしておこう。

（a）あり方〔Dasein〕の名における、哲学的徹底枚挙法に対する批判。

Cf. MEGA, t. I, vol. 3, p. 165.〔五〇五頁〕

哲学、哲学的実存における現実の実存様式の否定と曖昧な確認。

（b）自己意識《ゼルプストベヴストザイン》を自己の他者だとして示すことに対する批判、客観化と疎外を同定しうる純粋知《ヴィッセン》を示すこと。これはヘーゲル哲学の本質（否定性）に結びついており、「調節」ではない。

Cf. MEGA, t. I, vol. 3, pp. 163-164.〔五〇三－五〇四頁〕

（c）否定の否定に対する批判、そしてそれが実現する曖昧な止揚《アウフヘーブング》に対する批判。

Cf. *ibid*., p. 164.〔五〇四頁〕

これ（引用されたテクスト）はフォイエルバッハに賛同している。

Cf. *ibid*., p. 152.〔四九二頁〕

しかしながら、否定の否定というのは、人間の〈前史〉のうまい記述である（*ibid*.）。共産主義を越えて、遠い未来の肯定主義者マルクス。共産主義とは、未来の肯定主義に基づいた否定の否定である。

Cf. *ibid*., p. 125.〔四六七頁〕

（d）これと並行して、マルクスは対象における主体の疎外という観念を受け入れているが、対象性〔Gegenständlichkeit〕の規定としてではない。そのエピソードとしてであり、この後に疎外的でない客観化（肯定主義者の見方）が続くことになる。

ヘーゲルの疎外に対する批判。そこに、疎外の疎外をつけ加えなければならない。要するに、肯定的なものの中へと絶対運ばれるような否定である。

（e）ヘーゲルによる自然批判。

この批判は、これ以前のすべての批判、つまり知《ヴィッセン》や思弁、否定の否定、疎外に対する批判を要約している。

Cf. *ibid*., p. 170-172.〔五一〇－五一二頁〕

（二）マルクス哲学の試み

（a）止揚《アウフヘーベン》——否定の否定は擁護されなければならない。ただ、それは本当の乗り越えであり、保存であって（すなわち思考へと高めることによる）、否定であってはならない。抽象を抽象すること。——疎外された言語においては、「思考」がこの否定の否定である。すなわち、人間の存在－対象の奪還であり、人間の本質《ヴェーゼン》や肯定的ヒューマニズムの奪還である。

Cf. *ibid.*, pp. 166-167.〔五〇六－五〇七頁〕

（b）したがって、前史以前および前史以後の自然。自然、人間、歴史、実践《プラクシス》といった概念のあいだの関係〔が問題になる〕。

可感的－客観的存在としての人間。

Cf. *ibid.*, p. 160.〔五〇〇頁〕

人間は疎外がなくなれば直ちに社会的・歴史的になる。人間にあって人間に生成するのは、その本性＝自然である。自然－歴史関係の弁証法化である。

Cf. *ibid.*, pp. 115-16.〔四五八－四五九頁〕

Cf. *ibid.*, p. 160.〔五〇〇頁〕

以上がヘーゲルの否定性（〈精神〉）に対する批判であり、その変革（最終的で原初的な肯定主義）であり、結局のところ、人間－自然概念の練り上げである。

他に評価しなければならないのは、ヘーゲルおよびフォイエルバッハとの正確な関係である。フォイエルバッハが言うように、それはヘーゲルの転回なのか。あるいはマルクスが、何か別のものを導入したのか。またこれと関連して、マルクスの最終的な思想との関係。

一九六一年五月二日

マルクスのヘーゲル批判

（一）徹底枚挙法としての、条件づけられていない思考としての、物自体と同一の哲学的思考《デンケン》は、破壊であると同時に保存である。そしてこれは、両価的な仕方で（人間の態度）そうなのである。「それらの現実的な実存（wirklichen Existenz）のうちにこそ、それらの動的な本質は隠されている。表にあらわにこの本質が出てくる（Offenbarung）のはやっと思惟において、哲学においてなのであって、それゆえに私の真の宗教的あり方（Dasein）は私の宗教哲学的あり方であり、私の真の政治的あり方は私の法哲学のあり方、私の自然的あり方は自然哲学的あり方、私の真の芸術的あり方は芸術哲学的あり方であり、私の真の人間的あり方は私の哲学的あり方である。同様にまた宗教、国家、自然、芸術の真のあり方は宗教哲学、自然哲学、国家哲学、芸術哲学である。ところでもし、宗教哲学等々のみが私にとって宗教の真のあり方であるならば、私はまたただ宗教哲学者としてのみ本当に宗教的なのであり、だから私は現実的な宗教性と現実的に宗教的な人間を否認するわけである。しかしそれと同時にまた私はそれらを、一方で私自身のあり方の内部とか、私がそれらに対置する別のあり方の内部では是認する。というのも、この別のあり方は、私にとってそれら自身の真のあり方、すなわち私の哲学的あり方のたんなる見かけ上の他在であり、比喩であり、感性的な外被のもとに隠された姿である、という意味をもつからである」（MEGA, t. I, vol.3, p. 165〔五〇五頁〕）。

マルクスにおいて、現象学としての哲学は、思弁としての哲学と同様、両価的である。「理解する」こと、言いかえれば、〈……の真理〉をとらえることは、（a）直接的形式における芸術、自然、宗教、国家を否定し、

――破壊し――、それらの真理に変形することであり、それらの真理はそれらとは異なるものである。（b）にもかかわらず、それらはそれらである。というのも、真理はそれらについての哲学的表現でしかなく、それらはこの真理の比喩や表徴であり、したがって真だからである。

しかし、マルクスは本当に破壊し、実現しなければならないと言ったのだろうか。然り。しかし結局のところ哲学はそのどちらも、つまり破壊も保存や維持もしない。それは、疑似破壊、疑似保存であって、それぞれ他方から逃れるためのアリバイでしかない。哲学がとがめられるのは、両義性のせいではなく、悪しき両義性のせいなのである。

そして、どこから哲学の両義性が悪くなるのか。哲学が、上空飛翔の思考《デンケン》として、徹底的なものとして、「思考における」事物の所有として、すべてでありたいと望みながら何ものでもないからであり、哲学自身が語る事物に住みついていないところからである。また哲学は、まったく特殊なものではないがゆえに、哲学自身が批判するものに反対することさえしない。哲学は肯定でも否定でもない。否定でないのは、肯定ではないからである。哲学には敵がいないが、友もいない。哲学に友がいないのは、敵がいないからである。哲学はすべてを、特殊も普遍も欠いている。逆に、この両方をもたなければならないのである。この思考は上空飛翔的にはならず、離れて住みつき、見て、取り憑き、熟考するという主張にはならないだろう。それは、ノンを口実にしたウィであり、ウィを口実にしたノンである。必要なのは、逆に、曖昧になることなく、具体的であると同時に普遍的であり、ウィがノンであり、ノンがウィであるような考え方である。問題はヘーゲル以前に立ち帰ることではない。たとえば、非－哲学を理解することをあきらめるような哲学、あるいは批判ぬきに非－哲学（芸術、宗教、自然、国家）を取り上げるような非－哲学の方向に立ち帰ることではない。問題は、ヘーゲルが失敗したことに成功することであり、哲学を具体的なものに、ただし本当に具体的なものにすることである。

（二）より正確に言えば、次のようになる。

マルクスは、哲学的思考《デンケン》の、自己とは別のものの中に身を落ち着けているという自負、自己の中に含まれているという自負、矛盾するものを所有しているという自負、矛盾するものを内部から乗り越えるのだという自負、そして矛盾するものを経験なしに外部から理解するのだという自負を批判する。問題は、哲学的な近さと距たりを理解し直すことであり、哲学の〈どこにもあり、どこにもない〉状態を理解し直すことである。それには条件がある。すなわち、意識とりわけ「自己意識」に、自己と矛盾するものを自己のうちにもつことのできる力、意識とは逆のもののもとにいることのできる力を与えないことである。知《ヴィッセン》の名で偽りの全体たりうる力を捏造せず、きわめて全体的なので全体と無をともに消化し基礎づけることができる否定性を捏造しないことである。

「こうした説明のうちに思弁のあらゆる幻想がいっしょくたになっている。第一に、意識、自己意識は自身の他在としての他在において自身のもとにある。それゆえに、あるいは、もし私たちがここでヘーゲルの抽象を捨象して、自己意識の代わりに人間の自己意識を置くならば、それは自身の他在としての他在において自身のもとにある。まずこのことのうちには、意識、知としての知、思惟としての思惟が直接にそれ自身の他者、つまり感性、現実、生であると自ら称しているということがある。思惟の中で自力を越えたことをする（sich Überbietende）思惟（フォイエルバッハ）。この（学説の）側面がここに含まれているのは、たんなる（外部の）意識《ベヴストザイン》としての意識によって妨げとなるのは疎外された（entfremdeten）対象性（Gegenständlichkeit）ではなく、対象性としての対象性だからである。

第二に、ここに含まれていることは、自覚的な人間は精神的世界——あるいは彼の世界の精神的普遍的あり方——を自己外在化と認めてそれを止揚した（aufgehoben）にもかかわらず、それをまたしてもこの外在化された姿のままで承認して自らの真のあり方と称し、それを復興し、〔自身の〕他在としての他在〔において〕自身のもとにあるのだと申し立て、こうしてたとえば宗教の止揚の後で、つまり宗教を自己外在化（Selbstentaüßerung）

の一産物と認めた後で、しかもなお宗教としての宗教のうちに自己の証を見出すということである。ここにヘーゲルのにせの肯定主義あるいは彼の見かけだけの批判主義の根がある。これはフォイエルバッハが宗教あるいは神学の定立、否定および復興と呼ぶものであるが、しかしこれはもっと一般的に理解されるべきである。したがって理性は非理性としての非理性において自身のもとにあるわけである。法、政治等々の中で外在化された生活をしていることをみてとった人間が、この外在化された生活そのものの中で彼の真に人間的な生活をしているわけである。自己自身と矛盾しての、知とも対象の本質とも矛盾しての、自己肯定（Selbstbejahung）、自己確認が、したがって真の知と生である。

　したがってヘーゲルが宗教、国家等々に身を合わせている（譲っている）などとはもはやとても言えない。というのは、この嘘は、彼の（哲学的）原理の嘘だからである」（*ibid.*, p. 163-164.〔五〇三－五〇四頁〕）。

　純粋知《ヴィッセン》、純粋思考《デンケン》——自力を越え、自分自身で超越を実現する——に対する批判と、弁証法をもつものの問題との関係。すなわち可感性、現実性、自然的自己意識《ゼルプストベヴストザイン》をもっているが、自力を「越える」自己意識《ゼルプストベヴストザイン》によって生み出されたわけではない人間。(1)

（1）［「直観へ移ろうと決意した抽象的思想者が自然を抽象的に観ることは自明のことである。自然が、当の本人自身には隠された謎めいた姿をした思想者によって絶対理念、思想物として封じこめられていた以上、彼がそれをおのれの外へ出させたという場合、彼は実際にはただこの抽象的な自然を——ただし今度は、それは思想的他在であるという意義、それは現実的な、観られた、抽象的思惟とは別な、自然であるという意義をもって——おのれの外へと出させただけであり、ただ自然という思想物をおのれの外へと出させただけである。あるいは、人間的な言葉を語るならば、自然を観ながらこの抽象的思想者は、それ自身のうちでいとなまれ、外なる現実のどこへも目をやることのない思惟の仕事の純粋な産物として彼が神的な弁証法において無から、純粋な抽象物から創り出しているつもりであった存在物は、自然諸規定を捨象したものにほかならぬことを学び知る。したがって全自然は彼にとってはただある感性的、外的な形式において論理的諸捨象物を繰り返し持ち出してくるだけなのである。——彼は自然とこれらの捨象物をまたぞろ分析する。それゆえに彼の自然観は彼が自然観を捨象していることを裏書きする行為であり、彼が意識的に繰り返し彼の捨象を生み出していくプロセスにすぎない。だからたとえば時間はおのれをおのれへ関係づける否定性に等しい。あり方（Dasein）としての止揚された生成には――自然的な形式において――物質としての止揚された運動が対応する。光は――自然的形式――おのれがうちへの反照である。月および彗星としての物体は、論理学によれば一方ではおのれ自身の上にやすらう肯定的なもの、他方ではおのれ自身の上にやすらう否定的なものであるところの対立の――自然的形式――である。地球は対立の否定的一体性として、論理的根拠（Grund）の自然的形式である。等々。自然としての自然、換言すれば、そのうちに秘められたあの隠された意味とは感性的にまだ区別されるかぎりでの自然、これらの捨象物とは分離され区別された自然物は無であり、無であることを自称する無であり、無意味であり、換言すれば止揚されるべき外在性の意味しかもたない。（……）ここで外在性は、外に現れて出て光に、感性的人間にあらわにされた感性（Sinnlichkeit）と解されるべきではない。外在性はここでは外在化の意味（Entäußerung）、あるべからざる過失、欠陥の意味に解されるべきである。なぜなら真なるものはあいかわらず理念なのだからである。自然はこの理念の他在の形式にすぎない」（*ibid.*, p. 170-71〔K・マルクス「一八四四年の経済学・哲学手稿」、五一〇－五一一頁〕）。］

言いかえれば、この自己意識《ゼルプストベヴストザイン》は事物のあいだにあるが、事物を産み出すわけではない。それはすでにそこにある事物のあいだにあるが、事物そのものから引き出されるわけではないような否定性である。

疎外の問題（自己から他者の中への移行、他者は自己から自己性を奪う）。ヘーゲルにとってこの移行は、自己意識《ゼルプストベヴストザイン》が純粋主観であるがゆえに、対象性と外延を同じくする。必ずしも矛盾せず対立者を生み出すような自己意識《ゼルプストベヴストザイン》－対象の関係を考えなければならない。

止揚《アウフヘーベン》の問題（すでに名ざしで問題になっている）。ヘーゲルの進歩（否定的なものについての思考）は、止揚《アウフヘーベン》の曖昧さに責任がある。というのも、思考にとって止揚とは、批判にまさることでしかありえず、批判を批判すること、つまりそこから真理を引き出すという口実で、かつて批判されたものを再建するという「誤った肯定主義」のうちにしかありえない。

（三）ヘーゲル批判としてのマルクスとフォイエルバッハ

したがって、このテクストによって、否定の問題は、マルクスのヘーゲル批判の中心的問題として現れる。それは、「唯物論」と「観念論」の問題でも、その「逆転された」弁証法か「修正された」弁証法かという問題でもない。これらの問題は否定の問題の下位にある。――重要なのは、否定の概念（そして否定的－肯定的な関係の概念、疎外の概念、止揚《アウフヘーブング》することの概念）に到達することである。この概念は、ヘーゲルの否定と同じように、事物の代わりに事物についての思考を置くことによって手に入るあの疑似破壊や疑似保存ではない。

これらすべてにおいて、否定性の観念に対立するようなことは一語も述べられていない。フォイエルバッハは、暫定的テーゼの中で、次のように述べている。「思弁哲学を変革する批判の方法は、一般的に言って、すでに『宗教哲学』で適用されている方法と違うところはない。私たちは述語を主語に変え、もう一度主観を対象と原理に変えるだけで十分である。したがって、むき出しの真理、端的な真理（die blanke Wahrheit）を手にいれるために、思弁哲学を逆転するだけで十分である」。マルクスの場合、何度かこの定式を取り上げ直したことがあるとしても、この定式はマルクスの思想を表していないし、少なくとも長期間の思想を表していない。「直接的思考（直接性（die Direktheit））、すべての媒介を意識している排除は、ヘーゲルの観念論とともに弁証法を排除する」（ルカーチ『若きヘーゲル』、p. 708）〔訳注16〕。

このようなフォイエルバッハの誘惑、すなわちフォイエルバッハ的な逆転の試みと、それに対するマルクスの反応を、マルクスのフォイエルバッハの評価の中に見ることができる（*ibid.*, p. 152-153〔四九二－四九三頁〕）。「絶対肯定であると主張する否定の否定に対して自立的でかつ肯定的に自己自身に基づくところの肯定を対置することによって行われたのである……。かくてフォイエルバッハは否定の否定をただ哲学のそれ自身との矛盾としてのみ理解する。換言すれば、神学（超越等々）を否定した後でそれを肯定するところの、つまり自己自身に矛盾してそれを肯定するところの哲学としてのみ理解する。否定の否定のうちにある措定、あるいは自己肯定と自証は（フォイエルバッハにとって）、それ自身についてまだ確かでないところの、それゆえにそれの対立物にとりつかれているところの、自己自身を疑いそれゆえに証を必要とするところの、したがってその現存によっておのれ自身の証をたてることがないところの、措定、是認されていない措定と解され、したがってそれに対して直接じかに、感性的に確実な、それ自身に基づく措定が対置される」。

　これは、否定性に対する肯定主義の試みであり、したがって非－弁証法的な哲学の試み［である］。しかし、マルクスは続けて言う。

「しかしながらヘーゲルは否定の否定を――そのうちにある肯定的なものの点では、真実のそして唯一の肯定的なものと解し、そして同じく否定の否定のうちにある否定的なものの点では、あらゆる存在のただ一つ真なる行為、自己活動の行為（Selbstbestätigung alles Seins）と解したのであるが、このことによって彼は歴史の運動を言い表す抽象的、論理的、思弁的な表現を見出しただけなのであり、しかもそのような歴史はまだ前提された主体としての人間の現実的歴史ではなく、人間の産出行為、人間の誕生の歴史にすぎない」（*ibid.*, p. 152-3〔四九二－四九三頁〕）。

　フォイエルバッハとその肯定主義、あるいは直接的ヒューマニズムの哲学は、歴史を説明せず、あるいは人間を。歴史を通して自らをつくるものとして、自らを主体として生み出すものとして、自己意識《ゼルプストベヴストザイン》になるものとして説明しない。

　その通り。ヘーゲルは思考から自然を、あるいは思考（または宗教、芸術、法）から人間を引き出すという過ちをおかした。しかし、だからといってたんにヘーゲルを逆転して、自然や人間から主体をつくり、意識から述語をつくりだせばいいということにはならない（法や宗教から主体をつくりだすこともできるだろうし、〈精神〉から述語をつくり、肯定的なものから主体をつくり、否定的なものから属性をつくりだすこともできるだろうが）。これは問題を誤解することになってしまうだろう。――問題は、自然や人間や歴史を抽象物に変えてしまわないような否定的なものの概念を手に入れることであり、それらの織り目の中、とくに歴史の織り目の中にある否定的なものの概念を手に入れることである。フォイエルバッハは、物質について主張するときには歴史家ではないし、歴史を認めるときには唯物論者ではない、とマルクスは語ることになる。彼にとって歴史的唯物論とは、否定性や否定の否定に関する具体的概念であり、歴史の運動に関する正しくはあるが代数的な定式なのである。

このような精神において、マルクスは『経・哲草稿』の中で自らの哲学、弁証法を練り上げるために、自然概念や人間概念、歴史概念を再定義しようとしているのであり、止揚やヘーゲルの否定性を「実現しよう」としているのである。それは、もはや意識の歴史ではないような弁証法であり、人間の歴史（フォイエルバッハ）でさえなく、存在史〔Seinsgeschichte〕であるような弁証法である。

マルクスの存在史〔Seinsgeschichte〕の素描。

もはや思考《デンケン》や純粋知《ヴィッセン》から出発しない、すなわち最終的には自己意識と絶対的自己になる、意識《ベヴストザイン》－対象の曖昧な関係から出発しない。

では、何から出発するのか。自然や人間からか。純粋自然からでもない。［それは］それ自体人間ではない。肯定的にとらえられた人間は有効な哲学的原理ではなくなるだろう。人間はそれ自体、二つの自然ではなく、二重の自然である。「労働の材料も主体としての人間も、ともに歴史的運動の成果でもあれば出発点でもある……」(MEGA, t. I, vol. 3, p. 115-116〔四五八頁。ドイツ語による引用〕)。

マルクスによって素描された哲学は、本質的に弁証法的である。言いかえれば、自然や人間、歴史は、ある原理的属性によって定義できるような実体としてではなく、標定可能な中断がないような運動、そこにはつねに他者が含まれている運動だと理解されている。そこには、物質－観念、主観－対象、自然－人間、即自－対自の分裂はなく、そこで否定性が働いている〈存在〉のみがある。したがって自然は、純粋対象あるいは外在性としてではなく、「感性的なもの」、肉的なもの、私たちが見ているところの自然として定義されることになるだろう。

自然的存在は、互いにあらかじめ定められた内的関係を有している。人間は、純粋主体としても、自然の断片としても定義されず、主観－対象〔Subjekt-Objekt〕という二面性をもった一種の連結によって定義される。すなわち一方で対象つまり能動的対象に対する関係として、そしてそこから他方で、本質的に他の人間つまり類存在〔Gattungswesen〕、社会〔Gesellschaft〕に対する関係として。この後者の関係は、生物の外的存在に対する自然な関係の変形であり、延長である。この意味で、歴史は人間の肉そのものである。

「人間は直接に〔＝表面的に〕自然物（Naturwesen）である。自然物として、しかも生きた自然物として彼は一方では自然的諸力、生命力をそなえ、一つの能動的な自然物である。（……）他方、彼は、自然的、肉体的、感性的、対象的（gegenständlich）な存在者として、動植物と同じように、一つの受動的な（leidend）、制約され制限された存在者である。ということは、彼の衝動の諸対象が彼の外に、彼とは独立な対象として存在するということである。（……）人間が一つの肉体的な、自然力をそなえた、生きた、現実的（wirklich）、感性的、対象的な存在者であるということは、彼は現実的、感性的対象を彼の本質《ヴェーゼン》の対象、彼の生活表現（Lebensaüßerung）の対象としてもつということ、換言すれば彼はただ現実的、感性的対象においてのみ彼の生を発揮しうるということである。対象的、自然的、感性的であるということと、同じくまた対象、自然、感能（Sinn）を自己の外にもつということ[1]、あるいは自身、第三者（存在）にとっての対象[2]、自然、感能であるということは同一の事柄である（ist identisch）。飢えは一つの自然的な欠乏であり、したがってそれは何かそれ自身以外の自然、何かそれ自身以外の対象を、満たされ、癒されるために必要とする……。太陽は植物の対象であり、植物に不可欠な、その生命を保証する（bestätigend）一つの対象であるとともに、植物もまた、生命を呼び起こす太陽の力、太陽の対象的な本質力の発現（Aüßerung）として、太陽の対象である。あるものがそれの自然を自身の外にもたないとすれば、そのようなものはいかなる自然的存在物でもない……。どのような対象をも自身の外にもたないようなもの（ungegenständlich）は、どのような対象的な存在物（Unwesen）でもない。

自身が対象であるのでも、また何らかの対象をもつのでもないような、そんなものを定立してみるがよい。そんなものは第一に、唯一無類のもの（das einzige Wesen）であり、どんなものもそのもの以外には存在しないものであろう（……）。というのは、もろもろの対象が私以外に存在することになり、私がひとりぼっちであるのではないことになるやいなや、私は私以外の対象とは何か違ったもの、何か違った表現であることになるからである。かくてこの第三の対象にとって私はそれとは違った現実である」[3]（*ibid.*, pp. 160-161〔五〇〇－五〇一頁〕）。

（1）〔〈人間〉はその意味や存在を自己の外にもち、主観－客観関係は外部への前－意識的な関係の中から生まれる。それは「純粋な」（〔p. 160〔K・マルクス「一八四四年の経済学・哲学手稿」、五〇〇頁〕）活動ではなく、「対象的」で重要な活動である。〕

（2）［欄外に］そして、同時に、人間が事物とこの判明な関係をもつがゆえに、人間は「他の」人間に対して、「他」となる。世界との関係と他の人間との関係の交錯。間身体性。自然と社会性の交差配列〔Chiasma nature-socialité〕。人間は社会を生産し再生産すると同時に、社会によって生産され、再生産される。それはちょうど、人間が事物を生産すると同時に、事物によって生産されるのと同じである（*ibid.*, pp. 115-116〔四五八頁〕）。

（3）［欄外に］… die Gesellschaft ist die vollendete Wesenseinheit des Menschen mit der Natur, die wahre Resurrektion der Nature, der durchgeführte Naturalismus des Menschen und der durchgeführte Humanismus der Natur.

したがって、人間は苦悩し〔leidend〕、人間がその苦悩を感じるがゆえに、受苦的な存在（leidenschaftliches Wesen）である。

「しかし人間はただたんに自然物であるだけでなく、人間的な自然物である。ということは[1]、おのれ自身に対して存在するもの（für sich selbst seiendes Wesen）であり、それゆえに類存在（Gattungswesen）であるということである。したがって、人間的対象は、直接そこに現れてあるがままの自然的対象でもなければ、また直接にあるがままの人間的感能（der menschliche Sinn）もまた人間的感性、人間的対象性なのではない。自然は――客体的にも――、また自然は主体的にも直接に人間的本質に適合してそこにあるのではない。そして自然的なものはすべて生成しなければならないように、人間もまた彼の生成活動（Entstehungsakt）、つまり歴史をもっている。しかしこの歴史は彼にとっては意識的な生成活動であり、したがって意識をもってする生成活動として、自らを止揚する生成活動なのである（als Entstehungsakt mit Bewußtsein sich aufhebender Entstehungsakt）。歴史は人間の真の自然史である」（*ibid.*, p. 162〔五〇一－五〇二頁〕）。

（1）［欄外に］それに先行するものはすべて、まだ自然な［特殊性？］でしかなかったのだ。むしろ人間は対自存在なのだから、一般性である。つまり人間は、世界や他者との関係を内面化し、それらの中に自らを投企するのであって、人間が他者であり、他者が人間なのである。

感じ－実践する人間は、自然の歴史への変形である——それは対他存在へともたらされた自然であり、したがって自らを破壊することによって自己実現し、自らを乗り越えることによって自己保存する。——そして、この肉的・「物質的」歴史は、自然の諸力に、それの「ハンドル」として役立っているつねに「客観的」な運動に〈クラッチを〉つなぐ。

　これはまさにフォイエルバッハであるが、人間を生み出し、人間によって生み出されるものとしての歴史的次元をともなっている。したがってそれは、世界の肉の中に下ったヘーゲルとその否定性である。

　しかし当時、哲学的問題は、この否定性の正確な地位であった。それは自然の上を漂流し、もはや絶対的〈自己〉ではない。

　もし、そこにこだわるとすれば、結局それはヘーゲルからきたのである。それは、出生証明書として出生証明書を「自ら乗り越え」る。なぜなら、それは「対自」だからである。それは知っていること、知《ヴィッセン》への接近ではないか。

　しかしマルクスは、自然概念を導入することによって、否定性が空中を浮遊したままにしておくことを自らに禁じた。マルクスは、フォイエルバッハに対立して、ヘーゲルの否定の否定を、人間の誕生以前の歴史の抽象的定式として継続した。しかし、この否定の否定は、人間の肯定的〈存在〉あるいは第二の自然を設立することであり、それゆえマルクスは、自己に立脚する肯定的なものを原理ととらえた点でフォイエルバッハを称賛する。マルクスがフォイエルバッハを非難したのは、彼以前の省察を検討しなかった点だけである。マルクスの方は、歴史そのものによる歴史の止揚《アウフヘーベン》を検討し、自己止揚《ゼルプストアウフヘーブング》することを人間の「真の〔wahre〕本質《ヴェーゼン》」の開花として検討している。「私が宗教は疎外された人間的自己意識であると知るならば、それなら私は宗教としての宗教のうちに私の自己意識の証をみるのではなくて、かえって私の疎外された自己意識の証をそのうちに見る。そうだとすれば、私自身に、私自身の本質に属する私の自己意識の証は、私はこれを宗教のうちにでなく、むしろ抹殺され廃棄された宗教のうちに見るのである。それゆえに、ヘーゲルにあっては否定の否定は、まさに見かけ上のものの否定による、本当のものの確認〔Bestäigung〕なのではなくて、見かけ上のもの、あるいは自身にとってよそものとなったものの、その否定における確認であり、あるいはある対象的な、人間の外にいて彼とは独立であるところのものとしてのこの見かけ上のものの否定と、このものの、主体への転化である」（*ibid.*, p. 164〔五〇四頁〕）。

外部への関係の問題について言えば、これが意味するのは、もはやこの関係が、否定的なものと肯定的なもののあいだの関係でも、ヘーゲルにおいてと同様肯定的なものにおける否定的なものの疎外でもありえず、この二つの項が相関的だということである。したがってまた、否定の否定とは疎外からの解放であり、肯定的なものとの矛盾なき関係を確立することである。また止揚《アウフヘーベン》の問題について言えば、それは、本質を「我有化」した人間を設定することであり、人間が自己とバランスを保っている新たな人間の状態をつくりだすことなのである。

したがって、（一）肯定的意味から引き出されたヘーゲルの否定の否定。「かくてヘーゲルはそれ自身へ適用された否定の肯定的な意味を――またしても疎外されたやり方においてではあれ――つかむことによって、人間の自己疎外、本質の外在化、対象喪失と現実喪失を自己獲得、本質表明、対象化、現実化としてつかむ。約言すれば、彼は――捨象の内部で――労働を人間の自己産出行為としてつかむ[1]……」(*ibid.*, p. 167)。

(1)［Costes 版、pp. 86-87.〔K・マルクス「一八四四年の経済学・哲学手稿」、五〇六頁〕］

「ヘーゲル弁証法の肯定的な諸契機……(a) 疎外を自身のうちへ取り戻す対象的な運動としての止揚。これは対象的なものの、その疎外の止揚を通じての獲得に関する、疎外の内部において言い表された直観であり、人間の現実的対象化についての疎外された直観である……」(*ibid.*, pp. 166〔五〇六頁〕)。

そこから、否定性(とくに否定の否定)とは、これまで一度も存在したことがないが、これから存在することになる人間の「真の本質」の裏側にすぎないことになる。端的に肯定的なものとしての自然は、起源にあるだけでなく、終わり＝目的にもある。「神の廃棄としての無神論が理論的ヒューマニズムの生成であり、私的所有の廃止としての共産主義がおのれの所有物としての現実的人間的生活の取り戻しであり、実践的ヒューマニズムの生成であるようなものであり、換言すれば無神論は宗教の廃止を、共産主義は私的所有の廃止を、自らの媒介としてもつヒューマニズムである。この媒介は一つの必然的な前提である、初めて、肯定的におのれ自身から始めるところのヒューマニズム、肯定的なヒューマニズムが成立するのである」(*ibid.*, p. 166-167〔五〇六頁〕)。

もっとはっきり言えば、否定的否定の否定の先行段階を支えている、人間が本当に自己を所有するという未来(自然の概念による言外の暗示)の記述である。「人間と自然との本質性が実践的、感性的に〔praktisch sinnlich〕歴然たるものになった以上、……何かよそものの存在者、何か自然と人間を越えた存在者への問いは実際上、不可能になった。無神論はこの非本質性の容認であって、もはやなんの意味ももたない。……社会主義としての社会主義はそのような媒介をもはや必要としない。それは実在するものとしての(als des Wesens)人間と自然との、観想的および実践的に感性的な意識から始める。それは人間の肯定的な自己意識、もはや宗教の廃棄を介することのない自己意識である。このことはあたかも現実的生活が人間の肯定的な現実性、もはや私的所有の廃止、共産主義を介することのない現実性であるのと同様である。共産主義は（たんに）否定の否定としての肯定であり、それゆえに人間的な解放と奪回の、すぐ後にくる（nächste）歴史的段階にとって必然的な、現実的契機である。共産主義は次の（nächste）未来の必然的形態と力動的原理であるが、しかし共産主義はそれ自体が人間的発展の目標――人間社会の形態――なのではない」（*ibid.*, p. 125〔四六七頁〕）。共産主義が彼岸（肯定的なものとしての否定の否定の側面）に向ける顔。すなわち、私的な固有性の「肯定的展開」であり、人類の真の我有化である。「人間と自然との、また人間と人間とのあいだの相克の真の解消、現存と本質とのあいだの、対象化と自己確証〈Selbstbestätigung〉とのあいだの、自由と必然とのあいだの、個と類とのあいだの抵抗の真の解消である。それは解かれた歴史の謎であって、自らがこの解決であることを知っている〈er ist das aufgelöste Rätsel der Geschichte und weiss sich als diese Lösung〉」（*ibid.*, p. 114〔四五七頁〕）。

こうしてマルクスは、直接的な肯定性（と異なる）フォイエルバッハ［と異なる］。しかし、否定性の領域は、二つの側面つまり〈自然〉と、自己との〈等しさ〉によって囲いこまれている。歴史的な謎の解決（あるいは先史の……［それは］マルクスのためらいである）。

ところで、ルカーチが述べたように、この「直接的思考」（この思考は、遠い未来にはふたたび拒絶されるとしても、この思考によって支えられているすべての弁証法に色合いを与え、また取るに足りないものの可能性として、世界や人間の絶対的再創造として、止揚《アウフヘーベン》や労働に自らのスタイルを与えている）は、ヘーゲル的観念論による弁証法の排除ではないか（『若きヘーゲル』、p. 708〔五三八頁〕）。「このエンゲルスの一節を、あたかもヘーゲル哲学をふたたび唯物論的基盤に立たせるには、哲学的記号の数々を転倒することだけでよいはずだと理解することは危険だろう」（『若きヘーゲル』、p. 686〔五〇七頁〕）。

イポリット『論理と実存』、p. 238。〔訳注17〕

「マルクスは、フォイエルバッハにこの歴史的次元をつけ加えた。そのとき、マルクスは、具体的な歴史的闘争の中に多かれ少なかれヘーゲル的な弁証法を再発見した。しかし彼は、肯定的なものを否定の否定に還元することを拒否する。……彼にとって人間の対象化は疎外ではない。なぜなら限定された対象は、否定ではなく、第一のものだからである。ついで、さまざまな闘争を生み出し、それに終止符をうつのは歴史である」*Ibid.*〔『論理と実存』、同頁〕。「否定の否定の代わりに、自然のもつ第一の肯定性を置きかえなければならない。この肯定性から出発して主体的に人間を考えなければならない」*Ibid.*, p. 239〔『論理と実存』、二九〇‐二九一頁〕。「さまざまな歴史的闘争の解決の後で現れるのは、この人間的本性である。肯定性が最初にあり、肯定性が最後になる。そしてこの肯定性は、その中にいかなる亀裂ももっていてはならず、いかなる否定性もあってはならないのである」。そのときから実践《プラクシス》は、開けであること、すべてを作る活動であることをやめる。というのも実践《プラクシス》は個別的なものでなく、自己の乗り越えであるところの階級によって生気づけられているからである。実践《プラクシス》はこのような階級の権力の技術になる。〈党〉と独裁によって肯定的なものにたち帰ること。たしかにそれは効力であるが、否定性の実現なのだろうか。

ある意味で、肯定主義は、皮肉にもヘーゲルの絶対的否定あるいは否定的絶対と同じ結果を生む。すなわち隠れた歴史の意味、神々の争いである。スターリン主義とヘーゲル主義。ヘーゲルは否定性や緊張の方向をさらに進めたのだと言うことさえできるかもしれない。

今日、意識することとは。ソヴィエト社会の中で認められている敵対的でない対立は、もはや自然への歩みとしては示されない。

哲学と非‐哲学。切り離された哲学は、つねに偽装のもとにふたたび現れる。否定主義にも肯定主義にも固まらない否定の否定が必要なのである。

『資本論』のテクスト（『経済学批判序説』のテクスト）。哲学を放棄することは、自然／歴史のさまざまな難問の意識でなければならない。

補遺

執筆の下書き

（1）［国立図書館分類番号。Merleau-Ponty, Boîte III, 21 feuillets.］

一九六〇年一〇月[1]。
見えるものと見えないもの

I 〈存在〉と〈世界〉
第一部　反省と問いかけ
第二部　垂直的世界あるいは野生の〈存在〉
第三部　野生の〈存在〉と古典的存在論

第二部　見えるものと野生の〈存在〉
［あるいは、第一、第二節を、おそらく第一部「反省と問いかけ」に結びつける。］

（1）［クロード・ルフォールは『見えるものと見えないもの』〔四頁〕においてこのテクストの〔一九六〇年一一月という日付をも

つ〕最後のヴァージョンを転記している。〕

第一節　相互内属〔Ineinander〕

私たちが自らに提起できるすべての問いの中で、他の問いを一つも前提にしないような問い、根源的あるいは哲学的な問いはたった一つしかなく、それは「私は何を知っているのか」という問いですらない。なぜならこの問いは、私たちが知っていることを枚挙することを求めるだけになりかねないからだ。そして知という観念をまったく吟味することなしには、この問いを究極の問いとして提示することはできない。すべての経験が知であることは自明だと想定することによってのみ、これを究極の問いとして提示できる。そのとき「私は何を知っているのか」という問いは、「私はどこにいるのか」や「今何時なのか」という問い[1][2]と同じように、知識の問いにすぎず、そのときひとが決めかねているのは、時間、空間、知といった、それ自体では構成されていない諸存在《アンティテ》を、どのように特定の事例へ適用するかということにすぎない。こうした問いは、肯定的《ポジティフ》な言表の一時的な不在、直説法の連鎖が形づくる生地における欠落にすぎない。このような直説法の連鎖は権利上連続的だとひとは確信しているが、それはあらゆる事物が場所をもつような空間、あらゆる体験が場所をもつような知があるからだ。だが私たちが文章の流れの中で「私は何を知っているのか」と言うとき、私たちが自分たちに向けるのはまったく異なった問いである。すなわち、この問いはそれを廃棄するような答えを期待していないし、「私はどこにいるのか」「今何時なのか」という問いのように、私たちの困惑の彼方に同一的な〈存在〉の次元を前提にすることもない。この問いが補足的な説明なしに指し示しているのは、私たちには欠けているようなさまざまな事実や事例や発見物が、曰く言いがたいものとしてあるような、ある種の叡智的な場であり、私たちの知より広く明確な知、かといって、ほとんど私たちの手中にあるような夢でもない知への依拠である。このとき問いかけは、たんなる逆転による直説法の派生態ではない。それは〈存在〉を目指す独自な方法であり、〈決まり文句〉としての修辞的な文彩であり、答えを期待することも、問題を明確に立てることもなしに、ささやかな神秘を指し示すのである。

（1）［M. Merleau-Ponty, *Le visible et l'invisible*, p. 140.〔M・メルロ＝ポンティ『見えるものと見えないもの』、一四四頁〕］

（2）［欄外に］この問いの第二の意味があることを言うこと。以下を参照。

いずれにせよ、このような「私は何を知っているのか」あるいはモンテーニュの問いにおいて問いに付されているのは知という観念そのものであり、問いはそれを表現するために使われる用語にまで向けられる。その結果として、この問いは――肯定でも、蔽われた否定でもないような――十全たる問いとなり、究極の問いとはおそらく問いとしての知〔savoir-question〕であり、問いかけ的であることこそが〈存在〉に固有な様態であるという考え方、言いかえるならば、〈存在〉とは私たちの問いの沈黙の対話者であり、私たちの問いかけに場を与えるものであるということ、私たちの答えはその謎を断ち切ってしまうがゆえに、この問いかけを含んでいないということをほのめかしている。「私は何を知っているのか」が最終的には「何がそこにあるのか」[1]をも意味するような深い意味において、この問いは哲学的な問いである。おわかりのとおり、この問いは何らかの知識が終止符を打つことができるような問いの一つではない。というのもそれは定式化された問いとしての自らを宙吊りにするからであり、〈存在〉はおそらく問いを通してしか接近可能ではなく、この問いの機能はなんらかの肯定的な言表の前に消え去ることではなく、おそらくはそれを背後から動機づけ、前方から要求するようなものを開示するからである。それは視線の問いかけが、それを促したり引きつけたりする事物を開示するのと同様である。

（1）［欄外に］「知とは何か」、さらには「私とは何であるか」。

105 さて、このような問いかけは、他の問いと異なり、さまざまな問いの中の問いとして、なんらかの肯定的な答
えによって終わることはない。そのようなことは原理上不可能なのだ。どのようなものであれ、言表とはつねに
語られた事柄であるだろう。奇跡的にもけっして欠陥を指摘されなかったり、それが適用されないような辞項が
まったく考えられなかったり、さらにはすべてのものになんらかの光明を与えることがあったとしても、それが
106 もつのは立場表明や判断といった述定的な真理だけであり、それをカオスに陥らないようにしてくれるもの、す
なわちある一つの立場を取る以前に存在において立場をもっていたもの――言明〔statement〕という〈思考され
た思考〉に先立つ、〈思考する思考〉――を自らの外部に放置してしまい、それとともに、それが馴染んでいる
世界や野生の〈存在〉をも放置してしまうのだ。だが哲学的な問いかけが目指すのはまさにこうしたすべてのも
の、すなわち自明であるようなことすべて、認識問題に先立ち、認識へと導いてくれるようなことすべてなので
ある。

哲学的な問いかけは完全な解明を要求し、そしてまた自らがなぜ生まれ、何を動機として生まれるのかを知ろうとする。そしてこの要求を、「答え」が始まるそのたびごとに繰り返す。それは何ものも信用しない。私たちの前反省的な生についてこの問いかけが取る視点そのもの、それが表面へと導いていく私たちの深い歴史の切れ端などもまた、一挙に獲得された真理の数に入れてしまうことはなく、それらを平穏に積み重ねることもない。そうしたことをするためには、問いかけの瞬間において、知ろうとしていたことと一致していなければならないし、この接触を少なくとも明日の私たちの自己には伝えることができなければならないからだ。だが、ここで私と他者たちとのあいだ、さらには私と私のあいだに介在する媒介物については問題にせず、記録や表現の努力とは別に、まさに私がそれを行使しつつある瞬間において、哲学的問いかけを考察してみた場合、そのときでさえ、哲学的な問いかけはそれが問うものと区別されないことはなく、私の内で（そして私の外で）固有の歴史、固有の系譜をもつような、一つの実践や態度なのである。そしてたとえ私がたった今それを再発明したとしても、そ

れがわずかであれ持続するという事実からして、それは制度化された事物の一つとなってしまうであろうし、それは始まるのではなく、〔すでに〕始まってしまっているのであり、非‐顕在的な獲得物に働きかけている。――それはそれ自身に与えられているのだ。だから哲学的問いかけは、それに先だって存在した素朴な世界を知 107 るには遅すぎ、〔他方〕それがその場の状況や生まれつつある習慣、そして自己と自己のあいだの約定などから得る決断《イニシアティブ》、自由な操作、文化という批判的で二次的な企てなどをすべて知るには、早すぎるのである。それが問いかけるものはすでに背後にあって、理念的発生の努力すべてに抵抗している。そして、この塊《マッス》に追いつこうとして、その弱々しい力や、分別のある限界を超えようとするときには、哲学的問いかけは自らの好奇心を自らに向けることになり、現在においてさえ自らを捉えることはできず、自らを支え、自らを部分的なものとするような諸動機の開示を、未来に期待しなければならないことに気づくのである。このときそれは時期尚早のものとなるのだ。

だがもし事態がこのようなものであるならば、すなわち哲学的問いが原理上消しがたいものであるなら、また、108 世界や私たちを「ごく自然なもの」としてくれるような解明などなく、私たちをなんらかの唯一の源に据え付け、そこから世界を見たり、それが生じるのを見たりすることを可能にするような反省などないとしたら、そして私たち自身や世界との一致すらないとするなら、哲学とは不透明な世界との沈黙の対面なのではないか、そして私たち自身も、別のかたちで、そして世界に劣らず不分明なかたちで、そこに存在するものとの耐えがたい対決なのではないか、世界や私たちの生や私たちの言葉や私たちの行為の不可解な増殖を前に、私たちの口を塞ぎ、言葉も答えもなくさせてしまうような、純粋な不安なのではないか。だとすれば哲学的問いかけとは、あらゆる存在や経験について問いを形成するために置く疑問符であって、そこから引き出せるものは何もないのではないか。よろしい、世界と私たち自身は思考不可能なものであり、その後で真面目なことが始まるのだ、哲学はその根源性においてあらゆる体系、あらゆる反省、あらゆる直接態を排除し、すべてを宙吊りにし、あらゆる光明とあらゆる言語とあらゆる論理を断ち切ってしまうとすれば、いったい何の名において、それは肯定的な言表を不分明で素朴で派生的なものなどとして糾弾することができるのか。それは無のようなもの、清算すべき古き夢、忘れるべき悪夢なのではないか。こうして哲学自身が、自らの終焉を宣告するのではないか。

もし哲学が、反省的一致と直観的一致という二つの袋小路のうちから一つを選択しなければならないとしたら、たしかにそのとおりであろう。〔まず〕それが事物と私たち自身の絶対的な俯瞰であろうとすればそうなのだ（構成的であると自称する意識は、心理学的・民族学的・歴史的意識よりつねに貧相であること、そして、全能の反省なるものも、それ自体では、哲学者がすでに保持していた範疇や、その語の意味をほとんど越えることがないことに気づかれる）。だが〔他方では〕意識を開かなければならないとしても、それは事物そのものとの融合ではないだろう。というのも、私たちは石や海老について思考し、それについて語るやいなや、もはやそれらではないし、事物そのものに忠実でありつづけようとすれば、それについて語ってはならないからだ。事物そのものはカオスになる。

だがこのジレンマには根拠があるだろうか。哲学的問いかけの前にはこの二つの可能性しかないのか。実を言えば、お気に入りの意味を際限なく繰り返すことと、事物との不可能な一致のあいだで、どちらか一つを選ばなければならなくなるのは、それが閉じられた思考、より一般的に言えば、近傍的《プロキシマル》な思考であるときだけである。この言葉で意味しているのは、絶対的な近さの理想に取り憑かれている思考のことであり、たとえば奥底まで精神によって貫かれた理念的な意味の思考のこと、あるいは、まさにそれがある地点において、そしてそれがある瞬間において見られているような、存在する事物の思考のことである。遠くにおいても、また見かけにおいても大きくなったりはしない事物のできるだけ近くにいようとする思考、断ち切ったり裸にしたりする残酷な思考、真理の愛というよりは誤謬を恐れることであるようなこうした思考こそが、私たちを自分の意味の中へ、言語によって語られた事物の楽園、合理的な事物の楽園に閉じこめてしまう。外部や世界そのものを求めようとするときには、［それは］外部や世界を不透明な〈存在〉としてしか考えることができず、私たちはそれと混じり合うことはないだろう。しかしながら、絶対的な近さの要求が思い込みであり、概念の内的な十全性や事物の自己同一性が神話であり、観念や事物は本質的にある距離をおいて自己現前するものであり、概念そのものや事物そのものは、精神を封じ込めてその運動に終止符を打つものではなく、それを窒息させることなくその期待を満たすものであるのだから、この距離は存在を知るための障碍にはならず、反対にそれを保証するものとなるとするならば、こうした二つの試みはいずれも無益であり、その失敗も回避可能なものとなるだろう。［近傍的な思考は否定主義的な思考(1)（私は無である）であり、［そして］肯定主義的な思考（存在は存在する）でもあり、これら二つのあいだには、〈自然〉から写し取られた精神の世界性〔Weltlichkeit〕の神話がある。要するに近傍的な思考とは理念化的な思考である。哲学とは、理念化（二重の傾向の形式そのもの、すなわち事柄そのものへ〔zu den Sachen selbst〕向かう構成）に対して行使すべき還元である。哲学は何を残すのか。カオスや直接態ではなく、相互内属〔Ineinander〕である。］

（1）［括弧はメルロ＝ポンティによる。］

根本的に言えば、近傍的な思考の前提には、哲学的な問いかけに対する誤解がある。哲学的な問いかけは不確実性さらには否定として理解され、それらは観念や事物そのものの肯定性にしか屈しえないとされているのだ。——それに対して、哲学的な問いかけは〈存在〉と袂を分かつことはなく、それを廃棄することも、それが出現するのを見るために、無から出発してそれから身を引き離すこともなく、たんにそれを宙吊り状態に置き(1)、それと私たちのあいだに、そのレリーフが見えるようになるような、あらゆる定立以前の、自明で沈黙した存在の現前が開示されるような、隔たりを打ち立てるものなのである。

（1）［欄外に］意識の概念はすべて肯定的なものである。

同じことを、第三の方法で語ってみよう。哲学を死に至らせるのは、こうした完全に否定的で（私は無である）、完全に肯定的（〈存在〉は存在する）な思考であり、こうした思考は無をその無において固定し、〈存在〉をその存在において固定できると考えている。しかしながら、もし無が存在せず、〈存在〉が存在するとすれば、無についても同一的な〈存在〉についても語ることはできないだろう。存在と無は相互に表裏一体であり、まさに慎重な吟味によって事物の属性がすべて私から排除されるかぎりにおいて（私は気息でもなく、煙でもない）〔訳注1〕、世界へと到来するためには私は諸事物に依拠しなければならない。このような否定的なものの思考には容易には入ることができないと考えなくてはならない。この思考は出現するやいなや、無の思考として廃棄されてきた。無は属性をもたないからである。その代わりに精神あるいは魂〔mens sive anima〕、すなわちいかなる存在も自らに疑義をはさむことができないような、懐疑する存在が現れる。こうしてプシュケ〔心〕の混乱した歴史が始まり、私たちはまだこの歴史から脱出してはいない。事物の諸性質をすべて否定することとして定義されてきた精神と、純粋に事物であるような事物、すなわち価値や性質などの属性を受けつけないような、剝き出しの事物とのあいだにあって、それらが同じ一つの世界に所属しているとすれば、それらの混合がなされなければならない。諸事物が世界を形づくるのは、それらが隣接関係や、相互に密着した関係にあるからである。諸精神は、客観的世界の概念に侵蝕されさえしなければ、この充実した世界のあちこちに、否定性の島々のように浮かぶことになるだろう。この世界がその諸精神の身体を貫き、集合させているのだから、諸精神を包括し、集合させているはずではないか。こうしてプシュケという骨の折れる神話が創造される。物理的因果性の道のりは脳まで辿られ、さらには思考まで延長される。思考が世界に所属し、世界の事物を見るということ、あるいは少なくとも世界に依存しながら見るということがたしかであるならば、この道のりは思考にまで延長されなければならないはずである。一群の実体が導入され、以下の四つの［?・］、すなわち感覚、イマージュ、注意、記憶がその遺産を相続する。この四者の関係は物理的因果性と同じタイプのものなのである。世界概念を解明することにそれほど固執せず、〈我思う〉をこの世界に繋縛するために、世界を因果関係によって集められたたんなる事物としての事物に含まれた総体と見なしていた哲学にとっては、内的な世界が、つまりこの世界を裏打ちし、その亡霊であるような世界が必要なのである。心理学はこの内的世界を満たしつづけてきた。というのも結局のところ私たちは、私たちがそれについて思考する以上の事物を生きているのは明らかなのだから、感覚やイマージュの下部構造に、無意識的な感覚やイマージュの下部構造がつけ加えられてきたのである。したがって生きるのには実に単純な私たちの生の各瞬間が、心理的諸要素の群れによって支えられているように見え、私たちは私たちの視覚を「私たちの奥底で」支える不分明な作用を夢見ることなしには、目の前の対象(1)を見ることももはやできない。連結機能によって結ばれた、一連の心的な存在ないしはその体系という一般的な意識観は、社会科学によって問題視されさえしなければ、どうにか維持されていたことだろう。というのも、このように作られた意識が、対自的に存在するやいなや、どうやって相互的に存在できるのか、物理的な存在をもたない人間世界の諸特徴、諸性質、諸次元が、どのように第一性質よりも早く、刺激の役割を演じることができるのか〔という疑問が生じたからである〕。したがって私たちのプシュケ概念は危機に陥っており、もはや長く維持されることはないだろう。だがこの危機を乗り越えるためには、その起源を理解しなければならない。そしてこの起源こそが、否定主義的とも肯定主義的とも言えるような思考である。この思考は、精神を身体の純粋な否定として、身体を絶対的な肯定性として定義し、世界をこうした二つの次元に分断してしまったために、プシュケという折衷的な神話によってしか、その統一性を見出せなくなってしまった。危機が乗り越えられるのは、純粋な肯定性としての延長という純粋観念と、純粋な否定性としての精神という対抗《コントル》的な抽象物を解体し、そして言うまでもなく、プシュケという折衷的な神話学をも解体したときであろう。私たちは、その伝統が他者たち、私たちの身体、自然、〈存在〉との関係を覆い隠しているヴェールを引き裂き、それらとの接触を再発見し、プシュケに関する諸概念——たとえば記憶、感覚刺激といった概念こそが、心理学を現在の袋小路へと押し込めてしまった——をすべて適切なものに作り替えなければならない。もはや問題なのは、なにも理解させてくれず、私たちの過去との関係すら理解させてくれないような、肯定的な諸実体の亡霊の群れによって、精神を満たすことにあるのではない。精神の世界性〔Weltlichkeit〕を、物理的世界の諸原理に従わせることなしに、改めて考えてみなければならない。そもそもこの物理的世界は、近年になって動揺させられている。哲学とは、このような理念化と偶像の破壊であり、誰も見たことのないような幻想的な直接性への回帰としてではなく、私たちがそうであるような〈存在〉と無の不可分性、私たちが体験しているがゆえに何らかのかたちで知っているような、〈存在〉と無の不可分性への回帰として、生まれ変わるのである。

（1）［欄外に］プシュケの批判を第二部の第一段落に移し、知覚、イマージュ、さらには志向性などのすべての肯定的な諸概念の批判を導入すること。

相互内属〔Ineinander〕。

したがって、このようにすべてを宙吊りにし、どのような答えにも満足しないような哲学的問いかけについてひとが不安になり、いったい何の名の下にそのようなことをするのかと尋ね、そのような問いかけは、見かけに対する批判を支えるような、何らかの直接的なもの——意味そのものや事物そのものといった直接的なもの——を示すことでまずは自己正当化すべきではないか、と要求するとき——、そしてそのようなものが見つからないため（直接的なものは定義からして、苦労してやっと見出せるような失われたものであり、それと私たちのあいだには媒介物があり、いずれにせよ私たちの起源ではなく、結局のところ偽《にせ》の直接的なものなのだから、どうしてそのようなものが説得的でありえようか）、議論は終わりだ、哲学の時代は終わったと宣言してしまうようなときには、ある意味では哲学の時代は近傍的な思考の終焉とともに始まるのだ、あるいはふたたび始まるのだと答えなければならないだろう。この近傍的な思考は、無であるとしてもけっして重さなき純粋な思考ではないということを忘却して、俯瞰という普遍的権能を詐称してきた居所不定の思考であり、概念や存在する世界や「心理学的生」のうちに全体性を求め、こうした根源的な堅固さと私たちのあいだを通過する厚みを忘却するため、おのれの道や歩みそして自分自身を、その結果に基づいてかたどってしまい、その理念化のうちに消え去っていたような思考なのである。

哲学はまさにこの失敗において再生する。というのもこの失敗はたんなる思考の挫折、説明不可能で、そこから何も帰結を引き出せないような破局ではないからだ。説明や反省的な一致、そして直観的な一致を忘れることによって、哲学は学ぶ。なぜ自らの企てが頓挫したのか、どのような先入観が自らの領野を制限していたのかを学び、その広がり全体においてこの領野を学ぶのだ……。この領野はどのようなものなのだろうか、哲学があらゆる知や経験を裁いてもらう場であるような、密かな学とはどのようなものなのだろうか。哲学が、私たちの命題のすべてを素朴なものとして委ねるような最終審級とは何なのだろうか。それはもはや絶対的な一致の次元、完全に肯定的な直接性ではないし、〈存在〉の最も近くに赴くような経験（十全な観念、感覚的個体性、私たちのうちにおける持続など）、他の経験を二次的で派生的で抽象的なものとしてしまうような経験ではない——したがって唯一の参照面でもなく、主観性の形而上学が問題になる場合には、つねに主観性によって欺かれる一義的〈存在〉でもなく、あるいは事物によって［欺かれる］〈対象 - 存在〉でもなく、こうした多数の参照が私たちを通過すること、それらが私たちのうちにおいて出会い、重なり、交差し、対峙することなのである。というのもそれら多数の参照はすべて私たちの生の地平にあり、そして、私たちはそれらを同時に生きるのであるから、それらを同時に思考する手段があるはずである。私たちのまわりには自然的な事物があるが、そのことが意味するのは、こうした事物が自らのうちに安らい、それについて私たちがもつ知覚はこれら事物においてなされているかのように思われるということである。どのような恒常的な努力をもってしても、それらのうちに移行することはできない。もし移行に成功してしまったら、もはや見るものも見えるものもないことになるだろう。したがって、そこにあるもの〔*ce qu'il y a*〕は、私たちが融合してしまわなければならないような、自己同一的な事物ではない。それは主観的形式を通して透けて見える事物であり、私たちの生の織地を通して触れる事物、万一剝き出しのかたちで与えられたとしても、そのぶん近くなることもないような事物なのである。私たちに求められているのは、このような逆説を理解することである。そしてまた、同一の不可分の事物が複数の生を通して現れてくるという逆説も理解しなければならない。それぞれの生はそれ自体のうちに封印され、私が自らに与える他者表象はすべて、それが私のものであるという重大な欠点をつねに備えている。私が自分のことを表象、総合作用、意識など、要するに精神的存在と見なしているかぎりは、私は他人のうちに非－我をしかみることはできないし、私が私のものとして経験する他の個体性に移行させることができるような連結機能、他人の知覚、通覧《シノプシス》、類比による推論などは存在しないのである。

しかしながら、他人は、私が私にとって私であるという意味では私の目には自己ではけっしてないが、たんなる絶対的〈他者〉、私の自己充足の不在や裂け目などでもない。他人とは、まさに私には欠けているきわめて特別の他者、私がそうならなくてはならない他者、私であるはずであるような他者でもあるのだ。ということは、私自身のうちになんらかの場所が用意されているということではない。そうではなく、私のものであって他人が要求するような場、他人のものであって私が要求するような場、たとえ競合するためであったとしても私たちが出会うような場、私たちのあいだで不可分であるような何か、他人と私とがそこから採取されるような〈存在〉があるということなのである。そしてこの複数の入口をもった〈存在〉、私を脱中心化し、私を私の彼方に引き出すことなしに、私が見ることのできないような〈存在〉、私自身の最も秘められた場所に到達し、私を公的領域へ引き入れるような〈存在〉、私のすぐそばにあり、私から無限の遠くにあるような〈存在〉、こうした〈存在〉はなお感覚的事物の地平なのであり、他人が私たちにとって他人であるのはどうしてなのかを理解することができるのは、私たちが感覚的事物においてそこにいるということはどのようにしてなのかを理解することによってなのである。私の事物への関係は最終的に、私自身であるような私との関係、一般的に言って主観性であるような自己への関係に光を投げかける。事物に対してと同じように、私に対して、そしてとりわけ私の持続に対して、私は「部分的一致」という奇妙な状況にある。もちろんのこと、私は私であり、誰かが内部から自らを知るとすれば、それはたしかに私である。私は私の持続であり、私が時間の湧出に立ち会うことができるのは、私のうちにおいてにほかならない。しかしながら私がそうであるこの私、私の持続について、それに接近したり、さらには対面したりすることは問題にならない。そのようなことは私の持続を殺すこと、その連続的生誕を中断すること、つねに新たなものであり、まさにそれによってつねに同一であるような存在の同一性を破壊することであろう。したがって私は私自身をすら遠くからしか見ることはできない。というのも、私は自己同一的存在として存在しているのではなく、私は非－一致や引き離しであるからだ。そして事物そのものが私が見ている見かけよりもつねに背後にあるのと同じように、私の凝集はつねに私の変化の背後にあり、私の統一はつねに私の多数性の背後にある。それは一つの地平であるが、ひとは私について、私の視点よりも近い視点を想像することはできない。なぜならそれは私の視点なのだから。したがって、自己であること、それは一致することではなく、非－一致と一致することですらない。私は私の前にしか光を見出すことはできないし、私はある種の場から、ある種の生や認識からしか、見ることはできない。そしてすべての事物の背後と同じように、私に先だって、ある潜在性があるのである。

自然的事物、他の人間的身体、そして私自身の非意志的な持続などとの関係がこのようなものであるとしたら、言語や意味によって支えられた文化的な関係に移行したときはどうなるのだろうか。この場合にも、ある一つの経験を別の経験の平面へと力尽くで押しつぶすことはできない。私の生には、受動性の沈黙の世界と、言葉や行為や認識によって意識的に取り上げ直される世界という二重の参照関係がある。これは二元論でないような二重性である。というのも、見たり語ったりするのは同一の人間であり、二つの次元が同じ一つの世界に所属することはどのようにしてなのかを理解しなければならないからだ。私たちが感覚的なものとしての感覚的事物について語り、したがってそれらは語りえないものではないということ、これは一つの事実であるが、このことと、文化的世界が見えるものへと降りていくということは別のことである。たった一枚の絵画を見ることによっても私の世界観は変わるのであるから、精神はたんに見えないもののうちにあるのではない。

もう一度言うが、これら二つの次元は、重なり合っているというよりは絡み合っているのであり、相互が他に支えられていると同時に他を支えているのであり、無を越えて相互に支え合っている。認識の世界全体は暗黙の前提によって生きており、認識を形づくる言説はなんらかの肯定的な視覚によってときおり支えられるにすぎない。たとえば私たちの時間についての思考は、それが生じてくる時間に捉えられている。自らのうちに安らってはおらず、人工的で脆弱なものである。私たちの意味は肯定的な実体ではなく、意味の隔たり、非顕在的な地の上の図であり、この図は何かが射映してくるためには、非顕在的でなくてはならない。すべてのものはこの土台の上にのみ立っている。そしてそれを吟味してみれば、そこには未完結で部分的《パルシエル》で偏《パルシアル》った思考がまだ多く見出されるのであり、目的に達するためには、知よりも下に降りていって、このしりぞけがたい見えるものにまで達しなければならないだろう。私はこの見えるものが何であるかはよく知らないにもかかわらず、それがそこにあることは知っている。だが他方で、見えるものは、非常に明白でありながら、そのつど疑わしいものでもあり、よりよく見ることを学ばせてくれるのは、意味の使用や訓練なのである。したがって受動性の世界はもう一つの世界のモデルでもコピーでもない。触れることのできない意味、そして言葉による色彩のない描写《グリザイユ》などは、受動性の世界を延長すると同時に修正するのである。

哲学が譲渡不可能な領域として再発見するのは、自己と事物、私と他人、見えるものと見えないものなどの、このような循環、結び目、相互内属〔Ineinander〕の関係であり、無による存在の生気づけ、存在の無による生気づけであり、移行でもあるような逆転であり、突如として別の次元を開いてくれるような展開であり、つねに縺《もつ》れ合っていた〔糸の〕かせであり、縫い目もなく、一本の糸で織られてもいない生地なのである。[1]

（1）したがって哲学とは、意識や総合ではなく、全体性における相互内属〔Ineinander〕である。そしてそれと相関的に、遠近法的で、完成し、回顧的な存在ではなく、実践において屹立し、前‐構成的な存在なのである。

見ることについて、例を挙げた分析を一段落〔執筆すること〕。

哲学が探求するもの、それは道よりも古い交差点であり、各々が音源であることを主張しているようなこだまである。哲学とは、解体することに満足するような分析ではない。というのも、解体するという行為そのものが、私たちの理性の秩序は諸事物の秩序ではないことを示しているからだ。〔また〕哲学は総合でもない。総合とは合成したり再合成することができるかのように考えるものであるからだ。それは融合、媒介の否定、あるいは一致ではない。なぜならそのようなものであると自称することによって、哲学は少なくとも融合、媒介の否定、一致という自らの企てを忘れてしまうからであり、自らが態度、二次的なもくろみ、完結しきった〈存在〉への特権的な方向づけであることを無視し、そもそも一般的に言って、私たちの世界への視点をつねに支えている実践を無視してしまうからである。

方法として、哲学は相互内属〔Ineinander〕の知であり、逆説的な含み合いであって、それによって意味の糸を引き出したときには顕在的な世界が武装して立ち現れ、自己を解明したときには他人や〈自然〉が立ち現れるのであり、また別の端から始めたときにはこうした関係が逆転する。[1] そしてこうした逆説に対する唯一の「解決」、根源的な問いかけに対する哲学の唯一の「解答」とは、私たちが世界から奪った武器を世界に投げ返すこと、言説「主体」「客体」「精神」「意識」「意識作用」「質料」「形相」「イマージュ」「記憶」「知覚」「感覚」「思考」など、私たちの目を覆い隠すあらゆる概念〕によって、私たちの視線や手や言葉が目指す〈存在〉を指し示し、私たちに現前させることなのである。というのも結局のところ私は、〈自然〉と精神とのすべての取り引きがなされる場であるような者として、見ること、触れること、語ることが何であるのか、それらすべてがどのようにうまく働いているのかを知っているからだ。

（1）〔欄外に〕〔カントについてのこうしたすべての説明は保存しないこと。ノエマ的反省、前‐構成的なものについての反省、世界や〈存在〉についてのその内部にいる者による反省からすぐに始めること。〕

第二節　沈黙の声あるいは哲学的な問い

哲学的な問いかけをより明確に位置づけてみることにしよう。あらゆる問いは中断や間隙であるが、私たちの通常の問いはためらいにすぎない。〔通常の問いにおいては〕イエスとノーのどちらかはわからないが、二つのうちどちらかではある。出来事の原因はわからないが、可能な答えを分類することならできるし、真の解答はあらかじめ図表《タブロ》の中に場をもってしまっている。哲学もまた、一見したところ同じ種類の問いを提起する。世界や運動や多は存在するのか、〈存在〉はそれらの外にあるのかといった問いである。だがこうした表現の下に、真の哲学的な問いが現れる。それは、そもそも〈存在〉とは何かということを知ることだ。

こうした何〔What〕という問いは科学〔＝学問〕の問いでもある。知の欠落を埋めるためであれ、それは一般に受け入れられた範疇を疑問視し、新たな種類の存在を発明することもあるのだ。

［科学の登場とともに、That にかかわる問いはすべて What にかかわる問いの文脈に包含され、これら二種の問いはたえず相互に絡み合う。理論的な総体はそれが示唆する経験そのものによってつねに疑問視されるものであるから、この往復運動がいつか停止し、世界が学知者の眼下において、決定的な理論的総体のたんなる帰結に

なるとは期待できない。そのかぎりにおいて、学問知はつねに執行猶予中である。事物へと向ける問いかけを繰り返すことによって学問知を完結させ、私たちの経験の完全な解明、そして科学がこの経験をその意味において転換するような操作や構築の完全な解明を企てることを夢見ることはできる。哲学とは、絶対的な確実性の領域を開示する普遍的な中断であるということになるだろう。というのも、私が学問の経験をもち、それを表象できなければならないとしたら、私は私のうちにおいて、諸操作の首尾一貫した総体、根本的な構造の体系、〈存在〉の内的な意味などを見出さなければならないからだ。哲学とは諸科学の中で最も厳密な（唯一厳密な）科学、私たちの経験、知の［構築の？］(1)操作、そして自らの操作をも支配するような科学であるということになるだろう。そして哲学的な問いかけは、科学が根源性の不足ゆえに得ることができないものを獲得することになるだろう。すなわち、それを見たり思考したりする私たちを含めた世界を、「世界という意味」へと転換することである。「世界という意味」は、世界観察者〔Kosmos theoros〕そして不関与の観察者〔unbeteiligte Zuschauer〕という、完全に自由で無関心な視線の厳密な相関者である。哲学的な問いかけが、世界とは何か、〈存在〉とは何かと問うとき、それは、限りない普遍性における、何〔What〕という同じ一つの問いであるだろう。この問いは、科学が世界という膨大な事実に対して対置してきたものである。

（1）［メルロ＝ポンティは構築〔construct〕と記している。］

最終的に哲学は、意識の統一と世界の統一を保証するような、諸概念や諸原理や精神的な行為の一覧表になるだろう。

西欧の歴史において、科学と哲学が同時に生まれ、同時に育ってきたことは偶然ではないだろう。だがそれらを認識の二つの段階、すなわち、本質の問いに対する、一つは不完全な解答、もう一つは完全な解答として考えたとしたら、それらの真の関係を表現したことになるだろうか。認識と哲学を結びつけようという努力において、超越論的観念論は（カントのそれであれ、フッサールのそれであれ）、哲学的な問いかけの根源的な独自性を開示している。すなわち、学問や認識の操作の総体は個体発生として、すなわち経験〔Erfahrung〕の諸条件の解明として正当化され、経験《エアファールング》という尺度によって測られて［いる］。だがこのような経験《エアファールング》への参照は、〈存在〉との接触への参照、形相的な問いを越えた問いかけに対してのみ開示される、存在論への参照である。たとえばフッサールにおいては、想像的変様は、現成〔訳注2〕〔ester〕の様態としての本質〔Wesen〕の認知へと転換していく。――そして超越論的還元は、すべての定立以前〔vor aller Thesis〕の認知へと転換していくのだ。

知を批判的に正当化することによって、ある存在論的な機能、すなわち経験と呼ばれる、存在や自己との根源的な接触が、知において展開するのが見られることになる。そしておそらく分析や反省や解明は、経験を取り扱うことによって、そこに暗黙の悟性を現させるのである。だが哲学の中心に経験が据えられた瞬間に、一つの問いが提起される。反省以前に〈存在〉との接触がある、ではそれらの関係をどのように考えればよいのか。反省は構成的なダイナミズムと一致すると言わなければならないのか。だとすると、なぜ私たちは私たち自身を構成したのか。そしてもし包括的で盲目的な統握において、私たちが私たち自身に与えられているとするならば、そして反省は、私たちの経験のこちら側に、それなしでは反省が不可能であるように思えるような諸条件を、言説によって枚挙したり投影したりすることしかできず、総体の機能に一致することはけっしてできないとするならば、そこにおいて反省が準備されるような、反省の裏側とは何なのか、そしてそれを発見させてくれる超反省とはどのようなものなのだろうか。

いずれにせよ哲学的な問いは、円や三角形とは何かと問うようには、もはや存在とは何か、世界とは何か、世界や存在の知とは何かと単純に問うことはない。私たちは、哲学とは本質の直接的な読解ではなく、存在論的な地《フォン》から、現勢的《アクチュエル》な世界、現勢的な存在の経験として現れてくることをあらかじめ知っている。哲学的な問いかけは復元を要求するのだ。

以上が、本質と意味の系譜学〔＝発生論〕についての現代の探求の深い意味である。この探求が存在や自己や意識は何を意味するのかと自問するとき〔文章未完結〕。［言語の意味が充実していること〔sinnvoll〕にも、また肯定的に与えられていると想定された諸本質に依拠することにも新しさはない。意味が前望的であること、すなわち私たちの前にある存在との一致に方向づけられていることこそが新しいのだ(1)。］

（1）［草稿**120**から**122**まで、**124**、そして**125**の一部は抹消されている。**122**の一つの注釈は保存されている。］

122 実のところ、これはすでに重大な限定であり、本質の普遍性も自明ではない。『論理学研究』（純粋論理学のためのプロレゴメナ）において、天使的ないしは超人間的思考という虚構（これは私たちの想像的変様の限界例である）が思考原理の本質的価値を損なわないとされているとしても、超人間的［諸存在？］が考慮に入れられるためには、それは私たちとの結合関係に組み入れられなければならず、私たちと同じように言語や意味や身体をもっていなければならないだろうからである。

123 したがってそれは本質の普遍的価値、その権利上の根拠、間主観性そして具体的な間身体性である。そして孤独な形相的視覚についてここで引き合いに出されているのは、諸精神の、そして精神すべてと、〈自然〉との、こうした深い相互的な絡み合いであるが、［フッサールの］初期の著作はこうしたことをほのめかすだけであった。

125 この点において、こうした表現は不十分に思われた。哲学的問いかけが真に根源的なものになるのは、それが言葉を発する場である非‐存在の凹みが、純粋な不在でも、〈存在〉や真理の純粋な現前でもないとき、解答が問いとともに与えられてはおらず、また完全にその外にあるのでもないときにほかならない。つまり問いは、それが語ろうとしていることが何であり、どの方向に求めるものがあるかがわかるようなかたちで、一つの領野や地平を開くのだが、こうした領野や地平にある諸存在のいずれも、原理的な理由によって、それを開いてくれた問いかけを廃絶してしまうことはない。――この点において問いかけは問いかけにとどまり、満たされなかった志向のようなものでありつづけ、肯定的な諸存在に対して一つの次元を付け加えるのだが、こうした諸存在はこ
126 の次元を説明することはできないにもかかわらず、それなしでは見られることも存在することもないだろう。したがってそれはそうした諸存在への問いである以上におのれ自身への問いであり、諸存在への問いであるかぎり

においておのれ自身への問いなのであり、だから結局のところ、問いと諸存在の総体とは相互に裏と表の関係、一方の側面と他方の側面という関係にあり、諸存在が問いに含まれているように、問いも諸存在に含まれているのだ。——ということはつまり、問いはそれらに問いかけるべきものとして到来するのではなく、それらの中心において、あたかもそれらの塊の陥入ないしは折り畳みによるかのように生まれるのであって、問いを発する者はそれが問いかける世界に真に所属しており、その布地の襞のようなものであり、それは私の身体が見られる世界の一部をなしながら、それを内側から見ており、あたかも身体は自分が見ている何かであって、自分のための何かであるような世界、身体と同じように肉であるような世界を見ているのと同様であり、——そして同様に、語る主体である私も、他者へと呼びかける瞬間に、自分の声を聞き、自分に対しても語り、自分自身にも呼びかけ、自らを発話者とすることによって聞き手としての自分を設立し、他者たちを私に対する他者たちとすることによって、私自身を私自身に対する他者とするのだ。したがって、私は言葉を一つの属性とか私に所属する生産物や構築物や思考としてもつことはなく、私は内側から、〈言葉〉のただなかから語るのであり、私が自分を理解してもらおうとあらゆる力を振り絞るまさにその瞬間に、〈言葉〉は私を捉え、所有する。そしてまた同様に、思考する主体として、私は自分の思考を生産しているという感情を抱くことはけっしてない。そもそもいったい誰が、自分の最良の観念が生まれてくるところを見て、それらを構成し、生産したことなどあるだろう。私の思考とはむしろ突き刺すような太陽光線、消え去ろうとする霧、開示され、あらわになる私たちの生の軸なのだ。私が生産的なかたちで能動的に思考するときにも、私は自分の思考を、仮説や視覚対象のように、自分の前にもっているわけではなく、それは私のうちで思考［され］、私は思考しているのと同じように思考されているのであり、文法用語で言えば、私の思考は能動態でももちろん受動態でもなく、むしろギリシア語で言う中動相、つまりひとが自分自身について行う行為、不可分なかたちで能動でも受動でもあるような行為なのである。要するに、すべての問いはある領野の開け、ある領域における分凝《ぶんぎょう》、区切りであって、問いを発する者はつねにこの

127

領域に参入しており、そこですでに自分の活動の場《テリトリー》をもち、そこに所属し、それによって切り取られ、包まれている。そしてすべての問いの中でも最も問いらしいものである哲学は、〈存在〉への開けとして、私たちの判断や、私たちが操作する目の前の言表に含まれてしまうような、思考された存在に満足することはできない。そのような存在は、私たちの作用や働きによって、より広範な存在から切り取られた領域であり、この広範な存在に所属しつづけるのであって、それは見える世界が見えるもの〔visibilia〕の薄く狭い薄片に還元されることが到底ないのと同様である。したがって、哲学の問いかけを創造するのは私たちではなく、それは、見えるものと見るもの、語ることと理解すること、思考することと思考された存在の交差によって、私たちを通して発話されるのであり、この交差によって誰かがいるということ、言いかえれば、ホメロスがみごとに語っていたように、ウーティス〔何ものでもないもの〕[訳注3]がいるということがあるのであり、これはモナドの反対物であって、野外の吹きさらしの空間であり、すべての事物が互いが互いに対して存在しはじめるような十字路なのである。哲学者とは、そこにおいて〈存在〉がおのれに対して到来し、見られ、ふたたび見られるような、Xとしての人間がそうであるような者なのである。[1]

（1）［**127**の続き、**128**、**129**の一部は抹消されている。］

129

このことは哲学が、直接的な体験との言葉なき一致を求めているということではない。哲学自身もおのれを言葉とすることによってのみ直接的な体験を実現するのであり、哲学にとっては、おのれ自身と存在のあいだの遮蔽幕のようなものとして言語を取り扱うことは、このうえなく筋の通らないことになるだろう。また哲学が定義や統辞的な操作や、すでに打ち立てられた言葉の世界の内在法則などを展開することで満足してしまったら、それもまた筋の通らないことだろう。それはあたかも、言語が何事についても語っておらず、何にも開かれていないと考えるようなものである。言語である哲学は、言語の哲学でもあり、言語の（カント的な意味における）批判でもある。哲学は言語の主人ではないが、ましてやその従者でもなく、それに何かを強いることもなければ、意味を専有させてしまうこともない。なぜなら哲学は言語を、その活動において捉える（そして自らを捉える）のであって、そのとき言語は、沈黙を停止させつつあり、したがって一方では、さまざまな布置、分節、沈黙の所作などの地平に開かれてそれを延長させたり変容させたりするのであり、また他方では、それが制度化しつつある新たな明証の次元へと開かれている。問題はこの次元の価値を貶めることではなく、ふさわしい場所へと置き、ふさわしい文脈に統合してやることなのである。本質や語られた存在に対する批判は、それに先立つ語りえぬ直接態の名の下に、そしてそれのために行われるのではなく、語りつつある本質や存在、すなわち沈黙した経験、そしてこの経験において言葉を引き起こすもの、それが語ろうとするもの、そして言葉がこの経験に語らせるものの名の下に行われる。これらすべては互いが互いのうちに入り込み、私たちが生きているようなかたちで、一致したりしなかったりするのである。というのも、言葉の内在的な意味や、その働きの内在的な規則に固執しないことが必要なのと同じように、現れる瞬間における言葉が、沈黙した事物のすべてと同じくらい説得的な固有な明証性をもっていることも確実なのである。そして実のところ、言葉はそうした沈黙した事物と同じ次元に属している。というのも、ひとは語ることを学ぶのだし、言葉はある瞬間に自らを正当化し、沈黙した事物と同じように自らを認めさせ、幼児の沈黙に沈黙として忍び込むことによってそれを自ら打ち破るのであるが、この場合この沈黙は欠性的な沈黙、つまり差し迫った言葉なのである。哲学と存在のあいだの遮蔽幕ではないような言葉は、もはや哲学にとってさえ、その能力や自由の制限、牢獄ではない。というのも、〈存在〉の中で生まれ、〈存在〉から生まれ、〈存在〉の求めに応じて言葉にされた哲学は、自らの生起、そしてこの生起が行われた場である沈黙の存在を考慮するならば、〈存在〉を覆い隠すことはできないし、できあがってしまったかたちで哲学を捉えるならば、〈存在〉を開示することはできないからである。体験されたものと語られたものという二者択一が生じるのは、体験の分節化、すなわち沈黙の意味を中心とした組織化、感覚的な諸領野などを見逃して、体験を純粋な沈黙性や連続性と見なしてしまったときだけなのであり、その感覚的な諸領野においては、あらゆる個体はすでに一つの次元の変異体《ヴァリアント》、非論理《アロジック》的な本質のサンプルであって、これはヘルメス・トリスメギストスが「光の叫び」と呼んだものである。また体験されたものと語られたものの二者択一が生じるのは、言葉が前提にしているもの、たとえば、あらゆる可能な〈存在〉を、名づけうるものや表現しうるものの領域へと含ませてしまうような言語的な領野の創設を見逃してしまったときなのである。そうではなく、体験と語られたものという二つの次元において、同じ種類の制度化を見出すならば、つまり野生の感覚態だけでなく、野生の言葉や野生の思考を見出すならば、もはや二つのうちどちらかを選ぶ必要はない。体験から語られたものへの移行には、逆転による合意、交差配列《キアスム》がある。そしてひとはフッサールとともに、哲学とは「その固有な意味の純粋な表現へともたらすべき、沈黙の経験」であると言うことができよう。すなわち哲学は語るものだということ、そしてその言葉は沈黙に支えられているということ、高いところや遠いところからではなく、存在の内側から語るのだということ、自分について、すなわち言葉について語るのだということ、木が生長するように、時間が過ぎるように、そして人々が語るように[1]、哲学は語るのだということなのである。

（1）〔欄外に〕再び知覚すること、再び語ること、再び思考すること。〔それは〕回顧であると同時に前望でもある。

したがって哲学にとって重要なのは反省ではないことはもう十分に述べたと思うが、それは直接態への回帰でもない。直接態への回帰については、ベルクソンならば、それは「反省である」と述べたであろうが、それは正しい。直接態への回帰は、反省哲学とともに、堕罪以前的な先入観、つまり原初的な無垢、失われ、取り戻すべき秘密という先入観を分かちもっており、これが問いを消し去ってしまう。世界や自然や生命や思考より後に到来し、それらをすでに構成されたものとして見出すことによって、哲学はたしかにこうした先行する存在に問いかけ、それとの関係について問いを発する。たしかに哲学は自己回帰であり、すべての事物への回帰である。だがそれは直接態への回帰、事物や意味の原初態への回帰ではなく、私たちがその堕落した相続者であるような、隠された真理への回帰でもなく、諸作用のシステムへの回帰や、私たちがその所産であるような、持続の湧出への回帰でもない。再び始めること、存在が忘却や散逸や習慣化に再び打ち勝つこと、このような哲学の〈再〉という性格は、真の過去の復元を含んでいたとしても、そうした回顧に尽きるものではないし、〔過去に対してさえ〕再現すべき失われた一致を求めるものではない。もしそうした一致が失われていたとしたら、それは永遠に失われているだろう。というのも私たちは木でも物でもないし、過去をもつことは深淵へと開かれているということだからである。この深淵は、たんに測り知れないようなものではなく、足をつけることもできないような奥底であり、過去がまさに絶対的な距離、純粋記憶として、それ自ら与えられるような場なのである。以下の二つのうちどちらか一つなのだ。〔一方では〕私たちが本当に、かつて現在としてあったものに再びなるとしたら、それはもはや過去ではないだろう。一致は、それが果たされる瞬間に、その現在の証人の消滅によって消え去ってしまうからだ。〔他方では〕、記憶が距離をもっているとしたら、それは純粋なものではなく、現在の肉を借用することになるだろう。実際のところ、過去と現在は同じ意味において与えられているのではなく、そのどちらも一致という意味で与えられているのではない。私たちに与えられているもの――ただしこの場合、制限なしに連続的に与えられているもの――は、世界や〈存在〉への、そして〈存在〉の空間や時間への、私たちの重厚《マッシフ》な帰属における、過去や現在の差異化なのである。そしてこの帰属そのものも私たちの目や手、見えるものや感じられるものによって示され、目や手は、見えるものや感じられるものの一部をなし、私たちの言葉や思考によって、内側から見たり触れたりするのであり、そしてそれは、言葉や思考が目指し、ふさわしい場所と日付をもって書き込まれるような〈存在〉、そして真理の内実などを伴っているのである。というのも、私たちが見て、私たちがそれについて語るような見えるものとは、プラトンやアリストテレスが語ったり見たりしていたものと同一であり、それも数的に同一なのである。私の視覚の風景のそれぞれの背後には、これまで存在し、これから存在するであろう人間、存在したはずであろうし、存在するはずであろうすべての人間の風景が隠されている。それらの風景はすべての人間と私とのあいだで、私が右手と左手のあいだにもっている対象のように、不可分なのである。もちろんその風景は、ヒュメトス山やイリッソス川やデルフォイのプラタナスではなかったとしても、一つの風景ではあるのだから、束の間の感覚の集まりではないし、居所不明の判断や精神的作用ではなく、世界の持続的な肉の断片なのだ。プラトンと現代の私たちのあいだで、ギリシアの人間は消え去り、別の人間が作られて、彼が企てるものすべてにおいて彼固有の趣きを添え、彼固有の香りを漂わせるのだが、その人間がプラトンを読み、彼方にあるギリシアにおいてかつてのプラトンに付き従い、対話篇の葉脈を再発見するとき、彼自身の中心において同時的に、プラトンの思考であった何か、プラトンの思考であるような何かが蠢き、再生するのである。〈自然〉と〈言葉〉、見えるものと書かれたものなどが、別でありかつ同一なやり方で、各瞬間に普遍的な同時性を再創造するのだ。

したがって哲学は私たちの背後に捨て去られた直接性を求め、それに融合しようなどとはしない。哲学が欲すること、それはこの見えるもの、名づけうるもの、思考しうるものの火山帯に身を置くことであり、そこでは現在において見ること、語ること、思考することが、これまで存在してきたし、いつか存在しうるであろうすべての視覚や言葉や思考と交わる。——そして見ることと語ることと思考することは、相互に交差して創造し合うとともに、すべての視覚や言葉や思考と交差し、創造し合う。そしてそれは、〈自然〉の〈自然〉に対する動きのない巻き付きにおいてであり、そして、一つの波において溶け合う海の褶曲のような、歴史の歴史に対する動きのない巻き付きにおいてなのだ……意味の源泉は私たちの前にも背後にもなく、失われた直接態でも到達したり作り上げたりすべきオメガ点〔訳注4〕でもなく、見ること、語ること、思考することのうちにこそある。それらは相互に入れ子状に組み合わさり、諸地平を伴い、前方と背後への参照であふれかえっており、さまざまな開けや乗り越えを伴う。そのようなことはまったく自明なことのように行われる。なぜなら見ること、語ること、思考することは、世界の肉と〈存在〉の肉における境界の区切りであり、切り取りであり、分凝なのだから。したがって哲学的な回帰は出発でもあり、そして実はたんなる回帰でも出発でもなく、回顧でも前望でもない。それは見えるものを再び－見ること、言葉を再び－語ること、思考することを再び－思考することへの誘いなのである。

［[1]すべての地平に眠り込んでいる潜勢力《ピュイサンス》——それが眠り込んでいるのは、獲得され、沈澱したからである——、そして眠り込んでいながら、諸地平の中で各瞬間に、つまり私たち自身のうちで各瞬間に、野生の状態で見えているような潜在力、——定立の次元にあるものではなく、定立的な思考によってはおよそ到達できないような潜勢力。］

（1）［括弧はメルロ＝ポンティによる。］

〔そのような誘いがあるのは、見える世界や言葉や思考の〕前方や背後に、それらより確実な根拠を見出すためではなく、それらのうちにそれらを横断する存在論的な能力《プヴォワール》、そして同じ一つの運動において、それらが継続し誤認するような存在論的な能力を呼び起こすためである。というのも意味が伝播し、伝えられるのは、その起源を忘却させ、獲得された次元として定着することによってだからだ。そのときもはやこの次元について思考する必要はなく、後続する諸経験はこの次元から距離をもっておのずから立ち上がってくる……。したがって、世界を再び－見ること、言葉を再び－語ること、思考を再び－思考すること、それはそれらを解体すること、布地のように縫い直すことではなく、それらに直接態として密着することでもなく、それらを造り上げ、それらに形と凝集性を与えてくれるような、からっぽの鋳型を再発見することであり、手袋を反転させて裏側を見せることであり、身体において見る者と見えるものの癒着と回路を暴くこと、言葉において話し手と聞き手の癒着を、思考することにおいて、思考行為とその痕跡、その航跡、その登記を暴くこと、したがってこうしたすべての思考の背後に、その真理であるような反《アンチ》－思考を見きわめることなのである。この作用が前提にするのは、見えるものや名づけうるものや思考しうるものの一つ一つに密着することばかりではなく——これは哲学することではなく生きることだ——、適当な間隔を置いて、それらを遠ざけ、宙吊りにすることによって、それらがどのようにして見えるように、名づけるように、思考するようになったのかを見ることであり、すなわちそれらが発話され、告げられ、存在する固有な様式がどのようなものであるかを見ることであり、そしてまたこれらすべてが言葉として定着させられることなのである。したがってこの作用は循環的に行われる。というのも、視覚とは見られることであり、言葉は語られるものであり、思考とは思考されるものであるからだ。——そしてまた、この作用を遂行する者は、まさにそれが開示しようとする能力を、それを遂行するために使うからであり、この者が自らにその光景を与えようとするまさにその瞬間に、この能力を自らの背後に集めておくからである。だがこの循環は欠陥ではなく、およそ矛盾を引き起こすものでもない。というのも、視覚や言葉や思考することは内在的な作用ではなく、開けであり、それに対しては一致などということはありえず、またそれらと一致することはそれらを壊すことにほかならないからだ。視覚と視覚の哲学のあいだ、言葉と言葉の哲学のあいだ、思考することと思考することの哲学のあいだには、一致ではなく、交換や交差配列《キアスマ》や重なり合い〔recouvrement〕がある。そしてとりわけ哲学的な言葉は、視覚について矛盾なしに語るのであり、悪循環なしに言葉そのものについて語る。というのも、一般にすべての新たな言葉と同じように、哲学的な言葉はおのれの意味を標示するのであり、それらを含んだり閉じこめたりはせず、また運ぶことさえないからである。つまり、哲学的な言語は合図《シーニュ》をするだけで十分であり、身ぶりと同じように人間のスタイルと事物のスタイルを見えるようにしさえすればよいのであって、また枝の動きのように、風と同時に奥深い繊維の抵抗を示しさえすればよいのである。事物の核心と言葉の核心の十分近くで生まれてきさえすれば、哲学的な言語はそれらのしるし《マーク》を留めているだろうし、私たちがいきなりそれに対して資格や定義を求めて沈黙させてしまったりせず、私たちのうちでそれが語るにまかせるならば、それだけで哲学的な言葉は事物や言葉の核心について語ってくれるだろう。言葉である哲学は、苦労なく言葉に、ついて語る。というのは、見る身体が見えるものでもあるのと同じように、言葉はつねにすべての言葉によって志向されているからである。そして哲学は沈黙の世界についても苦労なく語る。なぜならあらゆる言葉は、それが語る事物に応じ、事物が語ろうとすることを事物が語るに任せるからである。

ここに或る叡智が　語り、
その荘厳な声が　鳴り響く、
鳴り響くとき　われと身を　その声は識る、
水の声、森の声ではないように、
いかなる人の声でもない、(1)(2)と。

(1)「アポロンの巫女」。
(2)［P. Valéry, *Poésies*, « La Pythie », Paris, Gallimard, 1932, p. 158-159.〔「アポロンの巫女」鈴木信太郎訳、『ヴァレリー詩集』所収、岩波文庫、一九六八年、一九九頁。一部表記を改めた〕］

沈黙の世界から、言葉の〈普遍的〉世界へ、そして思考することの〈普遍的〉世界へと進むときには、移行や往復があるが、それはこの三者が、一致や一対一の重なり合いを探さなくてはならないような、三つの並行した次元であるからではなく、一つの〈存在〉の三つの次元であるからである。これら三つの領域の所産や、ばらばらの諸作用――諸知覚、諸言表、諸思想など――を見てしまうと、その統一性は疑わしく思われるが、それらを包括し、それらがいわば採取される場である諸地平、すなわち見えるものの地平、名づけうるものの地平、思考しうるものの地平を見るならば、統一性は自明のこととなる。だがこのような諸地平の思想を獲得するには、限定された諸行為や認識の［?］に先立ち、それらすべてを支え、すべての認識が終わった後でも存続するような、〈存在〉との関係に感性を研ぎ澄ましておかなければならない。まずは見えるものについて、作業を開始することを試みよう。

第三節　見えるものの再発見［あるいはおそらく第二部の第一節］

一九五八－一九五九年講義への補遺

フッサールについての**p. 37bis**までの取り上げ直しと展開

こうして、「危機」に動機づけられて、フッサールは哲学という問題、そして間主観性、歴史、世界と哲学の関係という自分の問題を再発見するのである。合理主義の危機＝一つの哲学の意味空虚化〔Sinnentleerung〕が、その危機を乗り越えることができるのは、生活世界《レーベンスヴェルト》の哲学となることによってのみであり、理念化の基礎すなわち野生の存在と野生の精神として作動する〈自然〉と歴史の哲学となることによってのみである。自分自身を語らなければならない「沈黙の」経験。

フッサールはさらに何度かこう述べている。生活世界《レーベンスヴェルト》が現象学の全体ではない。生活世界は自然的態度において近づきうる。歴史家は生活世界《レーベンスヴェルト》を知っている。残されているのは超越論的哲学へと移行することである。しかし、この超越論的哲学は、もはや明晰さの中で構成するものとしての統握〔Auffassungen〕の内在的意識ではない。私たちの中の歴史的なもの。「一面的な合理性は災いになることもありうる。哲学がその無限の課題をまずもってただある絶対的に必然的な一面性において理解し、それに取り組むことができる、ということは理性の本質に属することなのである」（すでに『ウィーン講演』において、こう述べられている。『ウィーン講演』、*Husserliana VI* **p. 338**）〔ドイツ語による引用。E・フッサール『ウィーン講演』、四二頁〕。理性を作り直すために、私たちの中で基づけている〔fundierend〕歴史を見出さねばならない。このことはやはり超越論的である。というのも、ここには歴史的な過程、特定の出来事の因果連鎖としての歴史があるのではなく、両義的な創設〔Stiftung〕としての歴

37bis

史、忘却である取り上げ直し、伝統である忘却、外在性の中の内在性、モナドどうしの相互内属〔Ineinander〕〈垂直〉で〈水平的〉でない歴史〉があるからだ。この領域に入り込むためには、〈非論理的な〉思考が必要である。つまり、沈澱したものを使うことを拒否し、沈澱を問題化し、再活性化すること……。

次に、『デカルト的省察』が逢着した諸々の逆説を見出すこと、ただし今度は新しい哲学への障害やその主題としてではない。

間主観性の逆説。経験的自我と超越論的自我の同一性。フィヒテの自我性一般〔Ichheit überhaupt〕はフィヒテという人間以外のものではありえない。[1] この逆説は矛盾であることをやめるのだ。なぜなら経験的自我《モワ》が超越論的〈我《ジュ》〉にとっての対象であるような、主観と客観の用語による哲学はもはや存在しないからである。領野の開けとしての意味付与〔Sinngebung〕、内在的意識ではない原創設〔Urstifung〕は、問題が自我であれ他人であれ、つねに意味の滑り込み〔Sinnverschiebungen〕、越境を内包しているのである。さらに、哲学はたしかに求心的操作ではあるが、純粋な産出ではなく、したがって合成を排除するものではない。(一) 格変化しない主観の単独性〔Einsamkeit〕、独我論と同時に、(二) 超越論的主観の複数性が、維持されるのである。そこに対立はない、というのも私の志向的システムは肯定的でも充実してもおらず、空隙があり、この求心的な渦つまり私は、特殊な渦つまり他我において、自らをおのずから特殊化するからである。それらの絆は、まさにそれらが共通してもっている拒まれた不完全性である。自我の相互内属〔Ineinander des Ego〕。そこでの還元は権利上すべての他者に反響するものであり、還元はただ一人のうちにおけるものでも、すべての人に少しずつあるものでもなく、同時的である。相互外在〔Auseinander〕があるのではなく、それらの思考の共同化〔Vergemeinschafung〕がある。なぜなら、歴史と生活世界に内属していることによって、それらの前論理的起源によって数々の主観性が統一され、それらの自我性〔Ichheit〕とそれらの「精神的世代性」が生み出されるからである。

(1)『講義要録』p. 150s〔M・メルロ＝ポンティ『言語と自然』、一〇九頁〕を見よ。『危機』、p. 205、仏訳 p. 228-229〔E・フッサール『危機』、二〇五頁〕を見よ。」

哲学とは何か。もはや「実証的」あるいは「客観的」哲学はない。生活世界の奪還。所与のあらゆる学問性〔Wissenschaftlichkeit〕を越える新しい学問性。というのも、すでに構成されたあらゆる哲学を越えて、作動するもの〔fungierende〕の領域に入り込むことが重要だからである。哲学が形成物〔Gebilde〕としての自らを疑うこと、そして忘却――哲学自身との循環において。

37bis 参照（**p. 38** の引用とあわせて）。

もしそうだとすれば、哲学とは何か。

それはつねに「超越論的なもの」である、つまり自己省察〔Selbstbesinnung〕である。しかし、カント的な超越論的なものは、世界の可能性（「もしある世界が可能であるべきならば」）を問題にすることはない。この可能性をそのすべての指示とともに自らに与えてはならない。それは、まさに探求すべき自明的なもの〔selbstverständlich〕に頼ることである。

なぜ世界の自明性〔Selbstverständlichkeit〕なのか。ヒュームあるいはデカルトの意味での世界の謎〔Welträtsel〕。カントの知らなかったデカルトの根本的洞察〔Fundamentalbetrachtung〕、それは世界の断片（霊魂《アニマ》）の概念を維持したデカルトも知らなかったものである。一つの志向、科学を正当化すること。世界と科学の最初の発生を見ること。つまり、産物としての、存在の部分としての、「態度」としての、「企図」〔Absicht〕をもつものとして、私たちの背後にある何か。ここに、形成物の所有者、理論的〈我《ジュ》〉、観察者〔Zuschauer〕の生活ではない、「構成的生活」が見出せる。「認識の母」に遡ること。

表明的な表層の生〔Flächenleben〕と潜在的な深層の生〔Tiefenleben〕。

理念的同一性とそれをそなえた統一性、理念化された意味、前理念的意味、理念の自己性〔Selbigkeit〕、世界の同一性〔Selbigkeit der Welt〕。地平の、開け〔Offenheit〕の、環境世界〔Umwelt〕の統一性。時間性、ヘラクレイトス的流れと意味（引用 **p. 38**）、主観的なものと世界の所与様式〔Gegebenheitsweise〕の相関を前にした驚きとしての先ソクラテス哲学とソフィストへの言及（**p. 38**引用）。

したがって、この相関はもはや内在のうちにはなく、超越論的なものはもはや意識ではなく、透明性のうちにあるその対象でもない。「主観」と「客観」という言葉づかいで記述することの不可能性。表現されるのは、文化以前の、また文化以後の、「沈黙した」「野生の」存在（［地盤《ボーデン》］と実践《プラクシス》）でなければならない。非‐偶然としての、無意味の排除としての「目的論」。

「以前には思いもおよばなかったような種類の世界の謎(1)」。「新しい諸次元（……）まったく問われたことのない問い(2)」。「そこで働いている必然的思考の異質性と危険性(3)」。「われわれに先行研究として役立ちえたかもしれない研究を世界の文献の中に探し求めてもむだである(4)」。

（1）［K, p. 3. Trad., p. 10.〔E・フッサール『危機』、一九頁。ドイツ語による引用〕］
（2）［K, p. 16. Trad., p. 24.〔E・フッサール『危機』、四二‐四三頁。ドイツ語による引用〕］
（3）［K, p. 137. Trad., p. 152.〔E・フッサール『危機』、二三九頁。ドイツ語による引用〕］
（4）［K, p. 158. Trad., p. 177.〔E・フッサール『危機』、二八二頁。ドイツ語による引用〕］

大胆な単純さ。還元はヨーロッパ文化の最大の革命である。

したがって、〈哲学〉は行為〔Tat〕であり、おのずから〔von selbst〕あるものの構成、形成物〔Gebilde〕である。哲学は地盤《ボーデン》をもたず、この地盤《ボーデン》を創り出さなければならないが、私はこの道を作り出したのであり、それは作ることができるものである。「論理」をいかなる支えともせずに（論理学の系譜学〔Genealogie der Logik〕）。

さまざまな哲学があるだけで、哲学なるものはない。失敗。しかしこの失敗、この孤立には一つの絆がある。

それはこのむなしい試みの中で互いを取り上げ直し、その明証性をもつ一つの企図〔Vorhabe〕を構成する。失敗の中の成功、孤独による絆。「最終的には志向的な内在性の隠れた統一において、これらすべての哲学者たちが〈目指していた〉こと[1]」、それは哲学が、現在の生きた孤独の中で、一つの現在〔Gegenwart〕の中で取り上げ直されるという条件においてである。

（1）〔K, p. 74. Trad., p. 84.〔E・フッサール『危機』、一三二頁。ドイツ語による引用〕〕

哲学自身にとっての問題としての哲学、自足した問いかけとしての哲学。〈哲学〉は、「厳密学としての[1]」哲学とは何かについて、あいかわらず確信がもてないでいる。「夢は見果てられた」。

（1）〔B. XXVIII. K, p. 508. Trad., p. 563.〔ドイツ語による引用〕〕

私たちの定義が私たちの知〔Wissen〕を組み尽くすことはない。私たちの定義と私たちの曖昧な知は、歴史的なものに遭遇する[1]。いかにしてそれを問うか〔befragen〕。私たちはプラトンを読んでこなかった。私たちはこれからプラトンを読もう。そのことは私たちを変容させる。プラトンを再読しなければならない。その他は詩作〔Dichtung〕である。しかしながら、この普遍的なもの、万人に共通のもの、つまり哲学が理解されるのは、この詩作においてであり、その他のものの詩作においてである。

（1）〔K, p. 512. Trad., p. 568.〔ドイツ語による引用〕〕

「付録 XXIII[1]」の翻訳と注釈

（1）〔E.Husserl, *La crise des sciences européennes et la phénoménologie transcendantale.*〔E・フッサール

『ヨーロッパ諸学の危機と超越論的現象学』〕

〔「付録XXIII」の翻訳〕

「1．人間における生物学は、本質的に、人間がその人間性に関してもつ現実的で原初的な経験によって要請される。というのも、生命一般がそれ自身でかつ原初的に、また最も正統な仕方で与えられるのは、生物学の自己理解においてだからである。生物学の自己理解というこの方向においてこそ、生物学全体が展開され、さらにそれなしでは動物が意味をもたないような移入〔Einfühlung〕のあらゆる変異体《ヴァリアント》が展開される。この主観的〔寄与〕はまた、世間で有機的生命と呼ばれているものをも要請する。というのも、有機的生命が実際に生命をもつのは、類推的に理解される「魂《アニマ》」によってのみだからであり、私たちにとってまだ理解可能なものである「自我性」(Ichlichkeit)においてのみだからである。では、それらの派生形態〔Abwandlungsformen〕とはどのようなものか。それらは、結局のところ、そうした変異体《ヴァリアント》の原初的様態〔Urmodus〕として、〈我《ジュ》〉、省察する私自身《モワメーム》へとふたたび導いていくことになる。もっぱらこの〈我《ジュ》〉から出発することによってのみ、有機体の概念が意味をもつとすれば、その究極的な意味を、そしてまた諸々の有機体の構造を、それらの有機体の中にある部分的有機体と共に受け取るのではないか――部分的有機体は、それら自体で自由に独立して機能することはなく、構造のたんなる要素として、しかし他方で不可欠な要素としてのみ機能する」。

「2．注記2。私たちは当然、まず人間の生物学的アプリオリを有している。つまり身体的な本能のアプリオリ、原初的欲動〔Urtriebe〕のアプリオリである。その達成〔食べること、性交すること〕には、内的にこのアプリオリが含まれている。また当然のことながら、私たちは、その動物性が移入〔Einfühlung〕によって現実経験においてとらえられるかぎりでの、動物の生物学的アプリオリを有している。したがって私たちは繁殖的アプリオリ（generative A priori）を有している。

そしてさらに、各動物が有している種の「社会的地平」を含む、動物的環境〔Umwelt〕の構造。犬の世界には、地平がある。可能的な犬のコミュニケーション（in möglichem Hunde-Konnex）における犬たちの開かれた多様性。このアプリオリは、仮説の中の仮説というかたちで、予期によって、「他の動物」によってとらえられる――この他の動物は直接的経験における動物という資格では、また植物の場合はとらえられないとしても。もちろん私たちは、動物たちとともに動物的コミュニケーションの世界（tierische Mitwelt）の構造（当該種の世界だけでなく、それを通した他の動物たちやそれらの種的社会性の理解）と、逆に動物でないもの、物〔Dinge〕等の世界の構造（Gegenstruktur）をもっている。したがって、すでに私たちには真の動物的存在論の基礎があり、それはその外と内から見れば、豊かでないわけではない。ただ、そこにあるものは、未知の存在論（unbekannte Ontologie）の無限の地平、あらかじめ無限なものとして指定された地平のうちにある。（訳注5）目的論を参照」。

「3．生物学は、素朴に利用されている技巧的な（kunstmäßig）方法の中に、生物学的諸研究――個体発生、系統発生、さまざまな類と種の研究など――の相互外在性の背後に実在する、志向的相互内属（das intentionale Ineinander）を反映している。生物学の広い一般性のうちに本質的諸法則［あるいは「動詞的本質《ヴェーゼン》」］〔メルロ＝ポンティによる［　］〕が隠されている。生物学は一つの存在論を秘めているが、それを直観的な所与のうちに直接的かつ明示的に読み取ることはできず、それは〈自然〉の存在論の、言いかえれば〈自然〉の〈数学〉の類似物に他ならない。すなわち、準備の整った存在論であり、その準備状態において認識が近づきやすい存在論である。

たしかに、生物学もまた、あらゆる実証科学と同様、素朴な学問であり、「技巧的な仕事」、人工産物《アーチファクト》（Kunstwerk）である――この語は手仕事や製造物のよくできた類似物だととらえられる。生物学が比較的よくできているのは、それがそれ自身のうちにある意味を内包している（verschlossen）からであり、それは生物学が、その技巧的な（kunstmäßig）仕事によって、この道を通らなければけっして到達しえない認識として磨き上げようとしているものについて、真のそして固有の意味を備えているからである。しかし生物学は、生活世界《レーベンスヴェルト》の具体的理論として、そして記述学として、数学と同じように根こぎにされ、素朴な明証性と直観的源泉（Quellen der Anschauung）から完全に切り離された、純粋な人工産物とはなりえないだろう。生物学の称賛すべき構築物は、めまいを起こさせるようなものではないし、十分な程度と段階をもっておらず、数学の構築物のように天空に伸びているわけではない。だからといって、こうしたことすべてのせいで、存在の認識全体が、科学的活動の強力な存在（Ein gewaltiges Sein wissenschaftlicher Leistung）でありえないわけではない」。

「4．明証性の源泉（Quellen der Evidenz）に対する近さは以上のようなものであり、生物学を事象の深み（Tiefen der Sachen）に非常に近づけるので、生物学にとって超越論的哲学への道や、それを経由した真のアプリオリの道は非常にやさしいはずである。この道は生物の世界が、より高次でより堅固な一般性であるが、それにもかかわらずそれのみが生物にとってアプリオリ（つまり普遍的で必然的）と見なされうるわけではない一般性において、送り返される道である。生物学が、意味に従って方法的に規定された外から見える一般性を体系的かつ普遍的に明らかにすることによって発見することは、つねに超越論的な諸問題に帰着する。したがって私には、数学や物理学からきわめて遠く遅れ、きわめて長いあいだ物理主義によって将来の物理学的説明のための不完全でたんに記述的な序文としてほとんど憐憫をもって考えられてきた生物学は、これからはたしかに哲学と真の認識により近くに見出されうると思われる。なぜなら、生物学は称賛すべき象徴的技巧（Künste）によって脅かされたこともなければ、その真理と理論の数々の「論理的」構造化によって脅かされたこともないからである。この理論は、数学と物理学を事実上の奇跡（einer Wunder (…) an tatsächlicher Leistung）にするが、それはあらゆる奇跡と同様に理解しがたいものである……。」

〔記述的なものは能作〔Leistung〕を守らなければならない」〔メルロ＝ポンティによる［　］〕。

「生物学が担っている記述的役割は、生活世界《レーベンスヴェルト》とその構成についての超越論的な、あるいはこういった方がよければ超越論的心理学的な考察によって生物学に与えられるものだけであるが、〔……〕デカルト以来の数世紀は、数学の素晴らしい仕事によって満たされてきた。今や、理解の起源（Verständnisquellen）への回帰という特殊な道を進まなければならない。数学や物理学の本性において、より多くの比較できないなど多くの苦労をともなうのは、技巧的（künstmäßig）、象徴的、技術的な方法から自由になることであり、直観と象徴機能を実践的に結びつけている実験的方法から自由になることであり、意味を基礎づけている超越論的な諸作用（transzendentalen Sinngebungen）への回帰の必然性を理解することである」。

「5．生物学は具体的な心身論であり、真の心身論である。それはいたるところに必然的に普遍的役割をもっており、生物学が、宇宙の無限にまで向かう物理学、無条件の普遍性という企図（der Sinn）を完成させたいと望む諸法則にまで向かう物理学に対して従属関係にあるというのは、見かけのことにすぎない。生物学が、微小で取るに足りない私たちの大地に限定されていることや、人間学のように人間と呼ばれる取るに足りない地上の生物に限定されていることも、見かけのことにすぎない。もし私たちが明証の最終的起源――そこから世界全体がその意味と存在に従って世界の意味することを私たちに示し、またそこから派生する認識可能な本質的に必要なことすべてを手に入れる起源――にまで遡れば、生物学は、ドイツの動物学やバーデン地方の植物相の植物学といった、取るに足りない惑星に関わる偶然的な学問ではないこと、一般生物学は物理学と同じ世界一般性（Weltallgemeinheit）をもっていることが明らかになる。生物学は、私たちが可能なものとして語ることができるような（von der wir als Möglichkeit sprechen sollten）金星の生物学がもちうるすべての意味を、私たちの生活世界の原初的構成（die ursprüngliche Sinnbildung unserer Lebenswelt）に負っており、生物学によるその理論的延長に負っている。たしかに、この普遍的役割には、その帰結として無限の地平があるが、この地平は、それ自身下部地平に分割されていて、諸法則――ここから無限のあらゆる［地平］に至るすべてのものを同じ意味の統一の中に包括し、この統一に到達することになるという法則――の認識を、認識可能な目的として生物学に保証してはいないのである。

しかし、それは生物学が、数学や物理学のようにたんに形式的なものではないからであり、たんに世界の抽象的な構造に関わるだけではないからである。生物学は、真に普遍的な〈生物学〉として、むしろたしかに具体的な世界全体を包括しており、暗黙のうちに物理学そのものをも包括していて、（主観的な）相関項を考察する際には、絶対に普遍的な哲学となるのである」。『危機』、p. 482-484.〔メルロ＝ポンティの仏訳からの邦訳。ドイツ語原文と一致していない箇所もある〕

〔メルロ＝ポンティによって訳された「付録XXIII」に対するコメント〕

付録XXIIIのテクスト。

他人への移入〔Einfühlung〕に関して練り上げられてきた相互内属〔Ineinander〕や、志向的含蓄の観念を示すために。存在と同一の外延をもつようになること、また超越論的内在の観念を置きかえること。

相互内属の哲学。

とりわけ、

テクスト1．有機体、主観性の相互内属〔Ineinander〕、〈我《ジュ》〉（および結局のところ省察する我）と身体的諸機構。移入〔Einfühlung〕の変異体《ヴァリアント》である生ける有機体。私は有機体であるがゆえに有機体を知っている。〈存在〉と人間の関係。ハイデガー（人間のうちにすべてがある、しかし、それは人間がすべてだからである）。読むこと。

2．移入〔Einfühlung〕による変異体《ヴァリアント》である動物は、私たちに一つの存在論を開いてくれる。動物の「世界」、動物の「共同世界」――「未知の存在論」。私たちは、私たちの世界への移入〔Einfühlung〕によってすべてを知るわけではないが、世界のスタイル、世界の編成、他の仕方では私たちの経験に入ってこないような世界の目的論を知る。読むこと。

3．生物学、二枚。

移入〔Einfühlung〕による有機体との接触、私たちのうちでの有機体の志向的含蓄と、有機体の諸部分の含蓄。そこから生物学は生活世界《レーベンスヴェルト》の理論であり、理念化以前の私たちの接触から借りられた理論であることになる。（魂《アニマ》）。

「技術的」あるいは「人為的」な知（有機体における物理的諸規定）、それは即自の物理的数学的言語において有機体の存在を表現している。

しかし、「明証性の起源」のさらに近くでは、つまり相互内属〔Ineinander〕の哲学的世界の近くでは、生物学は、たんなる事象〔bloße Sache〕だけに関わっているふりはできない。

4．相互内属〔Ineinander〕の世界、哲学の、生物学の一般性のすぐ近くにある移入〔Einfühlung〕の世界。その一般性は世界へと導き、世界との接触に修正されなければならない。哲学と科学の弁証法的関係、科学は目配せをする〔winken〕〔訳注6〕。

5．事象の奥深さとの接触によって、生物学はほとんど哲学である。生命は局所的な事実ではなく、世界的な意味〔Weltallgemeinigkeit〕をもっている。生命は世界性を有しており、〈存在〉を開示するものとしての価値をもっている。それは生物学の事実の領域が、ひとが信じている以上に広がりうる（金星）からだけではなく、生物学の構造が、非独立的な物理的数学的構造のように抽象的だからでもなく、物理的数学的構造を包括しており

(人間の環境世界《ウムヴェルト》の産物としての物理学)、普遍的な存在、つまり哲学のすぐ近くにあるからである。

したがって、明証性の原本的「起源」としての生活世界《レーベンスヴェルト》の意味＝相互内属の世界。

問い、この相互内属の世界、客観存在と主観存在の彼方で、それは語られうるだろうか。

精神分析(1)

精神分析

私たちは、衰退《デカダンス》のいくつかの事実に責任のある〈実証主義〉を、人工主義的技術者的思考＝操作を目指す抽象的思考を、検討してきた。

同様に、精神分析にも。衰退の徴候であるような精神分析がある。すなわちこの精神分析は切り離された無意識を立て、あるいは無意識に意識的制御を対置する。それらを分解した際に、より深い統一を見出す精神分析があるのだ。習慣的なものとしての無意識的思考、深いところで似通ったものとしての自我《モワ》。無意識の抑圧は盲目的である。

反対命題の下を掘り下げること。性、攻撃と競争。見えるものの過大評価。

反対命題の下を掘り下げること。とくに一方通行の調整ではなく、病的な攻撃は考古学的な根をもっている。

同様に、統合あるいは再統合のために。それが一つの要素を他の要素に従属させることではないのは、要素が存在しないという単純な理由からではなく、各要素がそれ自身のうちに敵対要素を備えており、他の要素と結びついているからである。治療――治療法としての精神分析。

おそらくより深い哲学である私たちの非‐哲学。

私たちの歴史的地盤〔Boden〕の解体。無意識の自民族中心主義。世界の法則としての私たちの歴史——自我中心主義としての無意識（転嫁現象[訳注7]も同様に）。自民族中心主義＝他の歴史性を知らないこと。それらを抑圧することではない。この解釈の重要性。かつて抑圧があったと考えるなら、脱植民地化は正常への回帰である。〔しかし、これで〕問題は理解されない。問題は、複数の発展が共存しうるかどうかを知ることである。ひとは（自然の調和か、さもなければ（マルクス主義）自然支配——人々の同意という調和かという）古典的な枠にとどまっているのだ。〈自民族中心主義〉が無知だとすれば、発展途上国の目覚めは、共同発展という新しい問題である。

ある地盤《ボーデン》の破壊。事実、幸運、流れの中の偶然、より一般的な歴史の中の特殊例などとして現れる存在だと素朴に信じられていたもの。この破壊は偶然ではない。それは自己破壊である。植民地化は脱植民地化である。自然という私たちの地盤《ボーデン》の破壊。秩序づけられた〈自然〉というのは、表層的凝結であり、連鎖的エネルギーである。自明ではない。この自明な〔selbstverständlich〕ことの破壊は、最初に〈自然〉の必然性（創造法則＝保存法則。いずれにしてもこの世界の姿は同じものになったであろう）に基盤を置いた科学の帰結である。これまで使われてきたこの観念は乗り越えられるのである。

一九六〇―一九六一年講義への補遺

存在論（挿入された数葉[1]）

存在論――二月二三日の講義。

近代は可視性という魔術的な観念によってルネサンスを再発見した。それは、（内外で）こちらとあちらでおのれを見させるものである。それ〔可視性〕が与えるのは、不透明なものではなく「未開封の」かたちであり、それが身体によってタブローに移行するのである。無言で、不自由で、没論理的な意味は、見えるものの分節化を命じる。「幻影《ファントム》」存在――反映、鏡像、照明――、それらは見える存在しかもたないが、無制約の〈存在〉を存在させる。即自と思考のあいだの――鏡の眼（クローデル）。没論理的な本質としてのタブロー。諸事物、タブローおよび画家さえも共属する絶対的な見えるもの（タブローの中の画家）。

これらすべてについて、デカルト的思考は私たちに何を語ってくれるか。

（1）［この数葉は、草稿の中の **p. 10**〔本書二一二頁〕（絵画についての展開）と **p. 11**〔本書二一三頁〕（デカルトについて）のあいだに見出される。］

存在論についての講義。

㈠ それは、通常の意味の哲学史ではない。考えられたことは、考えていることの枠組と地平の中で考えられたことである。考えていることを理解してもらうために想起すること。目的は現代の存在論。そこから出発して、デカルトとデカルト主義者に向かい、次に今日哲学たりうるものに立ち帰ること。立場が不確実な哲学史（ゲルー）の外で。多少とも実証主義的でない諸学問（社会学、心理学、物理学、数学、とそれらの「哲学」）の外で。

㈡ 公式哲学は危機的状態である。しかし自発的哲学全体、とくに文学における根源的思考がある『新フランス評論』の一月号（以下の数字は同誌の頁を指す）。サン＝ジョン・ペルス〔訳注8〕、地獄、時間（クロード・シモン〔訳注9〕）、このうえなく深い問い（ブランショ〔訳注10〕）、芸術では（絵画－映画）。ヴァール「クローデルと同時性〔訳注11〕」。ヴァレリー「哲学の擁護と拡張」。アンドレ・バザン、映画の存在論〔訳注12〕。

先述部を参照。プルースト（本質と魂の夜）（本質というのは感覚的なものでもある）。クローデル（ヴァールによる）。ヴァレリー（『偽レオナルド〔訳注13〕』から『我がファウスト〔訳注14〕』へ）。レオナルドの進化であった進化。今日では、サン＝ジョン・ペルス、クロード・シモン。

文学的表現すなわち間接的（二種類の間接）表現から切り離せない哲学。これは、一致――知的所有――には達しないが、目配せ（winken）はする。

哲学すなわち問い（したがって賛否ではない）（ブランショ「このうえなく深い問い」、1、p. 10-84）。問いかけが在るものを現前させ、在るものは問いかけによってしか与えられない（星を参照）。人間は、神そのものにとっては問いである（*ibid.*, II, p. 85）。この問いに関して、私たちは主ではない。現代の弁証法的運動は、それらの抽象的定式よりも深い（86）。弁証法か循環性かという全体的な問いが、全体性の探求という問いの中に深い問いを吸収できると思っている（87）。必要不可欠な乗り越え（88）であり、根源的思考を少しも妨げない。この思考は、止まることのない知覚であり、思索されていないこと（Ungedachte）についての思考であり、弁証法の本質《ヴェーゼン》へと向かう後方への歩みから生まれる。根源的思考は、各革命において歴史的な問いと混合されているように見えるが、続いてふたたび現れる（89）（サルトルの本）。

㈢ 芸術において

映画、映画存在論。たとえば、映画における動きの問題。

絵画。見えるものと見えないものの弁証法。『アール・ド・フランス』誌の論文〔『眼と精神』〕を参照。絵画から出発すること。

全体として

プルースト、肉的本質。ヴァレリー、意識は内在性の中にはなく、生の中にある。クローデル、同時性、最も現実的なものは私たちの下にある。サン＝ジョン・ペルス、〈存在〉への目覚めとしての〈詩〉。クロード・シモン、盲信のゾーンと、感覚的存在のゾーン。

見えるものと見えないもの、肉と精神の関係の逆転［がある］。充実した〈存在〉の葉脈としての意味の発見。精神の島嶼性の乗り越え。

絵画、思考によるコミュニケーションではなく思考の後方でのコミュニケーション。見えるものの暗号の発見。これらすべてが、諸存在――部分的で、地《フオン》の上の、既成の、階層秩序化した、対‐象、地平に向かう、次元化された、〈刻印〉、エポケーの〈記憶〉としての――の乗り越えという意味での存在論である。諸存在は、これらによってしか顕在化しないが、存在的というよりも垂直のものや野生的なものの秩序を構成している。哲学つまり非‐哲学＝非‐神学、非‐人間学、非‐実証主義。対照的に、このことをよりよく理解するために、デカルトやデカルト主義者たちのもとにおもむき、彼らを民族学者と見なすこと。

私たちは、そこから立ち帰り、私たちの存在論についてのより精密な哲学的表現に立ち帰ろう。

訳 注

序 文

〔訳注1〕M. Merleau-Ponty, *Résumés de Cours, Collège de France 1952–1960*, Gallimard, 1968.〔M・メルロ＝ポンティ『言語と自然』滝浦静雄・木田元訳、みすず書房、一九七九年〕

〔訳注2〕M. Merleau-Ponty, « Existence et la dialectique », in *Les philosophes célères*, Paris, Lucien Mazenod, 1956, pp. 289–291 repris in *Signes*, pp. 194–200.〔M・メルロ＝ポンティ「実存と弁証法」伊藤泰雄訳、『メルロ＝ポンティ哲学者事典』、第三巻、白水社、二〇一七年、一六二－一六三頁。『シーニュ1』に再録、滝浦静雄訳、みすず書房、一九六七年、二六二－二六三頁〕

〔訳注3〕M. Heidegger, *Der Spiegel*, 1976, nº 23, p. 214; « Réponses et questions… », trad. Jean Launay, Paris, *Mercure de France*, 1977, pp. 58–59.〔M・ハイデッガー「シュピーゲル対談」川原栄峰訳、『形而上学入門』平凡社、一九九四年、四〇七頁〕

〔訳注4〕M. Merleau-Ponty, *Phénoménologie de la perception*, Paris, Gallimard, 1976, p. 450.〔M・メルロー＝ポンティ『知覚の現象学2』竹内芳郎・小木貞孝・木田元訳、みすず書房、一九七四年、二七九頁〕

〔訳注5〕本書六五－六七頁。

〔訳注6〕M. Merleau-Ponty, *Le visible et l'invisible*, Paris, Gallimard, 1979, p. 219.〔M・メルロ＝ポンティ『見えるものと見えないもの』滝浦静雄・木田元訳、みすず書房、一九八九年、二三一－二三二頁〕

〔訳注7〕M. Merleau-Ponty, *Le visible et l'invisible*, p. 326.〔M・メルロ＝ポンティ『見えるものと見えないもの』、四〇五頁〕

〔訳注8〕M. Merleau-Ponty, *L'Œil et l'esprit*, Folio, 2006, p. 42.〔M・メルロ＝ポンティ「眼と精神」、『眼と精神』滝浦静雄・木田元訳、みすず書房、一九六六年、二七二頁〕

〔訳注9〕M. Merleau-Ponty, *Le visible et l'invisible*, p. 263.〔M・メルロ＝ポンティ『見えるものと見えないもの』、三〇二頁〕

〔訳注10〕 M. Merleau-Ponty, *Le Visible et l'invisible*, p. 196.〔M・メルロ＝ポンティ『見えるものと見えないもの』、二〇六－二〇七頁〕

〔訳注11〕 M. Merleau-Ponty, « Notes de cours ‹ Sur Claude Simon › », présentation et transcription par Stéphanie Ménasé et Jacques Neefs, *Genesis*, n°6, Jean-Michel Place, Paris, 1994, pp. 133-165. Repris partiellement in *Parcours deux 1951-1961*.

〔訳注12〕 M. Merleau-Ponty, *Le Visible et l'invisible*, p. 251.〔M・メルロ＝ポンティ『見えるものと見えないもの』、二八一頁〕

〔訳注13〕 M. Merleau-Ponty, *Résumés de cours*, pp. 77-84.〔M・メルロ＝ポンティ『言語と自然』、五七－六二頁〕

〔訳注14〕 M. Heidegger, "Hegels Begriff der Erfahrung", in *Chemin qui ne mène nulle part*, Gallimard, 1962.〔M・ハイデッガー「ヘーゲルの『経験』概念」茅野良男・ハンス・ブロッカルト訳、『杣径　ハイデッガー全集5』所収、創文社、一九八八年、一三五－二三三頁〕

〔訳注15〕 M・ハイデッガー「ヘーゲルの『経験』概念」八一頁。

はしがき

〔訳注1〕 M. Merleau-Ponty, *Résumés de cours*, pp. 141-156.〔M・メルロ＝ポンティ『言語と自然』、一〇三－一一三頁〕

〔訳注2〕 一九五九－一九六〇年講義「自然とロゴス――人間の身体」は、さらに特別に自然概念の研究に位置する。次の書に収められている。M. Merleau-Ponty, *La Nature*, établie par D. Séglard, Seuil, 1995.

〔訳注3〕 一九六〇－一九六一年講義も一月に始まった。

〔訳注4〕 M. Merleau-Ponty, « Philosophie et non-philosophie depuis Hegel : Note de cours », Texte établi et présenté par Clade Lefort I, *Textures*, n°s. 8-9, 1974, pp. 83-129.〔邦訳（抄訳）、メルロ＝ポンティ「ヘーゲル以後の哲学と非哲学」田島節夫・実川敏夫・田島由美子訳、『理想』、一九七七年三月、三八－七三頁〕

〔訳注5〕 M. Merleau-Ponty, *Le visible et l'invisible*, p. 142-171.〔M・メルロ＝ポンティ『見えるものと見えないもの』、一四七－一七九頁〕

一九五八―一九五九年講義
今日の哲学

〔訳注1〕　ルヴェル――Jean-François Revel（1924-2006）　フランスの哲学者、ジャーナリスト。『なぜ哲学者なのか（*Pourquoi des philosophes*）』は、一九五七年にパンフレット形式で出版された彼の最初のエッセイで、哲学はすでに歴史的役割を終え、他の諸科学にとって代わられたと主張した。

〔訳注2〕　創設〔Stiftung〕――フッサールの用語。メルロ＝ポンティはこの語に影響を受けてinstitutionという語を創出し、独自の意味で用いる。ここではStiftungを「創設」と訳し、institutionを「制度化」と訳す。

〔訳注3〕　地盤〔Boden〕――フッサールが『危機』書などで用いる語。学問的な認識に先立って、すでに自然的態度において与えられている信念的な土台として機能するものを指している。

〔訳注4〕　ミクロメガス――ヴォルテールの哲学小説『ミクロメガス』（一七五二年）の主人公の名前。シリウス星から地球に来た身の丈一二万尺の主人公ミクロメガスが、人間の営みを眺めた作品。シラノ・ド・ベルジュラックの『別世界または月世界諸国諸帝国』やスウィフトの『ガリバー旅行記』にならって、大きさの相対性と人間の卑小さがテーマ。

〔訳注5〕　一九三八年十月にオーソン・ウェルズがラジオでH・G・ウェルズの『宇宙戦争』をニュース仕立てで放送したところ、本当に火星人がやってきたと思ったリスナーがパニックに陥った、というエピソードのことを指していると思われる。

〔訳注6〕　大地〔Terre〕――フッサールが晩年に用いる語のひとつ。遺稿となった「コペルニクス説の転覆」（一九三四年）において、フッサールは「大地」が運動物の知覚において不動の基準の役割を果たしていることを述べ、逆説的にコペルニクス説と異なる表現を用いた。メルロ＝ポンティは『知覚の現象学』の頃からこの遺稿を参照している。

〔訳注7〕　ジロドゥ――Jean Giraudoux（1882-1944）　フランスの劇作家、小説家、外交官。後出の「空虚の女神柱」は彼の小説『エグランティーヌ』に見られる表現。

〔訳注8〕　マルタンヴィルの鐘楼、三本の木――いずれもプルースト『失われた時を求めて』に登場する。『失われた時を求めて』の主人公は、外界からの何らかの刺激を通じて記憶を想起するが、冒頭の紅茶にひたしたマドレーヌの味やヴァントイユのソナタとならんで、マルタンヴィルの鐘楼を見たことは主人公に芸術による真理の表現という着想に導く重要な契機となる。

〔訳注9〕　『失われた時を求めて』「ソドムとゴモラ」の「心情の間歇」のこと。主人公は祖母の死の数ヶ月後、靴ひもを解くときに突然祖母の死を思い出し、涙を流す。無意識的記憶の非連続性と想起についてのプルーストの独特の考え方。

〔訳注10〕　アルベルチーヌ――『失われた時を求めて』において主人公の恋愛対象となり、主人公を嫉妬で苦しめたうえに突然

の事故死により、主人公を永遠の愛についての思想に導く契機となる登場人物。メルロ＝ポンティは一九五三年の『制度化』講義で、「感情の制度化」としてアルベルチーヌをめぐるプルーストの叙述を分析している。

〔訳注11〕バーナード・ベレンソン――Bernard Berenson（1856–1959）　リトアニア出身、アメリカで活躍したルネサンス美術研究者。「触覚的価値」は彼が用いた用語で、絵画や彫刻が私たちの想像力を刺激し、そのヴォリュームや実在をありありと感じさせることで、芸術評価の基準として考えられた。メルロ＝ポンティは『眼と精神』でベレンソンの「触覚的価値」の概念に批判的に言及している。

〔訳注12〕意味の空洞化〔Sinnentleerung〕――フッサールが「幾何学の起源」で用いる用語。幾何学などの歴史的文化的形成物が、その創始者の意図のうちにあった原初的な志向を歴史的な経過とともに失っていくことを示す。

〔訳注13〕一貫した変形――元来アンドレ・マルローが『芸術論』で用いた語であるが、メルロ＝ポンティは「間接的言語と沈黙の声」（『シーニュ』）などで、既成の意味の中心をずらし、また再集中させるという働きとして、意味の了解の基本構造を示すものとして採用した。

〔訳注14〕マルローが引用したルノワールのエピソード。ルノワールは海の前で仕事をしながら、川で水浴する女を描いた。それを見たカシの宿屋の女主人が伝えたエピソードで、メルロ＝ポンティは「間接的言語と沈黙の声」でそれに触れている。

〔訳注15〕マッソン――André Masson（1896–1987）　シュルレアリスムの画家。ブルトンの自動筆記を推進し、自由な筆致で描いて、抽象表現主義などにも影響を与えた。

〔訳注16〕バゼーヌ――Jean Bazaine（1904–2001）　フランスの画家。新エコール・ド・パリおよび二〇世紀のフランス前衛画家の代表的作家。

〔訳注17〕ジャンニ・ベルティーニ――Gianni Bertini（1922–2010）　イタリア人の画家。抽象絵画を描いたが、後には写真を用いた独自の作品を製作し、「視覚的詩」を試みた。

〔訳注18〕ウィルフリド・モーゼル――Wilfrid Moser（1914–1997）　新エコール・ド・パリ派に属するスイスの画家。

〔訳注19〕J・ガスケ『セザンヌ』與謝野文子訳、岩波書店、二〇〇九年、二五六－二五七頁。

〔訳注20〕ラプジャード――Robert Lapoujade（1921–1993）　フランスの画家、映画監督。モントバンに生まれ、パリで画家として出発する。抽象画の作風で登場するが、のちに映画監督に転向、高等師範学校の教授も務めた。一九六一年の彼の個展にはサルトルが序文を寄せ、「特権を持たぬ画家」として『シチュアシオンⅣ』に収録された（サルトル「特権を持たぬ画家」矢内原伊作訳、『シチュアシオンⅣ』、人文書院、一九八二年）。

〔訳注21〕ブーレーズ――Pierre Boulez（1925–2016）　フランスの作曲家、指揮者。ヴェーベルン以降のセリー音楽を追求し、

『主なき槌』『プリ・スロン・プリ』など二〇世紀後半のフランスを代表する作品を残した。理論家、指揮者としても活躍し、ヴァーグナーやストラヴィンスキーなどを独自に解釈し、現代音楽の普及にも貢献した。

〔訳注22〕アルバン・ベルク――Alban Berg（1885-1935）シェーンベルクに師事し、ヴェーベルンとともに無調音楽から十二音技法による作品を残した。代表作品に『ヴォツェック』『ルル』など。

〔訳注23〕統握〔Auffassungen〕――フッサールの用語。意識によって対象を「……として」把握し、意味付与を行う機能。メルロ＝ポンティはこうした作用的な意識による構成に対して、より受動的な構成として「制度化」を語ったわけである。

〔訳注24〕作動する志向性――fungierende Intentionalität　フッサールの用語。志向性は、意識が、表象された対象を目指すという意味で「作用志向性」であるが、それに先立って生活世界においてすでにはたらいている志向性があることをフッサールはとらえていた。メルロ＝ポンティはすでに『知覚の現象学』でこの区別に基づいて身体の世界内属性を論じていた。

〔訳注25〕流動的本質――fließendes Wesen　フッサールの用語。『経験と判断』などで語られる概念で、本質がプラトンのイデアのように知覚経験を超越して実在するのではなく、知覚経験の推移とともに変様しつつ現出するものであることを示すものであり、メルロ＝ポンティは『知覚の現象学』でこの概念に注目している。

〔訳注26〕原ドクサ、原信憑〔Urdoxa, Urglaube〕――フッサールの用語。あらゆる懐疑や判断停止に先立って、すでに自然的態度において生きられた先所与性としての生活世界が前提されており、そうした世界の存在は「ドクサ」「信念」という仕方で認められる。

〔訳注27〕非隠蔽性〔ἀλήθεια〕――ギリシア語で真理の意味。ハイデガーはこの語をUnverborgenheitとドイツ語訳し、真理を「隠されていないこと」としてとらえる解釈を提示した。

〔訳注28〕根源的に現前可能なもの〔urpräsentierbar〕――フッサールは『イデーン』第二巻で他者の身体の構成に関して、感情移入（Einfühlung）という概念を用いたが、それは直接的に知覚に与えられる他者の身体（根源現前）と間接的に提示される他者の内面との複合として考えられる。

〔訳注29〕感情移入〔Einfühlung〕――フッサールの用語。テオドール・リップスが用いた概念に淵源するが、フッサールは独自な意味を与えて、彼の間主観性理論の基本概念とした。他者の身体を物体ではなく人間として、意識を備えた主観として構成する場合、私は私にとって現前している他者の身体に、私が「もし彼の立場なら」という仕方で間接的にとらえる他者の内面を重ね合わせている。このような現前と非現前の共存が「感情移入」と呼ばれる。

〔訳注30〕関与しない観察者〔unbeteiligte Zuschauer〕――フッサールの用語。現象学的還元は、経験的な主観性における心理的・歴史的な説明や世界からの説明を拒み、純粋な観察者としての意識を抽出する。公平無私の観察者。

〔訳注31〕世界性〔Weltlichkeit〕――ハイデガーが『存在と時間』などで用いた用語。世界は自然科学的に規定される物体の世界ではなく、現存在の関心に基づいて有意性をそなえた世界として与えられる。

〔訳注32〕生き生きした現在〔lebendige Gegenwart〕――フッサールの用語。現象学は自己所与の自己現前に根源的な経験の真理を認めるが、その省察の深まりとともに、自己現前としての現在は脱現前化による不在をも含み込んだ、より大きな現在の概念を要求するようになる。現前と不在をともに包み込むような大きな現在の概念を「生き生きした」という形容詞で示したのである。メルロ＝ポンティは『知覚の現象学』でもこの概念に言及している。

〔訳注33〕原文にもメルロ＝ポンティの引用している表現は見つからず、fungierende geistig Leben となっている。

〔訳注34〕流れこんでくる――einströmen　フッサールの用語。フッサール現象学において自然的態度における生と超越論的還元によってとらえられる主観性の次元との関係が常に問題になるが、『危機』書において、いったん自然的態度における生を全面的に乗り越えた超越論的主観性が再度自然的世界へと「流れ込む」という局面が指摘されている。メルロ＝ポンティはすでに『知覚の現象学』の序文でこの用語に注目している。

〔訳注35〕万物流転〔ὁμοῦ ἦν πάντα〕――ヘラクレイトスが語ったとされる。すべてのものは流れ去り、とどまるところがない、という認識を示す表現であるが、フッサールが「ヘラクレイトス的魂」として現象学的な意識を語ったように、現象学的意識は絶えざる流れとして理解される。

〔訳注36〕現前野〔Präsenz-Feld〕――フッサールの用語。現象学において、現前は孤立した現在ではなく、過去や未来の地平に取り巻かれている。そうした地平を統一する場が「現前野」と呼ばれる。

〔訳注37〕ポーラン――Jean Paulhan（1884-1968）フランスの評論家。戦前フランスで多くの文学者の活躍する場となった『NRF』誌編集長。メルロ＝ポンティは『世界の散文』などで、ポーランの『タルブの花』をたびたび引用している。

〔訳注38〕M・ハイデガー『存在と時間』（二）、四九四－四九五頁。

〔訳注39〕動詞的本質〔Wesen verbal〕――ハイデガーが用いる表現として、普通は名詞として本質あるいは存在するものを意味する Wesen を Anwesen の後綴りとして動詞的にとらえ、いわば本質が本質として現象する動詞的様相を示すために用いられる。日本語訳では元来仏教用語である「現成」が当てられることもある。フランス語訳には ester があてられていたようであり、この講義録でもその表現が出てくる箇所がある。

〔訳注40〕合致〔Deckung〕――メルロ＝ポンティがどのような文脈を考えているのかはわからないが、フッサールはたとえば『経験と判断』などで「合致」を理念的極限としてとらえている。

〔訳注41〕『蝿』――サルトルの最初期の戯曲。メルロ＝ポンティはこの戯曲の書評を一九四三年に公表している（メルロ＝ポ

ンティ『知覚の本性』加賀野井秀一訳、法政大学出版局、一九八八年）。

〔訳注42〕肯定主義――ベルクソンは『創造的進化』で、「無」の概念を否定し、それが存在の概念の否定としてしか成立しない二次的なものにすぎないとした。メルロ＝ポンティはこうしたベルクソンの「肯定主義」を『見えるものと見えないもの』などで批判している。

〔訳注43〕根源的に現前しないもの〔Nicht-urpräsentierbar〕――フッサールが『イデーンII』などで「感情移入」に言及する際、その時間的様相として語った表現。たとえば他者の精神は根源的に現前する他者の身体の知覚における「根源的に現前しないもの」であり、「感情移入」とは根源的に現前しない他者の精神を根源的現前にもたらすことにより他者を精神的存在として構成するのである。訳注28参照。

〔訳注44〕ファブリス――スタンダール『パルムの僧院』（一八三九年）の主人公。作中で、ワーテルローの戦いに参加する。

〔訳注45〕『想像力の問題』――サルトルの一九四〇年の著作。サルトルはそこで想像力についての現象学的心理学を企てる。この後に出てくるシャルル六世の例はサルトルがそこで展開しているものであり、肖像画に描かれたシャルル六世は現実存在を無化する私の想像力の対象なのである。

〔訳注46〕アンゲルス・シレジウス――Angelus Silesius（1624-1677）ポーランドの神秘主義詩人。神との合一の境地を歌った宗教的な詩を残した。ハイデガーは『根拠律』で、シレジウスの詩をライプニッツの根拠律と対比させて解釈している。

〔訳注47〕G・カーン――ハイデガー『根拠の本質』のフランス語訳者。

〔訳注48〕実在の存在、必然的な存在〔Ens reales, Ens necessarium〕――ライプニッツによる神の定義。現実存在は、最も完全で必然的な存在である神を根拠としている、とライプニッツは考えた。

〔訳注49〕途上に――unterwegs　この表現は、正確にはドイツ語原文一〇六頁〔邦訳、一二〇頁〕に確認される。

〔訳注50〕ニーチェ『偶像の黄昏』に見られる表現と思われる。ハイデガーは『形而上学入門』〔邦訳、六七頁〕で、ニーチェが「存在」という「最高概念」を「蒸発する実在の最後の煙」と述べたことに言及している。

〔訳注51〕アポリネール――Guillaume Appolinaire（1880-1918）フランスの詩人。キュービズムの芸術運動を支持し、自らも詩の綴りが図形的に表現されたカリグラムなどの詩作を試みた。メルロ＝ポンティがここで言及している詩「Il y a」は、没後に発表された詩で、ほとんどすべての詩行の冒頭が il y a（……がある）で始まる特異な詩である。

〔訳注52〕ベルクソンの記録簿――ベルクソンは『創造的進化』で、物質と有機体の区別を論じ、有機体の特徴として法則ではなく方向に従うものである、として、なにものかの生きているところには時間の記録簿がある、とした。

〔訳注53〕ペギー――Charles Pierre Péguy（1873-1914）フランスの哲学者、詩人。エコール・ノルマルでベルクソンに師事、

ジョレスの社会党に参加、ドレフュス事件ではドレフュス擁護の姿勢を示すが、やがて社会主義からカトリックに転じた。「歴史的記入」は彼が「デカルト氏とデカルト哲学についての付録注」で用いた用語。

〔訳注54〕 四方界〔das Geviert〕――後期ハイデガーが用いる用語。物を表象として対象化する思考に対して、天、大地、神々、死すべき者たち四つの領域が交差することによってそこに物が物として、世界が世界として現象する構造を表現している。

〔訳注55〕 プラトン『メノン』のジレンマ。「無知」を装うソクラテスに、メノンが「それを知らなかったとしたらどうやって要求するのか」と問い、それに対してソクラテスが魂の想起説を説く。メルロ＝ポンティは『知覚の現象学』コギトの章でこのジレンマに言及している。

〔訳注56〕 「論理学」――一九三四年夏学期フライブルク大学講義の『言葉の本質への問いとしての論理学』〔小林信之、G・シュテンガー訳、『ハイデガー全集38』、創文社、二〇〇三年〕を指す。それゆえフランス語原文の「講演（conférence）」を「講義」と訳した。

〔訳注57〕 ボーフレ――Jean Beaufret（1907-1985） フランスにハイデガーを紹介した哲学者。本講義で言及されている『「ヒューマニズム」について』は、ボーフレからの実存主義に関する質問にハイデガーが書簡で返答するという体裁をとっている。彼はメルロ＝ポンティとエコール・ノルマルの同期で、メルロ＝ポンティの博士論文公聴会でも発言している。リセやエコール・ノルマルで哲学を教えたが、晩年に歴史修正主義者との関係を問われるなどした。

一九六〇―一九六一年講義
デカルト的存在論と今日の存在論

〔訳注1〕 ブランシュヴィック――Léon Brunschvicg（1869-1944） 一九〇九年から三九年までソルボンヌ大学教授。フランスにおける新カント派哲学の代表者として、サルトル、メルロ＝ポンティらの思想形成に大きな影響を与えるとともに、いわゆる実存主義運動の時期には講壇哲学者と見なされる。メルロ＝ポンティの『行動の構造』や『知覚の現象学』では、ブランシュヴィックは「批判的観念論」「主知主義」としてたえず批判的に参照される対象である。

〔訳注2〕 ブロンデル――Maurice Blondel（1861-1949） フランス・スピリチュアリスムの流れに位置づけられる哲学者・宗教学者。主著に『行為（*L'action*）』（一八九三年）がある。メルロ＝ポンティはブロンデルから「存在論的複視」という概念を借用している。

〔訳注3〕 ボードレール「ワレトワガ身ヲ罰スル者」阿部良雄訳、『ボードレール全詩集Ⅰ』、ちくま文庫、一九九八年、一八〇―

一八二頁参照。

〔訳注4〕 M. Gueroult, *Descartes selon l'ordre des raisons*, I-II, Paris, Aubier, 1953.「諸理由の順序」とはデカルト自身の言葉で、「諸題材の順序」と対立し、数学的論証や推論の連鎖のこと。ゲルー（1891-1976）はこの順序を『省察』に読み解くことで、その内的構造を分析した。抄訳に以下のものがある。「デカルト形而上学と理由の順序」小泉義之訳、解題・解説、『現代デカルト論集I　フランス編』デカルト研究会編、勁草書房、一九九六年、六九頁以下。

〔訳注5〕 原文に dans l'air とあるのを dans l'art と読む。

〔訳注6〕 前出〔「今日の哲学」訳注19〕J・ガスケ『セザンヌ』、二二〇頁。

〔訳注7〕 一六四三年エリザベト宛書簡の次の一節を参照。「最後に私は、形而上学の原理こそ神と魂の認識をわれわれにもたらしてくれるものであるところから、一生に一度だけ、そのような原理をしっかりと理解しておくことが必要不可欠であると信じておりますが、同時に、その種の省察を試みようとして、自己の悟性をしばしばもちいるのは、百害あって一利なしとも信ずるものでございます」（R・デカルト「エリザベトあて、一六四三年六月二八日」竹田篤司訳、『デカルト著作集3』、白水社、二〇〇一年、二九七頁。「デカルトからエリザベトへ（エフモント・アン・デン・フフ一六四三年六月二八日）」、『デカルト全書簡集5』倉田隆・山田弘明・久保田進一・クレール・フォヴェルグ訳、知泉書館、二〇一三年、三〇三頁）。この書簡はすでに『知覚の現象学』にも引用されている（M. Merleau-Ponty, *Phénoménologie de la perception*, Paris, Gallimard, 1945, p. 232.〔M・メルロ＝ポンティ『知覚の現象学1』、三二六頁〕）。また『眼と精神』、二八五頁も参照。「奥行はいつも新しい。そしてそれは、人々が「一生に一度」ではなく、一生涯求め続けることを要求する」。

〔訳注8〕 原文に Verflaschtung とあるのを Verflechtung と読む。

〔訳注9〕 イディオス・コスモス、コイノス・コスモス――ヘラクレイトスの以下の言葉に由来する表現。「「目覚めている者には一つの共通の世界がある」が、眠ると各人は背を向けて「自分だけの」世界に戻っていく」（『初期ギリシア自然哲学者断片集1』日下部吉信編訳、ちくま学芸文庫、二〇一三年、三三一頁）。

〔訳注10〕 パスカルの言葉。『パンセ』の以下の断章を指す。「絵画とは、なんとむなしいものだろう。原物には感心しないのに、それを写し取り、似ているといって感心されるのだから」（B・パスカル『パンセ（上）』塩川徹也訳、岩波文庫、二〇一五年、五六頁）。

〔訳注11〕 原文ではこの行の横に「古典的な詩句で語るアポロンの巫女」とあるが、これはメルロ＝ポンティの挿入的注記か。

〔訳注12〕 M・プルースト『失われた時を求めて4』鈴木道彦訳、集英社文庫、二〇〇六年、二二二―二二三頁参照。「それらの若い花たちは、今や私のすぐ前で、その軽やかな生垣でもって水平線をさえぎっていた。断崖を見下ろす庭を色彩るペンシ

ルヴァニア・ローズの茂みにも似た生垣、その花と花のあいだには、どこかの汽船が通った大洋の航跡がすっぽりおさまっており、汽船は一本の茎からほかの茎までのあいだの青い水平線上をいかにもゆっくりと滑ってゆくので、もうずっと前に船体が通過してしまった花冠の奥でぐずぐずしている怠け者の蝶も、船の向かってゆく花の最初の花弁と船首とが、ほんのわずかな青い水だけで隔てられているようになるまで待ってから飛びたっても、確実に船より先にその花に着くことができるのだった」。

〔訳注13〕　M・プルースト『失われた時を求めて12』鈴木道彦訳、集英社文庫、二〇〇六年、三八九頁。「そのとき私は、おそらくこうしたしるし《シーニュ》の下にまったく別な何かがあって、私はその発見につとめなければならず、そうしたしるしは、ちょうど物質的な対象しかあらわしていないと思われそうなあの象形文字と同じやり方で、一つの思想を表現しているのだと感じていた」。

〔訳注14〕　「それに反して、サンザシや教会を目にしたために心に穿たれた小さな溝は、見つけようと思っても容易に見つかるものではない」（『失われた時を求めて12』、四一五頁）。

〔訳注15〕　Non pas référence à essence ou idée を Non par référence à essence ou idée と読む。

〔訳注16〕　P・クローデル『眼は聴く』、五頁などを参照。

〔訳注17〕　『繻子の靴』上、二四一頁。「今こそ糾弾する、わたしは、この男を、この女を、二人によって一瞬だけ存在した私だが、もはや永劫に終わることはない、二人によって書き込まれてしまった、わたしは、永遠の書物のページに」。

〔訳注18〕　本講義後出の「クロード・シモン（五）芸術」の節を参照。

〔訳注19〕　「今日の哲学」訳注20参照。

〔訳注20〕　C・シモン『フランドルへの道』、二六頁。「蹄の音、かつかつと単調にひびく蹄の音だけで、それが道路に反響し、数をまし（……）相殺し合い（……）個別的には聞こえなくなり、その連続性、その一様性のためいわば二次的な沈黙とでもいうべきもの、何か壮大巨大な、すなわち時の歩みそのもの、つまり目にも見えず非物質的で初めも終わりも目じるしもないものを証示させるにいたり、そのなかで彼自身、目に見えない背の高いシルエットの幻影の騎士たちが、馬の歩みにつられて振動し（……）前進しながらすこしも前へすすまず……」。

〔訳注21〕　C・シモン『風』、三二八頁。「というわけでそのエレーヌを、私は想像しようと努めるのだが、あの時間というものの厚みのなかに居坐って（時間といっても、原始的なインディアンが伝達に使う、ところどころに結び目のあるあの編んだ草みたいに糸状ではなく、そんな一次元だけの持続という考えにしたがえば、結び目になる出来事、過去、現在、未来がその進行に沿って、押し合いへし合いもせず、おとなしく、一列に並んで続くはずであるが、それに反して（時間は）一種の濃密な

マグマとでもいったものに似ていて、瞬間は暗い大地の内部にシャベルを突き刺すみたいに、数え切れない虫の蠢きをむき出しにするものであり……)」。

〔訳注22〕 C・シモン『風』、三三七頁。「というのも彼はそうしたすべてを、断片的に、それもすこしずつ、しかも厳密にいって物語の形ではなしに、しかじかの細部の記憶が甦ってくるその度に私に話したからで、どうしてそうなるかはけっきょくはっきりとわからなかった――といっても、堪えがたい、怒りにも似た勢いで、どこか記憶の物置みたいなところにいつも整頓されている思い出ではなくて、時間を一挙に越え、感覚そのもの、一途で、がむしゃらで、しつこい、肉（chair）や物質の感覚を不意に蘇らせるものがなんであるか、はっきりわかることがあると仮定しての話で」。

〔訳注23〕 C・シモン『草』、一八一－一八二頁。「そしてこんな駅の近くにあるホテルでは、この時の流れは重々しい様子を呈する。なぜなら、微細な歯車によって時がちびちびかじられたり、記録されたりすることはもうないからだし、夜になって駅の正面あるいは駅の塔の上に掛けられている記念碑的な光り輝く針のゆっくりとした移動によって示されるからだ」。

〔訳注24〕 C・シモン『草』、二四四頁。「ただ、通常美貌と呼ばれるものを越えた、いわば一種の辱められた美貌というものを備え、例えば破損とか緑青とかが廃墟から発見された彫刻の顔（……）に付け加える、というかむしろ付与する何かを堪え、だからいかつい――というかいかつくなった――と同時にどこか惹きつけるところのある、化粧も気取りもない顔で（……）、あの一種の時間にたいする凱歌……」。

〔訳注25〕 C・シモン『風』、二七八頁。「まるでぼくが、というかむしろぼくの意識が、交互にぼくの外側と内側に移動するみたいでしてね。つまりその、あるときは自分がわれわれ二人になりきって、そこに坐って、というか銅像の孤独みたいなもののなかで君臨して、外側の世界がはるかな背景にすぎなくなり、どんどん小さくなり、逃げてゆき、虚無のなかにかき消えるような気がし、そうかと思うとすぐその後では、一挙に飛躍して、というかむしろ同じその瞬間に、ぼくにはわれわれ二人がむやみとちっぽけで、無意味で、惨めったらしく、土盛りの上のそのベンチで途方に暮れている姿が目に見え（……）、さらに家々の、町の、田野の、道という道の、列車の、そしてさらにほかの町々とかそういったすべてのその彼方から、ぼくには呼吸音のようなもの、彼女の肉体（chair）の呼吸音のようなもの、あの同じ秘かな、多層的な、神秘的な動機が聞こえて来るみたいな気がしたもので、なぜかというと世界というものの肉体（la chair du monde）は、いわばそうと気づきさえしないで生み落とし、創造する能力があるというその事実によっても女性的だからですよ……」。

〔訳注26〕 C・シモン『風』、三四五頁。「まるで廃絶された時間のなかで死んだローズのかたわらにそうやって坐り、その肉のなか、ゆっくりと萎れ、枯れていきつつあるリラのその重苦しい匂いのなかに閉じこめられ、埋もれ、彼がいわば胎児の状態に引き戻され、子宮内の生の苦痛に満ちた拷問のような平安（という話だが）のなかにうずくまっているみたいで、そこから

やがて（……）悲鳴を上げ、恐怖に怯えながら、虚空へはじき出され、投げ出されようとしていたというわけである。そして彼は後になって言った。「なぜなら年齢というものを生きてきた時間ではなくわれわれの終わりとわれわれを隔てる時間の函数として計算するなら、彼女はいまはぼくよりはるかに年上だったんですよ」。

〔訳注27〕C・シモン『風』、二六三頁。「すなわち内部の何か別のものがみしみし音をたて、崩折れ、それとわからぬ筋肉の、からだの弛緩が起こったのであって」。

〔訳注28〕C・シモン『風』、三三五頁。

〔訳注29〕C・シモン『草』、一三四頁。

〔訳注30〕ビュトール——Michel Butor（1926–2016）　フランスの小説家、評論家。主な小説として『時間割』『心変わり』『段階』などがある。

〔訳注31〕J. Conrad, *Le nègre du Narcisse*, trad. R. d'Humières, Paris, Mercure de France, 1910〔Révisé par Maurice-Paul Gautier, Paris, Gallimard, coll. « L'imaginaire », 1982〕. メルロ＝ポンティは一九一〇年の仏訳を参照しているので、以下該当箇所について、原文を参照しながら適宜引用し、合わせて一九八二年版の参照頁を記す。「そして芸術自体は、見える世界のさまざまな様相が孕んでいる、多様でもあり一つでもあるような性質を明らかにすることで、この世界の真価を最高に示すという、決然とした精神の試みとして定義される。それはその形式と色、光と影、素材の諸様相や人生の諸事実そのものにおいて、根本的なもの、持続的で本質的なもの——その最も輝ける性質、最も説得的な性質——、それらの存在の真理そのものを発見しようという試みである」（p. 11）。

〔訳注32〕「〔芸術家や思想家や科学者が〕自信をもって語りかけるのは、私たちの常識、知性、平穏さや不安の欲望に対してであり、しばしば私たちの偏見に対して、時には私たちのおそれに対してであり、また多くの場合私たちのエゴイズムに対して、そしてつねに私たちの信じやすさに対してである」（*Ibid.*, p. 11）。

〔訳注33〕「同じような謎めいた光景を前に、芸術家は自らのうちに下降し、もし十分な才能と運があれば、努力と闘争から成るこの孤独な領域において、ごく目立たない性質に訴えかけるようなメッセージの言葉を見出す」（*Ibid.*, p. 12）。

〔訳注34〕*Ibid.*, p. 13.

〔訳注35〕…attestent même « écart » を attestent le même « écart » と読む。

〔訳注36〕前出「エリザベト宛書簡、一六四三年六月二八日」を参照。「想像力を要する思考には、一日のうちごくわずかな時間しかもちいない、また悟性だけを要する思考には、一年のうちのごくわずかな時間しかもちいない、そしてそれ以外の時間のすべては、あげて感覚をゆるめ、精神を休ませることのみに当てること」（『デカルト著作集3』、二九六－二九七頁。「デカ

ルトからエリザベトへ、エフモント・アン・デン・フフ一六四三年六月二八日」、『デカルト全書簡集5』、三〇一頁)。

〔訳注37〕A・バイエ『デカルト伝』井沢義雄・井上莊七訳、講談社、一九七九年、三五頁参照。

〔訳注38〕R・デカルト「真理の探求」井上庄一訳、『デカルト著作集4』所収、白水社、二〇〇一年、二九九頁。

〔訳注39〕R・デカルト『精神指導の規則』大出晁・有働勤吉訳、第一二規則、『デカルト著作集4』、七一頁。

〔訳注40〕A.T., VII, 522などを参照。

〔訳注41〕R・デカルト『精神指導の規則』、『デカルト著作集4』、三一頁。

〔訳注42〕R・デカルト『精神指導の規則』、『デカルト著作集4』、七六頁。

〔訳注43〕R・デカルト『精神指導の規則』、『デカルト著作集4』、八四頁。

〔訳注44〕R・デカルト『精神指導の規則』、『デカルト著作集4』、七六－七七頁などを参照。

〔訳注45〕R・デカルト『精神指導の規則』、『デカルト著作集4』、六八頁（引用は後出）。

〔訳注46〕原文に閉じる丸括弧なし。

〔訳注47〕R・デカルト『省察』所雄章訳、『デカルト著作集2』、白水社、二〇〇一年、四八三頁。

〔訳注48〕R・デカルト『精神指導の規則』、『デカルト著作集4』、八七頁。

〔訳注49〕R・デカルト『精神指導の規則』、『デカルト著作集4』、六五頁。

〔訳注50〕R・デカルト『精神指導の規則』、『デカルト著作集4』、九〇頁。

〔訳注51〕R・デカルト『省察』、『デカルト著作集2』、八六頁。

〔訳注52〕R・デカルト『省察』、『デカルト著作集2』、三七頁。

〔訳注53〕「哲学者なら、この種の仮定には、時としてわれわれが、曲がっている棒をまっすぐにしようとして、それを反対の側へと反り曲げるということ〔を見る〕にもまして、驚きはしないことでしょう。というのは、真理を解明するのに、偽なるものを真なるものとして見なしてかかってそれが有効である、ということがしばしばあるのを彼は識っているからです。例えば、天文学者たちが赤道帯、黄道帯、その他の円軌道を天空に想定するという場合、幾何学者たちが与えられた図形に新たな線を付け足すという場合、がすなわちそれであって、しばしば哲学者たちも、多くの折にそうやっています」（R・デカルト「第五答弁」、『デカルト著作集2』、四二四－四二五頁）。

〔訳注54〕R・デカルト『省察』、『デカルト著作集2』、三四頁。〔ただしメルロ＝ポンティはフランス語版を参照しているので若干の異同がある〕。

〔訳注55〕AT., IX, p. 18.〔R・デカルト『省察』、『デカルト著作集2』、三四頁〕

〔訳注56〕原文の ...trouve-t-on [un] fond ou l'on puisse marcher を ...trouve-t-on [un] fond où l'on puisse marcher と読む。

〔訳注57〕Son essence «séparée» (Gueroult) de sa distinction ou difference の (Gueroult) の後に読点を補って読む。

〔訳注58〕le cogito opérant ou je suis を le cogito opérant où je suis と読む。

〔訳注59〕「第二省察」〔R・デカルト『デカルト著作集2』、四一頁〕の文章を一部簡略化したもの。原書のラテン語の一部を修正した。

〔訳注60〕R・デカルト『デカルト著作集2』、一七頁。

〔訳注61〕R・デカルト『哲学原理』第三部六三にある「瞬間という brevissima temora〔ごくわずかな時間〕」のことか。Cf. M. Gueroult, *Descartes selon l'ordre des raisons*, I, Paris, Aubier, 1968, p. 275.

〔訳注62〕R・デカルト『精神指導の規則』、『デカルト著作集4』、五二八頁を参照。

〔訳注63〕原文に nascio quid とあるのを nescio quid と読む。A.T., VII, p. 29〔R・デカルト『省察』、『デカルト著作集2』、四三頁〕。

一九六〇－一九六一年講義
ヘーゲル以後の哲学と非－哲学

〔訳注1〕M・メルロ＝ポンティ『言語と自然』。

〔訳注2〕パリサイ人――「分離された者（ファリサイ）」を意味するユダヤ教の主流派。モーセの律法に厳格に従うこと、律法の解釈を学ぶことを重視し、結果として宗教を規則の遵守という枠に押し込め、キリスト教と対立することになった。キルケゴールは、しばしばパリサイ人を批判的に取りあげている。たとえば、『死にいたる病』、『キルケゴール全集24』、「取税人」桝田啓三郎訳、筑摩書房、一九六三年。

〔訳注3〕メルロ＝ポンティは Wissen と記しているが、Wesen と読みかえる。

〔訳注4〕一九三七年の裁判――第二次モスクワ裁判を指す。一九三六年に始まったスターリンの大粛清の一環として、一九三七年二月にブハーリンが逮捕され、裁判の結果、翌年三月一五日に銃殺された。M・メルロ＝ポンティ『ヒューマニズムとテロル』（合田正人訳、二〇〇二年、みすず書房）参照。「裁判は主観のうちにとどまり、客観的で時間を超えた「真の」正義と呼ばれるものには決して近づかないのだが、それは、裁判の対象となっている事実がなおも未来へと開かれており、それゆえ一義的ではないからである」（七〇頁）。

〔訳注5〕メルロ＝ポンティの引用では Form だが、原文は Wesen。

〔訳注6〕メルロ＝ポンティは p. 142と記しているが誤記である。

〔訳注7〕G・W・F・ヘーゲル『精神の現象学』（上）金子武蔵訳、『ヘーゲル全集4』、岩波書店、一九七一年、一七－一八頁。

〔訳注8〕G・W・F・ヘーゲル『論理の学』山口祐弘訳、第一巻　存在論、作品社、二〇一二年、三一頁。

〔訳注9〕K・マルクス『ヘーゲルの法哲学批判序説』花田圭介訳、『マルクス＝エンゲルス全集1』、大月書店、一九五九年、四一五－四二八頁。

〔訳注10〕K・マルクス『経済学・哲学草稿』真下信一訳、『マルクス＝エンゲルス全集40』、大月書店、一九七五年、三八五－五一二頁。

〔訳注11〕K・マルクス『経済学批判』杉本俊朗訳、『マルクス＝エンゲルス全集13』、大月書店、一九六四年、七頁。

〔訳注12〕マルクス自身がフランス語を用いている。「そこで次のことが問題になる。ドイツは原理の高さの（à la hauteur des principes）実践に到達できるか、言いかえれば、ドイツをただ近代諸国民の公式水準に高めるばかりでなく、これらの国民の次の将来である人間的な高さにまでも引き上げるような革命に到達できるであろうか」（MEGA 版、613-40-614-22〔『マルクス＝エンゲルス全集1』、四二二頁〕）。

〔訳注13〕シャルル・ペギーは、『クリオ——歴史と世俗的魂の対話』（一九〇九年）〔『歴史との対話——クリオ』山崎庸一郎訳、中央出版社、一九七七年〕の中で、歴史の神であるクリオを通じて、近代精神や、歴史の科学的なとらえ方に対して、神話的なものを擁護した。「今日の哲学」訳注53参照。

〔訳注14〕アーノルド・ルーゲ——Arnold Ruge（1802-1880）ドイツの哲学者、政治家、作家。ベルゲン生まれ、ハレ、イエナ、ハイデルベルクで学び、青年ヘーゲル派に参加。一八三七年にE・T・エヒターマイヤーと『ドイツの学問と芸術のためのハレ年誌』を創刊し、ヘーゲル哲学の観点から現代の諸問題について論じた。パリで短期間マルクスと『独仏年報』を共同編集したが、マルクスの社会主義理論には共感を抱かず、すぐに彼のもとを去った。

〔訳注15〕英訳者シルヴァーマンは、「この表現を「それ自身のあり方の秘密」と訳さず、「あり方の神秘」と訳すメルロ＝ポンティの訳し方は、ガブリエル・マルセルのこの文句の使い方を想起させる」と述べている（M. Merleau-Ponty, "Philosophy and Non-philosophy since Hegel," translated by Hugh J. Silverman, *Telos*, n° 29, Fall 1976, 39-105. Repris in *Philosophy and Non-Philosophy since Merleau-Ponty*（Continental Philosophy-1), ed. by Hugh J. Silverman, Routledge, 1988, pp. 9-83）。

〔訳注16〕G・ルカーチ『ルカーチ著作集11』生松敬三・元浜清海訳、一九六九年、五三八頁。

〔訳注17〕 J・イポリット『論理と実存』渡辺義雄訳、朝日出版社、一九七五年、二八九頁。

補遺

〔訳注1〕 デカルト「第二省察」参照。「私はまたそれらの肢体に注ぎ込まれている何か希薄な空気でもなく、風でもなく、火でもなく、蒸気でもなく、息でもなく、私の仮想するもののどれでもない」（『デカルト著作集2』、四一頁）。

〔訳注2〕「今日の哲学」訳注39を参照。

〔訳注3〕 ウーティス――ホメロスの『オデュッセイア』第九歌で、オデュッセウスがポリュペーモスに与えた偽名。『見えるものと見えないもの』に付された研究ノートに、「われ《エゴ》と誰でもない者《ウーティス》」と題されたノート（一九六〇年四月）がある。

〔訳注4〕 オメガ点――フランスの地質学・古生物学者・神学者・哲学者テイヤール・ド・シャルダン（1881-1955）が『現象としての人間』で提示した概念。独自の進化論的宇宙論とキリスト教思想の統合によって想定された、究極の完成地点のこと。

〔訳注5〕 目的論――フッサール草稿（EIII, 5）の「普遍的目的論（universale Teleologie）」を指していると思われる（E・フッサール『間主観性の現象学』浜渦辰二・山口一郎監訳、ちくま学芸文庫、二〇一五年、五四四頁以下参照）。

〔訳注6〕 目配せをする〔winken〕――ハイデガーが用いた「目配せ（Winke）」の転用であろう。ハイデガーは存在が隠れながらも「目配せ」によって自らを示すと考えた。

〔訳注7〕 シャルロッテ・ビューラー（Charlotte Bühler, 1893-1974）らが唱えた精神分析の概念。叩いた子どもが叩かれたと泣き出すような、幼児に観察される逆転して他者と同一化する現象。ラカンはこれを鏡像段階と結びつけ、想像的審級における自己と他者の混同だとした。

〔訳注8〕 Saint-John Perse（1887-1975） グワドループ生まれのフランスの詩人、外交官。本名マリー＝ルネ・オギュスト・アレクシ・レジェ。外交官として要職を務める一方で、P・クローデルらと深い交流をもち、『遠征』（一九二四年）などの作品を書いた。第二次世界大戦中は、ヴィシー政権に疎まれ合衆国に亡命、一九六〇年にノーベル文学賞を受賞した。

〔訳注9〕 Yves Berger, « L'enfer, le temps », *Nouvelle revue française*, 9e année, n° 97, janvier 1961, pp. 95-109.

〔訳注10〕 Maurice Blanchot, La question la plus profonde (II), *op.cit.*, pp. 85-89, repris in *L'Entretien infini*, Gallimard, 1969, pp. 12-14.〔M・ブランショ「このうえなく深い問い」、『終わりなき対話I』湯浅博雄・上田和彦・郷原佳以訳、筑摩書房、二〇一六年〕

〔訳注11〕 J・ヴァールが、「メルロ＝ポンティに献げる」というラジオ番組で語ったところ（« Hommage à Maurice Merleau-Ponty », diffusé le 17 mai 1961, 31'11", archive INA.）によれば、メルロ＝ポンティは最後の授業で、ヴァールのソルボンヌの授業（一九五八－五九年）のタイプ原稿（« Défense et élargissement de la philosophie. Le recours aux poètes : Claudel, Valéry »）、および論文（J. Wahl, « Simultanéité. Peinture et Nature », in *Cahiers Paul Claudel*, nº 1, 1959, pp. 221-249）を使ったという。Cf. Emmanuel de Saint-Aubert, *Du lien des êtres aux éléments de l'être : Merleau-Ponty au tournant des années 1945-1951*, Vrin, 2004, p. 241, n. 7.

〔訳注12〕 A. Bazin, « l'ontologie de l'image photographique », *Problème de la peinture*, 1945, repris in *Qu'est-ce que le cinéma*, 1958 ; Les Editions du Cerf, 1990, p. 9-17.〔アンドレ・バザン「写真映像の存在論」、『映画とは何かII　映像言語の問題』小海永二訳、美術出版社、一九七〇、『映画とは何か』上巻、野崎歓・大原宣久・谷本道昭訳、岩波文庫、二〇一五年〕。

〔訳注13〕 P・ヴァレリー『レオナルド・ダ・ヴィンチの方法』山田九朗訳、岩波文庫、一九七七年。

〔訳注14〕 P. Valéry, « Mon Faust », dans *Ebauches*, Gallimard, 1946.〔P・ヴァレリー「わがファウスト」、『ヴァレリー集成11』恒川邦夫・松田浩則編訳、筑摩書房、二〇一二年〕

訳者あとがき

一九五二年三月二一日、メルロ＝ポンティはコレージュ・ド・フランスの哲学部門の教授に選出され、一九五三年一月一五日に「哲学をたたえて」と題する就任講演を行った(1)。以後一九六一年五月三日に急逝するまで、木曜日に主講義、月曜日にはテクストの注解を中心とする講義を行った。表1は、講義タイトルの一覧である。このうち本書に収められている草稿は、メルロ＝ポンティの最晩年にあたる一九五八―一九五九年および一九六〇―一九六一年の三つの講義の草稿であり、表の中の太字になっている部分である(2)。

（1）メルロ＝ポンティの著作は次の略号を用い、訳書の頁を示す。引用に際しては、文脈に合わせて既訳を一部かえさせていただいた場合があることを、お断りしておきたい。
EP：「哲学をたたえて」、『眼と精神』木田元・滝浦静雄訳、みすず書房、一九六六年。
NC：『コレージュ・ド・フランス講義草稿』、本書。
RC：『言語と自然』滝浦静雄・木田元訳、みすず書房、一九七九年。
TT：「資格と業績――教育計画」松葉祥一訳、『現代思想』、二〇〇八年一二月臨時増刊号、八―二五頁。
（2）講義草稿は、一九五三―一九五四年と一九五五―一九五六年の計四つの講義を除いて、すべて出版されている。

本書に収められた三つの講義、とくに「今日の哲学(3)」は、自然に関する講義のあいだに置かれている。メルロ＝ポンティ自身、「今日の哲学」の冒頭で、この講義は「〈自然〉についての講義の一部をなす」（NC三三）と書いている。他方で、この表からは「今日の哲学」や「デカルト的存在論と今日の存在論」における存在論や表現論、および「ヘーゲル以後の

年	木曜講義	月曜講義
1952–1953年	感覚的世界と表現の世界	言語の文学的用法の研究
1953–1954年	言語行為の問題	歴史理論のための資料
1954–1955年	個人の歴史および公共の歴史における「制度化」	受動性の問題――眠り，無意識，記憶
1955–1956年	弁証法的哲学	弁証法に関するテクストと注解
1956–1957年	自然の概念 I　われわれの自然概念の諸要素	自然の概念 II　現代科学と自然についての新しい考え方の諸兆候
1957–1958年	自然の概念（続）――動物性，人間の身体，文化への移行	
1958–1959年		［**今日の哲学**］
1959–1960年	〈自然〉とロゴス――人間の身体	現象学の限界に立つフッサール――その後期哲学のテクストの翻訳と注解
1960–1961年	**デカルト的存在論と今日の存在論**	**ヘーゲル以後の哲学と非－哲学**

表1　メルロ＝ポンティのコレージュ・ド・フランス講義タイトル一覧

哲学と非－哲学」における哲学や弁証法に関する議論が、当初からの一貫したテーマだったことも読み取れる。

（3）　以下では、［　］を省略する。

メルロ＝ポンティは、表現論、歴史論、存在論を、開講前から主要な三つのテーマとして考えていた。一九五二年、教授に立候補するにあたって、コレージュ・ド・フランスの全教授に送った計画書「資格と業績――教育計画」のなかで、メルロ＝ポンティは、「表現と心理」「歴史と間主観性」「合理性に関する最終的諸問題」の三つを、コレージュ・ド・フランスにおける講義の主要テーマとして掲げ、計画書を次のように結んでいる。「これらの研究は、さまざまな次元の真理の現象を通して、形而上学の古典的諸問題を再発見するのであるが、それらの問題はいわば一般化されており、その本質へと連れ戻されている。すなわちそれは合理性についての事実上の省察である。（……）哲学が全面的に合理性を活用するのは、哲学が合理性を非合理的なもののただなかに出現させるときだけである」（TT二四）。メルロ＝ポンティは、表現や歴史に関する探求を、存在論を中心とする「形而上学の古典的諸問題」へと連れ戻すことを考えていたのである。そして、「資格と業績」では非合理性のなかでの合理性の再発見と述べられているそのプロセスが、講義では非－哲学（non-philosophie）のなかでの哲学の再発見と言いかえられ、さまざまなかたちで考察されることになる。

では、彼が非‐哲学と呼ぶものとは何か。非‐哲学から哲学はどのようにして再発見できるのか。それは、自然についての思索や存在論とどのような関係にあるのか。以下では、こうした問いを軸に、本書の内容を簡単に紹介したい。

その前にテクストの性格について述べておこう。本書に収められているのは講義のための準備草稿である。学生だったルフォールの証言によれば、メルロ＝ポンティは講義中草稿を一瞥することはあっても、読み上げることはなかったという（NC 三三二）。そのため、「ヘーゲル以後の哲学と非‐哲学」のように推敲が重ねられた（NC 三三二）ものもあるが、「補遺」のように覚え書きに近いものもある。

参考資料としては、メルロ＝ポンティ自身が各年度の講義終了後に『コレージュ・ド・フランス年報』に書いた講義要録《レジュメ》が一冊にまとめられて出版されており、本書の内容を理解する手助けになる（邦訳は『言語と自然』に所収）。ただ、この要録集に「今日の哲学」の要録は収められているが、「デカルト的存在論と今日の存在論」と「ヘーゲル以後の哲学と非‐哲学」については、メルロ＝ポンティが急逝したため、収められていない。ほかに学生が講義中にとったノートなどの参考資料があり、注で示しておいた。現在、講義草稿の原本は、フランス国立図書館によって整理され、マイクロフィルムのかたちで公開されている。

一　「今日の哲学」(4)

この年度は「文部大臣の許可で講義が短縮された」（RC 一〇三）ため、月曜日だけの開講だった。メルロ＝ポンティはタイトルをつけておらず、『コレージュ・ド・フランス年報』でも無題だったが、ルフォールがメルロ＝ポンティの没後に各年度の講義要録を一冊にまとめるさいに「哲学の可能性」という仮タイトルを付した。本書では「今日の哲学」という仮タイトルに変更されているが、理由は述べられていない。

（4）　本章に対応すると考えられるフランス国立図書館所収のマイクロフィルムの参照番号は次の通り。Collège de France, 1958-1959. [La Philosophie aujourd'hui]（cours sans titre, janvier-mai 1959), notes de préparation de Merleau-Ponty, 69ff., NAF27001（MF 12772)-1. 以下、参

照番号の最初の数字は巻数、NAFはカタログ番号、MFはマイクロフィルムの請求番号を表す。なお、フランス国立図書館所蔵のメルロ＝ポンティの草稿全体については、以下を参照。松葉祥一・本郷均「メルロ＝ポンティ書誌」、『メルロ＝ポンティ読本』松葉祥一・本郷均・廣瀬浩司編、法政大学出版局、二〇一八年。

「今日の哲学」は、第一部「非‐哲学という今日の状態」、第二部「この非‐哲学を前にした哲学」および「補足」からなっている。第一部では、文学、絵画、音楽が分析され、第二部では、「哲学の可能性への問いかけによって哲学を定義するに至った」哲学者として、フッサールとハイデガーが考察されている。

　第一部でメルロ＝ポンティは、「非‐哲学」を哲学が終焉した後の空白状態ととらえることから始めている。『講義要録集』では次のように定義されている。「ヘーゲルとともに何ごとかが終わった。ヘーゲルののち哲学の空白が生じた。といってもその言わんとするところはそこに思想家や天才が欠けていたということではなく、マルクスやキルケゴールやニーチェがまず哲学の拒否から出発したということである。彼らとともに、われわれは非‐哲学の時代に入ったと言わなければならないのではなかろうか。哲学のこの破壊は、哲学の実現なのであろうか。それともこの破壊は哲学の本質的な点は保存しているのであって、フッサールが述べているように哲学はその灰の中から甦ってくるのであろうか」（RC一〇三‐四）。もちろんメルロ＝ポンティは、哲学の完全な死滅を主張しているわけではなく、「私の命題。この哲学の頽廃は非本質的なものである」（NC三六）と本書で記している。どのように哲学を復活させるか、さらに深化した哲学を復活させるかが主要な関心である。

　彼は、この空虚を乗り越えるために、哲学史を振り返ることではなく、現在に投錨することを選ぶ。なぜなら、問題はまさに私たちの時代によって与えられたものだからである。そのために、「「地盤《ボーデン》」の意識化」（NC四二）、あるいは「私たちのあらゆる文化の地盤としての、私たちにとっての〈自然〉〈Nature-pour-nous〉」（NC四二）の探求が必要であるという。

　第一部で、メルロ＝ポンティが考察の対象にするのは、同時代の小説や絵画、音楽といった、この「地盤」に根を降ろした活動である。そうした創作活動は「生《なま》の存在との接触において文化を維持し、生《なま》の存在と文化を対峙させせなくてはならない」（NC四二）からである。その意味でメルロ＝ポンティは、ここでは「非－哲学」という語で、哲学の危機的状況を指すと同時に、この状況からの脱出する手段としての芸術を指している。[5]

（5）　Étienne Bimbenet et Emmanuel de Saint Aubert, «Merleau-Ponty philosophie et non-philosophie», *Archives de Philosophie*, tome 69, janvier 2006, p. 5-9.

メルロ＝ポンティの分析は、これまで作家や芸術家が身を置いてきた地盤の揺らぎに集中している。すなわち、マラルメにおいては「一種の無言に帰され、世界の肯定性から切り離された言語」（NC四五）、ランボーにおいては「世界の前論理的統一へと入りこむ」（NC四六）ことによる記号と意味作用のあいだの関係の揺らぎ、ブルトンにおいては「深層の言葉の奪回」（NC四七）であり、アメリカ小説においては、主観的なものと客観的なものというカテゴリーに挑戦する物語の切断などが論じられる。そして、こうした地盤の揺らぎによって、新たな存在論の発生が見出されることになる。クレーの注解を通して、「絵画は一種の哲学である。それは、発生の把握であり、完全に現実態の哲学である」（NC六〇）という結論が導かれ、マッソン、バゼーヌ、エコール・ド・パリの画家たち、ミショーにおいて、新たな存在論の芽生えが見出されるのである。

第二部でメルロ＝ポンティは、フッサールの後期哲学、とくに『デカルト的省察』と『危機』書を検討している。メルロ＝ポンティの目的は、先述の通り、哲学史の探求ではなく、さまざまな創作活動とそれが根づいている「地盤」への関係を探ることである。そしてメルロ＝ポンティは、フッサール哲学から「相互内属〔Ineinander〕」という鍵概念を引き出す。これが、『見えるものと見えないもの』における「絡み合い」「またぎ越し」「交差配列《キアスム》」といった相互関係を示す一連の概念につながることになる。

さらに彼は、ハイデガーの存在論を読み進めるなかで、哲学の空虚を乗り越える契機として、肯定的な存在にも、弁証法的な否定作用にも還元されず、たえず「問い」続けられる「存在」という概念を練り上げる。ここにメルロ＝ポンティは、非－哲学的状態を乗り越える手がかりを見出すことになる。それは、最終的に「間接的存在論」と名づけられることになるだろう。直接的存在論によっては沈黙に導かれる危険があり、現代の哲学はむしろ生活世界との接触、芸術と科学の新たな試みを通じて、〈存在〉の「間接的な表現」（NC 一七九）を探らなければならないのである。

二 「デカルト的存在論と現代の存在論」(6)

目次によれば、この年度の講義は、第一部「芸術における根本的思考」と第二部「デカルト」に分けられる。ここでも通常の哲学史を拒否するという宣言から始まる。したがって、ここでデカルトの存在論を探求するとしても、ゲルーがしたようにデカルトが語ったことを論証的な順序で復元することは重要ではない。メルロ＝ポンティは、冒頭で講義全体の目的を次のように示している。「芸術において暗黙のうちにとどまっている私たちの存在論を哲学的に表明しようとすること、しかもそれをデカルト的な存在論との対比において」（NC 二〇〇）。

（6） 本章に対応すると考えられるフランス国立図書館所収のマイクロフィルムの参照番号は次の通り。

①「「デカルト的存在論と今日の存在論」に関する一九六一年の講義（一九六〇年一二月－一九六一年四月）の準備に伴う研究草稿」（Notes de travail accompagnant la préparation du cours de 1961 sur «L'ontologie cartésienne et l'ontologie d'aujourd'hui» (décembre 1960-avril 1961). 55ff., 19. NAF27002 (MF 12773)-2.）

②「一九六〇－一九六一年コレージュ・ド・フランス木曜講義（一九六一年一－四月）準備草稿。最後の講義「デカルト的存在論と今日の存在論」」（Collège de France. Cours de 1960-1961. Cours du jeudi, janvier-avril 1961. Dernières leçons, «L'ontologie cartésienne et l'ontologie aujourd'hui», notes de préparation de Merleau-Ponty, 53+13ff., 19. NAF27002 (MF 12773)-1.）

③「「デカルト的存在論と今日の存在論」に関する一九六一年の講義（一九六〇年一二月－一九六一年四月）の最後の部分の準備に伴う研究草稿」（Notes de travail accompagnant la préparation de la fin du cours de 1961 sur «L'ontologie cartésienne et l'ontologie d'aujourd'hui», retrouvées dans les derniers papiers (décembre 1960-avril 1961). 16ff., 19. NAF27002 (MF 12773)-3. Repris in Notes de Cours 1958-1959, 1960-1961）

これ以外に、受講生によるノートがあり、ドイツ語訳とその英訳（抄訳）がある。（M. Merleau-Ponty, "Cartesianische und zeitgenössische Ontologie", in *Vorlesungen* I, übersetzt von A. Métraux, Berlin, Walter de Gruyter, 1973, S. 229-236. M. Merleau-Ponty, "Vision and Being in the Last Lectures of Merleau-Ponty", in *Life World and Consciousness : Essays for Aron Gurwitsch*, edited by Lester Embree, Evanston, Illinois, Northwestern University Press, 1972, pp. 323-336.）

第一部A章「視覚と現代絵画」でメルロ＝ポンティは、現代絵画が、視覚について何を明らかにしているのかを探っていく。この点でレオナルド・ダヴィンチは、現代絵画を先取りしているという。ダヴィンチの探求が明らかにしたのは、見ることが「〈存在〉の形象に到達することだということ」であり「〈存在〉の形象こそが中心にある」（NC二一〇）ということである。それに対してB章「視覚――デカルト」で明らかにされるのは、デカルトが思考と身体を厳格に区分して、「あたかも私たちの身体はこのような〈思考〉によって設定されてしまっているかのよう」（NC二一八）に語ったということである。その結果、見ることが、見ることについての思考に還元されてしまう。C章「見えるものの哲学と文学」では、このようなデカルトの思考による絵画の解読に関する議論が、言語の創造性も失墜させていることが示される。

現代作家の場合はどうか。メルロ＝ポンティの目的は、「文学のうちに、見えるものの哲学を理解するための道具を求めること」（NC二二二）である。ここでは、デカルトが視覚から排除した「透視力」が、作家の仕事に求められる。それは、「視覚を思考による記号の読解に貶めてはならず、反対に言語において視覚と同じような超越を見出さなくてはならない」（NC二二一）からである。そのために例としてあげられるのが、P・ヴァレリー、H・ミショー、M・プルースト、P・クローデル、C・シモンである。プルーストの場合、音楽的観念の手前で、すでに可視性の謎を、「光、音、レリーフ、官能性」（NC二三五）として作り出していることを明らかにしている。クローデルについても「存在の凝集」の概念が見出される。

シモンについての分析は、ルフォールが言うように「メルロ＝ポンティの探求における新たな突破口を示している」（NC一七）だろう。[7] メルロ＝ポンティはシモンを読んだときの興奮を、「プルーストを読むことによってもたらされた発見にも比較できる発見をした」とルフォールに伝えたという。句読点が省略されるシモンの文体も、書かれたことと、見たり聞いたりしたことが不可分だということを認識させてくれる。それは思考と語られることの不可分性と対をなしている。シモンが語った「私は私が考えているとは思いません」という言葉を引きながら、メルロ＝ポンティは以下のように注釈している。「セザンヌが「絵画において思考していた」ように思考し、（……）切り離された思考をもたないような、世界のこのような開示こそが、現代の存在論である」（NC二五二）。

（7） Cf. M. Merleau-Ponty, «Notes de cours ‹Sur Claude Simon›», présentation et transcription par Stéphanie Ménasé et Jacques Neefs, *Genesis*, no 6, Jean-Michel Place, Paris, 1994, pp. 133–165. Repris partiellement in *Parcours deux 1951–1961*.

第二部でメルロ＝ポンティが示すのは、デカルトは哲学を非－哲学から引き離そうとするが、哲学は結局、非－哲学に回帰するということである。デカルトは、『精神指導の規則』から『省察』にかけて、認識から存在に向かうために二つの方向転換を行った。世界の混乱した理解からコギトへの第一の転換と、思考と存在の結合から実存する世界への第二の転換である。第一の転換によってデカルトは、実証主義に依拠した「自然の光」の観念から、コギトの確実性において与えられる「自然の光」の観念へと移行する。コギトは瞬間のなかでのみ確実性をもつ以上、その確実性は超時間的な真理のそれではなく、内的な証言でしかない。このようにコギトによって時間から抜け出すことはできないということと、コギトは私たちの自然的構成から派生する可能性があるということの二重の反論から、デカルトは、神すなわち制限なき〈存在〉の観念によってのみ解放される。しかし、この神は悟性の限界を越えることになる。「デカルトの哲学は（……）光と感覚、見えないものと見えるもの、肯定的なものと否定的なものの両義的な関係を含んでいなければならない。このような関係や混合こそを探求しなければならないだろう」（NC二七一）。

三　「ヘーゲル以後の哲学と非－哲学」(8)

前半は「精神現象学序文」として知られるヘーゲルの『精神現象学』の断章の読解に当てられ、後半は初期マルクスのテクストの読解に当てられている。この講義には、『テクスチュール』誌に発表されたテクスト(9)からの邦訳（抄訳）(10)があり、参考にさせていただいた。また受講学生によるノートのドイツ語訳がある(11)。

（8） 本草稿に対応すると考えられるフランス国立図書館所収のマイクロフィルムの参照番号は次の通り。「ヘーゲル以後の哲学と非－哲学」一九六〇－一九六一年コレージュ・ド・フランス月曜（一九六一年一－五月初頭）準備草稿。Collège de France. Cours de 1960-1961.

Cours du lundi, de janvier à début mai 1961. Dernières leçons, «Philosophie et non-philosophie depuis Hegel», notes de préparation de Merleau-Ponty, 145ff., 20. NAF27003 (MF 12774).
（9） M. Merleau-Ponty, «Philosophie et non-philosophie depuis Hegel – Note de cours», texte établi et présenté par Claude Lefort II, *Textures*, nos 10–11, 1975, pp. 145-173.
（10） M・メルロ＝ポンティ「ヘーゲル以後の哲学と非－哲学」田島節夫・実川敏夫・田島由美子訳、『理想』（メルロ＝ポンティ特集号）、一九七七年三月、三八－七三頁。
（11） M. Merleau-Ponty, "Philosophie und non-philosophie seit Hegel", in *Vorlesungen* I, übersetzt von A. Métraux, Berlin, Walter de Gruyter, 1973, S. 237-240.

冒頭で、この講義の目的が次のように非－哲学と関連づけて語られている。「問題は、哲学とその敵（肯定主義《ポジティヴィスム》）との闘いではなく、非《ノン》－哲学であることによって哲学たらんとする哲学——「否定哲学〔philosophie négative〕」（「否定神学」の意味で）——である。（……）真の哲学は、哲学を軽んずる脱哲学〔aphilosophie〕である」（NC 三三七）。ここで目指されている「脱哲学」とは非－哲学であることによって哲学であろうとする哲学、つまり哲学の抱える矛盾について思考することそのものを課題とするような哲学である。言いかえれば、それは自らを否定する契機をつねに自らのうちに含んでいるということである。その意味で非－哲学とは、先述のように、哲学が空白になっている時代状況、およびそれを切り開くための芸術活動を指すと同時に、哲学の本質的な自己否定的構造をも意味することになる。

前半のヘーゲル読解は、ハイデガーによる注解「ヘーゲルの『経験』概念」にもとづいている。このテクストの選択が、ヘーゲルだけでなくハイデガーの読解をも考察の対象としていることは間違いないだろう。ただ、「ヘーゲル以後の哲学と非－哲学」というタイトルにもかかわらず、「ヘーゲル以後」については、キルケゴールが少し言及され、ニーチェの『悦ばしき知』が短く考察されるだけである。メルロ＝ポンティの目的は、ヘーゲル思想の核心に哲学と非－哲学の両義性があることを示すことである。

冒頭では、「デカルト的存在論と今日の存在論」講義と同じように、認識から存在へと向かうデカルトが批判され、一見したところメルロ＝ポンティは自らの〈存在〉概念をヘーゲルの「絶対者」概念に近づけているように見える。次にメルロ＝ポンティは『精神現象学』全体にわたる意識と弁証法の関係を明らかにしようとする。一方で、弁証法が意識の属性ではなく、意識が弁証法の属性であること、他方で弁証法は、経験に含まれる意識と、経験の知としての意識とのあいだの分裂を含意していることが指摘される。そしてメルロ＝ポンティは、この経験とその認識が永遠の循環に陥ることを明らかにしている。彼はここでヘーゲルの両義性を非難しているのではなく、良き両義性から悪しき両義性への移行を批判しているのである。

後半のマルクス論では、主に『ヘーゲル法哲学批判序説』と『経済学・哲学草稿』が分析され、マルクスにおける非-哲学の乗り越えが問題になる。講義全体を通してメルロ＝ポンティは、哲学と非-哲学は切り離すことも混同することもできないと説く。メルロ＝ポンティの目的は、マルクス思想のなかで否定性が果たしている役割を明らかにし、それによってマルクスがヘーゲルにおける認識と対象の関係の曖昧さという限界からどのように脱出したかを明らかにすることである。その結果示されるのは、人間と自然の融合である。メルロ＝ポンティは次のように述べている。「マルクスによって素描された哲学は、本質的に弁証法的である。言いかえれば、自然や人間、歴史は、ある原理的属性によって定義できるような実体としてではなく、標定可能な中断がないような運動、そこにはつねに他者が含まれている運動だと理解されている。そこには、物質-観念、主観-対象、自然-人間、即自-対自の分裂はなく、そこで否定性が働いている〈存在〉のみがある」（NC四二二）。そしてメルロ＝ポンティは、この人間と自然の融合から、歴史は人間の肉そのものだという結論を導く。しかし、マルクスが「否定の否定」を維持し、それが自然と人間の和解をもたらすとするとき、歴史の終わりを構想していることが明らかになる。そのときマルクスは、ふたたび超歴史的な肯定主義に陥り、否定的なものの働きは人間のなかに閉じ込められることになる。

＊

序文は松葉が、「今日の哲学」は加國が、「デカルト的存在論と現代の存在論」は廣瀬が、「ヘーゲル以後の哲学と非-哲学」は松葉が担当した。また「補遺」の「一九六〇年一〇月の執筆の下書き」は廣瀬が、「一九五八-一九五九年講義への補遺」は加國が、「一九六〇－一九六一年講義への補遺」は松葉が担当した。「今日の哲学」の訳文の見直しを廣瀬が行い、松葉と廣瀬が全体を点検した。訳文については、それぞれの最初の担当者に責任がある。

依頼を受けてから一〇年を越える時間が経ってしまった。廣瀬は途中からの参加であり、遅れの責任は最初から関わった松葉と加國にある。

みすず書房の守田省吾さんには辛抱強く待っていただいた。「今日の哲学」の訳文の見直しと書誌および索引の作成は澤田哲生さんに手伝っていただいた。黒岡佳柾さんにはハイデガーに関して既存翻訳文献との照合などの作業をしていただいた。感謝を申しあげたい。

本書が、メルロ＝ポンティの思想に興味をもつ多くの方々に読んでいただけることを願っている。講義草稿というテクストの性格から文意を読み取りにくい部分があることは確かだが、一般に開かれた講義ということもあって、わかりやすい説明を行っている部分も多い。また、これまで研究ノートや講義要録などでしか知ることのできなかったメルロ＝ポンティの最晩年の思想を知ることができるだけでなく、彼の思想全体を知るための手がかりとしても本書は役立つだろう。『知覚の現象学』における知覚理論がどのように「表現」論につながり、絵画や文学に重要な役割が与えられるようになるのか、また『弁証法の冒険』などにおける弁証法理解がどのような深まりをみせるようになったのか、そしてこれらの議論がどのように『見えるものと見えないもの』における存在論や〈自然〉についての思索につながることになるのか。これらを知るために、本書は多くの手がかりを与えてくれるだろう。

訳者を代表して

松葉　祥一

人名索引

ラ

事項索引

サ

タ

超越（超越的，超越者）　48, 56, 74, 85, 86, 99, 101, 104, 112, 114, 120, 155, 156, 204, 214, 221, 231, 248, 359, 371, 373, 380, 389, 395, 410, 418, 420
超越論的　73, 74, 76, 85-90, 92-95, 97, 100-102, 449, 461-464, 468-470, 484
超過（excès）　136
兆候　30, 44, 45, 64, 65, 69, 169
超自我（sur-moi）　185, 186, 189
超事物　186, 189
蝶番（charnière）　54
直観（intuition）　27, 146, 165, 199, 214, 248, 275, 276, 278, 281, 307, 317, 351, 394, 396, 418, 427, 437, 444, 467-469
沈澱（sédimentation, Sedimentierung）　4, 39, 41, 50, 83, 84, 88, 94, 152, 244, 248, 254, 255, 371, 457, 462
沈黙（silence）　3, 6, 33, 48, 63, 68, 173, 176, 179, 187, 206, 212, 248, 249, 253, 434, 436, 438, 444, 447, 453, 454, 458, 459, 461, 464, 482, 488

デカダンス　38, 167, 170, 171, 472
哲学
　脱哲学（aphilosophie）　173, 177, 337, 341
　哲学史　77, 146, 166, 171, 195
　非－哲学（non-philosophie），非哲学（Un-philosophie）　1, 3, 5, 7-9, 18-24, 26, 27, 30, 32, 34, 35, 37, 75, 77, 78, 109, 173, 189, 196, 269, 270, 274, 331, 334, 335, 341, 377, 378, 381, 383, 388, 392, 395-397, 402, 404, 416, 429, 472, 476, 480, 493

ドイツ観念論　34, 116, 171
統握（Auffassung）　73, 74, 86, 93, 159, 449, 461, 483
　統握内容（Auffassungsinhalt）　73
同一性（identité, Identität）　5, 23, 35, 50, 76, 82, 85, 86, 90, 94, 102, 142, 143, 160, 174, 202-204, 209, 210, 214, 221, 237, 241, 305, 309, 345, 349, 364, 369, 384, 387, 390, 404, 438, 444, 462, 464
投影（projection）　12, 14, 39, 166, 182, 197, 202, 203, 205, 211, 214, 218, 219, 222, 241, 244, 279, 324, 449
等価性（équivalence）　60, 183, 218, 219
投企（projet, Entwurf）　159, 164, 167, 264, 352, 425
動機　72, 77, 85, 109, 189, 231, 374, 434-436, 490
同時性（simultanéité）　11, 16, 210-212, 241-245, 254, 264, 277, 312, 456, 475, 476
道徳　37, 60, 187, 271, 401
道徳主義　409
動物　40, 62, 91, 100, 101, 132, 152, 163, 179, 467, 471, 481
　動物学　469
　動物性　33, 466
徳　287, 296, 304, 321
特異性　288
独我論　93, 462
ドクサ　74, 483
独断論　92, 362, 370, 371, 375, 377, 378, 382, 383, 388, 390
取り込み　197

ナ

内在性（immanence）　93, 98, 120, 369, 371, 462, 465, 476
内容　22, 24, 110, 111, 122, 164, 204, 233, 253, 312, 320, 322, 351, 352, 358, 360, 361, 364, 368, 369, 373, 374, 376, 382, 394, 395, 399
流れ（flux, Ström）　89, 90, 99, 359, 464, 473, 484
謎　16, 45, 78, 85, 87, 88, 92, 340, 428, 434, 463, 464
ナルシス　8, 68, 185

肉（chair, Leib）　16, 25, 82, 101, 123, 207-210, 237, 243, 244, 246, 247, 250, 256, 258, 277, 283, 284, 338, 409, 422, 425, 451, 455-457, 476, 489, 490
ニヒリズム　34, 70, 109, 118, 141, 146, 171, 176, 177, 189

書　誌

メルロ＝ポンティが引用した文献リスト

1958-1959，1960-1961年講義

Baltrusaitis, Jurgis, *Aberrations : Quatre essais sur la légende des formes*, Paris, O. Perrin, 1957.〔J・バルトルシャイティス『アベラシオン——形態の伝説をめぐる四つのエッセー』種村季弘・巖谷國士訳，『バルトルシャイティス著作集 1』，国書刊行会，1991年〕

Baltrusaitis, Jurgis, *Anamorphoses ou perspectives curieuses*, Paris, O. Perrin, 1955.〔J・バルトルシャイティス『アナモルフォーズ——光学魔術』高山宏訳，『バルトルシャイティス著作集 2』，国書刊行会，1992年〕

Beaufret, Jean, *Préface* à Heidegger, *Essais et conférences*, Paris, Gallimard, 1958.

Belaval, Yvon, *Leibniz, initiation à sa philosophie*, Paris, Bordas, 1952, rééd. Paris, Vrin, 1962.

Belaval, Yvon, *Leibniz, critique de Descartes*, Paris, Gallimard, 1960.〔Y・ベラヴァル『ライプニッツのデカルト批判』岡部英男・伊豆藏好美訳，上・下巻，法政大学出版局，2011年〕

Berenson, Bernard, *Esthétique et histoire des arts visuels*, Paris, Albin Michel, 1953.〔B・ベレンソン『美学と歴史』島本融訳，みすず書房，1975年〕

Bergson, Henri, *La pensée et le mouvant*, Paris, PUF, 1934.〔H・ベルグソン『思想と動くもの』矢内原伊作訳，『ベルグソン全集 7』，白水社，1965年〕

Bru, Charles, *Esthétique de l'abstraction*, Paris, PUF, 1955.

Butor, Michel, *La modification*, Paris, Minuit, 1957.〔M・ビュトール『心変わり』清水徹訳，岩波文庫，2005年〕

Chapsal, Madeleine, *Quinze écrivains. Entretiens*, Paris, Julliard, 1963, d'abord paru dans *l'Express*.

Chapsal, Madeleine, «*Claude Simon*», dans les *Écrivains en personne*, U. G. E., "10/18", 1973.

Charbonnier, Georges, *Le monologue du peintre*, Paris, Julliard, 1959.

Claudel, Paul, *Art poétique* (1903), Paris, Mercure de France, 1935.〔P・クローデル『詩法』齋藤磯雄訳，『世界文学大系 51　クローデル，ヴァレリー』，筑摩書房，1960年〕

Claudel, Paul, *L'œil écoute*, Paris, Gallimard, 1946.〔P・クローデル『眼は聴く』山崎庸一郎訳，みすず書房，1995年〕

Claudel, Paul, *Le pain dur*, Paris, Gallimard, «Bibl. de la Pléiade», t. II.

Claudel, Paul, *Présence et prophétie*, Fribourg, Éd. de la librairie de l'Université, 1942.

Claudel, Paul, *Le soulier de satin*, Paris, Gallimard, 1929.〔P・クローデル『繻子の靴』渡辺守章訳，岩波文庫，2005年〕

Conrad, Joseph, *Le nègre du Narcisse*, trad. fr. R. d'Humières, Paris, Mercure de France, 1910.

Delaunay, Robert, *Du cubisme à l'art abstrait*, Cahiers inédits de R. Delaunay, S. E. V. P. E. N., Paris, 1957. Documents inédits publiés par P. Francastel, Bibliothèque générale de l'École pratique des Hautes Études.

Descartes, *Œuvres complètes*, éditions Adam et Tannery, I à V : *Correspondance* ; VI : *Discours de la méthode et essais* [*Dioptriques, Météores et Géométrie*. Avec les traductions latines] ; VII : *Meditationes de prima philosophia* ; VIII : *Principia philosophiae. Epistola ad Voetium. Lettre apologétique. Notae in programma* ; IX : *Méditations et principes* (traduction française) ; X : *Physico-mathematica. Compendium musicae. Regulae ad directionem ingenii. Recherche de la vérité. Supplément à la correspondance*. Références complémentaires, Paris, Gallimard, «Bibl. de la Pléiade», 1953.〔R・デカルト『デカルト著作集』全四巻，三宅徳嘉ほか訳，白水社，2001年，『デカルト全書簡集』全八巻，山田弘明ほか訳，知泉書館，2012-2016年〕

Dorival, Bertrand, *Paul Cézanne*, «Cézanne par ses lettres et ses témoins», Paris, éd. P. Tisné, 1948.

Gasquet, Joachim, *Cézanne*, Paris, Bernheim-Jeune, 1921.〔J・ガスケ『セザンヌ』與謝野文子訳，岩波文庫，2009年〕

Giraudoux, Jean, *Eglantine*, Paris, Grasset, 1927.

Gueroult, Martial, *Descartes selon l'ordre des raisons*, I : «*L'âme et Dieu*», II : «*L'âme et le corps*», Paris, Aubier, 1953.〔M・ゲルー「デカルト形而上学と理由の順序」（抄訳）小泉義之訳・解題・解説，『現代デカルト論集 I　フランス編』デカルト研究会編，勁草書房，1996年〕

Gueroult, Martial, *Malebranche*, I : «*La vision en Dieu*», Paris, Aubier-Montaigne, 1955.

Gueroult, Martial, *Principia philosophiae cartesianae* de Spinoza, Paris, *Archives de Philosophie*, 1960.

Gide, André, *Dostoïevski*, Paris, Plon, 1923, repris Paris, Gallimard, 1981.〔A・ジイド『ドストエフスキー』寺田透監訳，『ジイド全集 第14巻　ドストエフスキー（作家論）』，新潮社，1951年〕

Grohmann, Will, *Paul Klee*, trad. de l'allemand par J. Descoullayes et J. Phillipon, Paris, Flinker, 1954.〔W・グローマン『クレー』井村陽一訳，美術出版社，1992年（抄訳）〕

Heidegger, Martin, *Aus der Erfahrung des Denkens* (1947), Pfullingen, G. Neske, 1954, *L'expérience de la pensée*, trad. fr. A. Préau, *Questions III*, Paris, Gallimard, 1966.〔M・ハイデッガー『思惟の経験より』辻村公一訳，『ハイデッガー選集 VI』，理想社，1960年〕

Heidegger, Martin, «*Bauen, Wohnen, Denken*», dans *Vorträge und Aufsätze*, «*Bâtir, habiter, penser*», dans *Essais et conférences*, trad. fr. A. Préau, Paris, Gallimard, 1958.〔M・ハイデガー「建てる　住む　思考する」大宮勘一郎訳，『ハイデガー　生誕120年，危機

の時代の思索者』，河出書房新社，2009年〕

Heidegger, Martin, *Der Satz von Grund*, Pfullingen, G. Neske, 1957, *Le principe de raison*, trad. fr. A. Préau, Paris, Gallimard, 1962, préface J. Beaufret.〔M・ハイデッガー『根據律』辻村公一・ハルトムート・ブフナー訳，創文社，1962年〕

Heidegger, Martin, *Einführung in die Metaphysik*, Tübingen, Niemeyer, 1952, *Introduction à la Métaphysique*, trad. fr. G. Kahn, Paris, PUF, 1958, repris Gallimard, 1967.〔M・ハイデッガー『形而上学入門』川原栄峰訳，『ハイデッガー選集 IX』，理想社，1960年〕

Heidegger, Martin, *Holzwege*, Francfort, Klostermann, 1950, *Le chemins qui ne mènent nulle part*, trad. fr. W. Brokmeier, Paris, Gallimard, 1962 ; repris dans la coll. Tel, 1986.〔M・ハイデッガー「ヘーゲルの『経験』概念」細谷貞雄訳，『ハイデッガー選集 II』，理想社，1954年，77-195ページ〕

Heidegger, Martin, *Identität und Differenz*, Pfullingen, G. Neske, 1957, *Identité et différence*, dans *Questions I*, trad. fr. A. Préau, Paris, Gallimard, 1968.〔M・ハイデッガー『同一性と差異性』大江精志郎訳，『ハイデッガー選集 X』，理想社，1960年〕

Heidegger, Martin, *Nietzsche*, Pfullingen, G. Neske, 1961, trad. fr. P. Klossowski, Paris, Gallimard, 1971.〔M・ハイデガー『ニーチェ』細谷貞雄監訳，全二巻，平凡社ライブラリー，1997年〕

Heidegger, Martin, *Sein und Zeit* (1927), Tübingen, Niemeyer, 1957, *Être et Temps*, trad. fr. F. Vezin, Paris, Gallimard, 1986.〔M・ハイデガー『存在と時間』熊野純彦訳，岩波文庫，2013年〕

Heidegger, Martin, *Über den Humanismus*, Berne, 1946, *Lettre sur l'humanisme*, trad. fr. R. Munier, Paris, Aubier, 1957.〔M・ハイデガー『「ヒューマニズム」について』渡邊二郎訳，ちくま学芸文庫，1997年〕

Heidegger, Martin, *Unterwegs zur Sprache*, Pfullingen, G. Neske, 1959, *Acheminement vers la parole*, trad. fr. J. Beaufret, W. Brokmeier, F. Fédier, Paris, Gallimard, 1976.〔M・ハイデッガー『言葉への途上』亀山健吉・ヘルムート・グロス訳，『ハイデッガー全集 第12巻』，創文社，1996年〕

Heidegger, Martin, *Vom Wesen des Grundes*, Francfort, Klostermann, 1938, *Ce qui fait l'être-essentiel d'un fondement ou «raison»*, trad. fr. H. Corbin, Paris, Gallimard, 1938, rééd. *Questions I*.〔M・ハイデッガー「根拠の本質について」，『道標』所収，『ハイデッガー全集 第9巻』辻村公一・ハルトムート・ブフナー訳，創文社，1984年〕

Heidegger, Martin, *Vom Wesen der Wahrheit*, Francfort, Klostermann, 1954, *De l'essence de la vérité*, trad. fr. Waelhens, W. Biemel, Paris, Gallimard, 1958, repris dans *Questions I*, 1968.〔M・ハイデッガー『真理の本質について』，『ハイデッガー選集 XI』木場深定訳，理想社，1961年〕

Heidegger, Martin, *Vorträge und Aufsätze*, Pfullingen, G. Neske, 1954. *Essais et conférences*, trad. fr. A. Préau et J. Beaufret, Paris, Gallimard, 1958.〔M・ハイデッガー『技術論』小島威彦・L・アルムブルスター訳，『ハイデッガー選集 XIII』，理想社，1965年，M・ハイデガー「詩人のように人間は住まう」，『哲学者の語る建築――ハイデガー，オルテガ，ペゲラー，アドルノ』伊藤哲夫・水田一征訳，中央公論美術出版，2008年.

M・ハイデッガー『技術への問い』関口浩訳，平凡社，2009年〕

Heidegger, Martin, *Was ist Metaphysik ?*（1929）（Nouvelle préface 1949），Francfort, Klostermann, 1949, *Qu'est-ce que la métaphysique ?*, trad. fr. H. Corbin, Paris, Gallimard, 1938 ; préface : *Le retour au fondement de la Métaphysique*, et postface, trad. fr. R. Munier, *Questions I*, Paris, Gallimard, 1968.〔M・ハイデッガー『形而上学とは何か』（増訂版），『ハイデッガー選集 I』大江精志郎訳，理想社，1961年〕

Heidegger, Martin, *Was heißt Denken ?*, Tübingen, Niemeyer, 1954, *Qu'appelle-t-on penser ?*, trad. fr. A. Becker et G. Granel, *Questions I*, Paris, PUF, 1959.〔M・ハイデッガー『思惟とは何の謂いか』，『ハイデッガー全集 第8巻』四日谷敬子・ハルトムート・ブフナー訳，創文社，2006年〕

Heidegger, Martin, *Zur Seinsfrage*, Francfort, Klostermann, 1956, *Contribution à la question de l'être*, trad. fr. G. Granel, *Questions I*, Paris, Gallimard, 1968.〔M・ハイデッガー『存在の問いへ』柿原篤弥訳，『ハイデッガー選集 XXII』，理想社，1970年〕

Husserl, Edmund, *Cartesianische Meditationen*（1929），*Husserliana I*, 1950, *Méditations cartésiennes*, trad. fr. E. Lévinas et G. Peiffer, Paris, Vrin, 1931, autre traduction M. de Launay, Paris, PUF, 1994.〔E・フッサール『デカルト的省察』浜渦辰二訳，岩波文庫，2001年〕

Husserl, Edmund, *Conférence de Vienne* : «*Die Krisis der europäischen Menschentums und die transzendentale Phänomenologie*», «*La philosophie dans la Crise de l'humanité européenne*», les 7 et 10 mai 1935, reprise dans *La crise* (...), trad. fr. G. Granel, Paris, Gallimard, 1976, *Annexe III*.〔E・フッサール「西欧的人間性の危機と哲学」谷徵紀訳，フッサールほか『現象学と人間性の危機』，御茶の水書房，1983年〕

Husserl, Edmund, *Die Krisis der europäischen Wissenschaften und die transzendentale Phänomenologie*（1935-1936），La Haye, Nijhoff, 1954, *La crise des sciences européennes et la phénoménologie transcendantale*, trad. fr. G. Granel, Paris, Gallimard, 1976.〔E・フッサール『ヨーロッパ諸学の危機と超越論的現象学』細谷恒夫・木田元訳，中公文庫，1995年〕

Husserl, Edmund, *Ideen zu einer reinen Phänomenologie und phänomenologischen Philosophie, Ideen I*（1911），La Haye, Nijhoff, 1950, *Idées directrices pour une phénoménologie et une philosophie phénoménologique pures*, trad. fr. P. Ricœur, Paris, Gallimard, 1950.〔E・フッサール『イデーン』第1巻（I・II）渡辺二郎訳，みすず書房，1979, 1984年〕

Husserl, Edmund, *Ideen II*（1912-1928），*Phänomenologische Untersuchungen zur Konstitution*, La Haye, Nijhoff, 1952. *Idées, Livre Second* : *Recherches phénoménologiques pour la constitution*, trad. fr. E. Escoubas, Paris, PUF, 1982.〔E・フッサール『イデーン』第2巻（I・II）立松弘孝・別所良美・榊原哲也訳，みすず書房，2001, 2009年〕

Husserl, Edmund, *Logische Untersuchungen*（1900-1901），*B. II*, Hambourg, La Haye, Nijhoff, 1984. *Recherches logiques*, trad. fr. H. Elie, A. L. Kelkel et R. Schérer, Paris, PUF, 1969.〔E・フッサール『論理学研究 2』立松弘孝・松井良和・赤松宏訳，みすず書房，1970年〕

Husserl, Edmund, *Zur Phänomenologie des inneren Zeitbewußtseins* (1928), La Haye, Nijhoff,

1969. *Phénoménologie de la conscience intime du temps. Leçons de 1905*, trad. fr. H. Dussort, Paris, PUF, 1964.〔E・フッサール『内的時間意識の現象学』立松弘孝訳, みすず書房, 1967年〕

Husserl, Edmund, *Umsturz der kopernikanischen Lehre : die Erde als Ur-Arche bewegt sich nicht*, *Philosophical Essays in Memory of E. Husserl*, présenté par M. Faber, Harvard University Press, Cambridge, Massachusetts, 1940, *La terre ne se meut pas*, trad. fr. par D. Franck, D. Pradelle, J.-F. Lavigne, Paris, Minuit, 1989.〔E・フッサール「コペルニクス説の転覆――原-始原としての大地は動かない」村田純一・新田義弘訳,『講座・現象学』第3巻, 弘文堂, 1980年〕

Husserl, Edmund, *Ursprung der Geometrie*, La Haye, Nijhoff, 1954, *L'origine de la géométrie*, trad. fr. J. Derrida, Paris, PUF, 1962. Repris dans *La crise* (...), appendice III, Paris, Gallimard, 1976.〔E・フッサール, J・デリダ序説『幾何学の起源』田島節夫・矢島忠夫・鈴木修一訳, 青土社, 1992年〕

Hyppolite, Jean, *Genèse et structure de la* Phénoménologie de l'Esprit *de Hegel*, Paris, Aubier-Montaigne, 1947.〔J・イポリット『ヘーゲル精神現象学の生成と構造』市倉宏祐訳, 上・下巻, 岩波書店, 1973年〕

Hyppolite, Jean, *Logique et Existence*, Paris, PUF, 1953.〔J・イポリット『論理と実存』渡辺義雄訳, 朝日出版社, 1975年〕

Juin, Hubert, *Seize peintres de la jeune école de Paris*, Paris, Le Musée de Poche, 1956.

Laporte, Roger, *Le rationalisme cartésien*, Paris, PUF, 1946, Études d'Histoire de la philosophie, Paris, 1951.

Leiris, Michel et Limbour, Georges, *André Masson et son univers*, Genève-Paris, éd. Des Trois Collines, collection «Les grands peintres par leurs amis», 1947.〔M・レリス「『アンドレ・マッソンとその世界』から――アンドレ・マッソン」, M・レリス『デュシャン　ミロ　マッソン　ラム』岡谷公二編訳, 人文書院, 2002年〕

Léonard de Vinci, *Traité sur la peinture*, établi par A. Chastel, Paris, Club des libraires de France, 1960.

Lukács, György, *Der junge Hegel*, Zurich, Europa, 1948.〔G・ルカーチ『若きヘーゲル〈上〉』生松敬三・元浜清海訳,『ルカーチ著作集 11』, 白水社, 1969年〕

Malraux, André, *La Psychologie de l'art*, Paris, Skira, «*Le musée imaginaire*», 1947.〔A・マルロー『東西美術論 1　空想の美術館』小松清訳, 新潮社, 1957年〕, «*La monnaie de l'absolu*», 1950.〔A・マルロー『東西美術論 3　絶対の貨幣』小松清訳, 新潮社, 1958年〕

Marx, Karl, *Le Capital*, 2e éd. 1875, trad. fr. J. Molitor, Paris, Costes, 1922-1928.〔K・マルクス『資本論』岡崎次郎訳,『マルクス＝エンゲルス全集』第23-25巻, 大月書店, 1972年〕

Marx, Karl, *L'idéologie allemande*, MEGA, trad. fr. J. Molitor, Paris, éd. Costes, 1927.〔K・マルクス『ドイツ・イデオロギー』真下信一ほか訳,『マルクス＝エンゲルス全集』第3巻, 大月書店, 1968年〕

Marx, Karl, *Werke und Schriften bis Anfang 1844*, Berlin, Marx-Engels Gesamtausgabe, t. I, vol.

III, 1930. *Manuscrits économiques philosophiques de 1844*, MEGA, trad. fr. J. Molitor, Paris, éd. Costes, t. IV, 1927.〔K・マルクス「1844年の経済学・哲学手稿」真下信一訳,『マルクス＝エンゲルス全集』第40巻, 大月書店, 1959年〕

Marx, Karl, *Zur Kritik der Hegelschen Rechtsphilosophie*, Francfort, Marx-Engels Gesamtausgabe, t. I, vol. I, 1927. *Introduction à la critique de* La philosophie du Droit *de Hegel*, MEGA, Œuvres philosophiques, trad. fr. J. Molitor, Paris, éd. Costes, t. IV, 1927.〔K・マルクス『ヘーゲルの法哲学批判序説』花田圭介訳,『マルクス＝エンゲルス全集』第1巻, 大月書店, 1959年〕

Michaux, Henri, «Aventure de lignes» d'abord, *Préface* au livre de W. Grohmann, *Paul Klee* (1954) et «Un certain phénomène qu'on appelle musique», *Préface* de *l'Encyclopédie de la Musique*, Fasquelle, 1958, repris dans *Passages*, Paris, Gallimard, 1963.〔H・ミショー『パサージュ』小島俊明訳,『アンリ・ミショー全集 III』, 思潮社, 1965年〕

Nietzsche, Friedrich, *Die fröhliche Wissenschaft*, 1886, Berlin, Gruyter & Cie , 1967 ; *Le Gai Savoir*, trad. fr. P. Klossowski, Paris, Gallimard, 1950.〔F・ニーチェ『悦ばしき知識』信太正三訳,『ニーチェ全集』第八巻, 理想社, 1962年〕

Paulhan, Jean, *Les fleurs de Tarbes*, Paris, Gallimard, 1941.〔J・ポーラン『タルブの花――文学における恐怖政治』野村英夫訳,『言語と文学』所収, 書肆心水, 2004年〕

Proust, Marcel, *Du côté de chez Swann*, II, Paris, Gallimard, *NRF*, 1924.〔M・プルースト『失われた時を求めて 2』(第一篇 スワン家のほうへ II) 鈴木道彦訳, 集英社文庫, 2006年〕

Proust, Marcel, *Le prisonnière*, Paris, Gallimard, *NRF*, 1924.〔M・プルースト『失われた時を求めて 6』(第五篇 囚われの女 II) 鈴木道彦訳, 集英社文庫, 2006年〕

Proust, Marcel, *Le temps retrouvé*, XV, Paris, Gallimard, *NRF*, 1927.〔M・プルースト『失われた時を求めて 12』(第七篇 見出された時 I) 鈴木道彦訳, 集英社文庫, 2006年〕

Revel, Jean-François, *Pourquoi des philosophes ?*, Paris, Julliard, 1957.

Rilke, Rainer Maria, *Auguste Rodin*, Paris, Émile-Paul, trad. Maurice Betz, 1928.〔R-M・リルケ『オーギュスト・ロダン』塚越敏訳・解説, 未知谷, 2004年〕

Rimbaud, Arthur, *Œuvres complètes*, Paris, Mercure de France, 1924.〔A・ランボー『ランボー全集　個人新訳』鈴村和成訳, みすず書房, 2011年〕

Rivière, Jacques, *Nouvelles Études*, Paris, Gallimard, 1947.

Sartre, Jean-Paul, *Critique de la raison dialectique*, Paris, Gallimard, 1960.〔J-P・サルトル『弁証法的理性批判』竹内芳郎ほか訳,『サルトル全集』第25-28巻, 人文書院, 1962-73年〕

Sartre, Jean-Paul, *L'imaginaire*, Paris, Gallimard, 1948.〔J-P・サルトル『想像力の問題』平井啓之訳,『サルトル全集』第12巻, 人文書院, 1975年〕

Sartre, Jean-Paul, *Les mouches*, Paris, Gallimard, 1943.〔J-P・サルトル『蠅』加藤道夫訳,『恭しき娼婦』所収, 人文書院, 1952年〕

Sartre, Jean-Paul, «Le peintre sans privilèges», *Méditations*, n° 2, 1961.〔J-P・サルトル「特権を持たぬ画家」矢内原伊作訳,『シチュアシオン IV』所収, 人文書院, 1982年〕

Schmidt, Georges, *Les aquarelles de Cézanne*, Bâle, Holbein, trad. fr. G. Meister, 1952.

Simon, Claude, *La corde raide*, Paris, Minuit, 1947.

Simon, Claude, *L'herbe*, Paris, Minuit, 1958.〔C・シモン『草』白井浩司訳，『現代フランス文学13人集（4）』所収，新潮社，1966年〕

Simon, Claude, *La route des Flandres*, Paris, Minuit, 1960.〔C・シモン『フランドルへの道』平岡篤頼訳，白水社，1979年〕

Simon, Claude, *Le vent. Tentative de restitution d'un retable baroque*, Paris, Minuit, 1957.〔C・シモン『風』平岡篤頼訳，『集英社版世界の文学 23――シモン』所収，1977年〕

Valéry, Paul, «*Mon Faust*», Paris, Gallimard, 1946.〔P・ヴァレリー「わがファウスト」，『ヴァレリー集成 IV』松田浩則訳，筑摩書房，2012年〕

Valéry, Paul, *Variété*, Paris, Gallimard, 1926.〔P・ヴァレリー『レオナルド・ダ・ヴィンチの方法』，「追記と余談」山田九朗訳，岩波文庫，1977年〕

Wahl, Jean, *Du rôle de l'idée de l'instant dans la philosophie de Descartes*, Paris, Alcan, 1920, rééd. Paris, Descartes & Cie, 1994.

Wahl, Jean, «Simultanéité, peinture et nature», *Cahiers Paul Claudel*, Paris, Gallimard, n° 1, 1959.

1960-1961年度の研究ノート

Beaussire, Émile, *Antécédents de l'hégélianisme dans la philosophie française. Dom Deschamps, son système et son école d'après un manuscrit et des correspondances inédites du XVIIIe siècle*, Paris, Germer-Baillière, 1865.

Boutroux, Pierre, *L'imagination et les mathématiques selon Descartes*, Paris, Alcan, 1900.

Chastel, André, *Le baroque et le mort*, Venise, Actes du Congrès d'Études humanistes, 1954.

Gilson, Étienne, *Index scolastico-cartésien*, Paris, Alcans, 1913.

Gueroult, Martial, *Étendue et psychologie chez Malebranche*, Faculté des Lettres de l'Université de Strasbourg, 1939.

［編者注――以下の書誌情報は，1961年の講義の研究ノートのなかに発見された］

Burger, Jean Daniel, *Saint Augustin*, Neuchâtel, la Baconnière, 1948.

Hermès Trismégistre, *Le Pimandre*, Paris, Éd. de la Sirène, trad. fr. G. Gabory, 1920.

Gilson, Étienne, *Introduction à l'étude de Saint Augustin*, Paris, Vrin, 1929.

Löwith, Karl, *Recherches philosophiques*, 1935-1936 : La conciliation hégélienne.

Löwith, Karl, *Von Hegel zu Nietzsche*, Stuttgart, W. Kohlhammer, 1950.〔K・レーヴィット『ヘーゲルからニーチェへ』（上・下）三島憲一訳，岩波文庫，2015年〕

Marrou, Henri-Irénée, *Saint Augustin et l'augustinisme*, Paris, Seuil, 1955.

Marrou, Henri-Irénée, *Saint Augustin et la fin de la culture antique*, Paris, Éd. de Boccard, 1958.〔H-I・マルー『アウグスティヌスと古代教養の終焉』岩村清太訳，知泉書館，2008年〕

Parrain-Vial, Jeanne, *De l'être musical : intervention du concept en musique*, Neuchâtel, la Baconnière, 1952.

Ronchi, Vasco, *Histoire de la lumière*, Paris, A. Colin, trad. fr. J. Taton, 1956.

Wahl, Jean, *Deucalion 4, Le Diurne et Nocturne : dans la nature, dans l'art et dans l'acte*, cahiers publiés sous la dir. de Jean Wahl, Neuchâtel ; Paris, la Baconnière,1952.

［編者注――コレージュ・ド・フランスの授業計画で当初予告・掲示された，1958-1959年度のための書誌覚書．実際には，1959年の講義要録で示されているとおり（R. C., p. 141〔邦訳103頁〕)，メルロ＝ポンティはかなり後になってから，この講義テーマに再度着手した］

Faber, Marvin dir. collectif, *Philosophical essays in memory of E. Husserl*, Cambridge, Massachusetts, Harvard University Press, 1940.

Festschrift, Edmund Husserl zum 70, *Geburtstag Gewidmet Ergänzungsband zum Jahrbuch für Philosophie und phänomenologische Forschung*, La Haye, Niemeyer, 1929.

Heidegger, Martin, dans *Anteile*, *Zum 60 Geburtstag*, Francfort, Klostermann, 1950.

Lavelle, Louis, *Introduction à l'ontologie*, Paris, PUF, 1951.

Marcel, Gabriel, *Le mystère de l'être*, II : *Foi et réalité*, Paris, Aubier, 1951.

Simpson, George Gaylord, *L'évolution et sa signification*, Paris, Payot, trad. fr. A. Ungar Levillain et F. Bourlière, 1951.

Simpson, George Gaylord, *Rythme et modalité de l'évolution*, Paris, Albin Michel, trad. fr. P. de Saint-Seine, 1950.〔G・G・シンプソン『進化の意味』平沢一夫・鈴木邦雄訳，草思社，1998年〕

Varet, Gilbert, *L'Ontologie de Sartre*, Paris, PUF, 1948.

著者略歴

(Maurice Merleau-Ponty, 1908-1961)

1908年，フランスに生まれる．1926年，エコール・ノルマル・シュペリュール入学，在学中サルトル，ボーヴォワール，レヴィ＝ストロースらと知りあう．1930年，哲学教授資格試験に合格．その前年にフッサールのソルボンヌ講演を，1935-1939年には高等研究院におけるコジェーヴのヘーゲル講義を聴講．ルーヴァンのフッサール文庫に赴き，遺稿を閲覧したのは1939年．第二次大戦中は従軍・レジスタンス活動を経験した．1945年，学位論文として同年刊の『知覚の現象学』および『行動の構造』(1942) を提出．1946年，サルトルらとともに『レ・タン・モデルヌ』創刊．1948年，リヨン大学教授，1949年，パリ大学文学部教授を経て1952年，コレージュ・ド・フランス教授に就任．1961年没．著書『ヒューマニズムとテロル』(1947)『意味と無意味』(1948)『弁証法の冒険』(1955)『シーニュ』(1960) ほか．没後『見えるものと見えないもの』(1964)『世界の散文』(1969)，コレージュ・ド・フランス講義録などが刊行されている．

訳者略歴

松葉祥一〈まつば・しょういち〉 1955年生まれ．同志社大学文学研究科哲学・倫理学専攻博士課程満期退学．パリ第八大学博士課程中退．前神戸市看護大学教授．著書『哲学的なものと政治的なもの』(青土社) ほか．

廣瀬浩司〈ひろせ・こうじ〉 1963年生まれ．東京大学教養学部総合文化研究科博士課程中退．パリ第一大学博士(哲学)．筑波大学教授．著書『デリダ』(白水社)『後期フーコー』(青土社) ほか．

加國尚志〈かくに・たかし〉 1963年生まれ．立命館大学大学院文学研究科西洋哲学専修博士後期課程修了（博士(文学)）．立命館大学教授．著書『沈黙の詩法』(晃洋書房)『自然の現象学』(晃洋書房) ほか．

モーリス・メルロ＝ポンティ
コレージュ・ド・フランス講義草稿
1959-1961
ステファニー・メナセ編
松葉祥一
廣瀬浩司
加國尚志
共訳

2019年 1月24日 第1刷発行

発行所 株式会社 みすず書房
〒113-0033 東京都文京区本郷2丁目 20-7
電話 03-3814-0131(営業) 03-3815-9181(編集)
www.msz.co.jp

本文組版 キャップス
本文印刷所 平文社
扉・カバー印刷所 リヒトプランニング
製本所 誠製本
装丁 安藤剛史

ISBN 978-4-622-08763-2
[コレージュドフランスこうぎそうこう]
落丁・乱丁本はお取替えいたします